Réflexe

BTS

2e année

CULTURE ÉCONOMIQUE, JURIDIQUE ET MANAGÉRIALE

NOUVEAU PROGRAMME

Pierre Arcuset
Nancy Baranes
Caroline Bayle
Alexandra Bucher
Isabelle Delzant
Hélène Dugier
Olivia Lenormand
Xavier Le Ven
Patrick Mercati

Nathan
TECHNIQUE

Sommaire

THÈME 4 AIRBNB

L'impact du numérique sur la vie de l'entreprise

THÈME 5 GROUPE PSA

Les mutations du travail

THÈME 6 GROUPE SOUFFLET

Les choix stratégiques de l'entreprise

DES RESSOURCES COMPLÉMENTAIRES

Elles sont repérées par ce logo :

Comment faire ? C'est facile !

1 | Téléchargez l'application gratuite Nathan Live !, disponible dans l'AppStore et GooglePlay sur votre smartphone ou votre tablette.

2 | Ouvrez l'application. Flashez une page avec le logo Nathan Live !. La liste des ressources complémentaires de la page apparaît (vidéos, animations, QCM...). Cliquez sur celle qui vous intéresse.

L'application nécessite une connexion Internet.

Édition : Laëtitia Hugon, Florence Terrasse
Conception maquette : Aude Paradis, Graph'M
Conception couverture : Vincent Rioult
Mise en pages : Graph'M
Coordination artistique : Vincent Rioult
Fabrication : Christine Aubert

ISBN : 978-2-09-165298-6

THÈME 4

L'impact du numérique sur la vie de l'entreprise

Question 1

Comment le numérique transforme-t-il l'environnement des entreprises ?

Question 2

Dans quelle mesure le droit répond-il aux questions posées par le développement du numérique ?

Question 3

Quelle est l'incidence du numérique sur le management ?

THÈME

4 L'impact du numérique sur l'entreprise Airbnb

Première plateforme de location de logements entre particuliers !

CONTEXTE DE L'ENTREPRISE

L'histoire d'une start-up devenue géant de l'hébergement

Airbnb a fêté ses dix ans en 2018. Elle n'a plus grand-chose à voir aujourd'hui avec la start-up créée par Brian Chesky, Nathan Blecharczyk et Joe Gebbia fin 2007. Étudiants en école de design, c'est à l'occasion d'un congrès à San Francisco, et alors que tous les hôtels sont pleins, qu'ils ont l'idée de louer une partie de leur appartement en « bed and breakfast ». De cette idée pour arrondir leurs fins de mois naît en août 2008 Air Bed and Breakfast, rapidement renommé Airbnb.

Aujourd'hui, cette plateforme de réservation et de location de logements entre particuliers est présente dans près de 200 pays et a hébergé 300 millions de voyageurs. Une croissance fulgurante qui bouleverse les pratiques et les acteurs du secteur du tourisme, mais qui pose aussi de nombreux problèmes alors que cette entreprise cherche à ouvrir un nouveau chapitre de son histoire.

À la recherche d'une nouvelle régulation

Comme beaucoup de start-up de l'économie collaborative, Airbnb s'est bâtie dans un secteur où le cadre légal était obsolète. Il s'agit aujourd'hui de poursuivre l'adaptation des règles de droit à de nouvelles modalités d'échange, dans un cadre sécurisé pour les usagers du secteur.

Récemment, Airbnb a dû se plier à une nouvelle réglementation française qui interdit de louer son appartement plus de 120 nuits par an.

Comment Airbnb a-t-elle saisi l'opportunité du numérique pour se développer ? Comment le droit permet-il de protéger les biens et les personnes dans le cadre de son activité ? Sur quels nouveaux modes de management fonctionne-t-elle ?

1 Les évolutions économiques liées à la révolution numérique

LA COMPÉTENCE ATTENDUE
→ Analyser les conséquences du numérique dans les relations d'échange de l'entreprise.

LES SAVOIRS ASSOCIÉS
→ La place de marché
→ Les relations d'échange : B to B, B to C, C to C, B to G
→ Les externalités de réseau

PLAN DU CHAPITRE
- 1 • Identifier les conséquences du numérique sur l'environnement des entreprises
- 2 • Analyser les conséquences du numérique dans les relations d'échange

Des trottinettes électriques en libre-service grâce au Big Data*

Dans les rues de Santa Monica en Californie, en quelques mois, un nouveau moyen de déplacement s'est propagé à une vitesse éclair. […]

Ces trottinettes sont disponibles en libre-service à tous les coins de rue et le service est très simple à utiliser. Il suffit d'installer une application sur son téléphone portable et de s'enregistrer. On scanne ensuite le QR code présent sur le guidon avec son smartphone et c'est parti, on roule. Pour 1 $, vous pouvez déjà parcourir quelques kilomètres.

Vous retrouvez par exemple ces trottinettes à côté des vélos en libre-service. Cependant, à la différence des vélos qui doivent être rapportés à un point de stationnement précis, les trottinettes peuvent être déposées n'importe où. […]

Il suffit de se connecter dans l'application pour réaliser qu'elles sont effectivement partout. Sur la carte, vous découvrez une centaine de trottinettes dans un rayon de 500 m autour de votre position avec, pour chacune d'elles, un indicateur du niveau de charge de la batterie. […]

Finalement, des sociétés comme Bird accumulent des milliards de données sur nos déplacements et nos habitudes (où l'on travaille, à quelle heure on part, dans quel magasin on s'arrête en chemin). Que va faire Bird de toutes ces données accumulées sur nos déplacements ? Beaucoup d'argent, c'est en tout cas le pari des investisseurs qui ont valorisé la société à 2 milliards de dollars après une année d'existence.

https://blogs.letemps.ch/raphael-rollier, 23 septembre 2018.

* Mégadonnées ou volumes massifs de données collectées.

Nathan live!
LE BIG DATA POUR MIEUX NOUS COMPRENDRE (JUSQU'À 6')
https://youtu.be/8pHzROP1D-w

1. **Quelle innovation est apportée par ce nouveau service de trottinettes en Californie ?**
2. **Quelles techniques numériques sont utilisées pour son utilisation ?**
3. **Quels sont les avantages et les risques de ce type de service pour les utilisateurs ?**

1 Identifier les conséquences du numérique sur l'environnement des entreprises

A Qu'est-ce que l'économie numérique ?

DOC. 1 Une économie de l'information et de la connaissance : le règne du nombre et de l'information

L'idée fondamentale sous-jacente au terme *numérique* est que tout message peut être codé sous forme de nombres. Dans le calcul numérique, derrière l'information se cachent des nombres. La photographie, la vidéo ou le cinéma sont devenus des technologies numériques quand les informations ou messages qui les sous-tendent ont quitté le registre analogique pour passer au numérique. La représentation numérique repose sur des données traduites en nombres. L'information se situe dès le départ au centre de la technique numérique. [...]
L'économie numérique est celle qui met en valeur et tire profit de l'agrégation et du traitement massif et rapide de l'information numériquement transformée.

J.-L. Beffa, *La Révolution numérique et les entreprises. Se transformer ou mourir*, Éditions Points, 2018.

DOC. 2 La révolution numérique

La révolution numérique est aujourd'hui une réalité dans tous les secteurs de l'économie. Le numérique modifie en profondeur les manières de produire, d'échanger et de consommer. Pour la plupart des entreprises, Internet est devenu un canal de communication et de vente incontournable. Dans le tourisme, par exemple, aucun hôtel ne peut se passer de TripAdvisor ou de Booking.com. Il est difficile aussi pour un consommateur d'échapper à l'écosystème de services de Google, Facebook ou Apple pour communiquer, se divertir, rechercher de l'information ou commander des produits. [...]

M. Bourreau et T. Pénard, « Introduction. L'économie numérique en question », *Revue d'économie industrielle*, n° 156.

DOC. 3 Amazon et le Big Data

En seulement 20 ans d'existence, qu'il a fêtés en juillet, Amazon n'a pas seulement bâti le magasin virtuel le plus efficace du monde, avec une offre produits infinie et un service client qui fait référence. Le géant de Seattle, on le sait moins, est aussi le précurseur des applications du Big Data dans le *retail**. L'explication tient peut-être au fait qu'avant d'être un commerçant, Amazon est une entreprise de technologies. Un ADN bien particulier, qui fournit chaque jour les exemples d'un commerce intelligent, c'est-à-dire inspiré et dicté par les besoins des 244 millions de clients actifs ou, plutôt, leurs comportements, leurs historiques de navigation « online », leurs achats… Bref, leurs données.

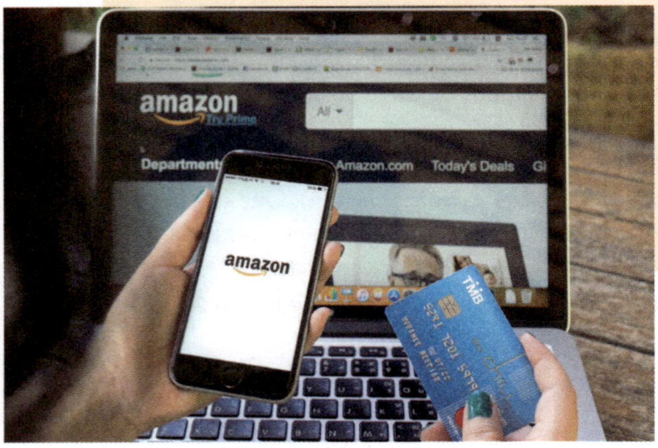

C'est de cette matière première, transformée par ses algorithmes, qu'Amazon tire son avantage compétitif : les suggestions d'achats, par exemple, sont personnalisées, à l'inverse du mécanisme massif de couponing, qui frappe plus ou moins distinctement sa cible : 97 % des coupons envoyés aux clients finissent à la poubelle ! [...]

Yann Le Galès / lefigaro.fr / 30.08.2014.

* Activité de commerce de détail.

1. **Qu'est-ce que la technologie numérique ? Pourquoi améliore-t-elle considérablement l'accès à l'information ?**
2. **Exposez les nouvelles pratiques permises par la révolution numérique d'une part pour les consommateurs, d'autre part pour les producteurs.**
3. **Qu'est-ce que le Big Data ? Quelles sont les applications mises en œuvre par Amazon ?**

DOC.4 Les trois piliers de l'économie numérique

Pilier technologique

Accélération des capacités de stockage, traitement et transmission des données

Le numérique permet des innovations majeures à la fois sur les procédés (gains de productivité) et sur les produits (nouveaux marchés, nouveaux biens ou services).

Exemples : Big Data, intelligence artificielle et objets connectés, e-commerce, services en ligne, machine learning.

Pilier économique

Nouveaux secteurs d'activité et acteurs économiques, parfois puissants (les GAFA : Google, Apple, Facebook, Amazon), à côté des acteurs traditionnels

Dans tous les secteurs, les entreprises doivent s'adapter pour mieux répondre aux attentes des consommateurs et à la concurrence de nouveaux acteurs.

Exemples : la start-up (entreprise nouvellement créée recherchant une croissance rapide en s'appuyant sur un modèle d'offres innovant basé sur les nouvelles technologies numériques), le *pure player* (entreprise exerçant son activité commerciale uniquement en ligne).

Pilier social

De nouveaux modes d'actions collectives et de sociabilité

Le numérique stimule les innovations d'usage et de nouveaux modes de consommation de la part des ménages.

Exemples : consommation collaborative, coproduction et diffusion de connaissances, réseaux sociaux.

DOC.5 Des modèles Renault autonomes en 2023 grâce à l'intelligence artificielle ?

Au dernier salon de Francfort, Renault a dévoilé un concept car nommé Symbioz. […] Il s'agit là d'un véhicule chargé de nous projeter dans les technologies qui seront disponibles en grande série en 2023, dans six ans à peine. […] Ce prototype permet la conduite autonome de niveau 4. Qu'est-ce que cela veut dire ? Que Symbioz préfigure le véhicule capable de rouler seul sur autoroute. Chez Renault, on appelle ça l'expérience « Mind-off ». Concrètement, il s'agit de se retrouver au volant d'un véhicule autonome en « décrochant » complètement de la route.

A. David, www.auto-moto.com, 23 janvier 2018.

Nathan live!

COMMENT FONCTIONNE UNE VOITURE AUTONOME ?

https://youtu.be/3OyargPN2lI

4. Exposez les trois piliers permettant de définir l'économie numérique, en illustrant chacun d'eux par un exemple concret.

5. Quels nouveaux usages mentionnés dans le document 4 (pilier social) utilisez-vous personnellement ?

6. Dans les cas d'Amazon et de Renault, indiquez respectivement la catégorie d'acteurs et les innovations mises en œuvre.

7. En quoi l'économie numérique est-elle une économie de la connaissance ?

B Les bouleversements liés au numérique

DOC. 6 L'accélération des cycles d'innovation

On observe depuis la nuit des temps une alternance de longues périodes d'accumulation de connaissances scientifiques et techniques et des phases de « synthèse créative » qui voient déferler une vague d'innovations. Comparée aux deux dernières grandes vagues, dues à l'électricité et au moteur à explosion, celle déclenchée par le numérique lance un défi qui ne tient pas à son ampleur, mais à sa vitesse de propagation. Chaque dirigeant d'entreprise doit réagir sans tarder, et l'on peut se demander si tous comprennent bien ce qui les attend. [...]

Face à cette révolution qui progresse à grande vitesse, que font les entreprises traditionnelles conscientes de la nécessité de s'adapter ? [...]

L'une des utilisations les plus répandues du numérique est l'extension de l'activité. Un restaurateur poste ses menus sur Facebook, invite par courriel ses clients à des événements gastronomiques ou festifs. Dans une étape ultérieure, il leur propose de leur livrer leurs plats préférés à domicile, voire crée une nouvelle entreprise pour développer ce service. [...]

La captation de l'attention des clients est l'un des enjeux majeurs du numérique, et donne lieu à une concurrence féroce.

M. Mousli, *Alternatives économiques*, 2 mai 2018.

DOC. 7 Industrie musicale : s'adapter ou mourir ?

En 2007, au début de la « crise du disque », les principaux acteurs de l'industrie musicale, les « majors » (Universal, Sony, Warner...), refusent de s'adapter à ce vent du changement qui souffle dans les foyers depuis l'affaire Napster*. Difficile en effet d'imaginer que l'immense manne économique issue de la vente de disques puisse un jour s'épuiser ou, pire encore, être remplacée par de la musique « dématérialisée », échappant à tout contrôle : le format MP3.

Pendant ce temps, des dirigeants visionnaires pariaient sur l'avenir : le modèle digital. En l'espace de dix ans, les patrons de Deezer, Spotify, Apple Music, YouTube et les autres sont devenus les nouveaux rois de l'industrie musicale, au grand dam des producteurs habituels. Les entreprises restées trop longtemps arc-boutées sur un modèle moribond ont tout simplement disparu ou se sont fait racheter par de jeunes pousses plus agiles.

Si la transformation digitale a poussé les entreprises à s'adapter rapidement aux nouvelles tendances, elle a surtout imposé de nouvelles règles en accélérant les processus et en transformant, de manière durable, la façon de consommer les contenus.

* À l'origine, Napster était un pionnier des services de partage de fichiers en pair à pair. Le service se spécialisait dans le partage de fichiers audio, en particulier de fichiers musicaux généralement encodés au format MP3. Le service a alors dû cesser ses activités et a été racheté par Roxio [société de logiciels américaine]. [...]

R. Akotegnon, Visconti, 25 avril 2018.

8. **Quelle est la spécificité de la vague d'innovations déclenchée par le numérique par rapport aux innovations antérieures ? À votre avis, pourquoi ?**

9. **Quelle est la raison du déclin des majors de l'industrie musicale ?**

10. **Quelles sont les innovations introduites par les leaders du secteur aujourd'hui ?**

11. **Pourquoi l'innovation représente-t-elle un défi majeur pour les entreprises à l'ère numérique ?**

DOC. 8 La dématérialisation des services : vers une économie mondiale

[L'une des caractéristiques majeures] de l'économie numérique tient aux possibilités, ouvertes par les TIC, de communication et coopération à distance, et d'inscription dans des infrastructures et des réseaux interconnectés. Elles lui ont d'emblée donné une dimension mondialisée. Les processus de production, de distribution et d'internationalisation des entreprises se sont élargis, en brouillant les frontières nationales autant que sectorielles. Désormais, l'offre de biens et services peut s'appuyer sur une organisation internationale de la production et l'extension transnationale des circuits de distribution permet de toucher des consommateurs partout dans le monde. [...] La dématérialisation complète de certains services et contenus [...] favorise une globalisation des marchés, des modèles d'affaires et du champ d'action des acteurs économiques ; c'est particulièrement le cas pour la musique ou l'audiovisuel.

© Dila, *Cahiers français*, n° 392, P.-J. Benghozi, mai-juin 2016.

DOC. 9 Top 15 des sites d'e-commerce les plus visités en France (2e trimestre 2018)

En moyenne 41,6 millions d'internautes (66,1 % des Français) ont consulté, chaque mois, au moins un des sites du Top 15 « e-commerce ».

Rang	Marques	Visiteurs uniques moyens par mois	Couverture France mensuelle (en % de la pop.)	Visiteurs uniques moyens par jour
1	Amazon	28 480 000	45,4 %	4 368 000
2	Cdiscount	18 925 000	30,1 %	1 923 000
3	vente-privee	13 818 000	22,0 %	3 014 000
4	Fnac	13 667 000	21,8 %	947 000
5	Oui.sncf	12 261 000	19,5 %	1 074 000
6	Booking.com	12 045 000	19,2 %	1 079 000
7	eBay	11 561 000	18,4 %	1 330 000
8	Groupon	10 911 000	17,4 %	1 298 000
9	Carrefour	10 745 000	17,1 %	960 000
10	Leroy Merlin	10 672 000	17,0 %	788 000
11	E.Leclerc	10 328 000	16,5 %	949 000
12	Wish	10 188 000	16,2 %	1 582 000
13	Airbnb	9 262 000	14,8 %	994 000
14	Darty	8 100 000	12,9 %	475 000
15	PriceMinister	7 841 000	12,5 %	617 000

Source : Fevad-Médiamétrie

12. Que signifie la dématérialisation des services ? Illustrez par un exemple.

13. Par quelle innovation technologique peut-on l'expliquer ?

14. Expliquez la phrase soulignée dans le document 8.

15. Après avoir recherché la nationalité des entreprises figurant dans le top 15 des sites d'e-commerce les plus visités par les Français, expliquez en quoi la révolution numérique renforce la mondialisation de l'économie.

DOC. 10 La transformation numérique des secteurs traditionnels

Un programme de recherche mené par le MIT [Massachusetts Institute of Technology] et Capgemini Consulting a montré que les entreprises qui ont su saisir les opportunités de la transformation numérique ont une profitabilité supérieure de 26 % par rapport à la moyenne. [...]

L'enjeu de transformation est ici considérable ; il suppose d'accroître les interactions avec tous ceux qui, de l'extérieur, peuvent accélérer notre transformation. Il faut ouvrir les données, écrire les programmes informatiques selon des procédures réutilisables par d'autres (API [*Applications Programming Interface*]), créer des lieux d'innovation ouverte, monter des Labs ou des FabLabs, organiser des hackathons*, proposer des plateformes prêtes à accueillir des « apps » ou des éléments de logiciels conçus par des start-up. Plusieurs grands groupes se sont engagés dans cette voie. Le magazine *Enjeux-Les Echos* a [...] mené une enquête auprès des groupes du CAC 40 et l'on voit que des entreprises comme Schneider, Publicis ou Axa développent déjà de très bonnes pratiques. Des entreprises publiques comme la SNCF ou La Poste, confrontées à des défis considérables, se donnent également les moyens d'une transformation numérique dynamique.

* Un hackathon est un challenge créatif qui rassemble des informaticiens durant plusieurs jours en vue de collaborer sur des sujets de programmation informatique pointus et innovants.

P. Lemoine, www.economie.gouv.fr

DOC. 11 La dématérialisation des services à la Banque Populaire

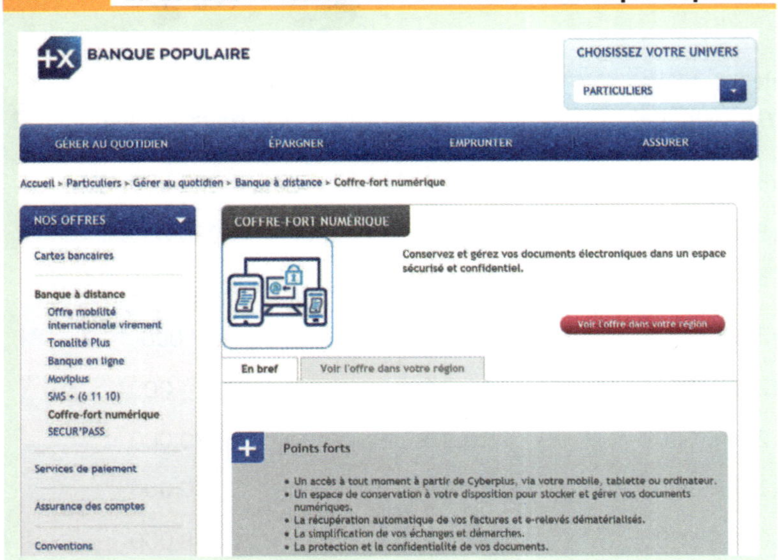

16. **Pourquoi les entreprises des secteurs traditionnels doivent-elles également saisir les opportunités du numérique ?**

17. **Quelles sont les applications mises en œuvre par la Banque Populaire grâce aux technologies numériques ?**

DOC. 12 Des évolutions sectorielles : les nouveaux secteurs d'activité liés au numérique

À l'ère numérique, de nouveaux secteurs d'activité ont émergé dans un mouvement continu d'innovations induites par l'évolution des besoins des utilisateurs (entreprises, administrations ou particuliers) : une offre toujours plus soutenue concernant le développement et la maintenance informatique, la gestion des systèmes d'information, l'hébergement de données, les portails Internet, l'e-commerce, etc.

18. **Pour répondre à quels types de besoins de nouveaux secteurs d'activité ont-ils émergé ?**

DOC. 13 Nouveaux opérateurs et nouvelles formes de concurrence

L'environnement des entreprises traditionnelles a subi de profondes transformations avec l'apparition de nouveaux acteurs, comme les *pure players* ou les GAFA.
Plus encore, l'explosion de l'économie collaborative bouscule la nature et les formes de la concurrence. Économie de pair à pair, l'économie collaborative repose sur le partage ou l'échange entre particuliers de biens (voiture, logement, outils…), de services (covoiturage, bricolage…) ou de connaissances, avec échange monétaire ou sans échange monétaire (dons, troc, volontariat), par l'intermédiaire d'une plateforme numérique de mise en relation.

19. **Citez quelques acteurs de l'économie collaborative. En quoi ont-ils modifié les conditions de la concurrence sur leur secteur ?**

20. **Quelle est la particularité des start-up ?**

21. **Expliquez la phrase soulignée dans le document 14.**

DOC. 14 De nouveaux acteurs : les start-up

Une start-up est une entreprise créée il y a peu, qui cherche à grandir coûte que coûte, proposant un modèle d'offres innovant et usant de moyens qui puisent aux sources des nouvelles technologies numériques. En réalité, une quatrième dimension permet de distinguer deux familles de start-up et, partant, de caractériser de façon plus précise le type de concurrence auquel le leader est en butte. D'un côté, se situent les start-up non mutantes. De l'autre, les start-up mutantes. Qu'est-ce à dire ?
Les premières exercent le même métier que les entreprises traditionnelles avec des moyens nouveaux. Certains vendent par exemple des chaussures, mais *via* un canal commercial digital. Le métier et la nature du produit ont peu ou pas changé dans ce cas : Uber offre le même service que celui qu'offrent les taxis.
On trouve en revanche des start-up qui s'appuient sur des révolutions sociologiques et pas seulement sur des percées technologiques. BlaBlaCar et Airbnb en sont deux illustrations. Il est certain que ces entreprises n'existeraient pas sans l'Internet. Mais elles ne s'expliquent pas que par lui. […] Dans le cas de Airbnb, l'offre n'est pas la même que celle d'un hôtel Accor. Dans le cas de BlaBlaCar, l'offre n'est pas la même que celle du loueur Avis.

J.-L. Beffa, *La Révolution numérique et les entreprises. Se transformer ou mourir*, Éditions Points, 2018.

APPLICATION AU CAS

AIRBNB

DOC. Comment Airbnb a bouleversé le tourisme

En l'espace de dix ans, Airbnb est passé du statut de jeune start-up ambitieuse à celui de poids lourd du secteur touristique. Cette concurrence inédite a obligé les acteurs du tourisme, et notamment les hôtels, à s'adapter. […]
Dix ans plus tard, l'entreprise est devenue un géant de l'économie collaborative. Sixième « licorne » mondiale – du surnom de ces start-up non cotées valorisées plus de 1 milliard de dollars – avec une valorisation de près de 30 milliards de dollars (25,6 milliards d'euros), elle revendique 4,5 millions d'hébergements dans 81 000 villes réparties dans 191 pays.

Les hôteliers crient à la concurrence déloyale

[…] « *Les hébergeurs ne paient pas de TVA et n'ont pas les mêmes obligations réglementaires que nous* », déplore Laurent Duc, président de la branche hôtellerie de l'Union des métiers et des industries de l'hôtellerie (Umih).

Julien Da Sois, *La Croix*, 31 juillet 2018.

1. **À quel segment de l'économie numérique Airbnb appartient-elle ?**

2. **Airbnb est-elle toujours une start-up ? Justifiez.**

3. **Quel service propose-t-elle ? Pourquoi bouscule-t-elle le secteur du tourisme ?**

2 Analyser les conséquences du numérique dans les relations d'échange

A Les effets de la dématérialisation des échanges

DOC. 15 Les TIC modifient les relations d'échange

Les technologies de l'information et de la communication permettent de dématérialiser les échanges entre les agents qui peuvent ainsi se rencontrer plus facilement. Les nouvelles relations d'échange s'effectuent en ligne et peuvent être de nature marchande ou non marchande.

• Les **relations marchandes** sont de nature commerciale (achat/vente de biens ou de services). On peut distinguer différents types de commerce électronique, ou e-commerce :
– le B to B (*Business to Business*) désigne les relations commerciales entre entreprises – ventes des fournisseurs aux clients ;
– le B to C (*Business to Consumer*) renvoie au commerce de détail – ventes des entreprises aux particuliers ;
– le C to C (*Consumer to Consumer*) correspond au commerce entre particuliers – ventes de biens et services entre particuliers.

• Les **relations non marchandes** sont de natures variées :
– le B to G (*Business to Government*) : relations avec les administrations publiques ;
– les relations avec les organisations à but non lucratif (associations, syndicats, ONG…) ;
– le prêt de matériel, les services gratuits ;
– un accès à l'information facilité : consultation, partage de contenus…

DOC. 16 Des exemples de relations d'échange

YouTube – parcoursup – amazon – couchsurfing – croix-rouge française – airbnb – Share Voisins – NET-ENTREPRISES.FR – Valeo – BlaBlaCar

1. **Associez chaque logo à un type de relations d'échange.**
2. **Précisez quel(s) type(s) de bien ou de service est (sont) échangé(s) entre les acteurs.**

DOC. 17 L'e-commerce aux particuliers progresse

DOC. 18 Le m-commerce favorise la croissance de l'e-commerce

Le m-commerce* est un marché en pleine ébullition, porté par la courbe des ventes des smartphones et des tablettes. […] Le mobile devient un canal de vente à part entière qui tire la croissance de l'e-commerce. Les produits les plus concernés par les achats sur mobile sont les vêtements et chaussures, les billets d'avion/train, puis les billets de spectacle, les biens culturels et, pour finir, les parfums et cosmétiques. […] Le m-commerce repose sur une alternative technique. Le commerçant peut choisir soit d'avoir recours à un site mobile, soit de développer une application mobile.

* Ensemble des transactions commerciales réalisées sur terminaux mobiles.

Céline Avignon, « Les aspects juridiques du m-commerce », *Économie et management*, n° 156, p. 23, juin 2015.

3. **Mesurez la progression de l'e-commerce aux particuliers (B to C) entre 2010 et 2017.**
4. **Analysez la progression des ventes sur Internet entre 2016 et 2017, globalement puis par type de support. Qu'en concluez-vous ?**
5. **En quoi la dématérialisation des échanges permet-elle la croissance de l'e-commerce ?**

DOC. 19 La place de marché, ou *marketplace*

Le commerce électronique s'effectue de plus en plus par l'intermédiaire de places de marché. Une place de marché, ou *marketplace*, correspond à une plateforme électronique commerciale dont l'objectif est de mettre en relation des vendeurs et des acheteurs, particuliers ou professionnels.

La place de marché désigne l'espace réservé sur les grands sites marchands à des vendeurs indépendants moyennant une commission prélevée sur leurs ventes, pour les vendeurs professionnels.

Par exemple, Amazon, Rue du Commerce, Rakuten France (anciennement PriceMinister), Cdiscount, la Fnac, Auchan proposent ainsi d'héberger des espaces de vente pour plusieurs milliers de petits marchands, professionnels et particuliers, en leur faisant profiter des fonctionnalités de leur plateforme d'e-commerce et de leur potentiel de trafic. Selon les cas, l'opérateur de la place de marché peut prendre en charge le stockage et l'expédition des produits.

Nathan live!

QU'EST-CE QU'UNE MARKETPLACE ? MIRAKL
https://youtu.be/5ft4kwTcdqO

DOC. 20 Le poids des places de marché dans l'e-commerce

PLACES DE MARCHÉ

Les places de marché occupent une place de plus en plus importante au sein de l'activité e-commerce. Le volume d'affaires réalisé via les places de marché représente 29 % du volume d'affaires total des sites qui les hébergent.

Les marchands sur les places de marché

Entreprises de plus de 10 pers :

38 % 15 % vendent en ligne dont 38 % sur des places de marché

source : Insee, enquête TIC entreprise 2017.

Entreprises de moins de 10 pers :

50 % 6 % vendent en ligne dont 50 % sur des places de marché

source : Insee, enquête TIC-TPE 2016.

Volume d'affaires des places de marché

(du panel iPM Fevad)

29 % du volume d'affaires total des sites du panel iPM Fevad

soit + 15 % par rapport à 2016

source : Fevad iCE.

Source : *Les chiffres clés* 2018, Fevad.

6. Quelle est la part de l'e-commerce *via* les places de marché pour les entreprises de moins de 10 personnes ? de plus de 10 personnes ? Comment expliquer cette différence ?
7. Quels sont les avantages et les inconvénients pour une entreprise de vendre par l'intermédiaire d'une place de marché ?
8. Les places de marché citées dans les documents relèvent-elles du commerce B to B, B to C ou C to C ?

DOC. 21 Deliveroo ouvre sa place de marché

Deliveroo lance Marketplace+ ce mardi 26 juin 2018 en France. Avec ce nouveau service, les restaurants opérant leur propre flotte de livreurs peuvent rejoindre la plateforme de livraison de repas à domicile en utilisant leurs livreurs ou ceux de Deliveroo. Nouveau service sur lequel mise Hugues Décosse, directeur général de Deliveroo France, pour s'implanter dans de nouvelles villes.

***L'Usine Digitale*, juin 2018.**

9. Quelles raisons ont conduit Deliveroo à ouvrir une place de marché sur son site ?

DOC. 22 Des plateformes de désintermédiation

Source : strategies4innovation.wordpress.com

Tout secteur possède une chaîne de valeur entre le producteur et le consommateur schématisée ainsi : Dans le cas d'Uber, par exemple, la plateforme met en relation directe le producteur (le chauffeur) et le consommateur (le client) à travers une application mobile. Cette plateforme logicielle prend donc la place des maillons *Vente & Marketing* et *Service Client* des centrales de réservation de taxis, elle désintermédie la relation producteur-consommateur. En réalité, cette plateforme devient un nouvel intermédiaire, qui prend au passage sa commission sur chaque transaction. Il faudrait donc plutôt parler de plateforme de désintermédiation-réintermédiation.

http://codecasesoftware.com

DOC. 23 De la désintermédiation à la réintermédiation des échanges

Le commerce digital a, d'emblée, introduit l'idée que s'engageait un vaste mouvement révolutionnaire de « désintermédiation ». Puisque ce commerce donnait accès directement au client final, la plupart des stades intermédiaires de la distribution traditionnelle devenaient inutiles et pouvaient être contournés. Ainsi, un fabricant de chaussures était censé pouvoir s'adresser directement à son client à la recherche de baskets, il pourrait anticiper ses besoins en matière de jogging sur sol dur et lui vendre le modèle personnalisé vert pomme dont il rêvait, le tout en évitant de passer par le grossiste et le détaillant, ce qui lui permettrait de conserver l'intégralité de la marge du produit [...] pour la consacrer à l'acheminement du produit, quel que soit l'emplacement du client.

Mais que reste-t-il aujourd'hui de cette promesse de désintermédiation de l'e-commerce ?

Paradoxalement, on a assisté durant les années 2000 à une réintermédiation autour d'une poignée d'acteurs. En effet, les grands acteurs du commerce digital, au rang desquels Amazon, eBay, Alibaba, Apple ou Google jouent le rôle de leaders mondiaux, sont parvenus à tourner à leur avantage l'éparpillement du réseau et à capter l'élément indispensable à une désintermédiation réussie : l'accès permanent au client final quels que soient ses itinéraires en ligne ou ses déplacements quotidiens.

© Dila, *Cahiers français*, n° 392, J.-R. Gratadour, mai-juin 2016.

10. **Qu'entend-on par « désintermédiation des échanges » ? Illustrez par un exemple.**

11. **Pourquoi parle-t-on alors de réintermédiation ? Quels sont les acteurs de la réintermédiation ?**

12. **Expliquez la phrase soulignée dans le document 23.**

13. **En quoi la réintermédiation des échanges favorise-t-elle l'e-commerce à l'international ?**

DOC. 24 L'ubérisation et ses enjeux

Le mot « ubérisation » est un néologisme formé à partir du nom de la société Uber. Il entre dans le *Larousse* en 2017 :

Ubérisation. Remise en cause du modèle économique d'une entreprise ou d'un secteur d'activité par l'arrivée d'un nouvel acteur proposant les mêmes services à des prix moindres.

L'« ubérisation » est un terme qui suscite autant de crainte que d'espoir.

Nathan live!

L'UBÉRISATION EST-ELLE UNE CHANCE POUR L'ÉCONOMIE ?

https://youtu.be/5isAcquYnHQ

14. **Montrez en quoi l'ubérisation bouscule l'économie traditionnelle.**

15. **Visionnez la vidéo et mettez en évidence les enjeux de l'ubérisation.**

16. **La réglementation a-t-elle évolué depuis la publication de la vidéo ?**

B La plateforme d'échange au cœur de l'économie numérique

DOC. 25 La notion de plateforme « multiface »

Les acteurs de l'économie numérique se rencontrent sur des plateformes logicielles. On distingue plusieurs types de plateformes :
– les plateformes d'échange direct : places de marché, économie collaborative (ex. : Darty, Le Bon Coin) ;
– les plateformes d'audience ou de contenus (ex. : Google, Spotify, Facebook) ;
– les plateformes de travail (ex. : ENT scolaire) ;
– les plateformes de financement (ex. : KissKissBankBank).

Ces plateformes sont « multifaces », c'est-à-dire qu'elles sont des intermédiaires qui mettent en relation plusieurs « faces » ou catégories d'utilisateurs. La valeur d'une plateforme est sa capacité à attirer de larges catégories d'utilisateurs.

DOC. 26 La plateforme « biface » de l'économie collaborative

Les plateformes de consommation collaborative comportent deux faces : une face « offre » de biens ou services et une face « demande ». Certains utilisateurs peuvent faire le choix de n'être que sur une seule face de la plateforme ou, au contraire, d'être présents sur les deux faces.

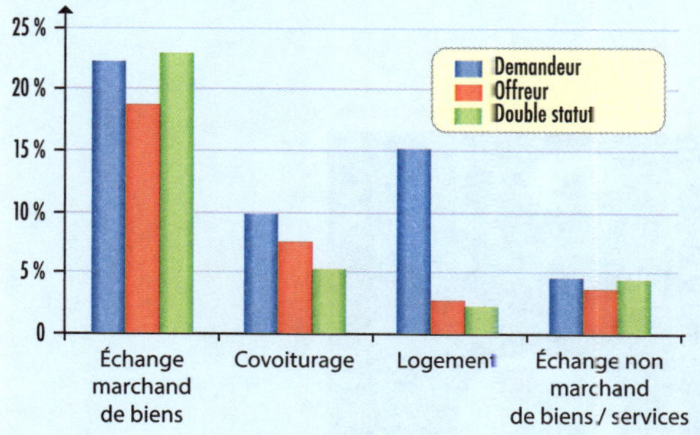

Marsouin.org, octobre 2016.

17. Illustrez chaque type de plateformes par des exemples de plateformes que vous utilisez personnellement et identifiez leurs faces.

18. Sur quelle(s) face(s) se spécialisent les utilisateurs du Bon Coin, d'Airbnb et de BlaBlaCar ?

19. Comment expliquez-vous ces comportements ?

DOC. 27 Les externalités de réseau sur les plateformes

Les utilisateurs de chaque face de la plateforme interagissent, créant ainsi des externalités de réseau.
La satisfaction des utilisateurs situés d'un côté du marché augmente lorsque le nombre de ceux situés sur un autre côté croît.
Un moteur de recherche comme Google attire les internautes par le nombre de contenus (mis à disposition par les fournisseurs de contenus) auquel il permet l'accès ; ensuite, les annonceurs publicitaires sont attirés par le nombre d'internautes que cette plateforme permet de toucher.
Uber met en relation des chauffeurs et des personnes cherchant à se déplacer, celles-ci trouvant un service de meilleure qualité lorsque les voitures sont plus nombreuses ; les chauffeurs, quant à eux, opèrent de manière plus rentable lorsque les utilisateurs sont nombreux.
Ces effets de réseau permettent ainsi une plus grande différenciation des transactions possibles (variété des offres, comparaison des prix, etc.) et un meilleur appariement* entre offre et demande.

* Mise en relation.

Nicolas Colin, Augustin Landier, Pierre Mohnen et Anne Perrot (2015) : « Économie numérique », *Les Notes du Conseil d'analyse économique*, n° 26, octobre.

20. Identifiez les trois faces de la plateforme YouTube et le rôle de chaque face.

21. Mettez en évidence les externalités de réseau sur la plateforme YouTube.

22. Expliquez la phrase soulignée dans le document 27.

DOC. 28 La plateforme : un outil du monopole numérique

L'établissement d'un monopole se fonde sur la notion de rendement croissant. Une entreprise connaît des rendements croissants quand l'accroissement de sa production entraîne une baisse de son coût unitaire. La plateforme s'y prête singulièrement. En effet, dans une plateforme, le coût [...] de production d'une unité supplémentaire est décroissant. La raison est simple : *les coûts fixes de la plateforme, quand advient une hausse des ventes, se retrouvent répartis sur davantage de volumes.* Il s'ensuit que le coût moyen chute quand les volumes croissent. La position dominante survient lorsque le cercle vertueux s'enclenche où la baisse du coût moyen et la hausse des ventes se nourrissent l'une l'autre. Dans les cas extrêmes, l'effet est tel que la concurrence disparaît. [...]

Les sociétés numériques cherchent donc à construire des monopoles et, dans l'écosystème numérique, le plus sûr moyen est la plateforme, pour trois raisons :

– **La plateforme fonctionne comme une infrastructure :** la plateforme crée les conditions d'un monopole à même de se réinventer pour contrer la concurrence ou étendre son leadership à de nouveaux domaines. C'est pourquoi les entreprises numériques démontrent une si grande capacité à se métamorphoser et à enrichir leur idée d'origine. [...] Les créateurs de start-up parlent à ce propos de *capacité à « pivoter »*.
Si la plateforme s'ouvre à des partenaires et accueille ainsi des offres d'autres sociétés, l'entreprise aura bâti une offre aussi puissante que les réseaux d'eau et d'électricité. Il n'y aurait pas d'Uber sans Google Maps, Google Play ou App Store.

– **La plateforme parie sur des effets de réseau :** un meilleur service attire plus d'usagers, qui en retour améliorent la prestation. L'effet réseau, pour fonctionner, nécessite dès le départ une très bonne qualité de services, sinon l'effet ne pourra pas s'enclencher.

– **La plateforme installe le client dans une situation de confort captive :** le client devient captif car il perçoit le coût élevé de se passer de la plateforme, habitué qu'il est à la qualité de ses services, accoutumé qu'il est à régler sa commande en un simple clic puisque toutes ses coordonnées bancaires ou postales sont déjà renseignées.

J.-L. Beffa, *La Révolution numérique et les entreprises. Se transformer ou mourir*, Éditions Points, 2018.

DOC. 29 L'écosystème de Google

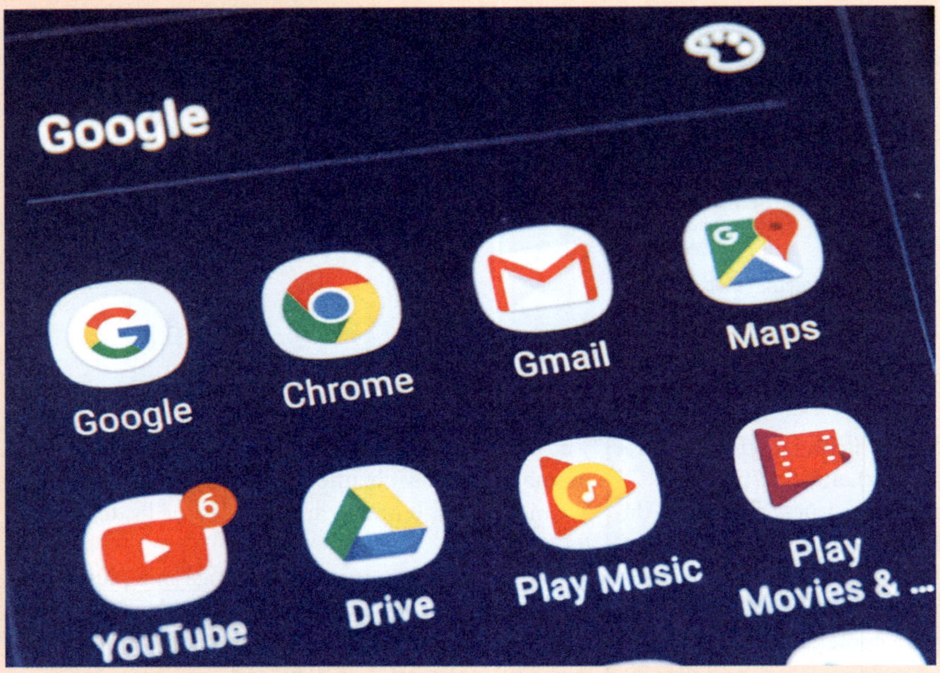

23. Qu'entend-on par « rendements croissants » ? Comment une entreprise peut-elle en obtenir ?
24. En quoi les rendements croissants favorisent-ils la situation de monopole ?
25. Donnez des exemples d'entreprises numériques qui ont « pivoté ».
26. Pourquoi peut-on parler d'écosystème pour Google ?
27. Observez vos habitudes personnelles de consommation numérique et dites si vous êtes un client captif de certaines plateformes. Analysez-en les raisons.

DOC. 30 Les plateformes collaboratives et le fonctionnement du marché

L'économie collaborative induit une réduction des coûts de transaction qui rapproche les marchés de leur idéal concurrentiel. Elle met en concurrence quantité d'offreurs et de demandeurs, ce qui contribue à la baisse des prix et à la qualité des biens et services produits. Les effets peuvent se propager à l'ensemble des secteurs concernés, l'émergence de nouvelles firmes innovantes incitant les traditionnelles à se moderniser et à se différencier. [...]
L'asymétrie d'information entre producteurs et consommateurs est également diminuée. Les plateformes d'échange facilitent la circulation de l'information sur la qualité de ceux-ci via des procédures d'évaluation. Elles produisent de la confiance entre une multitude d'agents qui ne se connaissent pas par un processus d'accumulation de connaissances à moindre coût. Ces effets de réputation réduisent les asymétries d'information et les défauts de coordination.
Ils peuvent cependant aussi conduire à de nouvelles formes de barrière à l'entrée, un nombre minimal d'évaluations étant nécessaire pour attirer des consommateurs.
Par ailleurs, ils reposent sur des systèmes d'évaluation peu transparents, entièrement régulés par les plateformes de mise en relation, ce qui crée d'autres asymétries.

© Dila, *Cahiers français*, n° 392, O. Montel, mai-juin 2016.

DOC. 31 La position dominante des entreprises numériques

Le développement des plateformes tend à la création de monopoles. Il existe donc un risque de voir les acteurs dominants exploiter leur pouvoir de marché pour se livrer à des pratiques abusives à l'égard de leurs utilisateurs. Cela peut se traduire, par exemple, par des tarifs excessifs imposés aux utilisateurs.
Par exemple, Booking.com a dû modifier ses conditions tarifaires auprès des hôtels suite à la décision de l'Autorité de la concurrence du 21 avril 2015.

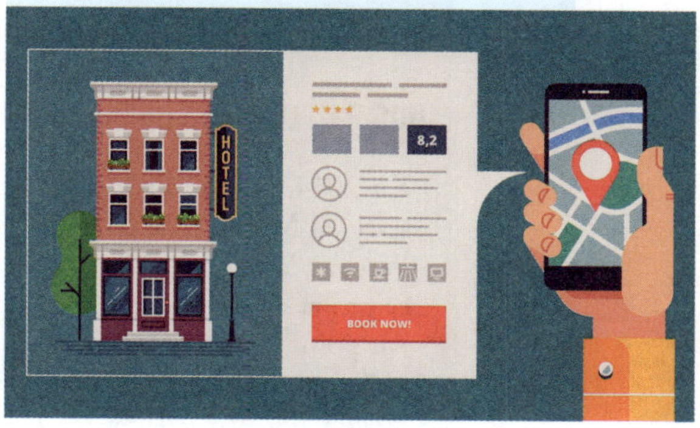

28. **Par quel effet l'économie collaborative favorise-t-elle la baisse des prix et l'amélioration de la qualité des produits ?**

29. **Rappelez la définition de l'asymétrie d'information entre offreurs et demandeurs.**

30. **Comment les effets de réputation sont-ils intégrés sur les plateformes ? Quel est leur impact ?**

31. **Peut-on dire que les plateformes améliorent le fonctionnement du marché ?**

APPLICATION AU CAS

AIRBNB

DOC. Airbnb tisse sa toile

Au siège de Airbnb à San Francisco, l'appartement de Rausch Street, dans lequel Brian Chesky, Nathan Blecharczyk et Joe Gebbia ont loué leur premier matelas gonflable (d'où le Air) à un touriste pour payer leur loyer, a été reconstitué dans les moindres détails. « Pour ne pas oublier d'où l'on vient », relève Nathan. Il faut dire que le succès supersonique de leur plateforme de location entre particuliers pourrait facilement effacer ses débuts. Le pionnier de l'hébergement collaboratif se rêve en numéro 1 mondial du tourisme. Si les historiques du secteur s'affolent, beaucoup d'autres se frottent les mains. En dix ans, bousculant l'industrie hôtelière et les historiques du tourisme, ces trois trentenaires toujours aux manettes ont fait de Airbnb le plus gros hébergeur mondial avec 4,5 millions de logements et 100 millions de clients par an, dont 12 millions en France, deuxième marché derrière les États-Unis.

N. Villard, *Capital*, 14 juin 2018.

1. **Quel type de relation d'échange est concerné par la plateforme Airbnb ?**

2. **Identifiez les faces de la plateforme numérique Airbnb.**

3. **Expliquez comment la plateforme a réussi à construire en dix ans une position dominante sur le marché de l'hébergement.**

1 La place de marché transforme les entreprises

1. **Quel est le rôle de la start-up Mirakl auprès de Nature & Découvertes ?**
2. **Sur le site https://www.natureetdecouvertes.com/marketplace, visionnez la vidéo « Notre marketplace en bref ».**
3. **Identifiez les avantages et les inconvénients de l'ouverture de la place de marché de Natures & Découvertes.**
4. **Pourquoi peut-on dire que la place de marché a transformé l'entreprise ?**
5. **Comment les places de marché vont-elles évoluer à l'avenir ?**

DOC. 1 La place de marché de Nature & Découvertes

En 2014, Nature & Découvertes fait appel à la start-up Mirakl pour lancer sa marketplace. Hugo Perpère, le directeur du digital, raconte comment ce projet « casse-gueule » est devenu un succès… Au point de transformer l'entreprise.

« *Aujourd'hui, c'est un succès indéniable en termes quantitatifs. C'est le projet de l'entreprise qui a la meilleure rentabilité. D'un point de vue des ventes, c'est aussi un succès. La marketplace représente une part de l'e-commerce à deux chiffres et enregistre une croissance à trois chiffres* », expose Hugo Perpère, sans toutefois révéler les montants exacts.

• En interne, les craintes sont diverses : cannibalisation des produits du catalogue ou, au contraire, positionnement sur des univers trop éloignés de celui de Nature & Découvertes.

Aujourd'hui, Nature & Découvertes travaille avec une centaine de revendeurs, compte cinq fois plus de références sur sa marketplace qu'en magasin et n'hésite pas à mettre en concurrence certains de ses produits avec ceux des partenaires. « *La cannibalisation stimule les achats. Si un client achète sur la place de marché un produit d'un revendeur, cela signifie qu'on n'est pas assez créatifs, pas assez différenciants, que nos produits ne sont pas assez bons. Cela nous oblige à être meilleurs.* »

• Les vendeurs en magasin seront, par ailleurs, bientôt équipés de nouvelles tablettes avec un terminal de paiement intégré pour faciliter les ventes en ligne depuis un magasin. « *Maintenant, il n'y a plus de rupture en magasin. Lorsqu'un client ne trouve pas l'article en rayon, on propose de le lui envoyer directement depuis notre entrepôt. L'acte de vente s'est complètement transformé.* »

• Prochaine étape pour le développement de la marketplace ? Déployer une place de marché de services. « *Aujourd'hui, les gens veulent vivre des expériences. L'idée est donc d'utiliser notre marketplace pour consolider une offre de services fragmentée sous le chapeau de la marque Nature & Découvertes.* » On y proposera des cours de yoga, des balades à dos d'âne et autres activités autour du bien-être, de la famille et de l'outdoor. Le lancement de cette place de marché servicielle est prévu pour le troisième trimestre 2018. Il s'inscrit dans une refonte complète du site e-commerce.

***L'Usine Digitale*, 19 septembre 2017.**

DOC. 2 L'évolution des places de marché

Interview : *le président de Mirakl, l'éditeur de solutions de places de marché, livre son analyse sur les tendances qui dominent le secteur en 2018 au* Journal du Net *(JDN).*

JDN. **Quelles sont les tendances en matière de marketplace cette année ?**

Philippe Corrot. Nous observons une montée en puissance des marketplaces dites « servicielles ». C'est-à-dire celles qui regroupent à la fois de la vente de produits accompagnés des services. Typiquement, la place de marché qui commercialise des meubles avec des services de bricoleurs pour l'installation. Les opérateurs de place de marché doivent alors gérer de nouvelles problématiques. Par exemple, prendre en compte la géolocalisation. Un produit peut être expédié dans toute la France, mais le bricoleur ne peut travailler qu'à proximité de l'acheteur. Autre exemple : il faut aussi que le produit arrive avant le service. À cela s'ajoutent quelques particularités liées au paiement et aux transactions qui obligent à s'adapter.

***Journal du Net*, 25 avril 2018.**

2 Ubérisation : quels enjeux ?

1. Rappelez ce que signifie le terme « ubérisation ».
2. Quels sont les nouveaux enjeux économiques posés par l'ubérisation ?
3. Quelles règles ont été mises en place par les pouvoirs publics pour réguler ce phénomène ?

DOC. Les limites de ce nouveau modèle

Néologisme créé à partir du nom de l'entreprise californienne de transport, le terme « ubérisation » a fleuri depuis peu dans notre vocabulaire économique. Il correspond à l'émergence de plateformes digitales mobiles sur lesquelles clients et prestataires peuvent entrer en contact directement, gratuitement et en temps réel. Et qui bouscule certains pans de l'économie traditionnelle. […]

Ce modèle vient bouleverser les prestataires et intermédiaires historiques car il permet à des particuliers et semi-professionnels d'annoncer gratuitement des services à des bases de clientèle très larges. La monétisation de ces applications vient en aval quand le prestataire reverse un pourcentage de son chiffre d'affaires à la plateforme (20 % en moyenne). […]

L'ubérisation est devenue un phénomène au cours des dernières années, que ce soit au travers de ses répercussions sur les habitudes des consommateurs ou le succès de certaines sociétés : Uber est évaluée par les marchés financiers à 70 milliards de dollars, soit sept fois la valeur de Peugeot SA. Néanmoins, des réserves subsistent. […]

Une précarisation du marché du travail

Ces nouvelles sociétés créent de l'emploi, mais il s'agit d'un travail essentiellement mal rémunéré et à temps partiel. Il s'agit d'un modèle aux antipodes du salariat classique. Le travailleur commence et finit de travailler quand il veut. C'est une flexibilité totale mais également un mode de vie précaire, et peu à même de mobiliser une force de travail sur du moyen/long terme.

D'après une étude réalisée par *Alternatives Économiques* en 2016 (« Uber : le mirage entrepreneurial »), un chauffeur locataire chez Uber gagne environ 750 euros net par mois pour 70 heures travaillées par semaine. Le groupe enregistre par conséquent une rotation très importante des chauffeurs, dont les gains sont insuffisants.

L'intervention nécessaire des pouvoirs publics

Les États ont souvent été pris de court et contraints d'agir *a posteriori* lorsque des déséquilibres sont apparus. L'ubérisation avance à un rythme très rapide, et il est difficile pour les pouvoirs publics de faire la balance entre les avantages et les inconvénients.

La révolte des taxis en France

Le service UberPop donnait la possibilité aux particuliers de transporter d'autres particuliers, avec très peu de contraintes. Face au tollé suscité au sein des taxis traditionnels, le gouvernement a décidé d'interdire ce service. Depuis, les barrières à l'entrée pour les VTC ont été augmentées. [Un décret d'avril 2017 fixe les modalités d'une épreuve théorique commune aux VTC et aux taxis.]

La distorsion des marchés immobiliers

Le développement de Airbnb a, dans certains cas, eu un effet néfaste sur le marché du logement. La rentabilité d'une location sur Airbnb étant supérieure à une location traditionnelle, de nombreux propriétaires sont tentés de louer leur(s) bien(s) exclusivement sur Airbnb. Ceci provoque une pénurie de l'offre dans le logement locatif traditionnel et pénalise la population locale (loyers plus élevés, exode du centre-ville). Symétriquement, cela nuit à l'hôtellerie traditionnelle, soumise à davantage de contraintes.

Dans le cas parisien, la mairie interdit de louer un bien sur Airbnb plus de 120 jours par an (depuis 2016). À Berlin, il est seulement possible de louer une chambre dans l'appartement ou la maison du propriétaire (depuis 2016 également). […]

D'après www.lafinancepourtous.com, 6 février 2018.

L'économie numérique

- Une économie de l'information et de la connaissance grâce aux technologies numériques
- L'apparition de nouveaux acteurs (start-up, GAFA) et secteurs d'activité

→ La révolution numérique modifie les modes de consommation et de production.

Les conséquences du numérique sur l'environnement des entreprises

- Dématérialisation des services
- Accélération de l'innovation et nécessité de s'adapter
- Évolution des formes de concurrence (nouveaux acteurs, nouveaux secteurs)
- Accélération de la mondialisation

Les conséquences du numérique sur les relations d'échange

- Un mouvement de dématérialisation des échanges
  - Des relations marchandes : B to B, B to C, C to C → Le rôle des places de marché et de l'e-commerce
  - Des relations non marchandes : B to G, partage de contenus…
- La désintermédiation des échanges entre le producteur et le consommateur
  Et paradoxalement, l'apparition de nouveaux intermédiaires : processus de réintermédiation
- Le rôle des plateformes d'échange, lieux d'échange numérique qui permettent de créer des effets de réseau (ou externalités) et modifient les conditions de fonctionnement du marché (réduction des coûts de transaction et des asymétries d'information)

CONCEPTS

Big Data – B to B – B to C – C to C – C to G – Économie collaborative – Économie numérique – Externalité de réseau – Place de marché – Plateforme d'échange – Pure player – Ubérisation

2 L'adaptation des entreprises à l'économie numérique

LA COMPÉTENCE ATTENDUE
→ Identifier les conséquences du numérique sur les modes de production et de consommation de biens et services de l'entreprise.

LES SAVOIRS ASSOCIÉS
→ L'évolution des modèles économiques : relations marchandes, non marchandes, économie collaborative, propriété et usages
→ Les normes et les standards

PLAN DU CHAPITRE
- 1 • Identifier les conséquences du numérique sur les modes de consommation
- 2 • Identifier les conséquences du numérique sur les modes de production

L'essor du commerce par la voix

Carrefour saute le pas. Lundi 11 juin 2018, le distributeur s'associe en France avec Google pour vendre, à partir de début 2019, ses produits *via* trois canaux numériques du géant américain : l'enceinte connectée Google Home, l'assistant Google, présent sur les smartphones, montres ou téléviseurs connectés, et la plateforme de commerce en ligne Google Shopping, qui sera dotée en France d'une nouvelle interface pour gérer les listes de courses. Un partenariat qui suit celui annoncé il y a trois mois entre Amazon et Monoprix. Le distributeur tente de ne pas être tenu à l'écart de l'essor du commerce commandé par la voix, estimé à 40 milliards de dollars en 2022 […]. Ce nouvel accord – une première en Europe – va permettre à Carrefour « d'accéder à de nouveaux clients, plus jeunes », explique Marie Cheval, directrice de la transformation digitale.

A. Piquard et C. Prudhomme, *Le Monde*, 11 juin 2018.

LÉA, L'ASSISTANT CARREFOUR SUR GOOGLE HOME POUR FAIRE VOS COURSES GRÂCE À LA COMMANDE VOCALE
https://youtu.be/BoWK_Jkc1xc

1. **Qu'est-ce que le commerce commandé par la voix ?**
2. **Quel est l'intérêt pour Carrefour de signer un tel accord ? et pour Google ?**
3. **En tant que consommateur/consommatrice, que pensez-vous de ce partenariat ?**

1 Identifier les conséquences du numérique sur les modes de consommation

A De nouveaux usages auxquels s'adaptent les entreprises

DOC. 1 Le mobile au cœur des usages des « digital natives »

La génération des « digital natives » (15-34 ans) se caractérise par un usage massif du smartphone, une forte présence sur les réseaux sociaux, un faible temps passé à regarder la télévision, une consommation abondante de musique en streaming, une très faible appétence pour la presse papier… Instantanéité, mobilité et partage constituent leur credo. Ils représentent un quart de la population française et influencent de plus en plus les générations plus âgées. […] Un milliard de smartphones sont vendus chaque année dans le monde. Les applications sont désormais au cœur des usages et le consommateur a une consommation « ATAWAD » : Any Time, Any Where, Any Device (n'importe quand, n'importe où et sur n'importe quel support).

©Dila, *Cahiers français*, n° 392, mai-juin 2016.

DOC. 2 La progression de la consommation connectée

Les « digital natives », devenus consommateurs, entraînent une mutation de la structure de l'économie à mesure qu'ils accèdent à un pouvoir d'achat.

37,5 millions de Français achètent sur Internet
85,5 % des internautes
Source : Médiamétrie - Observatoire des Usages Internet - T1 2018.
Base : ensemble des individus de 11 ans et plus.

DOC. 3 Les usages varient selon l'âge

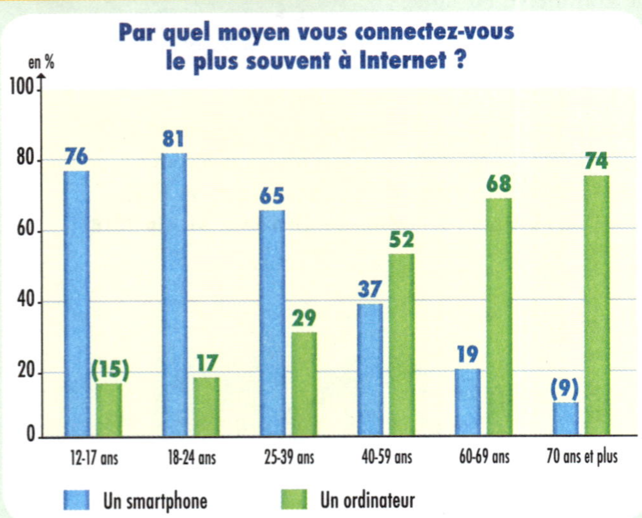

D'après https://serviceplan.blog

DOC. 4 Les entreprises s'adaptent à la mobilité

Pour une entreprise, l'application mobile représente une solution supplémentaire pour booster son activité, développer sa notoriété et acquérir de nouveaux clients. […] En interne, [les applications] sont destinées à permettre à leurs employés d'être nomades en disposant d'un bureau mobile et des données requises pour leur activité opérationnelle en tout temps et en tout lieu. D'où une productivité accrue.

D'après www.entreprendre.fr

1. **Qui sont les « digital natives » ?**
2. **Quel est l'effet de la diffusion des écrans et d'Internet sur le commerce B to C ?**
3. **Comment s'adaptent les entreprises aux nouveaux usages de cette génération ?**

DOC. 5 Les réseaux sociaux transforment la consommation

Les réseaux sociaux transforment la consommation car les marques ne contrôlent plus les usages et n'ont plus le monopole de la parole. C'est en grande partie par les réseaux sociaux que les individus prennent le pouvoir sur leur consommation : ils rendent visibles les produits et les services, les évaluent, les critiquent et peuvent jouer un rôle d'« influenceur » encadré ou non par une marque.

Face à ces consommateurs connectés, les stratégies marketing changent totalement de rôle. Il ne s'agit plus d'imposer un produit mais de capter l'attention du consommateur en évoquant ses centres d'intérêt, ses désirs matériels et symboliques, et ainsi tenter de créer l'attachement à une marque. [...]

V. Chabault, *Journal du Net*, 23 août 2017.

Un quart de la population mondiale est inscrit sur un réseau social. Une telle audience intéresse fortement les annonceurs, les marques et les agences web qui peuvent rapidement fédérer des communautés avec des budgets dérisoires et mesurer aisément le retour sur investissement. Dans ce cadre, l'information n'est plus l'exclusivité des professionnels, elle est universelle et participative.

© Dila, *Cahiers français*, n° 392, mai-juin 2019.

DOC. 6 Le consommateur « augmenté »

L'**expérience d'achat (ou expérience client)** désigne l'ensemble des émotions et sentiments ressentis par un client avant, pendant et après l'achat d'un produit ou service.

Source : Fevad, *Chiffres clés 2018*.

4. **En quoi les réseaux sociaux facilitent-ils l'accès à l'information ?**
5. **Identifiez l'influence de « l'expérience client » sur l'acte d'achat.**
6. **Pourquoi peut-on parler d'un « consommateur augmenté » ?**
7. **Quel est l'usage des réseaux sociaux dans les relations marchandes ?**
8. **Montrez comment les entreprises s'adaptent à ces nouveaux usages.**

DOC. 7 Les publications de contenus sur Internet

YouTube

Lorsque vous publiez une image sur Instagram ou une vidéo sur YouTube, vous la partagez avec l'ensemble de vos contacts, qui pourront à nouveau la partager sur leurs comptes. Les réseaux sociaux ont une vocation de partage et incitent fortement les utilisateurs à faire circuler entre eux le contenu qu'ils postent sur la plateforme. De la même façon, chacun d'entre vous peut publier et partager des connaissances en libre accès sur l'encyclopédie collective et gratuite Wikipédia.

Seulement voilà : Instagram ressemble à une sorte de vaste supermarché numérique de l'image, où la moindre de vos photos personnelles pourrait se voir récupérée, transformée, éditée, exposée et commercialisée à votre insu. Et les contenus publiés sur Wikipédia sont modifiables par tous et ne constituent pas des sources d'information fiables.

9. **Qu'est-ce que la diffusion de contenus en ligne ?**
10. **Quel est le problème posé par les publications de contenus sur Internet ?**

B De nouveaux modèles de consommation

DOC. 8 Consommation : l'usage plutôt que la possession

De la propriété à l'usage

La révolution numérique bouscule nos habitudes de consommation. En effet, à l'heure du partage, consommer ne signifie plus posséder. La vente de la propriété du bien est de plus en plus souvent remplacée par la vente de l'usage du bien. On bascule ainsi d'une économie de la propriété à une économie de l'usage.

Le boom de l'économie collaborative

La bonne santé des sites de l'économie collaborative en témoigne : on assiste au développement des sites de vente entre particuliers (Leboncoin, eBay...) ainsi que des sites de partage (BlaBlaCar, Airbnb, Vélib' Métropole...). Petit à petit, l'usage se substitue à la possession et les modèles reposant sur la location ou l'abonnement deviennent de véritables modèles de consommation. Cela explique le succès de Deezer et de Netflix, par exemple.

DOC. 9 Le développement de l'autopartage

L'autopartage permet à plusieurs personnes d'utiliser un véhicule commun à ses utilisateurs ou abonnés. Chaque abonné ou utilisateur habilité peut accéder à un véhicule sans conducteur pour le trajet de son choix et pour une durée limitée. Les personnes privées (personne physique, association, entreprise) ou publiques (les collectivités territoriales ou leurs groupements, leurs régies et les entreprises publiques) peuvent exploiter un service d'autopartage. Il permet de réduire la dépendance à la voiture et favorise le report vers d'autres modes de mobilité. En outre, il permet de libérer de l'espace urbain utilisé auparavant pour le stationnement des véhicules. L'autopartage a connu ces dernières années une croissance très forte et dispose d'un potentiel de développement important.

www.ecologique-solidaire.gouv.fr, 30 mai 2017.

11. **Qu'est-ce que l'autopartage ? Quelle est la différence avec le covoiturage ?**

12. **Pourquoi préférer l'usage d'un bien plutôt que sa propriété ?**

13. **Identifiez, dans les documents 8 et 9, les acteurs de cette économie de l'usage puis classez-les selon leur modèle : abonnement, location, achat/vente d'occasion.**

14. **Donnez des exemples de votre vie quotidienne où l'usage remplace la propriété.**

DOC. 10 L'économie de l'usage et le développement durable

En remplaçant la vente du bien par la vente de l'usage du bien, le producteur a donc intérêt à faire durer le produit, ce qui favorise un moindre gaspillage des ressources naturelles, dans une perspective de développement durable. D'autre part, les citoyens ont pris conscience des dangers auxquels la planète est exposée du fait du développement de ce modèle d'hyperconsommation mondialisée et qui pourraient mettre en cause leurs modes de vie : pollution directe et indirecte, changement climatique, problématiques de recyclage, maladies, gaspillage, épuisement ou raréfaction des ressources (pétrole, eau...).

15. **Comment s'adaptent les entreprises qui produisent ces biens ?**

16. **Quels liens pouvez-vous établir entre économie de l'usage et contribution au développement durable ?**

DOC. 11 **Les entreprises s'adaptent à l'économie de l'usage**

Quel est le point commun entre Bic, le fabricant de rasoirs, et BlaBlaCar, le leader français du covoiturage ? À première vue aucun, si ce n'est une incursion sur le territoire de l'économie émergente.

• Bic s'est récemment distingué en prenant le virage de l'abonnement pour commercialiser ses rasoirs en ligne. Désormais, ses clients pourront – en s'abonnant sur le site bicshaveclub.com – recevoir chaque mois leurs rasoirs à domicile (une Shave Box). Comme on reçoit un magazine.

• Pour BlaBlaCar, cette irruption a commencé plus tôt et s'est intensifiée […]. La jeune pousse de Frédéric Mazzela a en effet lancé une offre de location longue durée de véhicules à destination des covoitureurs les plus assidus.

Deux initiatives parallèles qui interrogent : qu'est-ce qui pousse des acteurs aussi différents à repenser leur business model ? L'évolution du consommateur, tout simplement.

www.nouvelentrepreneur.fr, 2 mai 2017.

DOC. 12 **L'abonnement au service de cloud computing**

Difficile de se passer du cloud aujourd'hui, en particulier pour les professionnels. Mais le cloud, qu'est-ce que c'est ? Le cloud computing est une forme de stockage de données à l'extérieur de son propre système. […] En s'abonnant à un service de cloud computing [ex.: Google, IBM], on paie l'accès à des ressources informatiques partagées *via* un réseau de télécommunications. Des ressources, et c'est le plus important, qui restent donc disponibles en libre-service et à la demande.

Les « plus » du cloud : rapidité, souplesse, paiement à l'usage.

Les « moins » du cloud : complexité, sécurité des données…

www.entreprendre.fr

17. **Les services proposés par Bic, BlaBlaCar, IBM et Google relèvent-ils d'un modèle de location ou d'abonnement ? Justifiez.**

18. **Pourquoi peut-on dire qu'ils appartiennent à l'économie de l'usage ?**

19. **Pourquoi y a-t-il une expansion des services de cloud computing ?**

20. **Quels en sont les avantages et les inconvénients pour les particuliers ? les entreprises ? la société dans son ensemble ?**

APPLICATION AU CAS

AIRBNB

DOC. **Les avis sur Airbnb**

Le système de commentaires Airbnb est à double sens : lorsqu'un voyageur quitte votre logement, il peut bien évidemment laisser un commentaire et une note sur votre annonce de location, mais vous pouvez, de même, poster un commentaire sur les personnes que vous avez reçues. À la fin du séjour, voyageur et hôte sont invités à laisser leur avis. Chaque avis n'est dévoilé qu'une fois l'avis de l'autre partie rédigé et soumis. Cela assure ainsi une certaine transparence et incite chacun à jouer le jeu, en déposant un avis sans avoir lu l'autre.

Romain, www.astuces-airbnb.com, 21 décembre 2016.

1. **Pourquoi l'entreprise Airbnb fait-elle partie de l'économie de l'usage ?**

2. **Quelles sont les caractéristiques du système de notation sur Airbnb ?**

3. **Montrez que le système appliqué par Airbnb permet de construire un profil des utilisateurs des deux faces de la plateforme.**

4. **Quelles en sont les conséquences sur les modes de consommation des utilisateurs ?**

2 Identifier les conséquences du numérique sur les modes de production

A L'évolution des modèles économiques de l'entreprise

DOC. 13 Le business model en plateforme

Parmi les dirigeants que nous avons interrogés, 83 % estiment que l'économie digitale est en train d'induire une transformation majeure, grâce à la puissance des écosystèmes de clients, partenaires, développeurs et autres parties prenantes. La mise en place d'un modèle basé sur la demande permet aux entreprises de créer de la valeur en puisant dans des ressources et capacités dont elle n'a pas besoin d'être propriétaire. […] Apple, avec sa plateforme App Store, bénéficie ainsi des ressources d'un écosystème sans pour autant en être le propriétaire. 40 % des cadres pensent que l'adoption d'un business model en plateforme et l'engagement sur des écosystèmes de partenariats digitaux sont des facteurs clés pour leur entreprise.

Accenture, 2016.

La transformation des business models

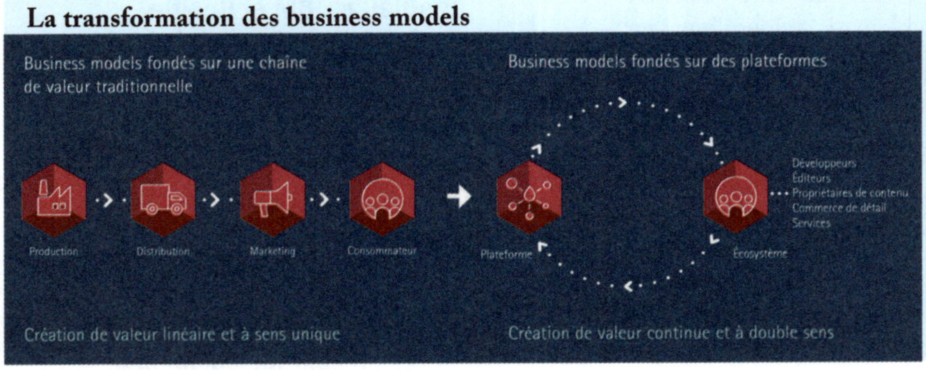

Une plateforme numérique prend appui sur un réseau d'entreprises et de parties prenantes (un écosystème) facilitant ainsi la mise en relation entre l'offre et la demande.

DOC. 14 Le succès du business model de l'App Store

Le magasin d'applications, qui fête ses dix ans ce 10 juillet 2018, est un élément incontournable du modèle économique de la marque à la pomme. En 2018, plus de 2,2 millions d'applications sont disponibles en magasin. Et depuis 2008, ce sont plus de 4,5 millions d'applications qui ont été développées. L'App Store aurait permis à l'écosystème de générer près de 130 milliards de dollars […]. Une somme sur laquelle Apple récupère 30 % *via* une commission prélevée aux développeurs d'application. Les jeux représentent 75 % des revenus. […]

L. Mediavilla, *Les Echos*, 10 juillet 2018.

1. **Relevez les différences entre un business model traditionnel et un business model fondé sur une plateforme.**
2. **Comment fonctionne le business model de l'App Store ?**

DOC. 15 Les PME françaises en retard dans la transformation digitale

Seules 66 % des PME françaises possèdent un site Internet (9e place en Union européenne en 2017). Les entreprises françaises sont en retard par rapport à la moyenne européenne en matière de digitalisation. Or, c'est un enjeu de compétitivité nationale.

Les PME se sentent largement démunies face au numérique. Il y a donc un important travail de pédagogie et d'accompagnement à réaliser auprès des chefs d'entreprise. Les outils de diagnostic existent ; il faut maintenant passer à la mise en œuvre. C'est pour cette raison que Bpifrance soutient la mise en œuvre d'un grand plan de digitalisation des PME.

www.bpifrance.fr

3. **Quels sont les freins à la digitalisation des PME ?**
4. **Pourquoi est-ce un enjeu de compétitivité nationale ?**
5. **Recherchez le rôle de la Banque publique d'investissement (BPI).**

DOC. 16 Nouveaux modèles économiques, stratégie de prix et modalités de financement

Le modèle « Freemium »	C'est la contraction de « free » et de « premium ». Ce modèle économique consiste à proposer une offre gratuite et facile d'accès pour attirer les utilisateurs et les encourager à payer pour une offre plus complète.
Le modèle « Free to play »	Ce modèle économique ne restreint pas l'expérience du consommateur, qui peut profiter du service proposé (quasiment) à volonté. L'éditeur se rémunère sur des revenus indirects qui proviennent d'annonceurs (placement de produit, publicité intégrée…).
Le yield management	Cette méthode d'ajustement des prix en temps réel en fonction de la demande permet une tarification qui fixe le prix en fonction du client et du moment de la transaction pour maximiser le profit généré par la vente d'un bien ou d'un service. Elle est très utilisée par les entreprises ayant des capacités fixes commercialisant des services non stockables.

Google Drive

6. Quelles sont les différences entre les trois modèles économiques proposés ci-dessus ?

7. Quels avantages procure le yield management aux entreprises ?

8. À quels modèles économiques correspondent les logos ci-dessus ?

9. Citez d'autres exemples de votre connaissance.

DOC. 17 Les normes et les standards

Dans l'industrie, l'économie ou les services, une **norme** est un ensemble de règles de conformité ou de fonctionnement légiféré par un organisme de normalisation mandaté, comme l'ISO au niveau international et l'AFNOR au niveau national. Un standard est un ensemble de recommandations ou de préférences préconisées par un groupe représentatif d'utilisateurs.

Ce type de pratiques possède de nombreux avantages. En effet, les normes et les standards permettent d'assurer la compatibilité, la pérennité et l'évolutivité des contenus et des choix techniques.

DOC. 18 Le développement des standards 5G

9 %
des smartphones seront compatibles avec la 5G dans le monde en 2021

(Gartner, 2018)

« La commercialisation des premiers smartphones compatibles 5G devrait voir le jour en 2019 et Orange prévoirait l'installation d'un réseau entre 2020 et 2022. Ce type de mise en application nécessite des dialogues entre équipementiers, pour définir des standards et trouver un accord sur la mise en service. »

D'après CapDigital, 2018.

10. En quoi consistent les standards pour la mise en place de la 5G ?

11. Quel est l'intérêt pour les entreprises et les consommateurs d'adopter des standards et des normes ?

B Les conséquences du numérique sur l'emploi

DOC. 19 Les effets des innovations sur l'emploi

De nombreuses études empiriques ont cherché à évaluer les effets des innovations technologiques sur le volume de l'emploi au cours des trente dernières années : elles tendent à converger pour conclure que ces effets ont été globalement favorables. [...] Au cours des dernières décennies, les technologies numériques semblent également avoir contribué à modifier le contenu en tâches et en compétences des métiers. Plusieurs travaux rendent ainsi compte d'une relative complexification des métiers.

Conseil d'orientation pour l'emploi, 2017.

DOC. 20 Les effets de l'automatisation dans l'OCDE

Selon l'OCDE, 9 % des emplois présentent en France un risque élevé d'automatisation. Cela signifie qu'au moins 70 % des tâches exécutées par les personnes qui les occupent pourraient être accomplies par une machine. En Allemagne, 12 % des postes sont concernés, soit trois points de plus que dans l'Hexagone. Les employés allemands travaillent proportionnellement plus dans l'industrie traditionnelle (notamment l'automobile) que leurs homologues français. Or, les emplois du secteur secondaire sont plus faciles à automatiser que ceux du secteur tertiaire, plus présent en France. Les emplois les plus exposés sont essentiellement les emplois peu qualifiés, dans les secteurs de l'alimentation, du nettoyage, de l'extraction minière, de la construction et des transports.

L. de Matharel, *Journal du Net*, 27 juillet 2016.

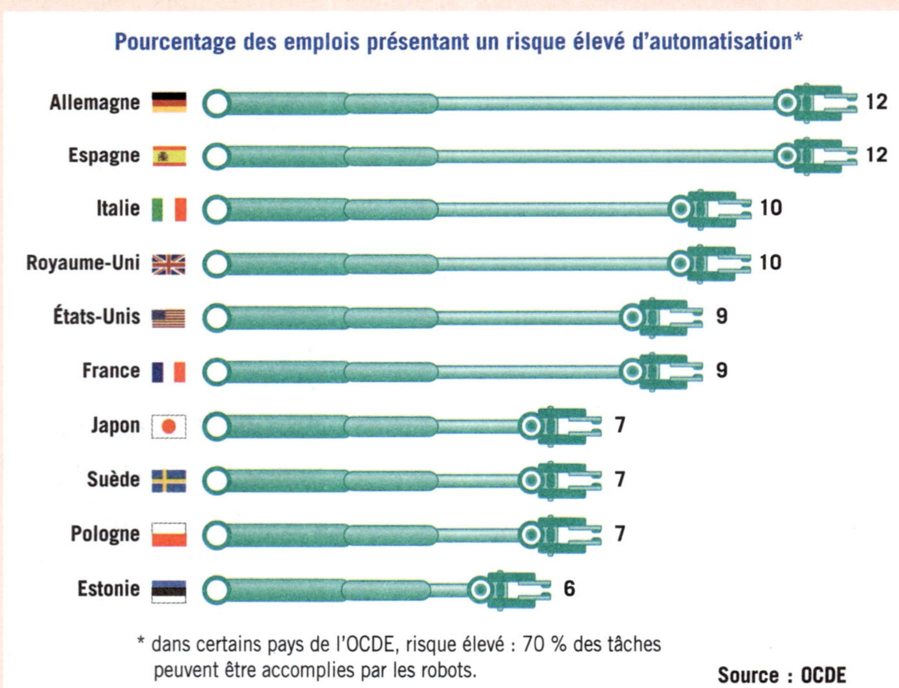

12. Quel a été l'effet global du numérique sur l'emploi au cours des 30 dernières années, tant d'un point de vue quantitatif que qualitatif ?

13. Quels risques l'automatisation fait-elle peser sur les emplois ?

14. Quels pays sont les plus exposés au risque d'automatisation ? et les moins exposés ?

15. Identifiez les secteurs confrontés au risque d'automatisation. Pourquoi ?

DOC. 21 Les métiers de demain

La révolution du numérique est en marche. Selon une étude publiée par Dell et l'Institut pour le futur, 85 % des emplois de 2030 n'existent pas encore. L'intelligence artificielle ou la robotique vont non seulement transformer en profondeur les métiers existants mais en créer de nouveaux, dont on peine encore à dessiner les contours, comme les éthiciens ou les psydesigners. Certains métiers de demain sont toutefois déjà une réalité. Roboticien, data scientist, pilote de drone civil, imprimeur 3D […]. Les entreprises s'arrachent ces profils rares qui concernent beaucoup de secteurs professionnels.

www.pole-emploi.fr

DOC. 22 La précarisation des emplois : l'exemple des « juicers »

« Notre métier, c'est comme "Pokémon Go", sauf qu'on est payés ! » Renaud, la trentaine, voit son métier de « juicer » comme un jeu vidéo. C'est grâce à des personnes comme lui que les Parisiens peuvent tous les matins trouver leurs trottinettes électriques chargées et soigneusement mises en place près de chez eux. En quoi consiste ce nouveau travail des « juicers » qui, discrets et méthodiques, rechargent les trottinettes électriques pendant que la ville dort ?

« Les utilisateurs ne se posent même pas la question », explique au *HuffPost* Renaud, lucide sur le fait que son travail de « juicer » se fait à l'ombre du regard de la société. Comme tous les autres, il a un contrat d'autoentrepreneur, payé à la recharge « entre 5 et 20 euros la batterie rechargée » par les start-up de location de trottinettes électriques. Il n'est pas salarié et préfère y voir le bon côté des choses : « On a une grande liberté, on travaille quand on veut. On n'a pas de compte à rendre. »

P. Lentz, *HuffPost*, 31 octobre 2018.

16. **Quelles sont les prévisions concernant l'évolution des emplois ?**

17. **Relevez des exemples de métiers de demain.**

18. **Pourquoi peut-on parler d'ubérisation à propos des trottinettes électriques ?**

APPLICATION AU CAS

AIRBNB

DOC. Un écosystème est né autour de Airbnb

Combien sont-elles exactement? Impossible à dire; sans doute des centaines, peut-être des milliers. Toute une galaxie de petites entreprises nées, depuis 2015, de la montée en puissance de Airbnb. Toutes avides de rendre des services aux loueurs comme aux locataires d'appartement pour de courtes durées. Qui créent des emplois et de la richesse. Et cela, dans toute la France. Parfois, cela se résume à de menus services rétribués à des étudiants autoentrepreneurs: accueil des visiteurs, remise des clés. Parfois, c'est un peu plus élaboré. La société Monkey Locky installe ainsi des casiers dans des cafés afin que les arrivants munis d'un code puissent récupérer les clés sans encombre.

E. Ducros, *L'Opinion*, 11 août 2017.

D'autres sociétés de « e-conciergerie » proposent de tout gérer : des annonces aux clés, jusqu'au nettoyage du linge sale… Depuis peu, des sociétés partenaires proposent de réserver des activités ou d'organiser des événements, ou bien d'aider les clients à déclarer leurs revenus aux services des impôts. Airbnb se lance dorénavant dans la construction d'immeubles. À quand la vente de billets d'avion ?

1. **Décrivez l'écosystème d'Airbnb.**

2. **Pourquoi peut-on parler d'un business model en plateforme ?**

3. **Comment ce business model est-il source de création de valeur ?**

1 L'assurance auto connectée : « Pay how you drive »

1. Comment le numérique fait-il évoluer l'offre d'assurance ?
2. Quels sont les avantages du service proposé par Direct Assurance ?
3. Quels sont les risques liés à l'hyperpersonnalisation de l'assurance ?

DOC. 1 L'assurance face à la révolution des données

Jamais l'assurance n'a semblé aussi près de basculer dans une nouvelle ère. Exploitation des données, algorithmes, intelligence artificielle sont autant de moyens de mieux définir les profils de risque, ce qui ouvre la voie à une assurance de plus en plus individualisée [...] pour ajuster la prime d'assurance au plus près de la réalité du risque. Seule une poignée d'assureurs auto, comme Direct Assurance, une filiale d'AXA, ou Allianz France, proposent déjà une offre de « pay how you drive », faisant moduler le tarif en fonction du comportement du conducteur, alors que ce dispositif est entré dans les mœurs en Italie ou au Royaume-Uni.

L. Thévenin, *Les Echos*, 7 février 2018.

DOC. 2 L'assurance auto connectée

Nathan live!

YOUDRIVE DE DIRECT ASSURANCE
https://youtu.be/Qlw7iIQISwE

« À l'extrême, il y a un risque que les assurés les plus fragiles soient tout simplement exclus du marché de l'assurance », met en garde Pascal Demurger, le directeur général de la Maif, dans la revue *Risques* [en juin 2017].

2 Le numérique au service de la santé et de l'éducation

1. Quel est l'impact du numérique sur les services de santé ? et sur la formation des médecins ?
2. Montrez que le numérique transforme ces services non marchands.

DOC. 1 Chirurgie réalisée avec un casque de réalité mixte

Nathan live!

OPÉRATION DE L'ÉPAULE RÉALISÉE AVEC UN CASQUE DE RÉALITÉ MIXTE
https://youtu.be/duUsjxCTRfg

DOC. 2 Visualisation médicale préopératoire

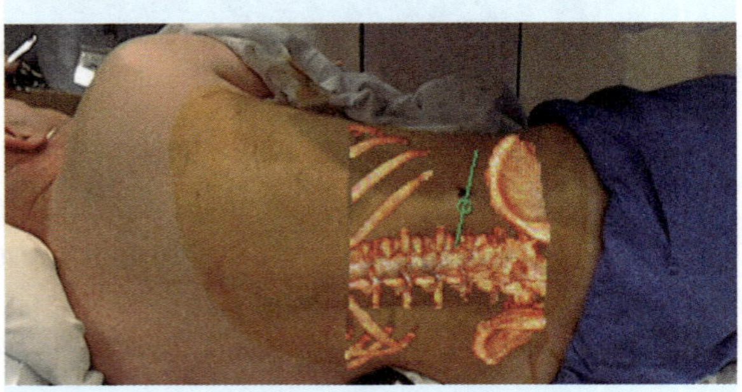

DOC. 3 Apprentissage virtuel pour les chirurgiens

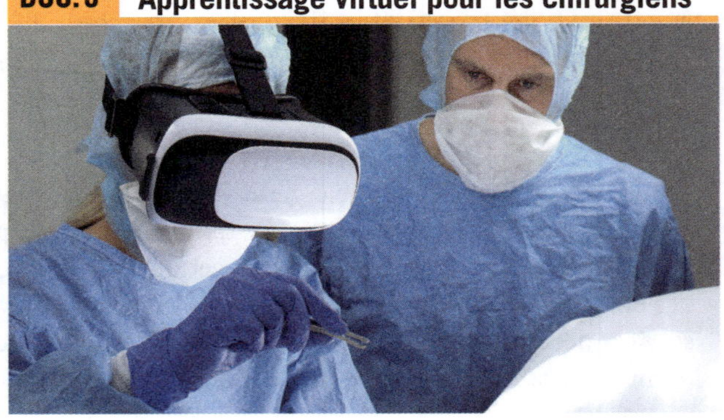

3 Station F : un écosystème pour les start-up en France

1. Pourquoi peut-on parler d'écosystème entrepreneurial ?
2. En quoi l'ouverture de ce campus va-t-il faciliter l'innovation ?
3. Quel effet peut-on escompter sur l'attractivité de la France à l'étranger ?
4. Recherchez des exemples de « jeunes pousses » de Station F.

DOC. 1 Page d'accueil https://stationf.co/fr/

DOC. 2 Un an à Station F : les start-uppers témoignent

Il y a un an, Station F, le « plus grand incubateur de start-up du monde » financé par Xavier Niel et dirigé par Roxanne Varza, ouvrait ses portes. Avec quelques mois de retard, des travaux pas encore totalement terminés, des entrepreneurs pas encore tous recrutés, mais inauguré en grande pompe, notamment par le président de la République Emmanuel Macron et la maire de Paris Anne Hidalgo. [...]

Aujourd'hui, le hall consacré aux start-up fourmille de près de 5 000 résidents représentant 1 034 start-up. « Nous avons fait en un an ce qui nous en aurait normalement pris deux, se réjouit Maxime Leduc de Flateo, une start-up de conciergerie pour Airbnb incubée au Founders Program. Évoluer dans cet écosystème accélère tout. Dès que l'on a un petit problème, on trouve quelqu'un pour nous aider. » [...]

D. Loye, *Les Echos*, 28 juin 2018.

DOC. 3 L'écosystème de Station F

Sur le campus de Station F, destiné aux start-up (« jeunes pousses »), plusieurs entreprises et organismes s'installent progressivement afin de leur proposer de multiples services.

Septembre 2017 : une « offre » de services publics gratuite et accessible à tout entrepreneur de l'écosystème dont l'URSSAF.

Décembre 2017 : Leroy Merlin a ouvert début décembre 2017 un nouveau Techshop à Station F. Il a été pensé comme une capsule pour répondre aux besoins spécifiques des start-up.

Décembre 2017 : Vente-Privée a installé son accélérateur de start-up, Impulse, à Station F.

Février 2018 : Google ouvre un espace dédié à la formation des start-up dans l'incubateur Station F.

Avril 2018 : le groupe LVMH installe sa Maison des Startups au sein de Station F à Paris.

Juin 2018 : Chain Accelerator, dédiée à la *blockchain*, s'installe. La structure accompagne d'ores et déjà 14 start-up qui évoluent dans des secteurs très variés. L'accélérateur accueillera 50 start-up par an.

SYNTHÈSE

Les entreprises s'adaptent aux nouveaux modes de consommation.

- Nouveaux usages de consommation, des « digital natives » notamment
  - E-commerce, partages de contenus, applications, réseaux sociaux…
- Nouveaux modèles de consommation
  - Économie de l'usage
    - Économie collaborative
    - Modèle de location
    - Modèle d'abonnement

Les entreprises se transforment, se digitalisent et développent de nouveaux modes de production.

- Nouveaux modèles économiques
  - Business model de plateforme
    - Écosystème : réseau d'entreprises
  - Stratégies de prix et de financement
    - – Freemium
    - – Free to play
    - – Yield management
- Transformation des emplois
  - Automatisation
  - Apparition de nouveaux métiers

CONCEPTS

Automatisation – Business model de plateforme – Digital natives – Digitalisation – Économie de l'usage – Économie collaborative – Écosystème – Free to play – Freemium – Normes et standards – Yield management

3 La protection des personnes dans l'univers numérique

LA COMPÉTENCE ATTENDUE
→ Caractériser les conséquences juridiques des choix opérés par l'entreprise sur la protection des personnes, des données.

PLAN DU CHAPITRE
- 1 • Repérer les enjeux de la protection des données à caractère personnel
- 2 • Caractériser les conséquences juridiques de la protection des données personnelles pour l'entreprise

LES SAVOIRS ASSOCIÉS
→ Le rôle de la CNIL
→ La protection de la personne : les données à caractère personnel, l'identité numérique, l'usage du numérique dans l'activité de travail

Facebook, Google… tous fichés

Hier, nous ne laissions nos empreintes numériques qu'en surfant sur Internet avec un ordinateur. Désormais, que nous ouvrions une appli ou fassions du jogging, que nous prenions le train ou regardions la télé, nous sommes ciblés, profilés, mis à nu. En ligne ou hors ligne, une nuée de capteurs, traqueurs d'activité, enceintes connectées et caméras enregistreuses nous surveillent. […]

Le tout-digital a enfanté le « big data » : la masse d'informations générée et copiée chaque année sur la planète pourrait atteindre 180 zettabytes (180 suivi de 21 zéros !) en 2025, selon le cabinet d'études IDC. Un phénomène irréversible, car ces données sont le pétrole d'une nouvelle *data economy*, dont les fermes de serveurs tiennent lieu de raffineries. Côté business, elles alimentent les algorithmes d'intelligence artificielle (IA) qui permettront d'améliorer la performance des entreprises, de créer des usines intelligentes, de faire progresser la médecine, l'enseignement, la formation. Côté grand public, l'IA est mise au service des e-commerçants qui cherchent à mieux cibler leur offre ou – dans les pays qui l'autorisent – des forces politiques qui veulent influencer les élections.

D. Nora, *L'obs*, 6 mai 2018.

ANALYSE DES « BIG DATA » – QUELS USAGES ? QUELS DÉFIS ?
https://youtu.be/gsOdQRSgMOs

1. **Qu'est-ce que le « big data » ? Comment est-il alimenté ?**
2. **Faut-il craindre le « big data » ?**
3. **Arriveriez-vous à lister les informations personnelles que vous avez révélées sur un réseau social ou sur un autre site Internet ? Que pouvez-vous en conclure ?**

1 Repérer les enjeux de la protection des données à caractère personnel

A Le besoin de protection des données à caractère personnel

DOC. 1 Les risques de la collecte des données à caractère personnel

[…] Lorsqu'un internaute surfe sur Internet, il est toujours identifié par une adresse « IP ». De nombreuses informations sont associées à cette adresse par les sites qu'il visite, comme sa localisation, son nom, son temps de connexion, son numéro de téléphone, voire son âge, son sexe ou une empreinte digitale. Toutes les traces qu'il laisse derrière lui, depuis un ordinateur ou un téléphone, et qui sont susceptibles de permettre son identification directement ou indirectement sont considérées comme des données personnelles. […]

Les données personnelles revêtent une importance stratégique pour les entreprises. Comme le dit le vieil adage d'Internet, « si c'est gratuit, c'est que vous êtes le produit ». Le modèle économique de la plupart des services gratuits du Web est fondé sur l'exploitation et la vente des données. Cette activité a rapporté plus de 6 milliards de dollars à Alphabet, la maison mère de Google, et plus de 4 milliards de dollars à Facebook au dernier trimestre [2017]. Les marques sont prêtes à payer très cher pour connaître les habitudes d'achat et les centres d'intérêt des internautes pour définir leur profil et leur proposer de la publicité ciblée. […] Plus largement, des données peuvent être utilisées pour usurper une identité ou commettre des actes de cybermalveillance. Une photocopie de la carte d'identité, du RIB et des avis d'imposition d'un internaute peuvent servir à contracter un prêt bancaire à son insu. Un compte Facebook peut être créé avec le nom, le prénom et les photos de soirée d'une personne afin de nuire à sa réputation. […]

B. Hue, www.rtl.fr, 28 janvier 2018.

1. Qu'est-ce qu'une donnée à caractère personnel ?
2. Expliquez la phrase soulignée.
3. En quoi le numérique augmente-t-il le risque d'une usurpation d'identité ?

DOC. 2 Qui exploite nos données personnelles ?

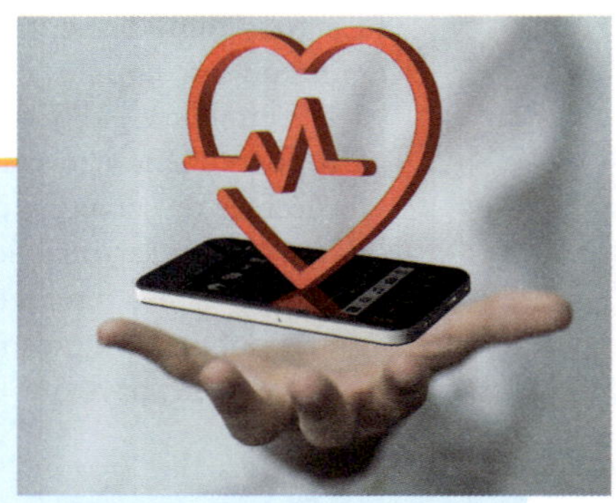

[…] Les objets connectés déferlent pour scanner notre rythme cardiaque et la durée de notre sommeil, tandis que notre téléphone nous suit à la trace. Au profit de qui ? Qui n'a pas une montre connectée ou l'un de ces traqueurs d'activités qui dénombrent nos pas, nos calories brûlées ou analysent nos cycles de sommeil ? Ces outils de bien-être ont le vent en poupe. […]

[Un] objet connecté ne se contente pas d'enregistrer notre fréquence cardiaque, notre pression artérielle ou notre indice de masse corporelle (IMC) : il les envoie à un serveur qui les stocke et éventuellement les traite, dans un programme de remise en forme, par exemple. Le programme achevé, que fera-t-il de ces informations ? Avez-vous lu les conditions d'utilisation ? « On peut très bien imaginer qu'un jour, notre mutuelle nous appellera pour nous dire : vous avez pris 10 kilos, vous ne faites pas assez de sport et vous mangez trop gras, j'augmente votre prime d'assurance. Ce n'est pas de la science-fiction », prévient Benoît Thieulin, directeur de l'agence La Netscouade et ancien directeur du Conseil national du numérique (CNN). Pour le moment, mutuelles et assureurs ne font pas encore payer leurs clients en fonction de leur comportement. Mais une brèche s'est ouverte. […] « À terme, il y aura des malus, prévient Benoît Thieulin. Grâce aux données de santé, on peut individualiser le risque. Et on pourrait un jour casser notre logique de solidarité. » […]

C. Coumau, *Ça m'intéresse*, ©Prisma Média, 27 juillet 2018.

4. Quel est le risque de la collecte des données relatives à la santé ?

DOC. 3 Facebook et le scandale Cambridge Analytica

En mars 2018, des médias révèlent que les données personnelles de millions d'utilisateurs de Facebook se sont retrouvées aux mains de Cambridge Analytica, une firme spécialisée dans l'analyse de données et le conseil en communication. Les investigations aboutiront au chiffre de 87 millions d'utilisateurs. Ces données auraient été utilisées pour conseiller des politiciens, dont Donald Trump, lors de la campagne présidentielle américaine de 2016, et le groupe Leave.EU, partisan du Brexit au Royaume-Uni. Mark Zuckerberg, le PDG de Facebook, a été sommé de s'expliquer devant Congrès des États-Unis en avril 2018. Ce scandale, qui impacte la protection de la vie privée de 2,13 milliards d'utilisateurs du réseau social, remet en cause le cœur de son modèle économique : la collecte de données à des fins publicitaires.

5. Expliquez pourquoi le PDG de Facebook a été convoqué devant le Congrès américain.

6. Quel était l'intérêt, pour Cambridge Analytica, de collecter ces données personnelles ?

B Les règles juridiques protégeant les données à caractère personnel

DOC. 4 Le règlement général sur la protection des données

La protection des données personnelles est encadrée par le règlement général sur la protection des données (RGPD). Ce règlement de l'Union européenne est entré en vigueur le 25 mai 2018. Puisqu'il s'agit d'un règlement, il est directement applicable dans tous les États membres de l'UE. Le RGPD est applicable à toutes les organisations (entreprises, administrations publiques, associations…) qui traitent, au sein de l'UE, des données personnelles. Il s'impose aussi aux organisations non établies sur le territoire de l'UE qui traitent des données personnelles de résidents européens.

7. Expliquez pourquoi le RGPD permet d'unifier la protection des données au sein de l'UE.

8. En quoi le champ d'application du RGPD permet-il une protection efficace des données à caractère personnel ?

DOC. 5 Ce que change le RGPD pour la protection des données personnelles

Je peux savoir comment sont utilisées mes données.
[…] Lorsqu'un internaute met à disposition une partie de ses données personnelles, il doit désormais savoir à quoi elles serviront, combien de temps elles seront conservées et si elles quitteront l'Union européenne. Aux entreprises, donc, de demander la permission à chacun en expliquant la légitimité de leur utilisation. […]

Je peux obtenir une copie de mes données personnelles.
L'utilisateur d'un service doit pouvoir demander facilement une copie de ses données personnelles. Il a également la possibilité de demander la suppression des données […].

Je peux corriger ou effacer mes données si elles sont inexactes.
En cas d'erreur, en particulier en cas de préjudice potentiel, l'organisme ou l'entreprise doit rectifier dans les plus brefs délais les informations détenues en cas de demande. L'utilisateur peut aussi s'opposer à leur utilisation commerciale.

Je peux faire transférer mes données vers un autre service.
Cette nouvelle loi introduit aussi un nouveau droit pour les internautes, celui de pouvoir récupérer et transférer une partie de ses données gratuitement d'un service (réseau social, messagerie, fournisseur d'accès à Internet, site de streaming, etc.) à l'autre […]. [C'est] ce qu'on appelle le droit à la portabilité des données. […]

Je peux savoir quand mes données ont été piratées.
[…] En cas de piratage, [les entreprises] devront avertir « en des termes clairs et simples » leurs clients ou usagers. […]

M. Delacharlery, www.lci.fr

9. Comment le RGPD permet-il de mieux maîtriser ses données personnelles ?

DOC. 6 Netflix et la maîtrise des données personnelles

[…] **Comment puis-je obtenir une copie des informations que détient Netflix me concernant ?**
Si vous souhaitez obtenir une copie de ces informations ou ne trouvez pas les informations que vous recherchez sur la page « Compte », contactez-nous à l'adresse privacy@netflix.com.
Pour que nous puissions vérifier votre identité, suivez les consignes ci-dessous :
- Contactez-nous depuis l'adresse e-mail associée à votre compte Netflix.
- Joignez une pièce d'identité numérisée à votre demande. *Vous pouvez masquer le numéro du document, votre photo (le cas échéant) et toute autre information sensible, pour ne laisser visibles que votre nom, votre adresse et votre date de naissance.*

Un délai maximal de 4 semaines peut s'écouler entre la vérification de votre identité et l'envoi des informations demandées.
Comment arrêter certaines utilisations de vos données personnelles ?
[…] ***Cookies et identifiants publicitaires***
Nous proposons un outil de choix des cookies qui explique quels cookies sont utilisés sur notre site Web et vous permet de refuser les cookies publicitaires. Cet outil est également accessible depuis la section « Cookies et publicité en ligne » de notre « Déclaration de confidentialité ».
Si vous utilisez l'application mobile de Netflix, sachez que nous pouvons extraire un identifiant publicitaire de votre appareil. Pour ne plus bénéficier de publicités ciblées de la part de Netflix diffusées sur votre appareil mobile et générées à l'aide d'un identifiant publicitaire, configurez le paramètre correspondant sur votre appareil (généralement dans la section « Confidentialité ou Publicités de ses paramètres »). Vous pourrez continuer à voir des publicités Netflix sur votre appareil, mais elles ne seront plus ciblées. […]

Un cookie est un fichier informatique déposé sur un ordinateur lors de la consultation de certains sites et qui conserve certaines données de l'internaute.

www.help.netflix.com

10. **Quels droits issus du RGPD sont ici mis en place par Netflix ?**
11. **À l'aide du document 5, indiquez les intérêts, pour un utilisateur de Netflix, d'obtenir une copie des informations détenues.**

DOC. 7 Une action de groupe contre Facebook

Internet Society France (ISOC) s'apprête à lancer une action de groupe contre Facebook [devant le Tribunal de grande instance de Paris]. L'association cible sept manquements au règlement général sur la protection des données personnelles pour réclamer des explications au réseau social. À défaut, elle espère faire condamner l'entreprise jusqu'à 100 millions d'euros de dommages et intérêts. […]
[L'action de groupe] autorise « plusieurs personnes physiques placées dans une situation similaire » à se réunir sur un même front, à condition qu'elles aient subi « un dommage ayant pour cause commune un manquement de même nature » aux dispositions du règlement. […]
Deux types d'action existent. L'une en vue de faire cesser un manquement, l'autre, envisagée ici, pour engager la responsabilité « de la personne ayant causé le dommage afin d'obtenir la réparation des préjudices matériels et moraux subis ». [L'enjeu] de cette procédure est de montrer que « les individus ne sont ni seuls ni démunis pour faire valoir leur droit ». […]

www.nextinpact.com

12. **Qu'est-ce qu'une action de groupe ? Que peut-on obtenir grâce à cette action ?**
13. **Pourquoi Facebook fait-il l'objet d'une action de groupe ?**
14. **Quel est l'intérêt de l'action de groupe pour les personnes ?**

C L'organe de protection des données à caractère personnel

DOC. 8 La CNIL

Créée en 1975, la Commission nationale de l'informatique et des libertés (CNIL) est une autorité administrative indépendante chargée de garantir les libertés individuelles et de protéger les données personnelles dans l'univers numérique.

CNIL. COMMISSION NATIONALE INFORMATIQUE & LIBERTÉS

LES MISSIONS PRINCIPALES DE LA CNIL

- Informer les citoyens sur la protection de leurs données personnelles et répondre aux plaintes qui lui sont adressées.
- Anticiper les évolutions technologiques pour identifier les risques d'atteinte aux libertés individuelles et à la vie privée.
- Accompagner les organisations qui traitent des données personnelles pour les aider à se mettre en conformité avec la loi et le RGPD.
- Contrôler et, si nécessaire, sanctionner les organisations qui ne respectent pas les règles relatives au traitement des données personnelles.

15. **Rappelez ce qu'est une autorité administrative indépendante (AAI).**

16. **Expliquez comment les missions de la CNIL lui permettent de protéger efficacement les données personnelles.**

DOC. 9 Les pouvoirs de sanction de la CNIL

La CNIL met en demeure l'ITIC de vérifier son système de vidéosurveillance

La CNIL a contrôlé, en février [2018], l'Institut des techniques informatiques et commerciales (ITIC), une école privée [...]. Les contrôleurs de la CNIL ont constaté [que] :

- certaines caméras filmaient en permanence l'ensemble des salles de cours [...] ;
- les personnes filmées n'ont pas été correctement informées ;
- les images issues de la vidéosurveillance n'étaient pas suffisamment sécurisées.

La CNIL met en demeure l'école de redimensionner son système de vidéosurveillance en cessant de filmer en permanence le personnel, les enseignants et les élèves, dans leurs salles de cours et dans leurs lieux de vie. L'ITIC devra supprimer les images enregistrées. L'école devra également fournir une information complète et immédiate à toute personne susceptible d'être filmée par le dispositif et de mettre en place des mots de passe robustes pour l'accès aux images. [...]

www.echosdunet.net, 27 juillet 2018.

Dailymotion sanctionné à 50 000 euros d'amende pour manque de sécurité des données

En décembre 2016, l'hébergeur français de vidéos Dailymotion alertait ses utilisateurs d'une fuite. [...] Mais la CNIL s'est saisie de l'affaire. L'autorité a procédé à un contrôle et a découvert une fuite de 82,5 millions d'adresses mails et de 18,3 millions de mots de passe chiffrés. Les attaquants sont parvenus à accéder à la base de données grâce aux identifiants d'un administrateur [...].
Ayant manqué dans son obligation de sécurisation des données personnelles, la CNIL inflige à Dailymotion une amende de 50 000 €. [...]

En cas de violation du RGPD, une amende de 10 à 20 millions d'euros ou de 2 à 4 % du chiffre d'affaires annuel mondial peut être prononcée par la CNIL.

www.echosdunet.net, 2 août 2018.

17. **Dans chacun des deux cas exposés, expliquez pourquoi la CNIL a prononcé une sanction.**

18. **Distinguez les sanctions prises dans chaque cas.**

D La protection contre l'usurpation de l'identité numérique

DOC. 10 Un boulanger fait condamner Facebook

Le 27 février [2018], le tribunal de Clermont-Ferrand a condamné Facebook à livrer les données d'un utilisateur du réseau social qui usurpait l'identité d'un boulanger installé à Bourg-Lastic, dans le Puy-de-Dôme.
En mai 2017, des amis et des clients de Philippe Seramy lui ont signalé l'existence d'une fausse page Facebook représentant sa boulangerie. La page en question était dégradante, présentant des photos témoignant d'insalubrité (faux locaux de la boulangerie). Des commentaires sarcastiques agrémentaient le tout. Début juin, l'artisan a demandé, en vain, la suppression de la page frauduleuse auprès de Facebook France. Puis il a envoyé une assignation en référé au siège européen du géant américain, à Dublin, en Irlande. Ce n'est que fin novembre que la page a été suspendue.
Le président du tribunal a reconnu « un trouble manifestement illicite subi par monsieur Seramy », condamnant le géant américain Facebook à lui verser 2 000 euros de dommages et intérêts et 2 500 euros de frais de procédure. Une fois notifié de sa condamnation, Facebook aura 72 heures pour fournir « toutes les données de nature à identifier l'auteur de la page » frauduleuse, avec une astreinte de 500 euros par jour de retard après ce délai.

www.lemondedesartisans.fr, 1er mars 2018.

DOC. 11 Article 226-4-1 du Code pénal

Le fait d'usurper l'identité d'un tiers ou de faire usage d'une ou plusieurs données de toute nature permettant de l'identifier en vue de troubler sa tranquillité ou celle d'autrui, ou de porter atteinte à son honneur ou à sa considération, est puni d'un an d'emprisonnement et de 15 000 € d'amende.
Cette infraction est punie des mêmes peines lorsqu'elle est commise sur un réseau de communication au public en ligne.

19. Comment, dans cette affaire, était caractérisée l'usurpation d'identité numérique ?

20. Pourquoi Facebook a-t-il été condamné ?

21. Quel est l'intérêt pour le boulanger de pouvoir identifier l'auteur de la fausse page ?

22. À l'aide du document 11, indiquez les sanctions qu'encourt le créateur de la fausse page Facebook.

APPLICATION AU CAS

AIRBNB

Une multitude de données personnelles sont collectées sur le site de Airbnb pour procéder aux réservations, ce qui attise la convoitise de nombreux pirates.

DOC. Une des principales arnaques sur Airbnb

[…] Le site américain de location entre particuliers propose 1,5 million d'annonces dans 190 pays et 34 000 villes. Problème, si la majorité des échanges se passent bien, certains locataires ou hôtes n'échappent pas aux arnaqueurs qui multiplient les procédés pour détourner les transactions ou récupérer des données personnelles. […]
Arnaque de type « phishing ». Vous recevez un e-mail ou un lien qui est fait pour ressembler à ceux de Airbnb ou d'un autre site de confiance. Ces messages visent à piéger pour que vous fournissiez des informations confidentielles (par exemple, mots de passe ou autres adresses e-mail) et peuvent contenir un *malware*, à savoir un logiciel malveillant qui accède à votre ordinateur pour recueillir des informations personnelles […].

C. Dussapt, www.challenges.fr

1. Quel est le risque, pour les utilisateurs de Airbnb, du vol de leurs données personnelles ?

2. Quelle obligation pèse sur Airbnb en raison de ce risque ?

3. Auprès de qui les internautes peuvent-ils agir pour faire protéger leurs données ?

2 Caractériser les conséquences juridiques de la protection des données personnelles pour l'entreprise

A Les obligations issues du RGPD pour l'entreprise

DOC. 12 « *Privacy by design / by default* » – Assurer des mesures préventives

Le principe de respect de la vie privée dès la conception (en anglais, « privacy by design ») et celui de la protection des données par défaut (« privacy by default ») sont devenus des éléments phares du règlement général sur la protection des données (RGPD). […]

L'objectif est d'amener les entreprises à suivre un ensemble de principes et de pratiques visant à anticiper les risques d'exploitations abusives des données et les minimiser lorsqu'ils surviennent. […]

– **Le concept de protection de la vie privée dès la conception** [« *privacy by design* »] impose aux entreprises d'assurer des mesures préventives plutôt que correctives. Elles doivent trouver des solutions en amont, au niveau de la conception des produits et services, sans attendre l'existence d'une faille de sécurité pour agir.

– **Le principe de protection de la vie privée par défaut** [« *privacy by default* »] impose aux entreprises de paramétrer par défaut leurs produits avec un haut niveau de protection avant toute utilisation. En d'autres termes, lors de sa première utilisation, l'utilisateur ne devrait pas avoir besoin de modifier les paramètres pour renforcer la protection de ses données : tout devrait être déjà préconfiguré. Cette protection « par défaut » garantit également aux utilisateurs d'éviter que leurs données ne soient utilisées dans un but autre que celui pour lequel la collecte a été effectuée.

Romain de Monza, publié par Solutions Numeriques, mars 2018.

1. **Définissez les principes de « *privacy by design* » et de « *privacy by default* ».**

2. **En quoi ces principes assurent-ils une protection efficace des données personnelles ?**

DOC. 13 Le principe d'*Accountability*

[L'*Accountability* (« responsabilisation »)] désigne l'obligation pour les entreprises de prendre des mesures internes permettant de démontrer le respect des règles relatives à la protection des données.

De ce fait, [depuis le 25 mai 2018], la plupart des formalités préalables actuelles auprès de la [CNIL] telles que les déclarations et autorisations [ont disparu] au profit d'une logique de conformité continue. La CNIL incite à désigner un délégué à la protection des données (DPO), qui aura pour mission d'apporter la preuve que les mesures appropriées ont été prises. Les traitements courants devront figurer dans un registre et n'auront donc plus à être déclarés à la CNIL.

Le DPO est obligatoire dans les organismes publics (un hôpital, par exemple) et dans les entreprises traitant des données personnelles à grande échelle.

Ce principe engage les responsables de traitements des données à :

- adopter des procédures internes dans le but d'assurer le respect du règlement (charte informatique, charte de protection des données à caractère personnel) ;
- conserver une trace documentaire de tout traitement effectué sous sa responsabilité […] (tenue du registre des traitements, accords de confidentialité des salariés et des prestataires, politique de sécurité de l'entreprise, procédures de gestion des demandes d'accès, de rectification, d'opposition…) ;
- réaliser une analyse d'impact [sur la vie privée] (PIA [ou EIVP]) pour les traitements présentant des risques particuliers au regard des droits et libertés des personnes concernées.

M. Heurtel, www.sellsy.fr, 30 mars 2018.

3. **Listez les moyens par lesquels les entreprises peuvent assurer leur conformité aux règles de protection des données personnelles.**

4. **À partir des documents 12 et 13, expliquez comment le RGPD institue une logique de responsabilisation (« *accountability* ») des entreprises en la matière.**

DOC. 14 **Comment La Redoute se met-elle en conformité avec le RGPD ?**

[...] Officiellement promu [au sein de La Redoute] Data Protection Officer (DPO, la nouvelle appellation des CIL [correspondants Informatique et Libertés]), en mai 2018, au moment de l'entrée en vigueur du RGPD, Philippe Huyon voit ses missions évoluer. « *Historiquement, nous étions dans une démarche de déclaration de nos traitements de données à la CNIL*, contextualise-t-il. *Avec le passage du CIL au DPO, je suis dans une démarche d'amélioration continue*, via *des audits internes de conformité des process, notamment.* » [Chaque] nouvel arrivant qui travaille dans l'univers data – marketing ou service client, notamment – est sensibilisé à la démarche de l'entreprise et formé aux process. « *Pour les aider, j'ai également écrit les 10 commandements du RGPD pour La Redoute*, précise Philippe Huyon, *qui présentent les bonnes pratiques à suivre au quotidien au niveau de la sécurisation des mots de passe ou du transfert de fichiers contenant des données. Il est, par exemple, banni d'envoyer, en interne, des informations clients par e-mail.* » [...]
Après un audit d'évaluation des écarts entre la pratique des métiers et les exigences du RGPD, en France et dans les filiales internationales (Angleterre, Belgique, Suisse, Portugal, Espagne), un plan d'action visant à répondre à 4 enjeux – éthique, juridique, stratégique et financier – a été imaginé. « *Les actions recensées lors des audits ont été dispatchées dans une matrice des priorités*, expose Philippe Huyon. [...] »

[...] Ainsi, la marque a prioritairement déployé un Dashboard sur son site Web, afin de rendre le client autonome dans la gestion de son consentement aux newsletters ou aux cookies... tandis que la mise en conformité des contrats avec ses sous-traitants occasionnels se fait, quant à elle, au fil de l'eau. Un formulaire pour le droit d'opposition ou le droit d'accès à ses données personnelles a été créé spécialement dans le compte client. [...]
Et après ? Un programme annuel va être déployé. « *Il me revient d'auditer de façon régulière les différents services pour voir si les process mis en œuvre sont toujours respectés ou s'il est nécessaire de les faire évoluer* », analyse le Data Protection Officer, engagé dans une démarche d'amélioration continue.

F. Salgues, www.e-marketing.fr, 7 novembre 2018.

5. Identifiez les étapes de mise en conformité de La Redoute au RGPD.
6. Expliquez le rôle du délégué à la protection des données (DPO).
7. Pourquoi la protection des données personnelles est-elle une démarche d'amélioration continue ?

B La protection des données personnelles des salariés

DOC. 15 **La gestion de vos collaborateurs**

De très nombreuses données personnelles relatives aux employés sont nécessaires pour la gestion de leur carrière au sein de votre entreprise. Par exemple, vous avez besoin de beaucoup d'informations pour assurer la rémunération et les déclarations sociales obligatoires [...].
Ne demandez à vos employés que les informations utiles pour accomplir leurs missions, et évitez de traiter des données dites « sensibles » (activité syndicale, opinions politiques, religion, origine ethnique, santé). [...] Assurez-vous d'en garantir la confidentialité et la sécurité. Ainsi, seules les personnes habilitées doivent en prendre connaissance. [...]
Informez vos collaborateurs à chaque fois que vous leur demandez des informations (exemple : mise à jour des données administratives, demande de formation, formulaire d'entretien d'évaluation).
Enfin, souvenez-vous toujours que vos salariés peuvent vous demander une copie de toutes les données les concernant que vous détenez : copie d'un bulletin de paie, état d'un compte épargne-temps, mais aussi les enregistrements téléphoniques, relevés des badgeuses [...].

www.cnil.fr

8. Quelles données personnelles un employeur peut-il détenir sur ses salariés ?
9. Quelles sont les obligations des employeurs concernant les données personnelles détenues sur les salariés ?

DOC. 16 **Le contrôle de l'utilisation d'Internet et de la messagerie**

L'employeur peut contrôler et limiter l'utilisation d'Internet (dispositifs de filtrage de sites, détection de virus…) et de la messagerie (outils de mesure de la fréquence des envois et/ou de la taille des messages, filtres « antispam »…). Ce contrôle a pour objectif d'assurer la sécurité des réseaux qui pourraient subir des attaques (virus, cheval de Troie…) ; de limiter les risques d'abus d'une utilisation trop personnelle d'Internet ou de la messagerie […]. Par défaut, les courriels ont un caractère professionnel. L'employeur peut les lire, tout comme il peut prendre connaissance des sites consultés, y compris en dehors de la présence de l'employé. […]

[Mais un] employé a le droit, même au travail, au respect de sa vie privée et au secret de ses correspondances privées. Un employeur ne peut pas librement consulter les courriels personnels de ses employés, même s'il a interdit d'utiliser les outils de l'entreprise à des fins personnelles. Pour qu'ils soient protégés, les messages personnels doivent être identifiés comme tels, par exemple en précisant dans leur objet « Personnel » ou « Privé ». […]

www.cnil.fr, 25 juillet 2018.

10. Pourquoi l'employeur contrôle-t-il l'utilisation d'Internet par ses salariés ?
11. L'employeur peut-il librement consulter les mails de ses employés ?

DOC. 17 **Salariés : surfer sur Internet oui, mais avec modération !**

[…] En l'espèce, Mme X… avait été engagée par la société Dubus à compter du 9 mai 2006 en qualité de responsable juridique opérationnelle. Elle avait été licenciée pour faute grave (motif : connexions excessives sur des sites non professionnels durant son temps de travail) par courrier du 27 février 2009 et avait alors saisi la juridiction prud'homale pour contester le bien-fondé de la rupture et demander une indemnisation. [La cour d'appel rejette sa demande.]
La Cour de cassation a confirmé la position de la cour d'appel, en retenant que celle-ci, constatant que « *Mme X… s'était connectée pendant son temps de travail à de très nombreuses reprises à de nombreux sites extraprofessionnels tels que des sites de voyage ou de tourisme, de comparaison de prix, de marques de prêt-à-porter, de sorties et événements régionaux ainsi qu'à des réseaux sociaux et à un site de magazine féminin et que ces connexions s'établissaient, exclusion faite de celles susceptibles de présenter un caractère professionnel, à plus de 10 000* […] *avait pu décider* […] *qu'une telle utilisation d'Internet par celle-ci pendant son temps de travail présentait un caractère particulièrement abusif et constitutif d'une faute grave.* »

A. Rideau, d'après un arrêt de la Cour de cassation, www.juritravail.com

12. Pourquoi la salariée a-t-elle été licenciée par son employeur ?
13. Pourquoi la Cour de cassation a-t-elle confirmé la décision de la cour d'appel ?

APPLICATION AU CAS

AIRBNB

Airbnb a mis en place une charte sur son site à destination des utilisateurs.

DOC. **Charte de protection des données à caractère personnel**

La présente Charte de protection des données à caractère personnel décrit la façon dont nous collectons, utilisons, traitons et divulguons les informations vous concernant, y compris les informations personnelles, en lien avec votre accès et votre utilisation de la Plateforme Airbnb et des Services de paiement. […] Lors de votre utilisation de certaines fonctionnalités de la Plateforme Airbnb, nous pouvons collecter des informations sur votre emplacement approximatif ou précis, comme déterminé par des données telles que votre adresse IP ou par le GPS de votre appareil mobile, afin de vous offrir une meilleure expérience d'utilisateur. […]

www.airbnb.fr, 16 avril 2018.

1. Comment cette charte assure-t-elle la protection des données personnelles ?
2. Dans quelle mesure cette charte permet-elle à Airbnb de se conformer aux obligations issues du RGPD ?

1 Applications mobiles et données personnelles

1. Quelles sont les données personnelles collectées par l'application mobile en cause ?
2. Quel était l'intérêt, pour la société Vectaury, de collecter ces données personnelles ?
3. Pourquoi la CNIL a-t-elle mis en demeure la société Vectaury ?
4. Quelles sanctions la CNIL pourrait-elle prononcer si la société Vectaury ne prenait pas en compte la mise en demeure ? Quelles actions pourraient intenter les utilisateurs ?

DOC. **Applications mobiles et géolocalisation**

[…] La CNIL a contrôlé les traitements de données mis en œuvre par la société VECTAURY […]. Cette société a recours à des outils techniques dénommés « SDK » […]. Ce « SDK » permet de collecter l'identifiant publicitaire des mobiles multifonctions et les données de géolocalisation des personnes. Ces données sont ensuite croisées avec des points d'intérêt déterminés par les partenaires (enseignes de magasins) afin d'afficher de la publicité ciblée sur les terminaux des personnes à partir des lieux qu'elles ont visités. […] La société VECTAURY indique traiter ces données avec le consentement des personnes concernées. Toutefois, les vérifications de la CNIL ont permis de constater que le consentement n'est pas valablement recueilli. Tout d'abord, les personnes ne sont pas systématiquement informées, lors du téléchargement des applications mobiles, qu'un « SDK » collecte leurs données de localisation. Au moment de l'installation, l'utilisateur n'est informé ni de la finalité de ciblage publicitaire, ni de l'identité du responsable de ce traitement. […] Enfin, la collecte des données de géolocalisation est activée par défaut. […]
La société VECTAURY est donc mise en demeure de recueillir le consentement effectif de tous les utilisateurs concernés. Elle est également mise en demeure de supprimer les données qu'elle avait indûment collectées. […]

www.cnil.fr, 9 novembre 2018.

2 Analyse d'impact relative à la protection des données

1. Quels sont les intérêts, pour une entreprise, de réaliser une analyse d'impact ?
2. L'analyse d'impact est-elle une application du « *privacy by design* » ou du « *privacy by default* » ?
3. Pourquoi une entreprise doit-elle réviser régulièrement son analyse d'impact ?

DOC. **L'analyse d'impact relative à la protection des données (AIPD)**

[…] L'AIPD est un outil important pour la responsabilisation des organismes : elle les aide non seulement à construire des traitements de données respectueux de la vie privée, mais aussi à démontrer leur conformité au règlement général sur la protection des données (RGPD). Elle est obligatoire pour les traitements susceptibles d'engendrer des risques élevés. […]
L'AIPD doit être menée avant la mise en œuvre du traitement. Elle doit être démarrée le plus en amont possible et sera mise à jour tout au long du cycle de vie du traitement. Il est également nécessaire de revoir une AIPD de manière régulière pour s'assurer que le niveau de risque reste acceptable tout au long de la vie du traitement, dans la mesure où l'environnement, technique notamment, sera amené à évoluer, ce qui nécessitera d'adapter les mesures mises en œuvre. […]
Une AIPD contient *a minima* une description systématique des opérations de traitement envisagées et les finalités du traitement […], une évaluation des risques sur les droits et libertés des personnes concernées et les mesures envisagées […] visant à assurer la protection des données à caractère personnel et à apporter la preuve du respect du règlement. […]

www.cnil.fr, 6 novembre 2018.

3 Le registre des activités de traitement

1. Quel est l'intérêt du registre des activités de traitement des données personnelles ?
2. Proposez un modèle type de registre pour une entreprise de vente de chaussures sur le Web.

DOC. **Le registre des activités de traitement**

Le registre des activités de traitement permet de recenser vos traitements de données et de disposer d'une vue d'ensemble de ce que vous faites avec les données personnelles.
[…] Le registre du responsable de traitement doit recenser l'ensemble des traitements mis en œuvre par votre organisme [par exemple, traitement pour la gestion de la paie, pour la vente en ligne]. En pratique, une fiche de registre doit donc être établie pour chacune de ces activités. Ce registre doit comporter le nom et les coordonnées de votre organisme […].
En outre, pour chaque activité de traitement, la fiche de registre doit comporter au moins les éléments suivants […] : les finalités du traitement, l'objectif en vue duquel vous avez collecté ces données, les catégories de personnes concernées (client, prospect, employé, etc.), les catégories de données personnelles (exemples : identité, situation familiale, économique ou financière, données bancaires, données de connexion, données de localisation), les catégories de destinataires auxquels les données à caractère personnel ont été ou seront communiquées […], les transferts de données à caractère personnel vers un pays tiers […], les délais prévus pour l'effacement des différentes catégories de données, c'est-à-dire la durée de conservation […], une description générale des mesures de sécurité techniques et organisationnelles que vous mettez en œuvre […].

www.cnil.fr

4 Facebook et la vie privée des salariés

1. Pourquoi la cour d'appel a-t-elle jugé qu'il y avait atteinte à la vie privée de la salariée ?
2. Quel était l'argument de l'employeur pour pouvoir utiliser les données collectées ?
3. En quoi le caractère public ou privé du profil Facebook est-il important dans cette affaire ?

DOC. **L'accès par l'employeur au compte Facebook d'un salarié**

[…] S'estimant victime de harcèlement moral de la part de son employeur, une salariée prend acte de la rupture de son contrat de travail avant de saisir le conseil de prud'hommes. […] Durant le procès, l'employeur fournit des informations extraites du compte Facebook de la salariée, dans le but de démentir l'état dépressif dans lequel se trouvait cette dernière. Ces informations, rapportées à la demande de l'entreprise par procès-verbal de constat d'huissier, ont été obtenues à partir du téléphone portable professionnel d'un autre salarié de la société.
Saisie de l'affaire, la cour d'appel d'Aix-en-Provence écarte le procès-verbal des débats. « Ces informations étaient réservées aux personnes autorisées [les publications étaient accessibles uniquement aux comptes Facebook identifiés par la salariée comme des comptes "amis"] et l'employeur ne pouvait y accéder sans porter une atteinte disproportionnée et déloyale à la vie privée de la salariée. » La cour condamne l'employeur à 800 euros de dommages et intérêts en réparation du préjudice résultant de l'atteinte à la vie privée de la salariée.
Selon l'entreprise, les informations collectées *via* le portable professionnel d'un salarié sont présumées avoir un caractère professionnel, et sont donc un mode de preuve licite. Peine perdue : la Cour de cassation confirme la solution rendue en appel […]. La solution aurait sans doute été différente si les informations publiées sur Facebook avaient été accessibles à tous, l'employeur n'ayant pas à utiliser le portable d'un autre salarié pour y avoir accès. […]

D'après un arrêt de la Cour de cassation du 9 janvier 2018, www.editions-legislatives.fr

SYNTHÈSE

Les enjeux de la protection des données personnelles

Risques de l'exploitation des données à caractère personnel pour la vie privée

- Exploitation commerciale des données pour le profilage publicitaire
- Exploitation politique des données pour influencer l'opinion publique
- Exploitation frauduleuse des données en vue d'une usurpation d'identité

Besoin de protection des données à caractère personnel

- Protection par le règlement général sur la protection des données (RGPD)
  - Renforcement des droits des personnes sur leurs données personnelles
  - Renforcement des pouvoirs de la CNIL pour garantir l'effectivité du RGPD
- Sanction de l'usurpation de l'identité numérique

Les conséquences juridiques de la protection des données personnelles pour l'entreprise

Responsabilisation (*accountability*) de l'entreprise pour respecter le RGPD

- Anticiper la protection des données personnelles (analyse d'impact, charte de protection).
  ➡ « *Privacy by design* »
- Prévoir, par défaut, un haut degré de protection des données personnelles.
  ➡ « *Privacy by default* »

Protection des données personnelles des salariés

- Sécuriser les données personnelles collectées sur les salariés.
- Protéger la vie privée des salariés dans le cadre de l'activité professionnelle.

CONCEPTS

Commission nationale de l'informatique et des libertés (CNIL) – Délégué à la protection des données (DPO) – Données personnelles – « *Privacy by default* » – « *Privacy by design* » – Responsabilisation (*accountability*) – Règlement général sur la protection des données (RGPD) – Usurpation d'identité – Vie privée

4 La protection des actifs immatériels dans l'univers numérique

PLAN DU CHAPITRE

- 1 • Repérer les enjeux de la protection des actifs immatériels pour l'entreprise
- 2 • Identifier pour l'entreprise les modalités juridiques de protection des actifs immatériels

LA COMPÉTENCE ATTENDUE

→ Identifier pour l'entreprise les modalités juridiques de protection des actifs immatériels.

LE SAVOIR ASSOCIÉ

La protection des actifs immatériels : droit d'auteur et droits d'utilisation des services et des applications

La transformation digitale de Darty

La célèbre chaîne d'électroménager et de multimédia mène sa révolution digitale sur deux fronts : sur le Web avec un site très complet qui offre de belles exclusivités et à l'intérieur de ses espaces de vente pour offrir des outils performants aux vendeurs de chaque rayon. Connectés, les vendeurs sont en mesure de répondre rapidement aux questions les plus pointues des clients. Une digitalisation des espaces de vente qui renforce l'image d'expertise de l'enseigne !

weblagence.com/fr, 2 février 2018.

Le nouvel espace SAV connecté Darty

[Il] concentre des technologies innovantes au service de l'usage pour proposer un nouveau parcours plus simple, fluide et rapide. Des outils digitaux et connectés ont été intégrés pour apporter une solution spécifique et adaptée à chaque besoin. Ainsi :

• La prise de RDV sur darty.com avec le SAV de son magasin permet de supprimer toute attente au comptoir magasin. […]

• Une solution de file virtuelle, intégrée dans la nouvelle borne d'accueil du magasin, prévient le client par SMS, bipeur ou tout simplement par son nom, que son conseiller va le prendre en charge. […]

• Une station de diagnostic et de réparation digitale permet le diagnostic des ordinateurs, des tablettes et des smartphones, la réalisation sur ces produits de réparations logicielles, d'interventions de sauvegarde, de transferts/restaurations, d'effacements sécurisés de données.

• Un système de visio-assistance permet de bénéficier en magasin du support technique immédiat des techniciens experts Darty, en accès autonome ou accompagné d'un conseiller.

www.fnacdarty.com, communiqué de presse, 14 décembre 2017.

1. **Expliquez ce qu'est la digitalisation à partir de l'exemple de Darty.**
2. **Identifiez les actifs immatériels utilisés par Darty pour procéder à sa digitalisation.**
3. **Quels sont les bénéfices pour l'entreprise de procéder à sa transformation digitale ?**

Nathan live!

STARBUCKS : L'EXPÉRIENCE DIGITALE

https://www.ladn.eu/entreprises-innovantes/case-study/starbucks-lexperience-digitale/

1 Repérer les enjeux de la protection des actifs immatériels pour l'entreprise

A Le contenu du patrimoine immatériel de l'entreprise

DOC. 1 OUI.sncf : nouveau site et nouveau nom de domaine pour la SNCF

Le 7 décembre [2017], [le] site Internet Voyages-sncf.com [a été] remplacé par un tout nouveau site. « Il commence une nouvelle vie, avec un nouveau nom : OUI.sncf », a annoncé Guillaume Pepy, président de la SNCF […].

Évidemment, le nom [de domaine] n'est pas la seule nouveauté qui va accompagner ce portail tout neuf, qui proposera « davantage de choix » à l'utilisateur.

Le **nom de domaine** est une adresse sur le Web qui permet d'accéder à un site. Le **site**, lui, est un ensemble de pages web liées entre elles, contenant des fichiers, des documents, des images…

Plus de choix, cela signifie la possibilité pour le voyageur de trouver « tous les modes de transport lui permettant de préparer son voyage de porte à porte, du train à la location de voiture, en passant par les bus ou les TER ». […] Par ailleurs, l'internaute se verra offrir une expérience « personnalisée » : « Si vous avez une résidence à La Rochelle, vous recevrez des alertes indiquant les petits prix sur la destination, les promotions et surtout, des activités en fonction de votre profil. » Enfin, OUI.sncf a aussi vocation à proposer « plus d'envies ». « Le site sera un guide de voyage, avec notamment onze portails régionaux présentant des cartes touristiques et les événements à ne pas manquer. » […]

www.europe1.fr

1. **Distinguez le nom de domaine et le site Internet de la SNCF.**
2. **En quoi ces actifs immatériels permettent-ils à la SNCF de différencier son offre de transport de voyageurs ?**

DOC. 2 Les bases de données (databases)

Base de données : qu'est-ce que c'est ?
Les bases de données informatiques sont utilisées dans un grand nombre d'entreprises pour stocker, organiser et analyser les données. […] Une base de données […] est une collection d'informations organisées afin d'être facilement consultables, gérables et mises à jour. Au sein d'une database, les données sont organisées en lignes, colonnes et tableaux. Elles sont indexées afin de pouvoir facilement trouver les informations recherchées à l'aide d'un logiciel informatique. […] Les bases de données sont utilisées par de nombreuses entreprises dans toutes les industries. Elles sont notamment utilisées par les compagnies aériennes pour gérer les réservations. […]

www.lebigdata.fr

Les données de la SNCF en open data [données ouvertes]
Nous transportons chaque jour 10 millions de voyageurs. Accomplir cette mission implique de produire et d'analyser un très grand nombre de données : horaires, équipements et services en gare, régularité, lignes et correspondances, accessibilité, etc.
L'ouverture de ces données sur data.sncf.com favorise non seulement l'information et la réutilisation par tous mais constitue aussi un accélérateur d'innovations. Le tout au service d'une mobilité plus informée, plus fluide et plus personnalisée.

www.sncf.com

3. **Retrouvez les trois éléments constitutifs d'une base de données.**
4. **Expliquez ce qu'est l'open data et les avantages recherchés par la SNCF.**

DOC. 3 Une application pour partager l'état du trafic des trains en temps réel

[…] Avec deux amis, [un étudiant de 20 ans a créé] une application, baptisée RailZ, qui fonctionne sur le même principe que Waze, utilisée pour les trajets en voiture. Le logiciel gratuit a été lancé à l'été 2017 et permet d'« anticiper les incidents pour aider les usagers ». Les trois étudiants ont d'ailleurs été récompensés par la SNCF pour cette invention dans le cadre d'un concours autour de l'information voyageurs. […] Les données de la SNCF étant libres d'accès, l'application les utilise pour donner des informations sur plus de 15 000 trains chaque jour en France. Les utilisateurs du logiciel peuvent partager l'état du trafic mais aussi le confort à bord. […]

www.francesoir.fr, 15 mars 2018.

Un **logiciel** est un programme informatique exécuté par un ordinateur et utilisant des données pour permettre à l'ordinateur d'assurer une tâche, une fonction.

5. **Expliquez en quoi RailZ est un logiciel.**

6. **Qu'est-ce qui est nécessaire pour que l'application RailZ puisse fonctionner ?**

DOC. 4 Contre le monopole des Géants du Web, le logiciel libre

[…] La plupart des logiciels que nous utilisons au quotidien (Microsoft Word, Windows, Google Chrome) sont des logiciels propriétaires : leur code est tenu secret, il est interdit de les partager et on ne peut pas les modifier. Par opposition, un logiciel libre offre plusieurs libertés : la liberté d'utiliser le logiciel quel que soit l'usage, la liberté d'avoir accès au code du programme et de le modifier pour l'adapter à ses besoins, la liberté de redistribuer des copies (donc de le partager), la liberté de modifier le programme pour l'améliorer et de diffuser le nouveau logiciel au public. […]

« Avec un logiciel propriétaire, mes usages vont être conditionnés par les intérêts de la personne qui a développé le logiciel. Il y a un intérêt économique derrière. » On sait par exemple qu'il existe des cas d'obsolescence programmée dans les logiciels. Apple reconnaissait récemment avoir introduit des mises à jour qui réduisent les capacités de leurs iPhone. Ils prétextaient pour cela vouloir « compenser le vieillissement de la batterie ». Dans un logiciel libre, ce genre de procédé serait impossible car n'importe qui pourrait le voir et proposer une version corrigée. […]

www.podcastjournal.net

7. **Distinguez logiciel propriétaire et logiciel libre.**

8. **Quels sont les avantages du logiciel libre ?**

Un **logiciel libre** n'est pas nécessairement gratuit.

B Le besoin de protection des actifs immatériels de l'entreprise

DOC. 5 Apple : iBoot, le code source de l'iPhone divulgué, est obsolète

[…] « L'ancien code source d'il y a trois ans semble avoir été divulgué », a déclaré Apple dans un communiqué, « mais par design, la sécurité de nos produits ne dépend pas du secret de notre code source. De nombreuses couches de protection matérielle et logicielle sont intégrées à nos produits, et nous encourageons toujours nos clients à mettre à jour vers les versions les plus récentes du logiciel pour bénéficier des dernières protections. » […]

Le code source iBoot pour iOS 9, qui fait partie intégrante de la sécurité des iPhone et iPad lorsqu'ils sont allumés, a été divulgué sur GitHub [plateforme de collaboration et de partage entre développeurs de logiciels]. […] La fuite du code source est un problème de sécurité majeur pour Apple, des pirates pouvant rechercher et découvrir des vulnérabilités dans iBoot. Apple a [obtenu] la suppression de la page Github hébergeant le code dévoilé. Trop tard cependant puisque plusieurs copies du code ont déjà été diffusées sur Internet. [Avec] plus d'un milliard de terminaux iOS dans le monde, ce sont potentiellement encore au moins 70 millions d'utilisateurs qui pourraient être concernés […].

www.zdnet.fr

9. **Quel est le danger de la divulgation du code source de l'iPhone ?**

10. **Pourquoi la suppression de la page contenant la divulgation est-elle inefficace ?**

DOC. 6 Air France victime d'une arnaque sur Internet

Air France offre 2 billets gratuits pour célébrer son 85e anniversaire. Obtenez vos billets gratuits à: http://www.airfrạnce.com/ . 13:46

Depuis plusieurs jours, un message aux couleurs d'Air France propose aux internautes de gagner des billets d'avion. Trop beau pour être vrai ? [...] Le site [de sécurité informatique] Zataz évoque le phénomène du *typosquatting*. De quoi s'agit-il ? Regardez le petit point sous la lettre « a » de www.airfrance.com, qui redirige vers un autre site : l'escroc a profité d'une typographie reprenant la lettre A de l'alphabet vietnamien/maltais... : ạ On ne peut plus discret ! Ainsi, la fausse campagne utilise-t-elle la technique de dissimulation de caractères UTF-8 à l'intérieur du nom de domaine.
Sans surprise, l'arnaque se poursuit par une collecte d'informations du « joueur » (identités, adresse, téléphone, adresse mail...). Le « jeu » permet ensuite d'inscrire les internautes à des newsletters marketing qui gagnent de l'argent à chaque souscription.

Linda Lainé, www.lechotouristique.com, 14 février 2018.

11. Expliquez en quoi consistait le *typosquatting* dont a été victime Air France.
12. Quel était l'objectif de cette arnaque ?

DOC. 7 En quoi consiste le *typosquatting* ?

Vinci, fin 2016, et Air France, début 2018, en ont été victimes. Le *typosquatting* est cette pratique qui consiste en l'achat de noms de domaine fortement ressemblants à ceux des sites Internet les plus fréquentés par les internautes. Une simple faute de frappe ou d'orthographe des utilisateurs dans la rédaction du nom de l'URL du site qu'il souhaite visiter les oriente sur un site pirate, sur lequel ils sont amenés à fournir des informations plus ou moins confidentielles. [...]
De manière simple et peu coûteuse, le *typosquatteur* voit mécaniquement le nombre de visiteurs de son site augmenter et, par ricochet, ses recettes publicitaires s'accroître. [...] Cette technique peut également être un moyen de détériorer l'image d'une marque, nuire à sa réputation ou encore d'introduire sur un site un contenu pouvant s'avérer nuisible pour son propriétaire. [...]

www.actualitesdudroit.fr, 28 juin 2018.

13. Qu'est-ce que le *typosquatting* ?
14. Listez les risques de cette pratique pour les entreprises et les internautes.

APPLICATION AU CAS

AIRBNB

Airbnb, véritable *digital native*, a intégré le numérique au cœur de son modèle de croissance.

DOC. Airbnb va proposer de la réalité virtuelle pour ses logements

[...] Airbnb fait constamment évoluer les services qu'elle propose. [...] En septembre [2017], la plateforme a fait l'acquisition de la société Resy, un service qui permet de faire des réservations de restaurants. Petit à petit, Airbnb révolutionne l'expérience de voyage pour retirer toutes les petites contraintes. [...] La plateforme a aussi des projets pour la réalité augmentée. L'idée serait d'apporter des informations contextuelles grâce à une reconnaissance de l'environnement du voyageur. Cela lui permet d'être orienté vers un lieu à voir, ou un établissement à fréquenter. Aussi, dans un logement, cela pourrait être utilisé comme une application de tutoriel pour comprendre comment fonctionne le thermostat ou un autre appareil de la maison.

V. Blanchot, siecledigital.fr, 12 décembre 2017.

1. Quels sont les actifs immatériels utilisés par Airbnb dans sa stratégie digitale ?
2. Quel est l'intérêt, pour Airbnb, de faire évoluer ses services numériques ?

2 Identifier pour l'entreprise les modalités juridiques de protection des actifs immatériels

A La protection des sites Internet et des logiciels

DOC. 8 Le droit d'auteur, droit de propriété intellectuelle

Le droit d'auteur protège les œuvres littéraires, les créations musicales, graphiques et plastiques, mais aussi les logiciels, les [sites Internet] [...].
Attention : le droit d'auteur ne protège pas les idées ou les concepts.

Intérêts

Le droit d'auteur s'acquiert sans formalités, du fait même de la création de l'œuvre. Votre création est donc protégée à partir du jour où vous l'avez réalisée [...].

Pour garder la preuve de la date d'une création numérique et assurer sa conservation, il est possible de l'enregistrer auprès de l'Agence pour la protection des programmes (APP).

Vous bénéficiez sur votre œuvre de deux types de prérogatives :

- de **droits « moraux »** qui vous protègent en tant qu'auteur. Vous pouvez ainsi vous opposer à une divulgation de votre œuvre qui serait faite sans votre consentement, à une utilisation qui dénaturerait votre œuvre ou encore revendiquer que votre nom soit mentionné. Ce droit moral est perpétuel et vous ne pouvez pas le céder ;
- de **droits « patrimoniaux »** qui vous permettent d'interdire ou d'autoriser l'utilisation de votre œuvre et de percevoir, dans ce cas, une rémunération en contrepartie. [...]

www.inpi.fr

1. **Quelles prérogatives sont reconnues, grâce au droit d'auteur, aux créateurs de logiciels et de sites Internet ?**
2. **Le dépôt d'un logiciel ou d'un site web auprès de l'Agence pour la protection des programmes est-il obligatoire pour obtenir la protection par le droit d'auteur ?**

DOC. 9 Les sanctions de la violation du droit d'auteur

Logiciel : concurrence déloyale pour une inspiration fautive

Par un jugement du 11 avril 2018, le tribunal de commerce de Versailles a condamné, sur le fondement de la concurrence déloyale et parasitaire, [Wanadev], l'éditeur d'un logiciel d'aménagement intérieur en 3D qui s'était « trop inspiré » des fonctionnalités et du design d'un logiciel concurrent pour créer le sien. [...]
En conséquence, il a condamné la société Wanadev à réparer le préjudice subi sur le fondement de la concurrence déloyale et parasitaire à hauteur de 50 000 € et ordonné la cessation de l'exploitation du logiciel litigieux dans sa version d'origine.

www.legalis.net, 30 avril 2018.

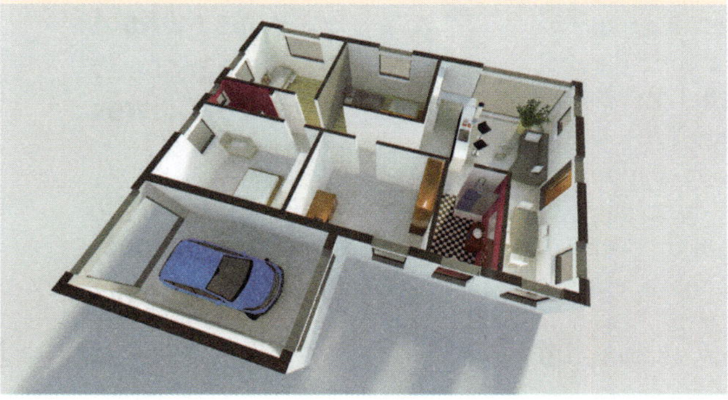

Condamnation pour contrefaçon et vente de copies de logiciels

Une personne était prévenue d'avoir « fait un total de 289 copies de divers logiciels », « sciemment reproduit [la] marque » de l'éditeur et d'« avoir proposé [ces copies] à la vente sur [un] site » Internet [...]. Dans un jugement du 11 juillet 2017, le tribunal correctionnel de Limoges l'a condamnée à six mois d'emprisonnement avec sursis et deux ans de mise à l'épreuve, ainsi qu'au paiement à la partie civile de la somme de 664 411 euros « en réparation du préjudice causé par la contrefaçon [...] de droits d'auteur ».

www.cyberdroit.fr, 22 novembre 2017.

3. **Quelles sont les deux actions en justice qui permettent de protéger le droit d'auteur ?**
4. **Quelles sanctions peuvent être prononcées contre la personne qui a violé un droit d'auteur ?**

DOC. 10 **La guerre des sites de ventes privées se joue devant les tribunaux**

[Vente-Privée.com] doit […] se battre en justice pour tenter de protéger son site Internet et sa marque, comme l'illustre un arrêt de la cour d'appel de Versailles du 2 juillet 2013, qui opposait Vente-Privée.com à la société PMC Distribution, qui exploitait le site « Club-Privé.fr » depuis 2005. Dans ce litige, Vente-Privée.com reprochait à PMC Distribution d'avoir reproduit, pour les besoins d'une activité concurrente, l'architecture de son site Internet. […] Le site « Club-Privé.fr » utilisait en effet certains éléments caractéristiques de son concurrent, à savoir une dominante de couleurs rose et noire, des rubriques avec de mêmes intitulés et dans le même ordre, une illustration relevant également de la thématique de la nature, ainsi qu'une structure de site globalement identique. Selon les juges, « la combinaison originale des caractéristiques de la page d'accueil du site Internet de la société Vente-Privée.com a été reprise sur la page d'accueil de la société Club-Privé, selon la même disposition, révélant une impression d'ensemble similaire ». PMC Distribution a donc été condamnée pour contrefaçon de droit d'auteur.

www.journaldunet.com

5. **Que reprochait Vente-Privée.com à la société PMC Distribution ?**

6. **Sur quel fondement les juges ont-ils condamné la société PMC Distribution ?**

B La protection des noms de domaine

DOC. 11 **La réservation d'un nom de domaine**

Le nom de domaine (par exemple, https://editions.nathan.fr) permet d'accéder à une page web. Pour protéger un nom de domaine en « .fr », il faut le réserver auprès d'un bureau d'enregistrement accrédité par l'Association française pour le nommage Internet en coopération [AFNIC]. C'est la règle du « premier arrivé, premier servi » qui s'applique : le nom de domaine est reconnu au premier qui le réserve. Toutefois, il faut vérifier avant qu'il est disponible pour éviter les conflits.
Le titulaire du nom de domaine réservé peut alors intenter une action en concurrence déloyale en cas d'utilisation par un tiers (un concurrent, par exemple). Mais le nom de domaine n'est pas un titre de propriété industrielle : il n'est donc pas possible d'agir sur le fondement de la contrefaçon, sauf si on l'a enregistré comme marque.

La **marque** (signe d'une entreprise qui lui permet de se différencier des autres) confère un monopole de 10 ans renouvelable.

Nathan live!

PRENDRE UN NOM DE DOMAINE

https://www.commentcamarche.net/faq/9244-deposer-un-nom-de-domaine

7. **Comment protéger son nom de domaine ?**

8. **Peut-on librement choisir un nom de domaine ?**

9. **De quelle protection bénéficie un nom de domaine réservé ? Quel est alors l'intérêt de l'enregistrer également comme une marque ?**

DOC. 12 **On ne peut pas réserver le nom de domaine expiré d'un concurrent**

[…] La société Les Vents du Nord, spécialisée dans la vente et la restauration des instruments à vent, avait enregistré le nom de domaine « Lesventsdunord.fr » en 2007. En 2010, elle ne l'avait pas renouvelé. Lorsqu'il est tombé dans le domaine public, la société Cuivres et bois l'a immédiatement réservé ainsi que la version en « .com ». Les Vents du Nord […] a assigné Cuivres et bois en concurrence déloyale. La cour d'appel de Douai a donné tort à cette dernière et l'a condamnée à verser 15 000 € de dommages-intérêts à la société lésée […]. La Cour de cassation a validé l'arrêt de la cour d'appel. […]. [Le] rachat du nom de domaine a eu pour effet de diriger automatiquement l'internaute cliquant sur le lien vers […] le site du concurrent. La Cour de cassation a approuvé la cour d'appel qui avait considéré que ne pouvait pas être fortuit, et était donc fautif, le fait d'enregistrer le lendemain de son expiration le nom de domaine du concurrent qui exerce la même activité très spécialisée, dans la même ville, à 700 mètres de distance. […]

B. Echelard, www.lepetitjuriste.fr, 19 avril 2016.

10. **Pourquoi la société Les vents du Nord a-t-elle agi contre la société Cuivres et Bois ?**

11. **Pourquoi les juges ont-ils condamné la société Cuivres et bois ?**

DOC. 13 **Le *cybersquatting* d'un nom de famille**

Le TGI de Paris a ordonné, le 2 mars 2017, le transfert du nom de domaine d'un site frauduleux comportant les nom et prénom d'une personne victime d'une usurpation d'identité.
Même si cette dernière ne jouit pas d'une notoriété affirmée, le tribunal a considéré que « l'association dans ce nom de domaine du prénom et du nom [de famille] de la demanderesse entraîne, en raison de la reprise à l'identique de ces deux éléments et du caractère peu commun du nom en cause, un risque que Mme X. soit considérée par les internautes comme étant responsable ou au moins associée aux activités commerciales conduites à partir de cette adresse, ce d'autant qu'une recherche sur les moteurs de recherche opérée à partir de son nom et de son prénom fait apparaître des liens renvoyant sur ce site aux côtés de liens la concernant personnellement ». [...]

www.legalis.net, 3 mars 2017.

Le ***cybersquatting*** est une pratique consistant à réserver un nom de domaine reprenant ou évoquant une marque, un nom commercial, un nom de famille, afin de tirer profit de sa notoriété.

12. En quoi consistait, dans cette affaire, le *cybersquatting* relevé par le tribunal ?

13. Expliquez la solution rendue par le juge.

C La protection des bases de données

DOC. 14 **Comment protéger une base de données ?**

[...] Le développement considérable de la quantité de données nécessite qu'elles soient ordonnées afin d'être facilement consultables et mises à jour. Mais peut-on protéger une base de données ?

Quels sont les éléments protégeables ?

- **La donnée.** Elle n'est pas protégée en principe car il s'agit généralement d'une information brute. Il peut en aller différemment si la donnée est une œuvre de l'esprit originale (image ou photographie, par exemple), protégée par le droit d'auteur.
- **La structure / l'architecture de la base de données.** Elle est protégeable par le droit d'auteur sous réserve d'originalité qui peut se manifester dans le choix ou la disposition des matières, dans les règles d'organisation de celle-ci. [...]

- **La protection du « contenu informationnel » par le droit du producteur de base de données.** Ce droit « *sui generis* » [c'est-à-dire spécifique, particulier] [...] a vocation à lutter contre le pillage des bases de données et permet d'assurer un retour sur investissement au producteur qui prend le risque de financer les coûts de collecte et de traitement de cette matière première que constituent les données. [...]

Le producteur peut interdire :
– l'extraction ou la réutilisation d'une partie substantielle du contenu de cette base ;
– l'extraction ou la réutilisation répétée et systématique de parties non substantielles, dès lors que les emprunts excèdent manifestement les conditions d'utilisation normale de la base. [...]

Éditions Francis Lefebvre, 18 octobre 2018.

14. Identifiez les différents éléments d'une base de données qui sont protégés.

15. Quelles prérogatives sont conférées par le droit d'auteur sur l'architecture de la base de données ?

16. Comment est protégé le contenu de la base de données ?

DOC. 15 Le litige entre « Le Bon Coin » et « Entre particuliers »

Dans une affaire [du 1er septembre 2017], la société Le Bon Coin reprochait à la société Entreparticuliers.com de procéder à la collecte et la reprise d'annonces immobilières extraites de la base de données Leboncoin.fr. […] Le [TGI de Paris] a considéré que les extractions réalisées par la société Entreparticuliers.fr n'étaient ni quantitativement ni qualitativement substantielles. Il relève notamment que la proportion représentée par les annonces du secteur de l'immobilier est de 10 % de la totalité des annonces postées.

Le Tribunal a toutefois jugé que l'extraction et la reproduction par la société Entreparticuliers.com d'annonces immobilières contenues dans la base de données détenue par Le Bon Coin sans l'autorisation de cette dernière, étaient effectuées de manière répétée et systématique. Il ressortait notamment des faits que la société Entreparticuliers.com recevait les annonces immobilières à un rythme de cinq mises à jour quotidiennes. Les annonces reproduites sur le site Entreparticuliers.com comportaient en outre le logo du site Leboncoin.fr sur la photographie des biens ainsi que les coordonnées du vendeur. Il a été considéré que ces pratiques excèdent les conditions d'utilisation normale de la base de données. La société Entreparticuliers.com a été condamnée à verser à la société Le Bon Coin une somme de 20 000 euros pour violation de son droit *sui generis* sur les bases de données, ainsi qu'une somme de 20 000 euros au titre de son préjudice d'image […].

A. Olivier, www.village-justice.com, 13 février 2018.

17. **Pourquoi Le Bon Coin a-t-il agi en justice contre la société Entreparticuliers.com ?**

18. **Le litige portait-il sur une atteinte à l'architecture de la base de données ou à son contenu ?**

19. **Pourquoi le tribunal a-t-il condamné la société Entreparticuliers.com ?**

D La création d'actifs immatériels par les salariés

DOC. 16 Création d'un salarié : qu'en est-il du droit d'auteur ?

Lorsqu'un salarié crée quelque chose en entreprise, que ce soit une base de données, un logiciel, [un travail de] recherche, un site Internet…, plusieurs questions peuvent se poser : qui est titulaire des droits patrimoniaux ? Le droit d'auteur est-il applicable lorsqu'on est salarié par une entreprise ? […]

Selon le Code de la propriété intellectuelle, le salarié d'une entreprise conserve son droit d'auteur sur les œuvres qu'il a créées dans le cadre de son travail. Le contrat de travail ne modifie pas ce droit inaliénable. […]

Dans certaines situations, il existe cependant des exceptions à cette règle :

• Dans le cas d'un logiciel : si l'œuvre est un logiciel réalisé pendant les heures de travail du salarié et entre dans le cadre de l'activité de l'employeur, les droits sont cédés à l'employeur. […]

• Le salarié cède ses droits : le salarié peut tout à fait choisir de céder ses droits d'auteur à son employeur pour une œuvre qu'il a réalisée […]. Le salarié peut céder ses droits à titre gratuit, mais peut également négocier une rémunération, en plus de son salaire, pour la cession de ces droits. […] Les droits moraux ne peuvent être cédés en aucun cas, seuls les droits patrimoniaux sont cessibles. […]

INPI / APP / Avocats Picovschi, d'après www.filecys.fr, 25 avril 2018.

Article L113-1 du Code de la propriété intellectuelle :
« La qualité d'auteur appartient, sauf preuve contraire, à celui ou à ceux sous le nom de qui l'œuvre est divulguée. »

20. **Pourquoi le droit d'auteur est-il en principe reconnu au salarié qui a produit une création numérique dans le cadre de son activité professionnelle ?**

21. **La solution est-elle identique en matière de logiciels ?**

22. **Le salarié peut-il céder à son employeur l'intégralité de son droit d'auteur ?**

DOC. 17 Le salarié créateur de logiciel

[…] Traditionnellement, le droit d'auteur appartient au seul créateur de l'œuvre, et ce quand bien même l'auteur est salarié et réalise la création protégée dans le cadre et en exécution de son contrat de travail. La situation est cependant bien différente s'agissant des logiciels. En effet, le Code de la propriété intellectuelle prévoit que les droits sur les logiciels sont dévolus automatiquement à l'employeur […], seul habilité à exercer ces droits sans qu'il soit nécessaire d'organiser contractuellement le transfert de droit et ce en application de la loi. […] Le logiciel doit avoir été créé postérieurement à la conclusion du contrat de travail. […]
Ce régime exceptionnel autorise l'employeur à bénéficier des droits patrimoniaux sur le logiciel. En revanche, le salarié conserve les droits moraux. Aucune disposition ne prévoit de rémunération supplémentaire de l'employeur au profit du salarié, créateur de logiciel.

[…] Le logiciel créé par le salarié hors du cadre de sa mission reste sa propriété. L'employeur désireux d'en acquérir les droits devra formuler une offre d'achat, que le salarié est libre d'accepter ou non. Dès lors que le logiciel a été créé hors du cadre du contrat de travail, le régime général de cession des droits d'auteur, qui prévoit que la cession des droits patrimoniaux sur le logiciel peut être totale ou partielle, a vocation à s'appliquer. Une telle cession implique qu'un accord soit trouvé sur le prix de cession. […]

A.-L. Villedieu et M. Ollivier, *Les Echos*, 2 août 2017.

23. **Qu'est-ce que la dévolution des droits sur le logiciel au profit de l'employeur ?**
24. **Le salarié qui a créé un logiciel dans le cadre de son activité perd-il l'intégralité de ses droits ?**
25. **L'employeur peut-il se prévaloir de la dévolution automatique pour un logiciel créé par un salarié hors du cadre de sa mission ?**

APPLICATION AU CAS

AIRBNB

Un salarié de Airbnb a créé un nouveau logiciel, Superset, qui permet d'exploiter plus facilement des bases de données pour les exploiter sous forme de graphique.

DOC. Superset, l'outil de DataViz de Airbnb

Superset est un outil développé par Airbnb. Son objectif consiste à faciliter la prise de décision au sein d'une entreprise, en simplifiant l'accès à ses données. Superset permet notamment de regrouper les informations fournies par différentes sources, de créer des graphiques interactifs et de les partager sous forme de tableaux de bord. […]
Conçu pour mutualiser différentes sources de données, Superset gère un très grand nombre de bases de données. Une fois les différentes bases connectées, l'ensemble des tables qu'elles contiennent devient accessible. […] Les graphiques proposés par Superset sont classes, l'interface web est très confortable à utiliser, la création de tableaux de bord intuitive et rapide. Superset va

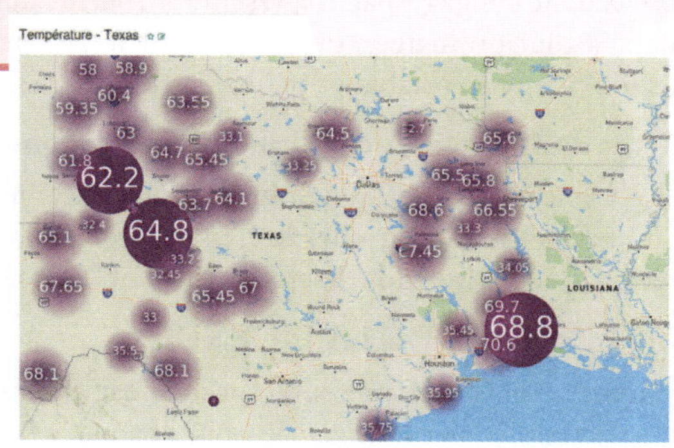

en plus gérer tout seul la cohérence d'un graphique à l'autre, en attribuant la même couleur pour deux mesures identiques.

www.makina-corpus.com

1. **Comment le logiciel Superset est-il protégé ?**
2. **Le salarié a-t-il un droit sur le logiciel qu'il a créé ?**
3. **Quelles sont les prérogatives reconnues à Airbnb sur ce logiciel ?**

1 La licence d'exploitation d'un logiciel

1. Quelles sont les parties à ce contrat (« licence ») ?
2. À quoi s'engage chacune des parties ? Quel est alors l'intérêt de cette licence ?
3. WZ-Agenda est-il un logiciel libre ou un logiciel propriétaire ?
4. Comment le logiciel objet de cette licence est-il protégé ?

DOC. **Licence du logiciel WZ-Agenda (extraits)**

La Société WEEZZ [...], ci-après le Concédant, est l'auteur d'un Logiciel dénommé « WZ-Agenda » consistant en une application web sur support hébergé et destiné à gérer de façon partagée des rendez-vous, plannings, fiches contact, consignes, tâches, messages et ressources. [...]
Le Licencié déclare connaître le Logiciel « WZ-Agenda » qu'il a pu tester gratuitement. [...]

ARTICLE 2. OBJET DU CONTRAT

Le présent contrat a pour objet de déterminer les conditions d'accès et d'utilisation en mode hébergé du Logiciel par le Licencié et ses Utilisateurs. [...]

ARTICLE 4. OBLIGATIONS DU CONCÉDANT

4.1 Accès du Licencié au Logiciel

Le Concédant s'engage par la présente à fournir au Licencié et à ses Utilisateurs un accès sécurisé au Logiciel depuis tout ordinateur, quel qu'en soit le système d'exploitation, à condition toutefois qu'il dispose d'une connexion à Internet fiable et qu'il soit équipé d'un navigateur Internet récent [...].

4.2 Accès du Licencié et des Utilisateurs aux données les concernant

[...] Le Concédant s'engage à fournir au Licencié un accès individuel et sécurisé au Logiciel par mot de passe pour lui permettre de consulter les seules informations le concernant. En outre, cet accès permettra au Licencié de créer des accès individuels et sécurisés au Logiciel par mot de passe pour ses Utilisateurs. [...]

ARTICLE 6. PRIX DE LA LICENCE

La rémunération de la présente Licence est constituée en fonction du nombre d'agendas en service et de l'offre sélectionnée par le Licencié pour chaque agenda. Le calcul de cette rémunération est établi sur une base tarifaire payable par mois. [...]

ARTICLE 7. PROPRIÉTÉ INTELLECTUELLE

Il est clairement entendu que le Concédant est et demeure le titulaire exclusif de l'ensemble des droits de propriété intellectuelle portant sur le Logiciel, les méthodologies employées, les spécifications et sur tous développements futurs du Logiciel. Le Concédant est seul habilité à utiliser, reproduire, diffuser, divulguer, modifier ou adapter ces éléments. [...]
Toute reproduction ou représentation totale ou partielle du Logiciel, par quelque procédé que ce soit, sans l'autorisation expresse du propriétaire du Logiciel est interdite et constituerait une contrefaçon sanctionnée par les articles L335-2 et suivants du Code de la propriété intellectuelle. Il en est de même des bases de données figurant, le cas échéant, sur le Logiciel. [...]

www.wz-agenda.com, 24 mai 2018.

2 Nom de domaine et concurrence déloyale

1. Expliquez les faits à l'origine du litige et rappelez comment s'acquiert un nom de domaine.
2. Expliquez la solution rendue par le Tribunal de grande instance de Rennes.
3. La société aurait-elle pu agir sur le fondement de l'action en contrefaçon ?

DOC. Conflits entre noms de domaine

Une société exploitant une plateforme de mise en relation d'internautes avec des sociétés de déménagement avait assigné [en justice] une société éditant un site Internet spécialisé dans l'organisation de déménagements pour avoir enregistré un nom de domaine [www.artisans-demenageurs.com] similaire au sien [www.lesartisansdemenageurs.com].
Le TGI de Rennes, dans un jugement du 1er octobre 2018, l'a déboutée de son action en concurrence déloyale aux motifs que les termes composant les noms de domaine litigieux étaient « largement utilisés sur les sites professionnels dédiés au déménagement [...] de même que largement repris par les sociétés dédiées à cette activité dans leurs dénominations » puisqu'ils étaient « purement descriptif[s], et ne présent[aient] aucun caractère distinctif », et que malgré une activité similaire des deux sociétés, « les sites [étaient] réellement différents » ce qui [...] exclu[ait] [...] le moindre risque de confusion [...].

www.cyberdroit.fr, 8 novembre 2018.

3 La double protection d'une base de données

1. Quels sont les faits à l'origine du litige ? Quelle est la base de données en cause ?
2. À quoi a été condamnée la société Optenet par la cour d'appel ?
3. Relevez comment, dans cette affaire, les juges sanctionnent distinctement l'atteinte à la structure de la base de données et l'atteinte à son contenu.

DOC. Affaire Xooloo contre Optenet

Dans cette affaire, la société Xooloo avait mis au point un système de contrôle parental sur Internet reposant sur l'établissement d'une liste blanche dénommée « Guide Juniors » répertoriant les seuls sites accessibles aux mineurs. [Elle] s'aperçoit que [la société Optenet] avait élaboré une liste analogue à la sienne en moins de trois mois et qu'elle la diffuse auprès de fournisseurs d'accès à Internet (FAI), dont Wanadoo. La société Xooloo assigne ces dernières en contrefaçon de base de données et en concurrence déloyale, et obtient leur condamnation à lui verser près de 4 000 000 d'euros [...]. La société Optenet forme alors un pourvoi contre l'arrêt de la cour d'appel de Paris [...].

Une base de données originale protégée par le droit d'auteur. [Optenet] conteste tout d'abord le caractère original de la base de données « Guide Juniors » [...]. Sur ce point, la Cour de cassation abonde dans le sens de la cour d'appel qui a considéré que la base de données était le résultat de choix personnels opérés au regard de la conformité des contenus qui la constituent et de son architecture constituée essentiellement d'une longue liste d'adresses URL triées et sélectionnées. [...]

Une base de données protégée par le droit *sui generis* [...]. La société Optenet conteste ensuite le caractère substantiel de l'extraction faite de la base de données de la société Xooloo. [...] Or, en l'espèce, la Cour de cassation estime que ce caractère substantiel de l'extraction a pu être établi par le seul constat que 35 % des adresses URL complètes et 60 % des noms de domaine (soit environ 1 000 adresses URL et 1 000 noms de domaine) de la liste de la société Optenet provenaient du « Guide Juniors » de la société Xooloo. La contrefaçon de base de données [est donc] confirmée.

D'après un arrêt de la Cour de cassation du 13 mai 2014, www.haas-avocats.com

SYNTHÈSE

Les enjeux de la protection des actifs immatériels pour l'entreprise

Actifs immatériels pour l'entreprise = vecteurs d'innovation

- Personnaliser la relation clients pour améliorer la satisfaction de leurs besoins.
- Améliorer l'organisation interne et la prise de décision dans l'entreprise.

Nom de domaine – Site Internet – Logiciel – Base de données

Besoin de protection des actifs immatériels de l'entreprise

- Contre l'utilisation et la reproduction sans entrave des créations immatérielles
- Contre la subtilisation frauduleuse des données par des pirates

Les modalités juridiques de protection des actifs immatériels

Protection par le droit d'auteur des sites Internet et des logiciels

- Prérogatives du créateur du site ou du logiciel
  - Droit patrimonial
  - Droit moral
- Sanctions de la violation du droit d'auteur
  - Action en contrefaçon
  - Action en concurrence déloyale
- Encadrement de l'utilisation des logiciels
  - Logiciel propriétaire
  - Logiciel libre

Protection spécifique des noms de domaine et des bases de données

- Protection des noms de domaine
  - Bénéfice du nom de domaine au premier qui le réserve
  - Protection par l'action en concurrence déloyale
- Double protection des bases de données
  - Droit d'auteur sur la structure, l'architecture de la base
  - Droit *sui generis* contre le pillage du contenu de la base

CONCEPTS

Base de données – Concurrence déloyale – Contrefaçon – Digitalisation – Droit d'auteur – Droit moral – Droit patrimonial – Droit *sui generis* – Logiciel – Nom de domaine – Site Internet

5 La preuve électronique, le contrat électronique et les contrats de prestations numériques

LA COMPÉTENCE ATTENDUE

→ Qualifier et analyser les clauses de contrats relatives à une vente ou à une prestation de services numériques entre professionnels.

LES SAVOIRS ASSOCIÉS

→ La preuve électronique
→ Le contrat de vente électronique
→ Le contrat de prestation de services numériques

PLAN DU CHAPITRE

- **1 •** Identifier les conditions de validité de la preuve électronique
- **2 •** Qualifier et analyser les clauses d'un contrat de vente électronique avec les consommateurs
- **3 •** Qualifier et analyser les clauses d'un contrat de prestation de services numériques entre professionnels

E-commerce : 100 milliards d'euros de chiffre d'affaires en France en 2019 ?

En 2017, l'e-commerce a atteint un chiffre d'affaires de 81,7 milliards d'euros. En 2018, les prévisions de chiffre d'affaires se montent à 93,2 milliards d'euros. Les 100 milliards devraient être dépassés en 2019.

Les 37 millions de cyberacheteurs français ont dépensé chacun en moyenne près de 2 200 euros. En tête des produits les plus achetés en ligne, l'habillement.

Le « m-commerce », c'est-à-dire le commerce électronique *via* un support mobile (smartphone ou tablette), a bondi de 38 %. Toutefois, l'e-commerce ne représente que 9 % du total du commerce de détail (+ 1 point sur un an).

Article 14 de la loi n° 2004-575 du 21 juin 2004 pour la confiance dans l'économie numérique

Le commerce électronique est l'activité économique par laquelle une personne propose ou assure à distance et par voie électronique la fourniture de biens ou de services.

Entrent également dans le champ du commerce électronique les services tels que ceux consistant à fournir des informations en ligne, des communications commerciales et des outils de recherche, d'accès et de récupération de données, d'accès à un réseau de communication ou d'hébergement d'informations, y compris lorsqu'ils ne sont pas rémunérés par ceux qui les reçoivent.

Nathan live!

LES CONTRATS DÉMATÉRIALISÉS

https://www.inc-conso.fr/content/attention-aux-contrats-dematerialises-avec-le-reseau-des-ctrc

1. **Quelle est la principale différence entre le commerce « traditionnel » et l'e-commerce ?**
2. **Selon vous, quels sont les risques de l'e-commerce pour les cyberconsommateurs ?**

1 Identifier les conditions de validité de la preuve électronique

DOC. 1 La dématérialisation des documents

La dématérialisation des documents a changé la donne mais tout écrit électronique ne peut pas constituer une preuve.

Verba volant, scripta manent. Traduction de cette expression latine : si les paroles s'envolent, les écrits restent. Mais, qu'est-ce qu'un « écrit » ? Cette question ne se posait pas il y a quelques décennies : quand bien même certaines preuves peuvent être apportées par tout moyen (témoignage…), le document écrit constituait souvent la panacée et sa définition ne posait aucun problème car tout le monde sait ce qu'est un document écrit. Cela va de la facture remise par un professionnel à un contrat lu et paraphé par les différentes parties. Le document existe matériellement (chacun dispose de son exemplaire du contrat, par exemple) et sa recevabilité en tant que preuve est une évidence puisque cette matérialisation confirme son existence même. Mais tout cela, c'était avant l'ère informatique et la dématérialisation des documents… […]

www.clcv.org/vie-pratique

DOC. 2 L'e-mail : un moyen de preuve ?

L'e-mail est au cœur de vos relations avec vos fournisseurs, votre banquier, vos salariés, vos clients… Mais en cas de litige, ces courriels peuvent-ils servir de preuve ? Et si oui, à quelles conditions ? MMA vous répond. […]

Cas pratique 1 : un fournisseur ne respecte pas le devis qu'il vous a envoyé par e-mail et que vous avez accepté par retour d'e-mail. Il vous réclame une somme plus importante, non justifiée.
Pouvez-vous utiliser vos échanges d'e-mails pour faire valoir vos droits ?

Réponse : dans les relations entre professionnels, régies pour la plupart d'entre elles par la libre preuve du Code de commerce, tous les moyens de preuve peuvent être utilisés. Dans le cas d'un litige entre professionnels, un e-mail peut constituer une preuve recevable devant un juge.

Cas pratique 2 : un particulier vous a passé une importante commande par e-mail mais il se désiste au dernier moment et vous vous retrouvez avec la commande sur les bras… Si le litige est porté devant un juge, pouvez-vous utiliser son message électronique comme preuve ?

Réponse : ce courrier électronique peut être utilisé en cas de litige sous certaines conditions :

• Dans les relations avec les particuliers, la preuve du contrat est soumise aux règles du Code civil. L'e-mail doit donc répondre à des exigences d'identification claire de l'expéditeur et d'intégrité du message (preuve que le document n'a pas fait l'objet de modifications entre le moment où il a été écrit et celui où il a été consulté).

En pratique, un e-mail ne satisfait que rarement aux conditions d'identification et d'intégrité du Code civil. Il n'équivaut donc pas à un courrier postal signé de manière manuscrite.

• Pour être considéré comme preuve à part entière, un e-mail doit être accompagné d'une signature électronique certifiée.

• Un e-mail « courant » peut en revanche être considéré comme un « commencement de preuve » par écrit et être présenté devant un tribunal. Au juge ensuite d'apprécier la situation et de vérifier que le message n'a pas été falsifié.

https://entreprise.mma.fr, 28 février 2017.

DOC. 3 La force probante de l'écrit électronique

Selon l'article 1366 du Code civil, l'écrit électronique a la même force probante que l'écrit sur support papier, sous réserve que :
– puisse être dûment identifiée la personne dont il émane (une signature doit identifier clairement le signataire de l'écrit) ;
– et qu'il soit établi et conservé dans des conditions de nature à en garantir l'intégrité (le document ne doit pas avoir fait l'objet de modifications).

1. **Expliquez ce qu'est la « dématérialisation des documents ».**
2. **Expliquez la phrase soulignée dans le document 2.**
3. **À quelles conditions un e-mail peut-il être utilisé devant le juge pour faire établir la réalité d'un fait, d'une discussion ou d'un accord entre un professionnel et un particulier ?**

DOC. 4 La signature électronique

Comme la signature manuscrite, la signature électronique (SE) identifie celui qui l'appose et manifeste son consentement au contenu de l'acte.
La SE consiste « en l'usage d'un procédé fiable d'identification garantissant son lien avec l'acte auquel elle s'attache ».
La fiabilité de ce procédé doit en principe être prouvée, ce qui peut rendre nécessaire le recours à une expertise. Afin de faciliter la preuve de la fiabilité du procédé de SE, une présomption a été instituée par le législateur. Une SE est présumée fiable lorsqu'elle fait appel à un certificat électronique « qualifié », délivré par une autorité de certification.

Un certificat de signature électronique est un document sous forme électronique qui a pour but d'authentifier l'identité de la personne signataire, l'intégrité des documents échangés (protection contre toute altération) et l'assurance de non-répudiation (impossibilité de renier sa signature).

DOC. 5 Première autorité de certification française

ChamberSign France
garantit l'identité de l'entreprise, de l'entrepreneur et de ses collaborateurs.

Première Autorité de Certification Française

ChamberSign France est une autorité de certification créée en 2000. Tiers de confiance, nous sommes garants de l'identité numérique de l'entreprise publique et privée.
Nous fournissons des certificats électroniques émis et délivrés dans le respect des normes les plus strictes de la profession, garantissant ainsi un niveau de sécurité optimal dans les échanges électroniques.

4. Quel est l'intérêt pour une entreprise d'obtenir une signature électronique certifiée ?

DOC. 6 L'archivage électronique, une étape indispensable de la transformation numérique

[…] Si la législation permet [aux entreprises] de s'affranchir du papier et d'utiliser des documents 100 % numériques recevables juridiquement [bons de commande clients, bons de livraison, factures électroniques…], elle impose en contrepartie des « garde-fous » concernant leur conservation et leur archivage. […]
Attention, l'archivage électronique à valeur probante ne consiste pas à stocker de manière passive des documents sur un serveur ou un disque optique, mais à vérifier l'origine du document, à contrôler et maintenir son intégrité (base de sa recevabilité juridique) dans le temps, ainsi que sa disponibilité et sa « re-lisibilité ». Et cela pour des durées pouvant aller jusqu'à 50 ans pour certains documents. […]
S'appuyer sur un prestataire spécialisé consacrant l'essentiel de ses moyens à cette activité reste le meilleur moyen d'être en conformité. Les certifications officielles avec les normes et standards nationaux et internationaux de référence (certification NF461 relative à l'archivage électronique, certification ISO 27001 relative au management de la sécurité informatique) restent le meilleur gage de confiance pour accompagner l'entreprise dans sa nécessaire transformation numérique.

P. Delahaye, *Journal du Net*, 3 octobre 2017.

5. Qu'est-ce qu'un archivage à valeur probante ?

APPLICATION AU CAS

AIRBNB

Il y a 8 mois, Christophe a réservé un appartement sur Airbnb près de Val Thorens afin de participer à « L'étape du Tour », une cyclosportive permettant aux cyclistes de rouler sur les mêmes routes que les cyclistes professionnels du Tour de France.
Afin d'obtenir quelques précisions sur le logement, Christophe vient de contacter le loueur auprès duquel il a réservé. Ce dernier prétend ne pas s'être engagé à lui louer. La course attirant chaque année près de 15 000 participants, Christophe sait qu'il ne trouvera pas d'hébergement à la dernière minute. Il est bien décidé à obliger le loueur à exécuter son engagement en le menaçant de l'assigner en justice. Il dispose des échanges avec lui, réalisés *via* la messagerie sécurisée de la plateforme.

Rebonjour,
Suite à nos échanges, je vous confirme la réservation de votre logement pour les nuits des 19, 20 et 21 juillet prochain. Pouvons-nous arriver vers 18 h le 19 ?

Pas de souci ! Je vous enverrai les instructions nécessaires un ou deux jours avant votre arrivée.
À très bientôt donc !

1. Christophe dispose-t-il d'une preuve valable de l'engagement du loueur ?

2. Les échanges *via* la messagerie sécurisée ont-ils valeur de contrat ?

2 Qualifier et analyser les clauses d'un contrat de vente électronique avec les consommateurs

A La protection préalable au contrat

DOC. 7 La protection des données personnelles du cyberconsommateur

Les données à caractère personnel des consommateurs présentent une valeur marchande considérable et les entreprises multiplient les outils de collecte et d'analyse pour se les approprier. Afin de protéger ces données, les entreprises sont soumises à de nombreuses règles notamment issues du RGPD (règlement général sur la protection des données du 25 mai 2018) : déclaration, autorisation, sécurisation, loyauté de la collecte, légitimité de la finalité du traitement.

Attention : les exigences du RGPD s'appliquent au B2B, une adresse mail professionnelle étant considérée comme une donnée personnelle.

1. **Résumez les obligations des entreprises présentées dans le document 8.**
2. **Quelle est leur finalité ?**

DOC. 8 Les obligations des entreprises d'e-commerce

➔ **Bandeaux cookies avec collecte de données personnelles :** afficher un bandeau cookie au moment de la première connexion pour informer les internautes, obtenir leur consentement (la durée de validité du consentement est de 13 mois maximum)…

➔ **Inscription à la newsletter :** inscription par un *opt-in* (obtenir l'accord du destinataire ; s'il ne dit pas « oui », c'est « non »), préciser la finalité de la newsletter (ex. : envoi de propositions commerciales), permettre à l'utilisateur de se désabonner…

➔ **Création d'un compte client :** limiter la collecte de données à celles qui sont nécessaires pour l'activité de l'entreprise, permettre au client de consulter et modifier ses informations personnelles, de supprimer son compte et l'ensemble de ses informations personnelles…

B L'information du cyberacheteur

DOC. 9 Les risques de l'achat en ligne

La première caractéristique d'un achat en ligne est l'absence de rencontre physique entre le vendeur et l'acheteur. Le contrat étant formé par l'échange des consentements, il est apparu indispensable de poser des règles de droit permettant de s'assurer que l'acceptation émanant du consommateur était donnée en toute connaissance de cause et de manière réfléchie.

DOC. 10 Un achat en ligne sur le site www.mademoiselle-bio.com

DOC. 11 Conditions générales de vente de Mademoiselle bio (extraits)

PRÉAMBULE

La Boutique Mademoiselle bio est un site de commerce électronique accessible par le réseau Internet à l'adresse www.mademoiselle-bio.com (ci-après dénommé « le Site »). Il est ouvert à tout utilisateur de ce réseau. Il est édité par la société BIODOO avec le nom d'enseigne Mademoiselle bio, SAS au capital de 2 100 000 euros, dont le siège social est situé au 23 rue Jean Daudin, 75015 Paris, inscrite au Registre du Commerce et des Sociétés de Paris sous le numéro 431349927.

Le Site permet à Mademoiselle bio de proposer à la vente des produits de beauté comme des soins en institut à des internautes naviguant sur le Site. […]

3. Enregistrement et validation de la commande

[…]

3.2. Commande

Toute commande suppose l'adhésion sans restriction ni réserve aux présentes conditions générales de vente.

[…]

4. Paiement

Le paiement doit être réalisé lors de la commande par l'acheteur. À aucun moment, les sommes versées ne pourront être considérées comme des arrhes ou acomptes.

[…]

Pour régler sa commande, l'acheteur dispose des modes de paiement suivants : carte bancaire, chèque bancaire ou postal émis par une banque française, virement, PayPal, cartes-cadeaux Mademoiselle bio. Les cartes bancaires acceptées sur le Site sont les suivantes : Carte Bleue, Visa et Master Card.

www.mademoiselle-bio.com

DOC. 12 L'obligation d'information propre à l'e-commerce

Conformément aux dispositions du Code de la consommation (articles L221-5 et L221-14), le professionnel qui propose un contrat de vente par voie électronique doit notamment :

– communiquer au consommateur, de manière lisible et compréhensible, certaines informations telles que les informations relatives aux coordonnées du professionnel ;

– rappeler au consommateur, avant qu'il ne passe sa commande, de manière lisible et compréhensible, les informations relatives aux caractéristiques essentielles des biens ou des services qui font l'objet de la commande, à leur prix… ;

– veiller à ce que le consommateur, lors de sa commande, reconnaisse explicitement son obligation de paiement ;

– indiquer clairement et lisiblement, au plus tard au début du processus de commande, les moyens de paiement qu'il accepte et les éventuelles restrictions de livraison ;

– les conditions, le délai et les modalités d'exercice du droit de rétractation lorsqu'il existe.

3. **Quelle est la nature du document représenté dans le document 11 ?**

4. **À quelles obligations légales du document 12 correspondent les documents 10 et 11 ?**

C La conclusion du contrat

DOC. 13 **Un achat en ligne sur le site de Mademoiselle bio**

www.mademoiselle-bio.com

DOC. 14 **La règle du double-clic**

Article 1127-2 du Code civil (extrait)

Le contrat n'est valablement conclu que si le destinataire de l'offre a eu la possibilité de vérifier le détail de sa commande et son prix total et de corriger d'éventuelles erreurs avant de confirmer celle-ci pour exprimer son acceptation définitive.

Le client internaute doit pouvoir vérifier sa commande, notamment le détail et le prix. Il exprime son consentement en cliquant sur un bouton qui l'invite à valider son achat (premier clic).

Le client doit ensuite confirmer sa commande avant le paiement (deuxième clic).

5. **Quel écran du document 13 correspond au premier clic ? Lequel correspond au deuxième clic ?**

6. **Pourquoi la loi oblige-t-elle le vendeur à mettre en œuvre la procédure du double-clic ?**

DOC. 15 **L'accusé de réception de la commande**

Une fois la commande validée, le cybermarchand doit accuser réception sans délai et par voie électronique de la commande qui lui a été ainsi adressée. Cette procédure garantit que la commande a bien été enregistrée. Il peut s'agir d'une page apparaissant à l'écran à imprimer ou d'un courriel récapitulatif.
<u>L'accusé de réception est considéré comme reçu lorsque le cyberacheteur peut y avoir accès</u> (selon l'article 1127-2 du Code civil).

7. **Quelle obligation est imposée au cybervendeur lorsque le cyberacheteur a validé sa commande ?**

8. **Expliquez la phrase soulignée.**

DOC. 16 **Conditions générales de vente (CGV) de Phildar**

Article 6. Archivage de la commande

[...] Le vendeur assure la conservation de l'écrit qui constate la conclusion du contrat par voie électronique pendant 10 ans lorsque le contrat porte sur une somme supérieure ou égale à 120 euros.

À tout moment, vous pouvez accéder au détail de vos commandes *via* votre Compte Client à la rubrique Mes Commandes ou en envoyant un mail *via* la rubrique Contact.

www.phildar.fr

DOC. 17 **L'archivage selon la loi**

Selon l'article L213-1 du Code de la consommation, le contrat électronique doit être archivé par le professionnel lorsqu'il porte sur une somme égale ou supérieure à 120 €.

Le délai de conservation est de 10 ans.

En outre, selon l'article 1127-1 du Code civil, si le contrat est archivé, le cyberacheteur doit pouvoir connaître les modalités d'archivage du contrat et les conditions d'accès à ce contrat.

9. Les CGV de Phildar sont-elles conformes à la loi s'agissant de l'archivage ? Justifiez.

D Le droit de rétractation du cyberacheteur

DOC. 18 **Extrait des conditions générales de vente de Mademoiselle bio (suite)**

7. Droit de rétractation

Conformément à l'article L221-18 du Code de la consommation, l'acheteur dispose d'un délai de quatorze jours francs à compter de la date de réception pour retourner à nos frais les produits commandés, pour remboursement.

Dès enregistrement de la demande par nos services, une étiquette de retour préaffranchie lui sera adressée par mail. Les produits doivent impérativement être retournés à Mademoiselle bio dans un parfait état de revente, dans leur état d'origine [...]. Si les conditions susmentionnées sont remplies, Mademoiselle bio remboursera à l'acheteur, dans un délai de quatorze jours, les sommes correspondant aux produits acquis.

Afin de soumettre une demande de rétractation, l'acheteur doit contacter la société Mademoiselle bio par mail en précisant le numéro de commande et la référence du ou des articles concernés tels que mentionnés sur la facture, par téléphone [...] ou en utilisant le formulaire de rétractation présent dans la rubrique « Mon compte » et accessible par ce lien.

www.mademoiselle-bio.com

10. Quelle faculté le droit de rétractation offre-t-il au cyberacheteur ?

11. Qui en supporte le coût dans cet exemple ? Justifiez.

APPLICATION AU CAS

AIRBNB

Charles Cottin propose depuis trois ans un logement à la location *via* Airbnb. Pour embellir ses extérieurs, il a acheté une pergola sur un site de vente en ligne. Lorsqu'il reçoit le colis dans les délais de livraison prévus, Charles découvre que la pergola est bien trop petite. Les dimensions du produit figuraient bien sur le site mais Charles n'y a pas prêté attention...

DOC. **Groupon Goods Global GmbH – Conditions générales de vente**

1.3. Votre commande. Le fait de cliquer sur le bouton « Acheter Maintenant » constitue une commande (« Commande ») des produits vendus par Groupon Goods (les « Biens »). En cliquant sur le bouton « Acheter Maintenant », vous reconnaissez explicitement que votre Commande implique l'obligation de payer les Biens. [...]

4.1. Votre droit de rétractation. Aucune disposition des présentes conditions de vente ne porte atteinte à votre droit de vous rétracter du présent contrat sans donner de motif dans un délai de quatorze (14) jours. Ce délai de rétractation expire quatorze (14) jours après le jour où vous [...] prenez physiquement possession des Biens. [...]

4.4. [...] Vous devez prendre en charge les frais liés au retour des Biens. [...]

www.groupon.fr

1. À quelle obligation légale correspond l'article 1.3 des CGV ?

2. Sous quel délai et selon quelles modalités Charles peut-il retourner la pergola au cybervendeur ?

3 Qualifier et analyser les clauses d'un contrat de prestation de services numériques entre professionnels

DOC. 19 **Une application appétissante…**

QuiDitMiam! est un outil de communication entre votre restaurant et vos convives.

Qui dit miam!
INFORMER PLUS, EDUQUER MIEUX, GASPILLER MOINS

DOC. 20 **Le nécessaire recours aux prestataires de services numériques**

Le développement du numérique rend indispensable le recours par les entreprises aux services de prestataires informatiques pour les besoins de leur activité. Les contrats de prestation de services numériques (hébergement de données, développement sites Internet, maintenance matérielle ou logicielle…) se multiplient.

DOC. 21 **Un contrat de prestation de services numériques (extraits)**

CONTRAT DE LOCATION ET DE MAINTENANCE DE QUIDITMIAM!

Entre les soussignés :

La société GOA SOFT SAS, dont le siège social est situé à :
[…] 31120 LACROIX-FALGARDE France
Immatriculée au RCS de Toulouse B […]
Ci-après dénommée « Le Prestataire » d'une part,

Et :

La SNRH RÉGAL ET SAVEURS
Adresse : […] 06730 SAINT-ANDRÉ-DE-LA-ROCHE
Ci-après dénommée « Le Client » d'autre part,

IL EST PRÉALABLEMENT EXPOSÉ CE QUI SUIT :

La société GOA SOFT SAS est le concepteur de l'application mobile QuiDitMiam! ainsi que de son interface d'administration appelée aussi « BackOffice ». Le présent contrat de location et de maintenance s'inscrit dans la continuité de cette conception et du contrat de licence d'utilisation qui a été accepté par le client. …

DOC. 21 Un contrat de prestation de services numériques (extraits) (suite)

ARTICLE 1 – OBJET

Le présent contrat a pour objet la mise à disposition de la solution Internet QuiDitMiam!.
Par location et maintenance, les parties entendent que le prestataire réalisera les prestations suivantes limitativement énumérées :
– configuration d'un accès sécurisé au « BackOffice » ;
– mise à disposition du « BackOffice » et des modules souscrits selon l'offre ;
– assistance *via* une adresse mail dédiée ;
– mises à jour correctives ;
– mise à disposition d'un espace de stockage [...].

1. **Qui est le concepteur de l'application QuiDitMiam! ?**
2. **Identifiez la société cliente. Pourquoi a-t-elle fait appel au prestataire ?**
3. **Quel est l'objet du contrat (document 21) ?**

DOC. 22 Un contrat de prestation de services numériques (suite)

ARTICLE 8 – SECRET ET CONFIDENTIALITÉ

Chacune des parties s'engage à conserver confidentiels les informations et documents concernant l'autre partie, de quelque nature qu'ils soient, auxquels elle aurait pu avoir accès au cours de l'exécution du contrat.
Les deux parties prendront, vis-à-vis de leurs personnel, préposés et prestataires de services auxquels elles pourraient faire appel, toutes les mesures nécessaires pour assurer, sous leur responsabilité, le secret, la confidentialité de toutes les informations et tous les documents visés à l'alinéa ci-dessus.
Les parties se portent fort du respect de cette clause par leurs personnel, préposés et prestataires de services auxquels elles font appel.
De même, le présent contrat, ses annexes et les conditions particulières qui y figurent sont réputés confidentiels et, à ce titre, ne peuvent faire l'objet ni d'une publication ni d'une communication à des tiers, sauf autorisation expresse des deux parties.

4. **À quelles obligations les parties sont-elles soumises par l'article 8 ?**
5. **Ce type de clause est-il généralement présent dans les contrats de vente conclus entre une entreprise et ses clients ? Pourquoi ?**

DOC. 23 Un site Web hébergé par OVH

DOC. 24 Conditions particulières d'hébergement Web

ARTICLE 1 : OBJET

Les présentes conditions particulières ont pour objet de définir les conditions techniques et financières dans lesquelles OVH s'engage à assurer le stockage sur son infrastructure du service d'hébergement Internet du Client (ci-après nommé « Service »).

Le Client reconnaît expressément qu'OVH ne participe aucunement au sens des présentes à la conception, au développement, à la réalisation et à la mise en place du Service du Client et de ses outils informatiques de gestion et d'administration.

ARTICLE 2 : MOYENS – CONDITIONS D'EXPLOITATION

L'Infrastructure d'hébergement Web d'OVH est accessible pour le grand public par le réseau Internet au moyen de stations connectées au réseau Internet. [...]

OVH garantit un accès au service d'hébergement Web du Client dans les conditions d'une fréquentation raisonnable et un accès au service de messagerie électronique dans des conditions d'utilisation raisonnable.

Dans l'hypothèse où l'accès au Service ne pourrait être maintenu en raison d'un trafic excédant les capacités du Service, les parties se concerteront afin d'envisager des modifications techniques et financières des conditions d'hébergement du Client.

ARTICLE 3 : SUPPORT TECHNIQUE

OVH met à la disposition du Client une assistance technique dans les conditions prévues aux conditions générales de Service. [...]

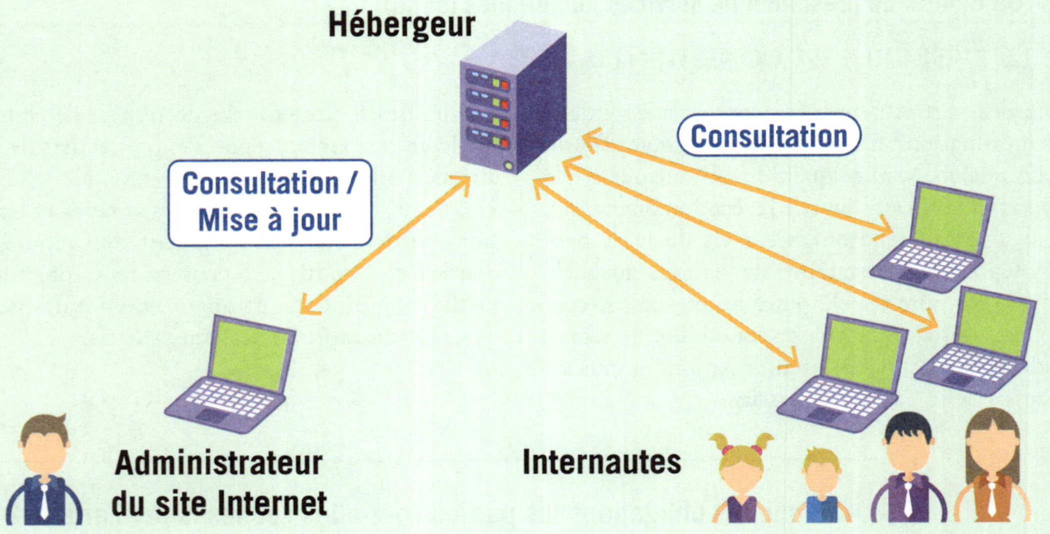

ARTICLE 7 : OBLIGATIONS ET RESPONSABILITÉ DU CLIENT

7.1. Le Client s'engage à ne pas héberger de sites racistes ou illégaux [...].

Le Client s'engage à ne pas héberger de sites à caractère pornographique sur les offres d'hébergement Web [...].

Le Client est informé que les publications constituent notamment des œuvres de l'esprit protégées par les droits d'auteur au sens de l'article L112-2 1° et 2° du Code de la propriété intellectuelle.

Le Client est informé que les fichiers médias (images, sons, vidéos ou autre nature/format), tels que JPG, MP3, DIVX, ISO..., sont soumis aux droits d'auteur et de propriété intellectuelle.

Le Client s'interdit toute utilisation du Service à des fins de diffusion en flux (streaming).

Il assure OVH qu'il est titulaire de tous les droits de propriété intellectuelle sur l'intégralité des pages et données qu'il fait héberger, c'est-à-dire des droits de reproduction, de représentation et de diffusion relatifs au support Internet, pour une durée préalablement déterminée.

www.ovh.com

6. Dans la relation contractuelle illustrée par les documents 23 et 24, qui est le prestataire ? Qui est le client ? Quelle est la prestation fournie ?

7. Laquelle des deux parties est protégée par la phrase soulignée dans l'article 1 du document 24 ? Expliquez.

8. Expliquez le contenu de l'article 7.1 en distinguant deux parties.

DOC. 25 Conditions générales de services

Les présentes Conditions Générales ont pour objet de définir les conditions de mise à disposition et d'utilisation des Services d'OVH.
Elles forment, avec les Conditions Particulières de Service applicables et l'ensemble des documents auxquels elles font référence, un contrat (ci-après « le Contrat ») conclu entre OVH SAS, société de droit français, domiciliée […] et toute personne physique ou morale […] créant un Compte Client sur le Site Internet d'OVH (ci-après nommée « le Client ») ; le Client et OVH étant individuellement ou conjointement dénommés la ou les « Partie(s) ». […]
3.12. Continuité et Réversibilité des Services. Sauf disposition contraire des Conditions Particulières applicables, l'arrêt des Services, quelle qu'en soit la cause (notamment résiliation du Contrat, non-renouvellement, arrêt de Services par le Client, non-respect des Conditions de Service en vigueur, etc.), de même que certaines opérations de mise à jour et de réinstallation des Services entraînent la suppression automatique et irréversible de l'intégralité des Contenus […] reproduits, stockés, hébergés, collectés, transmis, diffusés, publiés, et plus généralement utilisés et/ou exploités par le Client dans le cadre des Services, y compris leurs sauvegardes éventuelles. […] À la demande du Client, […] OVH lui communique toute information technique relative aux Services de nature à faciliter les opérations de réversibilité et de récupération de ses Contenus. Ces prestations d'assistance peuvent donner lieu à facturation supplémentaire […]. Toutefois, OVH ne procède à aucune opération de restitution et de migration des Contenus du Client, lesquelles restent à la charge exclusive de ce dernier.

www.ovh.com

DOC. 26 Clause de réversibilité

La réversibilité est la possibilité, pour le client, de reprendre ou de faire reprendre la fonction externalisée par tout prestataire de son choix. Dans ce cas, le prestataire s'engage à fournir une assistance pour faciliter le transfert à un autre prestataire ou la reprise par le client. Cette clause est fondamentale car la récupération de certaines données ou bases de données peut être cruciale pour le fonctionnement d'une entreprise et mettre en péril la continuité de l'activité économique en cas de perte ou de fuite de données.

9. Quelle obligation l'article 3.12 des CGS impose-t-il à OVH ?

10. Quel intérêt cette obligation présente-t-elle pour le client ?

APPLICATION AU CAS

AIRBNB

DOC. 1 Amazon Web Services

Airbnb est la plus grande plate-forme de partage de logements au monde.
Avec plus de 300 millions de séjours depuis les dix dernières années, l'entreprise fait sans cesse face à des défis en matière d'algorithmes de recherche, de paiements, de prévention contre la fraude et de croissance. Le tout en maintenant une expérience utilisateur exceptionnelle. Elle veut développer des solutions à ces problèmes qui soient évolutives, performantes et élégantes.
Airbnb utilise Amazon Web Services (AWS)* et pratique un déploiement continu pour tester rapidement de nouvelles idées et les appliquer à des fonctions produit existantes.

* Amazon est bien entendu le géant des achats en ligne que tout le monde connaît, mais il ne faut pas oublier qu'il s'agit également d'un géant des services. Parmi ces services, certains s'adressent aux professionnels et sont soumis à des conditions générales définies par un contrat accepté par les parties.

DOC. 2 Innover pour le client

Pendant trois heures, rythmées par un groupe de rock avec chanteur en perfecto et coupes de cheveux façon Kurt Cobain, l'heureux PDG [d'Amazon Web Services] a présenté pas moins de vingt nouveaux services devant une salle de plusieurs milliers de personnes. [La firme] propose, par exemple, un outil de traduction en ligne, aux performances supérieures à celles existant sur le marché, grâce au Machine Learning*. […]

C. Bys, *L'Usine Digitale*, 29 novembre 2018.

* Le Machine Learning est une technologie d'intelligence artificielle permettant aux ordinateurs d'apprendre sans avoir été programmés explicitement à cet effet.

1. Identifiez la relation juridique qui existe entre Airbnb et AWS.

2. Quel type de service AWS propose-t-elle à ses clients ? Illustrez votre réponse.

1 La valeur d'un échange de mails

1. **À quelles conditions un mail a-t-il la même valeur qu'un écrit sur support papier ?**
2. **Lorsque ces conditions sont réunies, quelle valeur un échange de mails peut-il avoir selon la Cour de cassation ?**
3. **Quelle est la conséquence de cette qualification pour le club sportif ?**

DOC. **Contrats : juridiquement, l'électronique remplace l'écrit**

Un message électronique vaut engagement de celui qui le signe et a la valeur d'un contrat écrit, selon la justice française. Il a la même valeur qu'un contrat écrit, rappelle la Cour de cassation [dans un arrêt du 11 juillet 2018], même s'il est échangé dans un domaine où la loi exige un contrat répondant à des formes particulières traditionnelles. Elle a donc validé, comme contrat, un échange de mails qui ne regroupait pas dans un seul document les mentions obligatoires exigées par la loi.

En l'espèce, un agent sportif réclamait le paiement de sa prestation après avoir recruté un joueur, mais le club qui l'avait mandaté refusait de le payer en faisant valoir que le Code du sport exigeait un contrat écrit rédigé dans des formes particulières, lequel n'avait finalement pas été établi.

La justice a cependant ordonné le paiement. Car, dit la loi, « lorsqu'un écrit est exigé pour la validité d'un acte juridique, il peut être établi et conservé sous forme électronique ». Le Code civil précise d'ailleurs que même la signature peut être électronique.

Le Revenu, 5 octobre 2018.

2 Un contrat électronique de vente

1. **L'acceptation des CGV par le cyberacheteur est-elle obligatoire ? Justifiez.**
2. **Quelles obligations du cybervendeur les articles 1 et 2 des CGV illustrent-ils ?**
3. **Le délai de rétractation offert au client est-il conforme à la loi ?**
4. **Quelle partie au contrat supporte la charge des frais de retour ? Est-ce légal ?**

DOC. 1 **Conditions générales de vente (extraits)**

ARTICLE 1 – Champ d'application

Les présentes Conditions Générales de Vente s'appliquent, sans restriction ni réserve, à l'ensemble des ventes conclues par Expert triathlon SAS (« le Vendeur ») auprès de consommateurs et d'acheteurs non professionnels (« les Clients ou le Client ») désirant acquérir les produits proposés à la vente par le Vendeur (« les Produits ») sur le site Internet www.expertriathlon.com [...].

Les Produits proposés à la vente sur le site Internet www.expertriathlon.com sont les suivants : équipements natation, cyclisme, course à pied [...].

Les coordonnées du Vendeur sont les suivantes : Zone industrielle L'Horizon, 06690 TOURRETTE-LE-VENS [...].

Sauf preuve contraire, les données enregistrées dans le système informatique du Vendeur constituent la preuve des transactions conclues avec le Client. [...]

ARTICLE 2 – Commandes

Pour les commandes passées exclusivement sur Internet, l'enregistrement d'une commande sur le site du Prestataire est réalisé lorsque le Client accepte les présentes Conditions Générales de Vente en cochant la case prévue à cet effet et valide sa commande. Le Client a la possibilité de vérifier le détail de sa commande, son prix total et de corriger d'éventuelles erreurs avant de confirmer son acceptation (article 1127-2 du Code civil). Cette validation implique l'acceptation de l'intégralité des présentes Conditions Générales de Vente et constitue une preuve du contrat de vente. [...]

ARTICLE 7 – Droit de rétractation

Conformément aux dispositions légales en vigueur, le Client dispose d'un délai de 14 (quatorze) jours à compter de la réception du Produit pour exercer son droit de rétractation auprès du Vendeur, sans ...

avoir à justifier de motifs ni à payer de pénalité, à fin d'échange ou de remboursement, à condition que les Produits soient retournés dans leur emballage d'origine et en parfait état dans les 10 (dix) jours suivant la notification au Vendeur de la décision de rétractation du Client. [...]
En cas d'exercice du droit de rétractation dans le délai susvisé, seul le prix du ou des Produits achetés et les frais de livraison sont remboursés ; les frais de retour restant à la charge du Client.

ARTICLE 14 – Information précontractuelle – Acceptation du Client
Le fait pour une personne physique (ou morale) de commander sur le site Internet www.expertriathlon.com emporte adhésion et acceptation pleine et entière des présentes Conditions Générales de Vente et obligation au paiement des Produits commandés, ce qui est expressément reconnu par le Client, qui renonce, notamment, à se prévaloir de tout document contradictoire, qui serait inopposable au Vendeur.

DOC. 2 **Le retour du produit en cas de rétractation**

En cas de rétractation, le contrat est résilié et le client doit renvoyer le produit. Il doit payer les coûts directs de renvoi, sauf si le professionnel les prend à sa charge ou s'il ne l'a pas informé qu'il devait régler ces coûts.

3 La rédaction des contrats informatiques

1. **Qu'est-ce qu'un contrat d'adhésion B2B ?**
2. **Quel risque présente-t-il ?**
3. **Expliquez la phrase soulignée.**

DOC. **Soyez vigilants sur la rédaction de vos contrats informatiques !**

Telle pourrait être l'alerte à adresser aux acteurs économiques pour la rédaction et l'exécution de leurs contrats à l'aune de la réforme du droit des contrats [...]. Celle-ci a largement impacté la structure même du Code civil et a intégré les jurisprudences signifiantes des vingt-cinq dernières années dans le cœur même des articles du Code. Mais qui dit modification du cadre légal dit aussi modification des clauses contractuelles. Voici quelques réflexions à ce sujet.

LA CLAUSE CRÉANT UN DÉSÉQUILIBRE SIGNIFICATIF : la clause « abusive » pour un contrat d'adhésion b2b ?
Les contrats B2B restent malgré tout (pour une part non négligeable) des contrats d'adhésion. Les professionnels qui entendent bénéficier, par exemple, des services de la galaxie Google doivent cocher une case ou valider *via* un bouton radio, sans la moindre négociation possible. Sous réserve d'opposabilité, ces contrats trouvent donc à s'appliquer directement et notamment certaines clauses qui exonèrent le fournisseur du produit ou le prestataire de services de sa responsabilité que l'on pourrait considérer comme « abusives » (le terme est entre guillemets car adapté à une optique B2C et non B2B).
Mais la réforme du droit des contrats a introduit dans le Code civil un article 1171 qui remet en cause les « pleins pouvoirs » contractuels des prestataires. Désormais, sont réputées non écrites « les clauses créant un déséquilibre significatif entre les droits et obligations des parties au contrat » dans les contrats d'adhésion. Certaines exceptions sont prévues, l'appréciation du déséquilibre significatif ne portant ni sur l'objet principal du contrat ni sur l'adéquation du prix à la prestation.
Selon toute vraisemblance, cette notion de déséquilibre significatif – déjà connue à l'article L.442-6-I du Code du commerce – devrait être largement débattue devant les tribunaux (de commerce avant tout) et faire l'objet de multiples précisions.

Cabinet Capioli et Associés, 5 septembre 2016.

La preuve électronique

- Documents dématérialisés = écrit électronique
  - Même force probante que l'écrit papier si…
    - Intégrité garantie : contenu non modifié
    - Personne dont il émane identifiée
- Signature électronique
  - Signature électronique « qualifiée » = présumée fiable

Le contrat de vente électronique

- La protection des données personnelles du cyberacheteur
- L'information du cyberacheteur
  - Coordonnées du professionnel
  - Caractéristiques essentielles du produit
  - Paiement
- La conclusion
  - La règle du double-clic
  - L'accusé de réception de la commande
  - L'archivage
- Le droit de rétractation du cyberacheteur
  - Dans les 14 jours, sans motifs, avec ou sans frais de renvoi ➡ contrat résilié

Le contrat de prestation de services numériques

- L'objet du contrat
  - Location, maintenance, hébergement de site Web…
- Les clauses spécifiques
  - Secret et confidentialité
  - Respect des droits d'auteur
  - Clause de réversibilité

CONCEPTS

Clause de confidentialité – Clause de responsabilité – Clause de réversibilité – Contrat de prestation de services numériques – Contrat de vente électronique – Données personnelles – Droit de rétractation – E-signature (ou signature électronique) – Règle du double-clic

6 L'incidence du numérique sur le management

LES COMPÉTENCES ATTENDUES
- Repérer le rôle du système d'information dans le fonctionnement de l'entreprise.
- Identifier les conséquences du déploiement du numérique sur le management et les processus décisionnels de l'entreprise.

LES SAVOIRS ASSOCIÉS
- Spécialisation, intégration, action collective
- Mode de coordination, flexibilité, modalités d'organisation du travail
- Composantes et rôles du système d'information, opportunités et risques liés au système d'information

PLAN DU CHAPITRE

1 • Repérer le rôle du système d'information dans le fonctionnement de l'entreprise
2 • Identifier les conséquences du déploiement du numérique sur le management et les processus décisionnels de l'entreprise

Ce que pensent les DRH de l'impact du digital sur les modes de management

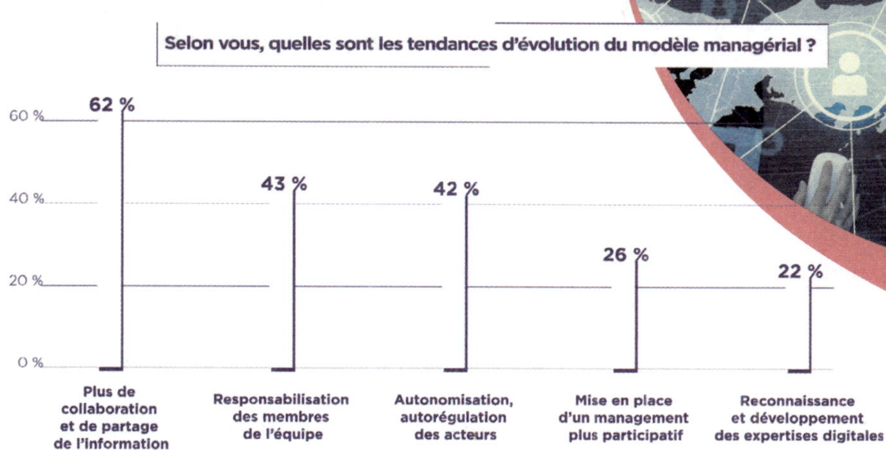

D'après www.cercle-humania.fr, extraits de l'étude réalisée en 2015 par le cabinet Kurt Salmon sur « l'impact du digital sur les modes de management ».

1. Selon vous, pour quelles raisons le développement du numérique dans l'entreprise entraîne-t-il plus de collaboration et de partage de l'information ?
2. Dans la vidéo, selon Joël de Rosnay, quelles sont les conditions pour qu'une entreprise devienne une entreprise numérique ?
3. Toujours selon Joël de Rosnay, comment sera l'entreprise de demain ?

Nathan live!
L'AVENIR DE L'ENTREPRISE NUMÉRIQUE PAR JOËL DE ROSNAY
https://youtu.be/ReaqgkbTJz4

1 Repérer le rôle du système d'information dans le fonctionnement de l'entreprise

A Les multiples dimensions du système d'information (SI)

DOC. 1 Qu'est-ce qu'un système d'information ?

Une information est une donnée associée à un modèle d'interprétation (sens). Elle permet de réduire l'incertitude si elle est utile et fiable.

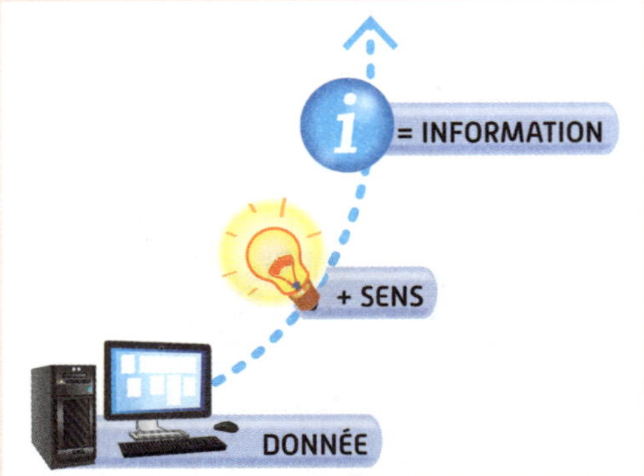

« Le système d'information est un ensemble organisé de ressources techniques, organisationnelles et humaines requises par le traitement des informations nécessaires à la stratégie et aux métiers de l'entreprise. »

R. Reix, *SI et management des organisations*, Vuibert.

1. **Que faut-il à un ensemble de données pour devenir une information ?**
2. **Quelles sont les caractéristiques d'une information efficace ?**
3. **Quelle est la finalité du système d'information ?**
4. **Quelles sont les trois catégories de ressources d'un système d'information ?**
5. **À quelle catégorie associez-vous les ressources suivantes : les ordinateurs ? les procédures et modes de travail adoptés pour le fonctionnement du système ? les logiciels ? les personnes qui collectent, traitent et diffusent l'information ?**

DOC. 2 Les composantes du SI des restaurants McDonald's

[…] Personnaliser l'expérience client est un défi de taille pour une entreprise qui fut longtemps le symbole de la standardisation des produits. Cela passe par une réorganisation complète du parcours de la commande. […] Ainsi, à la borne, la commande est préparée en cuisine au moment où le client appuie sur « Total », et non lorsque le paiement est effectué. « Nous gagnons ainsi les 20 secondes dédiées au paiement, explique Éric Bisson, vice-président des opérations et des systèmes d'information de McDonald's France. […] » Lorsque l'ordre de commande arrive en cuisine, il repasse dans l'infrastructure locale du restaurant. […] En cuisine, l'organisation des équipes a été repensée et les équipiers ont vu fleurir les écrans. « Les commandes s'affichent au fur et à mesure : les équipiers ont ainsi les informations en temps réel. C'était primordial, car chaque produit préparé correspond à un client précis, souligne Éric Bisson. Le préparateur s'adapte à une commande spécifique, un Big Mac sans cornichon, par exemple. » […] Les sandwichs, une fois préparés, sont centralisés près du comptoir. Un écran sert de tableau de bord et indique la répartition en fonction des commandes passées en salle, au « drive » ou destinées à la livraison à domicile. Une autre nouveauté est le service à table. À l'issue de sa commande, le client emporte avec lui une carte géolocalisée grâce à des capteurs disséminés dans le magasin. Il voit son repas arriver sans avoir à patienter dans la file d'attente.

F. Vairet, *Les Echos*, 27 novembre 2017.

6. **Identifiez les composantes humaines, matérielles et organisationnelles du SI mis en place chez McDonald's.**
7. **Montrez que le SI des restaurants McDonald's permet d'améliorer leur productivité.**

DOC.3 Les différentes fonctions du système d'information

Flux d'entrée

ACTEURS

ENVIRONNEMENT

ACTIVITÉ

Flux de sortie

ACTEURS

ENVIRONNEMENT

COLLECTE ET STOCKAGE

– Saisie directe ou création automatisée d'informations qui proviennent de sources externes (clients, fournisseurs…) ou internes (divers services de l'organisation).
– Sauvegarde, protection, archivage des informations.

TRAITEMENT

Utilisation des informations afin de prendre des décisions ou de créer de nouvelles informations à partir de celles existantes (tris, calculs, regroupements).

DIFFUSION

Transmission des informations aux acteurs internes et externes.

DOC.4 Le système d'information clients de Michel et Augustin

Chez Michel et Augustin, la règle est simple : il faut répondre à tous les messages de manière personnelle, en moins de 24 heures, quel que soit le canal de communication. Les messages relatifs à la qualité des produits reçoivent, eux, un retour dans les 3 heures, 7 jours sur 7. Pour répondre aux clients, les deux collaboratrices en charge de la relation client, ainsi que Michel et Augustin, ont accès depuis différents terminaux (ordinateurs, smartphones, laptops…) aux dernières interactions pour y répondre. Une grande partie des canaux de communication sont pris en charge par le CRM d'Easiware [outil de GRC, gestion de la relation client] : e-mail, formulaire web, Facebook, téléphone, courrier, et toutes les informations sont conservées. Chaque mois, l'équipe dédiée au CRM peut ainsi suivre des indicateurs clés, comme le temps de traitement en fonction du type de demandes.
L'une des dernières remontées en date ? Les cookies au cœur fondant de la marque ont suscité de nombreux appels… car les douceurs étaient souvent émiettées à l'ouverture du paquet. Première réaction, les équipes répondent à tous les messages de façon personnalisée. En parallèle, le sujet est remonté en interne et finalement… les packagings de ces biscuits ont été modifiés pour éviter le désagrément. Après la modification des packagings effectuée, l'ensemble des clients qui avait soulevé le problème a reçu un mail pour leur indiquer comment a été considérée leur remarque. Les mécontents ont également reçu le fameux cookie dans son nouveau packaging ou un bon de réduction à valoir sur la gamme de produits des deux acolytes. À chaque envoi, les adresses et les petits mots dans les paquets sont écrits à la main. « On multiplie les intentions pour personnaliser au mieux ce lien avec [nos] bons clients », assure Margaux Dauce, patronne de la « boulangerie de quartier », nom donné au service client pour insister sur la proximité volontaire avec sa clientèle.

J. Delvallée, *LSA*, 29 septembre 2017.

Michel et Augustin, marque alimentaire française haut de gamme et innovante, propose des biscuits, yaourts et desserts gourmands et sains.

8. Dans l'exemple de Michel et Augustin, comment l'information client est-elle collectée ?
9. Comment sont traitées les demandes clients ?
10. Quel indicateur permet à l'entreprise de mesurer l'efficacité du SI clients ?
11. Quelle réponse est apportée aux clients suite aux remontées négatives du SI concernant les cookies ?
12. En quoi peut-on dire que le SI permet de créer de la valeur pour le client ?
13. Montrez comment le SI permet à l'entreprise d'être plus réactive.

B Le rôle du système d'information dans la prise de décision

DOC. 5 Le SI, un outil d'aide au pilotage de la décision

Un système d'information intégré au système de décision doit permettre de rendre le pilotage de la décision plus intelligent. Il existe trois niveaux de décision : stratégique, tactique et opérationnel.

Niveau de décision stratégique

- Définition de la stratégie
- Fixation, planification et contrôle des objectifs

Niveau de décision tactique

- Mesure de la performance des processus
- Analyse et amélioration des processus

Niveau de décision opérationnel

- Exécution des processus
- Traitement des erreurs et des alertes
- Réaction très rapide

DOC. 6 Outil d'aide à la décision chez Sephora

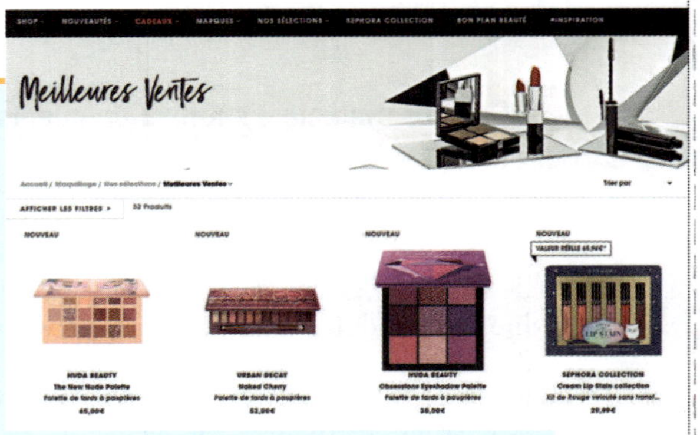

Pour piloter l'activité de l'e-boutique, les responsables du site doivent réaliser régulièrement des forecasts [prévisions] de ventes, de chiffres d'affaires et de volume de commandes. Ces estimations prévisionnelles alimentent en données différents services : le marketing, la supply chain (chaîne logistique) et le service clients.
Concrètement, le marketing utilise ces informations pour calibrer ses offres promotionnelles et ses opérations d'animation, pour définir son plan marketing et pour le valider. La supply chain, elle, utilise le volume de commandes pour mieux anticiper son organisation (dimensionner son équipe en entrepôt, par exemple). Le but étant de respecter les délais de livraison au client. Quant au service client, il extrapole des volumes d'appels au call center pour s'adapter de manière proactive.

P. Ducellier, lemagit.fr, mars 2018.

> **14.** **Identifiez les décisions prises dans les services marketing, chaîne logistique et relation clients de Séphora grâce aux traitements effectués sur les ventes, le chiffre d'affaires et le volume de commandes.**
> **15.** **À quel niveau de décision correspondent-elles ?**

DOC. 7 Intégrer les données et fluidifier les processus : le rôle du PGI

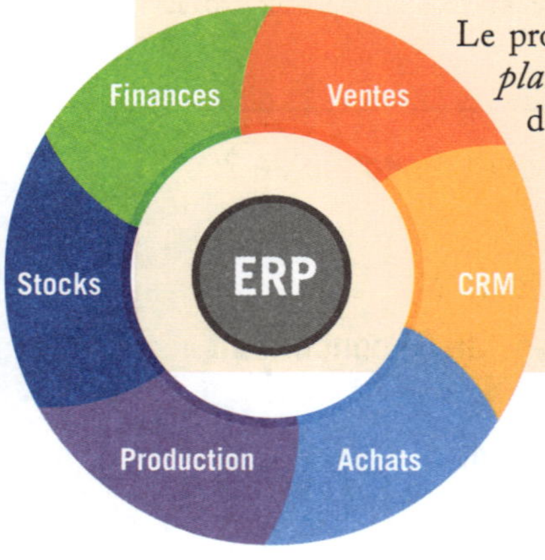

Le progiciel de gestion intégré (PGI) est la traduction française de l'*enterprise resource planning* (ERP). Il s'agit d'une solution logicielle dont l'objectif est d'unifier le système d'information d'une entreprise.
Un PGI est composé d'un ensemble d'applications conçues pour les ventes, les stocks, la production, la comptabilité ou encore la gestion de la trésorerie, regroupées autour de la base de données de l'entreprise, à partir de laquelle elles se partagent toutes les informations. Lorsqu'une mise à jour est effectuée au niveau de la base de données, elle affecte en temps réel chacune des applications.

> **16.** **Pourquoi peut-on dire que les PGI s'inscrivent dans une démarche d'intégration des données ?**

DOC. 8 Le SI au service de la stratégie de l'entreprise

[Si] l'on examine les compagnies aériennes low cost (EasyJet, Ryanair…), on ne peut qu'être frappé par la présence d'un alignement stratégique fort entre stratégie de volume, de coûts faibles, de prix bas, et un système d'information en totale cohérence. Ainsi, ces compagnies ont été les premières à supprimer le billet «papier» dont le coût unitaire s'élevait à environ 10 €. De la même façon, le *business model* a conduit à supprimer les agences de réservation et de distribution (génératrices de charges fixes: location de locaux, personnels, matériels, frais de fonctionnement…) pour leur substituer l'achat des billets en ligne. La mise à jour en temps réel des taux de remplissage des avions permet en outre un ajustement des tarifs et des promotions.

L'alignement stratégique est une démarche visant à faire coïncider le système d'information sur la ou les stratégies de l'entreprise.

[…] *A contrario*, Nespresso développe une stratégie de différenciation reposant sur une communication utilisant un acteur (George Clooney), une offre [gamme] de capsules de café très large, des machines spécifiques et une distribution sélective. Le système d'information Nespresso est en cohérence avec cette stratégie et développe un *customer relationship management* (CRM) [gestion de la relation client, GRC] qui permet d'identifier chaque client, de suivre ses commandes, ses goûts et de l'accueillir de façon personnalisée quand il se rend dans une succursale Nespresso.

R. Reix, B. Fallery, M. Kalika, F. Rowe, *Systèmes d'information et management*, 7e édition, Vuibert Gestion, 2016.

17. Montrez l'alignement du SI à la stratégie des compagnies aériennes low cost.

18. Montrez l'alignement du SI à la stratégie de différenciation de Nespresso.

APPLICATION AU CAS

AIRBNB

DOC. Airbnb utilise la tarification intelligente pour fixer les prix de location

La tarification intelligente est un sujet fréquemment abordé sur le Community Center, forum de Airbnb, car certains hôtes aimeraient en savoir plus sur le fonctionnement.

Pour déterminer la valeur locative d'un appartement, Airbnb utilise un algorithme de tarification intelligente. Celui-ci permet de conseiller un prix pour le logement de l'hôte. L'algorithme prend en compte plus de 70 paramètres, que ce soit la ville, la saison, le type de bien, les transports, l'historique des commentaires… En plus de tous ces facteurs pour déterminer le prix, l'algorithme analyse aussi les images, le nombre de visiteurs chaque jour sur l'annonce du logement en question et la durée de leur visite !

L'accent est mis sur les technologies de personnalisation. À chaque fois qu'un voyageur se connecte sur le site, Airbnb en apprend un peu plus sur lui car l'algorithme repère ses habitudes. Cela lui permet de faire correspondre le bon logement avec le bon voyageur. C'est un peu ce que fait Google sur son moteur de recherche.

Pour aller plus loin dans la personnalisation du service, les équipes d'Airbnb sondent et interrogent des hôtes du monde entier et gardent un œil sur les sujets et commentaires.

1. Identifiez et catégorisez les différentes ressources du SI mises en place par Airbnb, selon qu'elles sont humaines, matérielles ou organisationnelles.

2. Quelles informations sont collectées et stockées ?

3. À quel traitement les informations sont-elles destinées ?

2 Identifier les conséquences du déploiement du numérique sur le management et les processus décisionnels

A L'émergence de nouvelles structures plus réactives

DOC. 9 Un besoin de flexibilité dans un environnement ouvert et incertain

La dernière décennie a été marquée par une accélération des changements au sein des organisations, engendrée par l'introduction massive des nouvelles technologies de l'information et des communications (notamment Internet), la déréglementation, l'ouverture des marchés, la mondialisation d'une économie fondée de plus en plus sur le savoir et l'arrivée sur le marché d'une main-d'œuvre mieux informée, en quête d'autonomie et de plus en plus diversifiée sur le plan culturel. Ces forces sont à l'origine d'un nouveau contexte concurrentiel qui a incité les organisations à se transformer en profondeur sur les plans stratégique, structurel et opérationnel. En plus de fournir un produit de haute qualité à moindre coût, il faut aujourd'hui, pour être compétitif, démontrer suffisamment de flexibilité pour répondre, dans des délais extrêmement courts, à des besoins individualisés, c'est-à-dire le « sur mesure de masse ».

M. Roy, M. Audet, « La transformation vers de nouvelles formes d'organisation plus flexibles : un cadre de référence », *Gestion 2002/4*, vol. 27, p. 43, HEC Montréal.

1. **Relevez les facteurs qui amènent les entreprises à gagner en flexibilité et en réactivité.**
2. **Que permet la flexibilité des entreprises ?**

DOC. 10 De nouvelles formes d'organisation du travail

Propos recueillis auprès de Christophe Combelles, cofondateur d'Anybox, entreprise de services autour des logiciels open source de gestion d'entreprise.

On avait des locaux jusqu'en 2015 dans une pépinière d'entreprises, mais ils étaient de moins en moins utilisés, donc on les a résiliés et on a généralisé le télétravail. Les gens sont libres de travailler où ils veulent, mais il faut s'imposer des règles à soi-même pour ne pas avoir une vie chaotique, et faire en sorte de bien séparer la vie privée et la vie professionnelle. [...] Pour compenser l'isolement, on travaille connectés, on utilise depuis le début un système de tchat pour être en contact permanent les uns avec les autres et on dispose de la plupart des outils de travail à distance, visio, tableau blanc, etherpad, kanbans virtuels, etc. On organise aussi tous les 3 à 6 mois un séminaire dans un gîte ou une location quelconque, pour travailler et passer un peu de temps ensemble et mieux se connaître. Il n'y a pas d'horaire officiel, tout le monde est cadre, les gens sont libres d'organiser leur journée et n'ont pas besoin d'obtenir des permissions pour aller chercher leur enfant à l'école ou pour s'absenter temporairement.

flexjob.fr, 25 septembre 2017.

Pour être plus réactives, bon nombre d'entreprises adoptent des structures flexibles : décentralisation des décisions, niveau faible de spécialisation et de formalisation des procédures, hiérarchie souple. Les TIC y tiennent une place centrale en facilitant la coordination, la communication et l'échange.
Les jeunes générations hyperconnectées et habituées aux échanges d'informations instantanés sont en attente d'une entreprise plus collaborative, fonctionnant sur la base de l'échange, de la transversalité des projets, de la mise en réseau, de la transparence et la confiance... Beaucoup d'entreprises sont amenées à repenser leur organisation selon une approche par les processus. Il s'agit de véhiculer les objectifs, non plus dans des services ou fonctions cloisonnés mais, au contraire, de manière transversale, au sein d'unités polyvalentes où chacun est au service d'un objectif global : la satisfaction du client.

3. **Montrez que le déploiement du numérique favorise des modes de travail collaboratif et l'esprit d'équipe.**
4. **À partir de l'exemple d'Anybox, caractérisez les nouvelles formes d'organisation du travail rendues possibles par le numérique.**

DOC. 11 Des structures plus agiles

Les évolutions rapides de l'environnement et l'intensification de la concurrence conduisent bien souvent l'entreprise à une complexification et à une dispersion géographique de ses activités. Pour mieux répondre aux attentes des clients, l'entreprise aura tendance à se structurer en divisions spécialisées selon les différents marchés ou clients spécifiques. Pour autant, elle se retrouve confrontée à des situations d'interdépendances des processus productifs et d'interactions entre ses membres. Dès lors, se pose la question de la coordination pour assurer une cohérence d'ensemble. Les TIC peuvent être un outil privilégié de l'intégration, considérée comme l'ensemble des mécanismes et des pratiques communes visant à assurer cette cohésion.

DOC. 12 L'esprit start-up de L'Oréal

Entretien avec Jean-Paul Agon, PDG de L'Oréal

« Nous avons pour ambition d'avoir cet esprit start-up et non pas celui d'une grande entreprise. Il faut lutter contre la bureaucratie et la complexité qui peuvent être paralysantes pour les grands groupes. Et l'une des réponses, c'est l'organisation même de L'Oréal qui n'est pas une grosse machine, mais plutôt une flottille d'entreprises. Chez nous, chaque marque est autonome par rapport aux autres. Bien sûr, elle est dirigée de manière globale par un patron. Mais on y développe l'esprit de la petite entreprise. Et cette organisation est dupliquée dans chaque pays du monde. [...] Nous ne voulons pas être un gros vaisseau mais plutôt une flottille de petits bateaux à taille humaine dont chaque membre fait partie de l'équipage et se sent donc investi et motivé à la manière d'une start-up. »

H. Couëdic, *Le Revenu*, 29 février 2016.

[...] L'Oréal a ajouté un réseau social d'employés, qui permet aux représentants et aux stylistes de travailler en étroite collaboration pour planifier des événements au nom de nombreuses marques. Il leur permet également de partager toutes leurs connaissances : des techniques de coloration des cheveux aux astuces pour réduire les frisottis ou conserver la brillance des cheveux. La direction peut interagir plus facilement avec ses employés. [...] Avec ses nouveaux systèmes, L'Oréal peut intégrer des acquisitions ou déployer de nouvelles marques plus rapidement, commercialiser plus efficacement des produits et aider les clients à se montrer sous leur meilleur jour.

www.salesforce.com

5. Pour quelles raisons les entreprises ont-elles tendance à spécialiser leurs divisions par marché / client ?

6. Dans le cas de L'Oréal, selon quelle(s) spécialité(s) sont structurées les « flottilles d'entreprises » ?

7. Comment ces « flottilles d'entreprises » sont-elles intégrées au « vaisseau » ?

DOC. 13 Les entreprises en réseau

Certaines entreprises choisissent de se développer en réseau, regroupant temporairement des entités indépendantes. Le réseau relie, par les technologies de l'information, plusieurs entreprises partenaires (clients, fournisseurs, concurrents) qui coopèrent pour se partager des qualifications, des coûts et l'accès à des marchés, auxquels ils ne pourraient accéder seuls. L'entreprise structurée en réseau est une organisation aux frontières mouvantes du fait des liens contractuels qui se font et se défont au gré des projets en cours.

DOC. 14 L'exemple de Dassault Aviation

Pour chacun de ses programmes, militaire et civil, le groupe s'entoure d'une constellation spécifique et temporaire de fournisseurs qui partagent la même base de données. Grâce à cette approche, il n'est pas utile de procéder à des fusions ou de créer des consortiums. [...] Rouage central de cette organisation collaborative : la maquette numérique. [...] La création d'un plateau virtuel en 2005, qui permet à tous les partenaires industriels d'accéder au partage de centaines de milliers de données de la maquette numérique depuis leurs propres bureaux, a ouvert la voie à la notion d'entreprise étendue. Chacun peut consulter, *via* le même environnement virtuel, les informations nécessaires à la production de tel ou tel élément de l'appareil en cours de réalisation. Une méthodologie industrielle qui doit vaincre les réticences nourries par certaines habitudes immuables... « Il faut parvenir à convaincre chaque fournisseur, un par un, de la nécessité d'adopter un outil numérique commun », affirme Jérôme Camps [responsable technique au sein du bureau d'études de Dassault Aviation].

O. James, *L'Usine Nouvelle*, 26 mars 2014.

8. Quelles sont les parties prenantes du réseau Dassault ?

9. Quels sont les avantages de l'organisation en réseau ?

10. Montrez que le numérique est au cœur de l'organisation en réseau.

DOC. 15 **La transformation chez l'assureur AXA : au-delà du digital**

En 1985, année de la création de la marque AXA, les possibilités d'interaction avec son assureur se limitaient au téléphone ou à la rencontre physique. Le digital a changé la donne. Applications, site Internet, SMS, « chats » viennent « augmenter » la relation traditionnelle avec l'agent qui reste cependant un acteur clé de l'interaction avec les clients.
[…] Ces exemples montrent que la transformation d'AXA touche ses clients, mais aussi les collaborateurs du groupe. Pour que ces changements soient acceptés et compris, ils devaient être le fruit d'une réflexion globale. « Pendant trois mois, nous avons réuni 200 collaborateurs de tous horizons, issus de 16 pays sur tous les continents. Notre stratégie n'a pas été conçue par quelques personnes du siège, mais par les équipes qui travaillent sur le terrain. Les collaborateurs sont les acteurs – et les auteurs – de notre transformation. Nous avons créé et animons une communauté d'influenceurs au sein de toutes nos entités au travers d'événements, d'ateliers, de newsletters pour favoriser l'appropriation, la compréhension, l'adhésion. Ce n'est que le début de l'aventure et nous savons que sans l'enthousiasme et l'énergie de nos collaborateurs, nous ne réussirons pas dans la durée » [explique Benoît Claveranne, Chief Transformation Officer chez AXA].

L'action collective correspond à l'action commune ou concertée des membres d'un groupe en vue d'atteindre des objectifs communs.

T. Coëffé, blogdumoderateur.com, 25 septembre 2017.

11. Pourquoi peut-on dire que la transformation numérique d'AXA est co-construite par l'ensemble des parties prenantes ?

12. Pour quelles raisons, selon vous, la dynamique du changement s'inscrit-elle dans une action collective ?

13. Quels seraient les risques, d'après vous, si l'ensemble des parties prenantes n'était pas impliqué dans la conduite du changement ?

B L'apparition de nouveaux risques liés au système d'information

DOC. 16 **Se protéger contre les fuites de données**

PC de bureau, l'entreprise ouverte aux quatre vents
Lors d'un séminaire de formation destiné à des professionnels de l'informatique, un consultant en sécurité demande aux participants de lui confier leurs clés USB. Résultat après contrôle : un tiers des clés contenaient des virus ! Port USB, prise firewire, wi-fi, Bluetooth... autant de portes d'entrée dans l'entreprise pour les piratages, les intrusions ou les vols de données.

Portables et mobiles : menaces sur les données
La veille de son départ en vacances, le manager d'une caisse d'épargne anglaise s'arrête dans un centre commercial et se fait voler son ordinateur portable sur le parking. Il ne signalera l'incident au service informatique que trois semaines plus tard, à son retour de vacances... Résultat : la caisse d'épargne a été condamnée à verser une amende de 2 millions de dollars par le régulateur britannique des marchés financiers. L'ordinateur contenait les données non cryptées de plusieurs millions de personnes.

Machines de production : gare à la perte de contrôle !
Tristement banal : une machine essentielle à la production tombe en panne. Impossible de la relancer. À l'origine de l'incident, la défaillance d'un logiciel. [...] Le scénario est courant. Aux quatre coins de l'entreprise, un nombre croissant de machines de production ou d'outils de bureautique sont pilotés par des logiciels.

Réseaux sociaux : danger d'intrusion
Le patron d'une entreprise annonce à la presse que son développement passe par une solution innovante bientôt sur le marché. Il n'en dira pas davantage. Pour démontrer qu'il est possible d'accéder à ce secret par le biais des réseaux sociaux, un spécialiste de la sécurité fait la manip suivante : il recherche le nom d'un ingénieur de l'entreprise, [...] il parvient à entrer sur le réseau de l'ingénieur et accède de proche en proche à l'innovation encore secrète de l'entreprise.

Jean-Louis Marrou / lexpress.fr

14. Quels sont les différents risques évoqués dans les cas présentés ?

15. Quelles ont été les conséquences pour l'entreprise dans chacun des cas ?

DOC. 17 Les coûts des cyberattaques

Avec la digitalisation des activités, les entreprises sont de plus en plus exposées au cyber-risque. Lorsque cela se produit, les conséquences commerciales sont immédiates et se traduisent par une perte du chiffre d'affaires. À cela s'ajoutent les frais d'enquêtes administratives, les plaintes et actions en justice... Sans compter le montant de rançons qui seraient versées aux hackers en échange de la destruction des données piratées. Uber, le leader mondial des VTC (voitures de transport avec chauffeur), aurait versé 100 000 dollars suite au piratage de 57 millions de comptes d'utilisateurs. Plus grave encore, lorsque le site de rencontres extraconjugales Ashley Madison a été piraté, les données personnelles (noms, adresses e-mails, téléphones, préférences sexuelles...) de plus de 30 millions d'utilisateurs à travers plus d'une quarantaine de pays ont été publiées par les pirates, entraînant démissions, suicides, dédommagements. Enfin, l'impact sur l'entreprise en termes de réputation peut être fatal. À plus long terme, la perte de confiance des clients risque de les amener à se détourner définitivement de la marque, tout comme celle des investisseurs entraînant une perte de valeur en Bourse.

16. Recensez les différents coûts liés aux cyberattaques.

APPLICATION AU CAS

AIRBNB

DOC. Chez Airbnb, au bureau comme à la maison

La culture d'entreprise encourage les employés à décorer et meubler leur propre refuge, pour « recevoir » des collègues, comme s'ils étaient un hôte de Airbnb. [...] Les seules limites sont de garder l'écran plat pour les vidéoconférences, et de protéger les dispositifs anti-incendie. [...] Une partie des salariés n'a déjà plus de bureau. Au département « art », précise l'architecte, le ratio est de 70-30 : 70 % ont droit à un endroit attitré, 30 % sont des volants. *Idem* au marketing : peu de postes fixes mais beaucoup d'espaces de réunion : « Ils parlent beaucoup, ce sont de bons candidats pour ce genre d'organisation du travail. » Les programmeurs préfèrent, eux, les longues tables et les Mac alignés en rangs serrés – hormis des solitaires travaillant debout, écouteurs sur les oreilles, en se balançant en rythme devant leur clavier.
Cette conception de l'espace est censée favoriser le hasard. « Le modèle *kitchen island* », résume l'architecte : un comptoir – « l'île » – trône au centre de la cuisine. Autour, les invités échangent avec les hôtes. De quoi favoriser les rencontres fortuites entre employés qui circulent sans se départir de leur ordinateur.

C. Lesnes, *Le Monde*, 7 avril 2016.

1. Caractérisez le mode d'organisation du travail chez Airbnb.

2. Montrez que ce mode de travail est directement corrélé au déploiement des technologies de l'information dans l'entreprise.

1 Protéger son système d'information

1. De quel type de risque est-il question dans le document ?
2. Pourquoi, dans une entreprise en réseau comme Airbus, le risque est-il plus important ?

DOC. **Cybersécurité et entreprise étendue : le cas d'Airbus**

L'industrie aéronautique moderne s'appuie sur un fonctionnement d'entreprise étendue, où le donneur d'ordre (Airbus, en l'occurrence) crée des liens numériques forts et complexes avec ses fournisseurs, que ce soit pour le passage de commandes, le transfert de maquettes numériques, les processus d'ingénierie… « Ce fonctionnement résulte en une surface d'attaque importante pour les criminels, précise Fabien Lecoq, CTO Cybersécurité [Chief Technical Officer ou directeur des nouvelles technologies] chez Sopra Steria. Et 70 % de la valeur de l'avion est dans la supply chain [chaîne logistique], d'où l'importance de la protéger. »

Sécuriser le maillon faible

Une problématique dont Airbus est bien conscient. « Face à la montée en puissance de la cybercriminalité, il est important pour nous de protéger notre propre système d'information, mais aussi d'accompagner notre chaîne de fournisseurs », commente Gil Mulin, Information Security Manager chez Airbus.

J. Bergounhoux, usine-digitale.fr, 26 janvier 2016.

2 Les risques managériaux du développement numérique

1. Expliquez pourquoi, selon les DRH qui ont répondu à l'enquête ci-dessous, le développement du numérique peut porter atteinte à la frontière entre vie professionnelle et vie privée.
2. Quel lien pouvez-vous établir entre le développement du numérique et le risque de confidentialité des données ?
3. Dans quelles catégories de risques identifiés dans cette enquête classez-vous l'utilisation excessive à des fins privées des moyens informatiques mis à disposition des salariés ? le respect de la réglementation en matière de protection des données à caractère personnel ?

DOC. **Ce que pensent les DRH de l'impact du digital sur les modes de management**

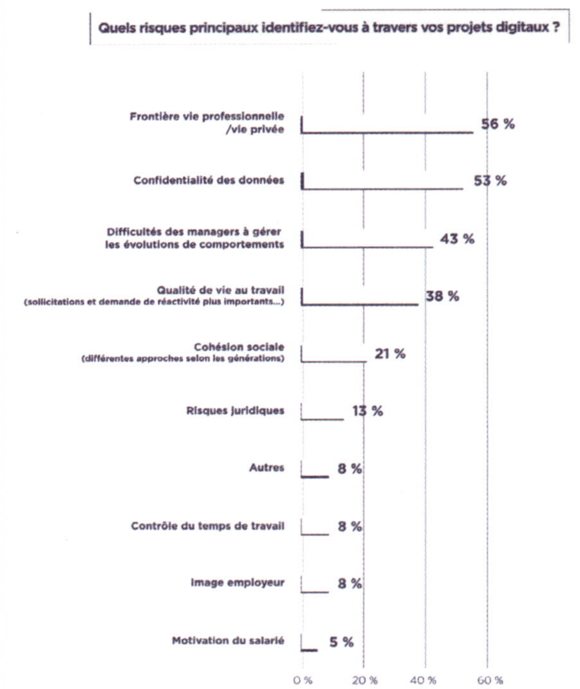

D'après www.cercle-humania.fr, extrait de l'étude réalisée en 2015 par le cabinet Kurt Salmon sur « l'impact du digital sur les modes de management ».

3 Repenser l'organisation

1. **Quels modes de travail permet l'utilisation du robot d'Awabot ?**
2. **Pourquoi, en 2017, l'entreprise Awabot a-t-elle opté pour le coworking ?**
3. **Quel lien peut-on établir entre la configuration de l'espace de travail et la productivité des salariés ?**
4. **Analysez les impacts positifs pour l'entreprise et pour le salarié grâce à l'adoption du robot d'Awabot.**
5. **Pourquoi ce type d'innovation est-il un argument en termes de RSE ?**

DOC. **Le robot-avatar Awabot veut incarner l'entreprise flexible**

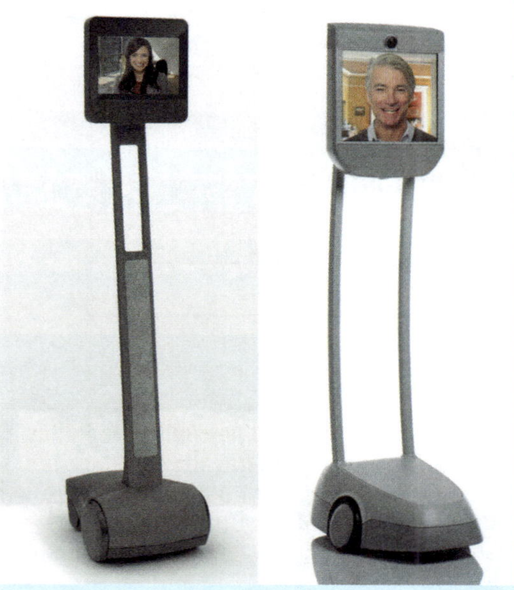

C'est un écran juché sur un pied et quatre roues. Une sorte de Skype amélioré et téléguidé. Loin de l'image de l'avatar bleuté de James Cameron ou du robot humanoïde Terminator, Awabot se présente comme un robot-avatar aux ambitions gargantuesques : outre devenir le leader de la visioconférence téléguidée, l'entreprise veut réinventer le monde du travail en incarnant l'entreprise flexible et le néologisme « phygital », contraction de « physique » et « digital » (numérique).
Dans les locaux parisiens de l'EM Lyon [école de commerce], la démonstration fait son effet : le petit groupe se retrouve téléporté dans les locaux d'une entreprise à Kansas City, circule dans les couloirs déserts pour cause de décalage horaire, entend les bruits des roues brinquebalantes sur le seuil des portes, et voit son reflet dans un miroir. Être là sans y être vraiment, c'est un peu le credo d'Awabot et c'est ainsi que la start-up veut révolutionner la manière de travailler.

[...] Impact sur la productivité et le moral

Alors que l'entreprise développait la visioconférence mobile grâce aux robots de téléprésence BEAM, ses fondateurs perçoivent qu'il y a comme un hic. « *Nous avions des locaux classiques, avec un espace ouvert et des bureaux fermés pour la direction* », expose le président-directeur général. « *Nous sentions bien que nous n'étions pas du tout en train d'appliquer ce que nous vendions.* »
En 2017, après un premier test auprès d'une partie de l'équipe fin 2016, tout le monde déménage. Direction un espace de coworking lyonnais, aux côtés de 500 autres personnes. « *Nous avions quelques craintes pour les équipes de développeurs* », avoue Jérémie Koessler [le PDG]. Finalement, après enquête de satisfaction, ce déménagement est la chose que préfèrent les équipes. « *Le fait que ce soit très design, très communautaire a un impact positif sur la productivité et le moral des équipes* », a constaté la direction.

A. Chabal, *Forbes*, 20 février 2018.

La force du robot de téléprésence réside dans son système audio et vidéo bien sûr, mais surtout dans sa base mobile, que l'utilisateur pilote à distance *via* une application dédiée. C'est précisément pour permettre aux collaborateurs d'interagir avec leurs interlocuteurs comme s'ils étaient sur place que le robot BEAM a vu le jour, afin de permettre, notamment :
– une organisation moins contraignante dans la vidéo-collaboration, en se passant notamment des contraintes de la visioconférence traditionnelle ;
– une économie de temps et d'argent vis-à-vis des éventuels frais de déplacement. En effet, une organisation utilisatrice de solutions de téléprésence mobile réduit significativement les déplacements professionnels de ses managers et collaborateurs en leur permettant de « se téléporter » librement au sein d'autres sites ;
– une réduction de l'empreinte carbone, argument de poids pour une entreprise responsable.

awabot.com

Nathan live!

ROBOT DE TÉLÉPRÉSENCE MOBILE BEAM : COLLABOREZ À DISTANCE COMME SI VOUS Y ÉTIEZ !

https://youtu.be/PTc4mOe1eHo

Le système d'information

- **Ensemble organisé de ressources** techniques, organisationnelles, humaines qui permettent de collecter, stocker, traiter et diffuser l'information nécessaire à la stratégie et aux métiers de l'entreprise.
- **Outil d'aide à la décision** qui facilite le pilotage de la décision au niveaux stratégique, tactique et opérationnel.
- **Outil au service de la stratégie** Alignement du système d'information avec la stratégie.

Les conséquences du numérique sur le management et les processus décisionnels

De nouveaux modes d'organisation

- **Des structures plus flexibles :** hiérarchie souple, gestion transversale des activités
- **Un fonctionnement agile :** spécialisation des divisions selon les spécificités des marchés, cohésion d'ensemble par des mécanismes d'intégration
- **Des structures en réseau :** externalisation et partenariats entre entreprises (reliées par les TIC)
- **De nouvelles modalités de travail :** collaboration et action collective (outils collaboratifs, coworking...)

Apparition de nouveaux risques

- **Risques liés à la sécurité :** cyberattaques, vol, piratage...
- **Risques opérationnels :** pannes du système de production
- **Risques juridiques :** protection de données à caractère personnel
- **Risques financiers :** coûts des cyberattaques (perte de CA, actions en justice...)

CONCEPTS

Action collective – Entreprise en réseau – Mode d'intégration – Mode de coordination – Mode de spécialisation – Progiciel de gestion intégré (PGI) – Structure flexible – Système d'information

Synthèse du thème 4

L'impact du numérique sur l'entreprise **Airbnb**

À l'aide d'un outil collaboratif en ligne (ex. : Padlet), préparez pour chaque question une réponse argumentée. Vous veillerez à mobiliser les concepts développés dans les chapitres.

La transformation de l'environnement d'Airbnb par le numérique.

Quels piliers de l'économie numérique ont permis l'émergence d'Airbnb ?

Pourquoi parle-t-on de plateforme d'échange au sujet d'Airbnb ?

À quels nouveaux usages et modèles de consommation s'adapte Airbnb ?

Sur quel modèle économique repose Airbnb ?

En quoi cette entreprise a-t-elle su tirer parti des bouleversements liés au numérique pour s'imposer sur le marché du tourisme ?

La réponse du droit aux questions posées par le développement du numérique.

Quelles obligations s'imposent à Airbnb en termes de protection des données personnelles ?

Comment l'entreprise Airbnb peut-elle protéger ses actifs immatériels ?

Quels impacts le développement du numérique a-t-il sur la preuve ? sur les contrats de vente aux particuliers ? L'entreprise Airbnb est-elle concernée ?

Quelles sont les spécificités des contrats de prestation de service numérique que l'entreprise Airbnb peut être amenée à conclure ?

L'incidence du numérique sur le management.

Quels peuvent être les apports du système d'information dans le fonctionnement d'Airbnb ?

Quel mode d'organisation du travail prévaut chez Airbnb ? En quoi le numérique peut-il le favoriser ?

Quels risques liés au système d'information peuvent peser sur Airbnb ?

L'impact du numérique sur la vie de l'entreprise

Le numérique modifie les relations d'échange.

- **Économie**
  - Dématérialisation des échanges marchands et non marchands
  - Désintermédiation et réintermédiation des échanges : plateformes, ubérisation
- **Droit**
  - Le contrat et la preuve électronique : écrit dématérialisé, e-signature
- **Management**
  - Apparition de nouveaux risques : cyber-sécurité, financier, juridique, opérationnel

Le numérique transforme les modes de production et de consommation.

- **Management**
  - Émergence de nouvelles structures : flexibles, agiles, en réseau
- **Économie**
  - Nouveaux modèles économiques, nouveaux acteurs et secteurs
  - Économie collaborative, économie de l'usage
- **Droit**
  - Protection des actifs immatériels : noms de domaine, sites Internet, logiciels, bases de données

Le numérique facilite l'accès à l'information.

- **Économie**
  - Économie de l'information et de la connaissance : big data, externalités de réseau, innovation
- **Droit**
  - Protection des données personnelles : rôle de la CNIL, respect du RGPD
- **Management**
  - Nouveaux modes de coordination du travail : outils collaboratifs, co-working
  - Le système d'information : outil d'aide à la décision

Pizza Hut

Il est demandé au candidat d'argumenter ses réponses et de mobiliser des concepts et des références théoriques.

Après avoir pris connaissance de la documentation décrivant le contexte et la situation de l'entreprise Pizza Hut ainsi que des ressources documentaires dans les domaines économique, juridique et managérial, vous procéderez à l'analyse du cas en répondant aux questions suivantes.

Pizza Hut figure parmi les leaders mondiaux de la livraison de pizzas. Implantée en France depuis 1987, Pizza Hut France s'est développée grâce à un réseau de franchises* autour de trois concepts : *Pizza Hut Delivery* (livraison), *Pizza Hut Restaurant* et enfin, *Pizza Hut Express* (restauration rapide).
Pour pouvoir conserver sa place de leader, Pizza Hut doit aujourd'hui relever le défi de l'essor du numérique et en particulier de la « FoodTech », ces entreprises qui intègrent les innovations digitales dans les secteurs de l'alimentation, de la restauration rapide et de la livraison.

* Une franchise est un contrat par lequel le franchiseur met sa marque, son enseigne, son savoir-faire à disposition des franchisés, en contrepartie d'une rémunération.

DOSSIER 1 Économie (ressources 1, 2, 3, 4, 5 et 6)

1. **Décrivez le marché de la pizza en France et ses tendances actuelles.**
2. **Comment le numérique transforme-t-il le service de livraison de pizzas de l'entreprise Pizza Hut ?**
3. **En quoi la FoodTech constitue-t-elle un moteur de croissance pour l'entreprise Pizza Hut ?**

DOSSIER 2 Management (ressources 3, 4, 5, 7 et 8)

4. **Montrez que l'entreprise Pizza Hut évolue vers une structure en réseau.**
5. **Comment le déploiement du numérique agit-il sur la performance du système d'information (SI) de Pizza Hut ?**
6. **En quoi peut-on dire que l'évolution du SI de Pizza Hut est au service de sa stratégie ?**

DOSSIER 3 Droit (ressources 8, 9, 10 et 11)

7. **Précisez les conditions que doit respecter la commande par les baskets connectées pour être conforme aux règles de droit de la vente en ligne.**
8. **Après avoir identifié les données personnelles collectées par Pizza Hut lors d'une commande, expliquez les contraintes juridiques à respecter pour les collecter et les exploiter.**
9. **Expliquez comment le droit protège les actifs immatériels mobilisés par Pizza Hut.**

Le cas doit être traité à l'aide des ressources documentaires suivantes :

RESSOURCE 1 – Le marché de la pizza en France
RESSOURCE 2 – Un secteur concurrentiel
RESSOURCE 3 – Pizza Hut veut doubler de taille
RESSOURCE 4 – Uber Eats France se lance dans la livraison de repas 24 h/24 et 7 j/7
RESSOURCE 5 – Pizza Hut et Toyota : le projet e-Palette
RESSOURCE 6 – La FoodTech en pleine croissance
RESSOURCE 7 – Qu'est-ce que le « Web-to-Store » ?
RESSOURCE 8 – L'évolution du système d'information de Pizza Hut
RESSOURCE 9 – Des chaussures connectées pour commander une pizza
RESSOURCE 10 – Article L221-28 du Code de la consommation (extrait)
RESSOURCE 11 – Quelques actifs immatériels utilisés par Pizza Hut

LES RESSOURCES DOCUMENTAIRES

RESSOURCE 1 Le marché de la pizza en France

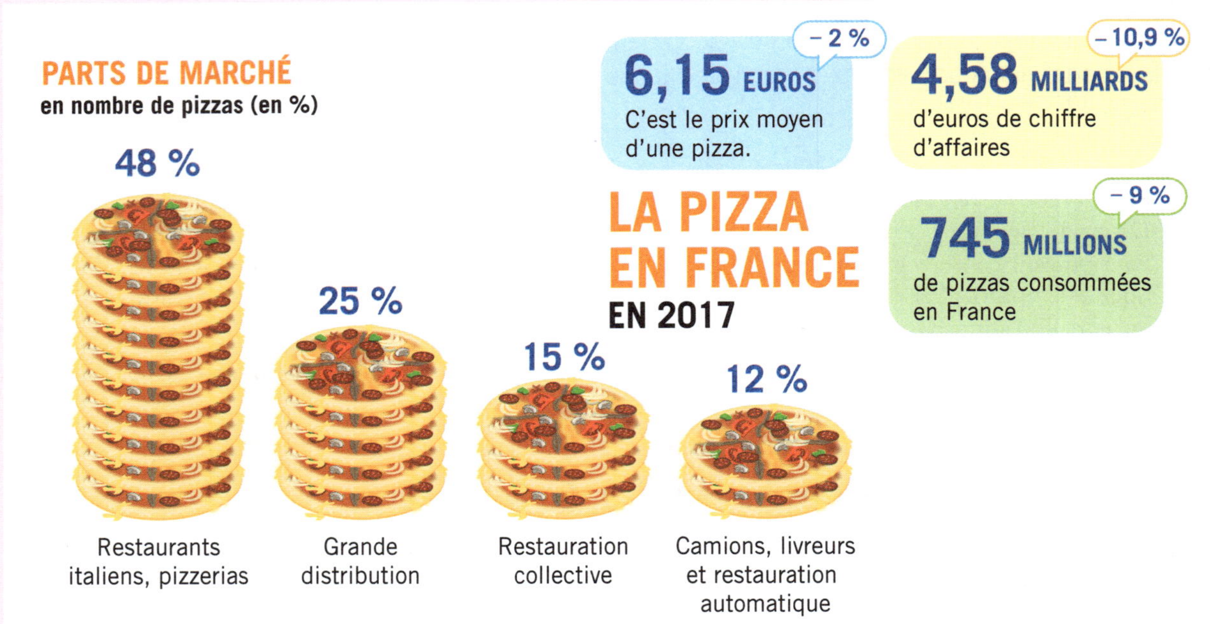

www.snacking.fr, 24 octobre 2017.

La France, un marché de poids. Rien d'étonnant, au regard de la manne que représente ce marché. Car les Français sont les deuxièmes plus gros consommateurs de pizzas dans le monde, juste derrière les États-Unis. En 2015, ils en ont englouti 819 millions, soit 10 millions de plus que l'année précédente [...]. Cela représente 10 kg par an et par personne, contre 13 kg consommés par un Américain en moyenne et 5 kg pour un Italien, et un chiffre d'affaires de plus de 5 milliards d'euros.

J. Matas, www.lesechosdelafranchise.com, 28 août 2017.

RESSOURCE 2 Un secteur concurrentiel

Pizza Hut a [...] publié des ventes en baisse de 3 % [sur la période janvier-mars 2017], pour un troisième trimestre consécutif, tandis que son concurrent Domino's Pizza a annoncé [...] une croissance de 10,2 % de son chiffre d'affaires sur son marché intérieur.

Reuters.com, 3 mai 2017.

Ambitieux, Domino's Pizza espère conserver son leadership en multipliant les ouvertures [en France], mais pas seulement. Le digital est envisagé comme l'un des moyens pour l'enseigne de rester sur le podium des acteurs de la pizza à emporter et livrée. En France, près d'une commande sur deux est déjà passée en ligne, ce qui encourage la société à développer de nouveaux outils et services numériques. Début 2017, l'enseigne a notamment lancé la « *commande express* » permettant à un mobinaute de passer commande en seulement trois clics, puis de suivre l'avancée de la livraison en live grâce à une application « *pizza tracker* ». « *À travers ces innovations, il s'agissait pour nous de nous adapter un peu plus encore aux nouveaux standards recherchés par les consommateurs, à savoir : digitalisation, simplicité, rapidité mais aussi personnalisation* », explique Nicolas Dégéraud, directeur du marketing de Domino's Pizza France. La marque se positionne également sur un nouveau mode de livraison : les robots livreurs de pizzas [...]. En tout cas, Domino's Pizza semble bel et bien décidé à révolutionner le secteur *via* l'innovation.

J. Matas, www.lesechosdelafranchise.com, 28 août 2017.

RESSOURCE 3 Pizza Hut veut doubler de taille

[Pizza Hut], 1re chaîne de restaurants de pizza mondiale qui appartient au groupe Yum! Brands, Inc. (qui exploite les marques KFC et Taco Bell) a annoncé début juin [2018] la signature d'un accord de développement avec le groupe polonais AmRest Holdings afin de doubler la taille de son activité en France d'ici à 5 ans (AmRest exploite 92 Pizza Hut en Europe centrale et orientale). Ce groupe devient donc le partenaire des concepts Pizza Hut Livraison et Express en France.

La France est un marché clé pour la marque dans sa stratégie d'expansion ; les Français étant les plus gros consommateurs européens de pizzas ! La marque espère alors challenger les leaders, comme Domino's Pizza. La marque estime qu'elle dispose en France d'un potentiel tel que celui du Royaume-Uni où elle est co-leader avec plus de 700 points de vente.

« *Nous sommes impatients de travailler avec AmRest, un partenaire de confiance de Pizza Hut, qui partage notre ambition d'encourager l'esprit entrepreneurial de nos franchisés*, indique Raphael Miolane, directeur général de Pizza Hut Europe & Royaume-Uni. *Ce partenariat va permettre des investissements continus en faveur de la croissance de nos franchisés et d'une plus grande expérience client. Il va également favoriser une expansion rapide de la marque en France, le pays étant l'un des marchés clés de Pizza Hut en Europe.* »

La présidente de Pizza Hut Livraison & Express chez AmRest s'estime également satisfaite de la nouvelle situation : « *Il s'agit d'un nouveau pas vers le renforcement de notre présence en Europe de l'Ouest ainsi qu'une étape décisive dans la construction du premier service de livraison en Europe.* »

AmRest est la plus grande chaîne de restaurants en Europe [centrale] et orientale avec 1 200 restaurants, 25 000 employés et 13 pays où ses marques telles que KFC, Pizza Hut, Burger King, Starbucks, La Tagliatella, Blue Frog ou Kabb sont présentes.

Un des plus grands enjeux est la digitalisation des transactions. « Aujourd'hui, 7 clients sur 10 passent par Internet dans une consommation à domicile. Ils n'étaient que 30 % il y a 5 ans. Et sur ces 70 %, 7 transactions sur 10 se font avec un mobile », indique [...] Raphael Miolane. Les livreurs deviennent ainsi les ambassadeurs de la marque.

www.storee-retail.com, 30 mai 2018.

RESSOURCE 4 Uber Eats France se lance dans la livraison de repas 24 h/24 et 7 j/7

[...] Une petite faim nocturne et rien dans votre frigo ? Pas de panique. Après une première phase de test en juillet [2018], Uber Eats a décidé de pérenniser [le] 12 novembre 2018 la livraison de repas à domicile 24 h/24 et 7 j/7 à Paris et dans sa petite couronne. [...] [Uber Eats] lance ce service à Paris et élargit progressivement ses plages horaires de livraisons dans les autres agglomérations.

« *Cette prolongation du service était une demande de la part de l'ensemble des acteurs* », assure à *L'Usine Digitale* Jean-Adrien Monleau, directeur des opérations Uber Eats à Paris. Clients, restaurateurs mais aussi livreurs souhaitaient ce fonctionnement 24 h/24 et 7 j/7. [...] Que la commande soit passée en plein centre de Paris ou à Boulogne, Neuilly ou Levallois-Perret, Uber Eats promet que « *toutes les commandes seront livrées en moyenne en moins de 25 minutes* ». Des chaînes telles que McDonald's, Subway ou Pizza Hut sont accessibles toute la nuit [...]. Uber Eats affirme que 500 restaurants partenaires sont déjà recensés, ce qui lui permet de proposer plus de 5 000 options de repas.

Au total, Uber Eats a 8 000 restaurants partenaires en France. Avec cette nouvelle offre, l'application explique vouloir proposer à ces partenaires « de nouvelles opportunités pour générer des revenus supplémentaires quand ils le souhaitent ».

« *Cela représente une opportunité supplémentaire pour nous : un service additionnel pour les clients existants, une conquête de nouveaux clients et ainsi de part de marché* », abonde dans un communiqué Virginie Grossfeld Parodi, associée Lucky Luciano.

Uber Eats affirme répondre à une demande et lancer ce service après avoir « *constaté [au cours des derniers mois] une augmentation de 100 % des commandes passées entre minuit et 7 h du matin* », notamment dans la nuit du samedi au dimanche. Pour Uber Eats, proposer la livraison 24 h/24 et 7 j/7 est aussi une façon de se différencier de son concurrent Deliveroo. [...]

L. Corot, *L'Usine Digitale*, 14 novembre 2018.

RESSOURCE 5 Pizza Hut et Toyota : le projet e-Palette

Lors du CES [*Consumer Electronic Show*] 2018, les ingénieurs et autres designers de chez Toyota ont fait preuve d'une imagination débordante. Le fruit de leur cogitation : l'e-Palette, sorte de container sur quatre roues dont on aurait arrondi les angles.

Il s'agit en fait d'une navette autonome électrique munie d'un prolongateur d'autonomie prenant la forme d'un moteur rotatif (technologie Wankel) fourni par Mazda (source Green Cars Reports). Cet engin dont on ne distingue pas l'avant de l'arrière se destine avant tout au B to B.

Disponible en trois tailles (4 à 7 mètres), l'e-Palette est aménageable pour devenir tour à tour un magasin, un restaurant, un espace de cotravail, voire un hôtel ambulant. Il peut même se muer en coursier pour de la livraison de pizzas ou tout simplement de colis. D'ailleurs, parmi les partenaires intéressés par le concept, on retrouve Amazon et l'enseigne Pizza Hut, sans oublier Uber et le chinois Didi.

www.lesnumeriques.com, 18 janvier 2018.

RESSOURCE 6 La FoodTech en pleine croissance

Drone agricole, nourriture du futur, plateforme de réservation de tables au restaurant, site web d'informations nutritionnelles, livraison de « kits » repas… Voilà des exemples de produits divers et variés commercialisés par la « FoodTech » française. La « FoodTech », c'est « *l'ensemble des entrepreneurs et des start-up du domaine alimentaire (de la production au consommateur final) qui innovent sur les produits, la distribution, le marché ou le modèle économique* ». […]

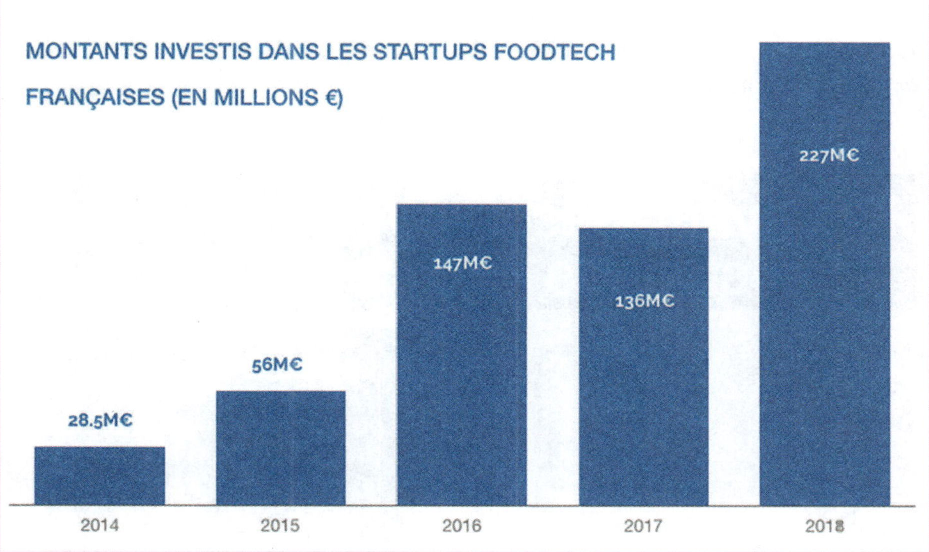

DigitalFoodLab 2018.

D'après les chiffres de l'étude, le nombre de start-up créées dans ce domaine a rapidement augmenté ces dernières années. Il existe aujourd'hui 472 start-up « FoodTech » en France. Celles-ci « *ont levé 317 millions d'euros depuis 2013 avec une multiplication par 3 des montants investis entre 2015 et 2016* ». Mais selon DigitalFoodLab, cet écosystème est encore en construction, et n'a pas encore atteint sa maturité. En outre, il y a une grosse marge de progression pour trouver une bonne place à l'international : au niveau mondial, la France représente seulement « *1,13 % des investissements dans la FoodTech sur la période 2014-2016* ». Il y a cependant des raisons d'envisager « *une croissance continue des investissements sur 2017 et 2018* ».

Alors, d'après DigitalFoodLab, « *pour la France, qui se veut le pays de la gastronomie et qui dispose de nombreux grands industriels dans l'agroalimentaire et la distribution, la FoodTech représente une opportunité majeure qui reste à saisir* ». D'ailleurs, plusieurs grandes tendances semblent émerger, du court terme (plus de livraisons, plus de produits innovants et locaux, développement de l'usage de la data pour les restaurateurs et les industriels…) au bien plus long terme (rapprochement de la production et du consommateur, plus de transparence, personnalisation des produits…).

L. de la Héronnière, www.aconsommerdepreference.lexpress.fr, 8 février 2018.

RESSOURCE 7 Qu'est-ce que le « Web-to-Store » ?

Comment transformer la menace Internet pour les commerçants physiques en opportunité ?
La solution : le Web-to-Store. […]
Le Web-to-Store s'intéresse au comportement des internautes qui, de plus en plus souvent, mènent leur recherche sur Internet pour trouver le bon produit ou service, puis se rendent en magasin, cette fois bien réel, pour effectuer ou retirer leur achat. […]
Les dispositifs du Web-to-Store :

- Le *Click-and-Collect* pour commander en ligne, retirer le produit en magasin. […]
- Le *Product Locator* pour vérifier la disponibilité d'un produit sur plusieurs magasins. […]
- Le *Store Locator* pour trouver un point de vente à proximité. […]

www.manager-go.com, 18 février 2019.

blog.leadformance.com

RESSOURCE 8 L'évolution du système d'information de Pizza Hut

S'il y a bien une chose que j'ai retenue de mon entretien (1 heure !) avec Olivier Guilhot, directeur du Digital de Pizza Hut Europe, c'est que les pizzas aussi étaient une affaire de hautes technologies. [...] Tout d'abord, il faut dire que je n'ai pas rencontré Olivier Guilhot par hasard, mais bien dans le contexte d'une évolution majeure et significative de son système d'information. À savoir la mise en place d'un véritable écosystème e-commerce qui permettra à terme d'unifier la technologie [à laquelle] auront accès les membres de la chaîne (95 % de franchisés). Appelé Bridge, et édité par la société Leadformance, il permet à Pizza Hut de déployer une solution unique d'e-commerce, très orientée SEO (« *Search Engine Optimization* » : référencement) dont le but premier est bien de remonter en tête de résultat de recherche où que vous soyez, à n'importe quelle heure, sur n'importe quel support, mobile ou desktop, et quel que soit le pays où vous vous trouvez. Cet important chantier, à visées très commerciales, est aussi un pas vers une uniformisation des moyens digitaux mis à disposition des collaborateurs de la marque. C'est à la fois l'apport d'une plateforme unique pour tout le monde, mais également un (futur) hub de services dans lequel chaque franchisé pourra se fournir.
Aujourd'hui, son objectif est simple et clair : apporter plus de commandes aux magasins et utiliser le canal digital, [mais] le faire de manière évidemment plus marketée que la prise de commande par téléphone.

www.capitaine-commerce.com, 10 janvier 2017.

Extraits de l'interview d'Olivier Guilhot, directeur du Digital de Pizza Hut Europe

En interne, comment utilisez-vous la* data *? Est-ce que la connaissance client est pour vous un indicateur qui permet de porter vos efforts sur un outil digital plus qu'un autre ?

O. Guilhot : La connaissance client est clé. On a un outil mondial qu'on appelle GES [...]. On demande en moyenne à nos franchisés d'avoir un minimum de deux avis par jour et par *store* [magasin]. Ça veut dire qu'on a des centaines de milliers d'avis toutes les semaines de par le monde. On analyse ces données et on demande à nos franchisés d'avoir un certain *scoring* (score). Notamment, on épluche les données quand le client n'est pas pleinement satisfait [...]. On creuse sur tous les aspects d'une livraison : est-ce que la livraison est arrivée en temps et en heure ? Est-ce que la pizza était chaude ? Et [...] sur la partie digitale, est-ce que le parcours client était fluide ou non ?

C'est là-dessus que vous pensez pouvoir faire une différence par rapport à ce marché complètement éclaté maintenant sur le mobile ?

O. G. : Oui, le point clé, c'est la livraison, c'est le service, c'est d'avoir des pizzas qui arrivent chaudes en temps et en heure, ce sont nos principaux critères [...].

Et le* store locator [localisation des points de vente et de livraison] *que vous avez lancé, concrètement, en France, ce sera quoi cette année ?

O. G. : L'objectif [du *store locator*], c'est de pouvoir facilement trouver le restaurant le plus proche de chez vous, que vous souhaitiez soit aller au restaurant (*dining*), soit vous faire livrer (on va vous dire quel est le restaurant qui va vous livrer), soit en *take away* (à emporter), et pour le coup, c'est une logique de géolocalisation, où on vous propose tous les restaurants, que ce soit des *dining* ou des livraisons, qui font de la vente à emporter.

Et être présent sur d'autres plateformes ? On parlait tout à l'heure ensemble de Waze... Est-ce que c'est aussi Google Maps qui vous intéresse, par exemple ?

O. G. : Alors effectivement, nous, aujourd'hui, on est présents sur TripAdvisor, sur Yelp, sur Facebook, et demain, on souhaite également être présents sur Waze. Pourquoi ? Parce qu'en France, mais en Europe également, on développe un nouveau concept qui est le Pizza Hut Express [...], dans les aires d'autoroute par exemple. Évidemment, dès qu'on a des restaurants sur des aires d'autoroute, on voit l'intérêt de faire de la publicité, sur Waze notamment.

www.frenchweb.fr, 16 janvier 2017.

RESSOURCE 9 Des chaussures connectées pour commander une pizza

La *wearable tech* [« habitronique » ou « la technologie qui se porte »] fait encore des siennes, cette fois-ci avec des chaussures connectées révélées par Pizza Hut le 5 mars 2018. Ces baskets permettront de commander des pizzas et de mettre une télévision en pause d'une seule pression sur un bouton. L'entreprise américaine n'est pas la première à se pencher sur les boutons connectés pour simplifier la commande de produits courants. [...]
Concrètement, les baskets se connectent en Bluetooth à un smartphone et à une application dédiée. Sur l'application, le mangeur de pizza peut renseigner son adresse, ses informations de paiement ainsi que son produit favori. En appuyant sur un bouton situé sur la languette de la chaussure, une commande est envoyée automatiquement dans le restaurant de la chaîne le plus proche. [...] Élaborées avec le designer The Shoe Surgeon, les chaussures seront vendues sur le site HBX à partir du 19 mars 2018 à un prix pour l'instant inconnu. Avec une édition limitée à 50 exemplaires, les chaussures relèvent plus de l'opération de communication que d'une véritable stratégie. [...]

S. Chodorge, *L'Usine Digitale*, 7 mars 2018.

RESSOURCE 10 Article L221-28 du Code de la consommation (extrait)

Le droit de rétractation ne peut être exercé pour les contrats :
[...]
3° De fourniture de biens confectionnés selon les spécifications du consommateur ou nettement personnalisés ;
4° De fourniture de biens susceptibles de se détériorer ou de se périmer rapidement ;
5° De fourniture de biens qui ont été descellés par le consommateur après la livraison et qui ne peuvent être renvoyés pour des raisons d'hygiène ou de protection de la santé [...].

RESSOURCE 11 Quelques actifs immatériels utilisés par Pizza Hut

Un nouveau site pour recruter de nouveaux franchisés Pizza Hut

Pizza Hut a récemment annoncé la mise en ligne de son nouveau site web franchiseur. Animé de plusieurs rubriques, ce site donne la possibilité aux personnes souhaitant un engagement en franchise au sein de ce réseau d'en savoir davantage sur le concept. En effet, les candidats peuvent avoir accès à des informations sur l'enseigne, ses actualités, les conditions et les raisons de devenir franchisé Pizza Hut et plus encore. [...]

www.observatoiredelafranchise.fr, 24 juin 2018.

Une application pour commander sa pizza depuis Facebook Messenger ou Twitter

En 2017, Pizza Hut s'est lancé dans les chatbots en configurant une solution logicielle qui permet aux clients de commander et payer leur pizza depuis l'application de messagerie.

L'optimisation du référencement sur les moteurs de recherche par le SEO

(*Search Engine Optimization* : référencement)

Du fait de la concurrence des restaurants locaux, présents sur Internet, Pizza Hut veille à ce que, grâce aux adresses de ses sites, ses restaurants et points de vente et de livraison apparaissent dans les premiers résultats de recherche locale.

THÈME 5

Les mutations du travail

Question 1

Quelles sont les principales évolutions du marché du travail ?

Question 2

Comment le droit prend-il en considération les besoins des entreprises et des salariés ?

Question 3

Quel est l'impact des mutations du travail sur l'emploi et les conditions de travail ?

THÈME 5

Les mutations du travail : l'exemple du groupe PSA

Groupe PSA
2e constructeur automobile européen
65,2 milliards d'euros de chiffre d'affaires
+ de 3,6 millions de véhicules vendus dans le monde
(Données 2017)

CONTEXTE DE L'ENTREPRISE

De la voiture à essence à la voiture intelligente

S'appuyant sur un héritage industriel de plus de 200 ans, le groupe PSA est un acteur majeur de la construction automobile. Né de la fusion des entreprises Peugeot et Citroën dans les années 1970, le groupe construit et commercialise les voitures des marques Peugeot, Citroën et DS.

Pour rester compétitive, l'entreprise a adopté une stratégie d'internationalisation afin de rationaliser ses processus de production et d'atteindre de nouveaux marchés. Le groupe a également gagné en productivité grâce à la robotisation de ses procédés de fabrication et à la gestion optimale de sa main-d'œuvre (recours à la sous-traitance et à des formes souples de travail, telles que l'intérim). L'enjeu est aujourd'hui de créer et produire des voitures intelligentes, c'est-à-dire autonomes et connectées, tout en utilisant des technologies propres du point de vue environnemental.

Cette automatisation de la production et la recherche de produits innovants et écologiques conduisent à redéfinir les métiers de l'entreprise.

Une nouvelle stratégie : « *Push to Pass* »

Après des difficultés au début des années 2010, le groupe PSA renoue avec le succès dès 2014. L'entreprise s'est dotée en 2016 d'un nouveau plan stratégique « *Push to Pass* » (« pousser pour dépasser »), axé sur le renforcement de la présence internationale, le développement des services proposés à la clientèle et la digitalisation.

Les ressources humaines sont l'un des leviers principaux de cette stratégie : elles doivent impulser une culture de la performance par un « management des talents », au moyen de pratiques sociales innovantes.

L'histoire du groupe en quelques dates

- 1870 : première voiture à essence
- 1976 : naissance de PSA Peugeot Citroën
- 1978 : achat de Chrysler Europe, début de l'internationalisation
- 1983 : commercialisation de la Peugeot 205 (plus de 5 millions d'exemplaires vendus)
- 2001 : inauguration d'un site de production au Brésil
- 2011 : partenariat avec BMW pour les technologies hybrides
- 2016 : PSA Peugeot Citroën devient le Groupe PSA et création de Free2Move
- 2017 : acquisition des marques Opel et Vauxhall

Quel a été l'impact des évolutions du marché du travail et des politiques de l'emploi sur la gestion du facteur travail au sein du groupe PSA ? Comment l'entreprise mobilise-t-elle les règles juridiques et les leviers managériaux pour adapter ses besoins en emplois et en compétences aux mutations du travail ? Par quels moyens le groupe PSA peut-il améliorer les conditions de travail de ses salariés ?

7 Les évolutions du marché du travail

LA COMPÉTENCE ATTENDUE
→ Décrire les principales tendances du marché du travail.

LES SAVOIRS ASSOCIÉS
→ L'offre et la demande de travail
→ La segmentation du marché du travail
→ Les déséquilibres du marché du travail

PLAN DU CHAPITRE

- 1 • Comprendre le fonctionnement du marché du travail
- 2 • Décrire les principales tendances du marché du travail

Radiographie du marché de l'emploi en 2017

L'Insee vient de publier son étude annuelle sur l'évolution du marché du travail en 2017. Les chiffres présentés viennent confirmer l'amélioration de la conjoncture économique, tout en soulignant certaines de ses fragilités.

Tour d'horizon du paysage de l'emploi hexagonal

• Les créations nettes d'emploi s'élèvent à 341 000 en 2017, ce qui représente la plus forte hausse depuis 2007. [...]

• Le taux de chômage s'établit à 9,4 % en moyenne en 2017, soit un recul de 0,7 point (ou 184 000 chômeurs) sur l'année – la plus forte décrue depuis 2008. [...]

• 15,4 % des salariés sont en contrat à durée limitée (CDD, intérim, apprentissage). Ce chiffre est à son plus haut niveau depuis sa création en 1982. [...]

• 2,3 millions de Français veulent changer d'emploi, soit près d'une personne ayant un emploi sur dix. Ils sont 27 % à vouloir le faire pour obtenir de meilleures conditions de travail, 23 % pour être mieux rémunéré, 19 % par crainte de perdre leur emploi actuel et 16 % pour exercer une fonction plus intéressante.

• Le coût du travail n'a augmenté que de 1,1 % en 2017. L'Insee attribue cette hausse modérée aux effets du crédit d'impôt pour la compétitivité et l'emploi (CICE) et au Pacte de responsabilité et de solidarité.

Alexandre Berteau, *Le Figaro*, 3 juillet 2018.

Nathan live!
LA FRANCE CONTINUE-T-ELLE À CRÉER DES EMPLOIS ?
https://youtu.be/LuGKUgcFnIQ

1. **Pourquoi la situation sur le marché du travail s'améliore-t-elle ?**
2. **Quelle en est la principale manifestation ?**
3. **Repérez les éléments favorables et les fragilités du marché du travail français.**

1 Comprendre le fonctionnement du marché du travail

DOC. 1 Le fonctionnement théorique du marché du travail : le modèle néoclassique

Le marché du travail a un double sens.

Au sens courant, il désigne la situation de l'emploi dans une économie et, plus précisément, l'état des emplois disponibles (nature, qualifications exigées, quantité). […]

Le marché du travail est aussi un concept économique. C'est un marché mettant en relation ceux qui offrent leur travail (les salariés) et ceux qui demandent ce service qu'est le travail (facteur de production pour les entreprises). Langage courant et langage économique s'opposent ici car l'offre de travail des salariés (notion économique) correspond à la demande d'emploi (sens courant). À l'inverse, la demande de travail des entreprises correspond à l'offre d'emploi (sens courant).

J.-Y. Capul et O. Garnier, *Dico SES, L'essentiel de l'économie et des sciences sociales*, ©Hatier, 2017.

1. Qu'est-ce qui est échangé entre les entreprises et les salariés sur le marché du travail ?

2. Exposez la correspondance entre le sens courant et le sens économique.

DOC. 2 Quel équilibre sur le marché du travail ?

La théorie économique aborde le coût du travail par référence au marché du travail : le salaire est le prix du travail, c'est-à-dire le résultat de la confrontation de l'offre et de la demande de travail. Le salaire d'équilibre assure l'égalité entre l'offre totale et la demande totale de travail : à ce niveau de salaire, tous ceux qui acceptent de travailler et tous ceux qui acceptent de payer le travail sont satisfaits.

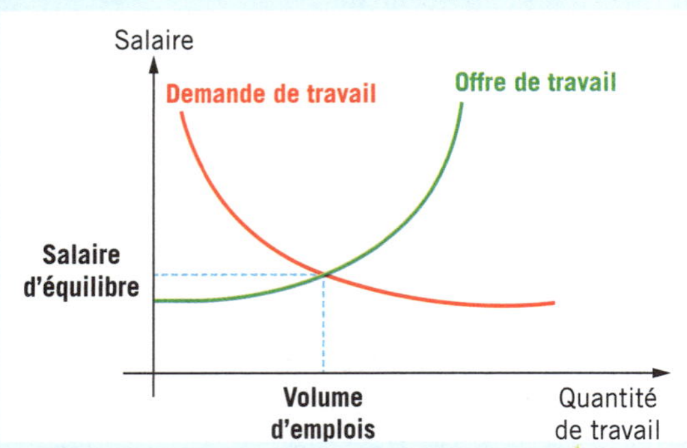

3. Rappelez la loi de l'offre et de la demande.

4. Que signifie la situation où l'offre est supérieure à la demande ? Comment évolue le salaire dans ce cas ? et dans le cas inverse ?

5. Qu'est-ce que le salaire d'équilibre selon cette approche théorique ?

6. Pensez-vous que d'autres facteurs influent sur le niveau des salaires ?

DOC. 3 La population active, une mesure de l'offre de travail

La quantité d'offre de travail peut être mesurée par la population active, cette dernière regroupant les personnes qui occupent un emploi et les personnes en recherche d'emploi (les chômeurs). L'Insee fournit chaque année les chiffres de la population active.

Deux grands facteurs expliquent l'évolution quantitative de la population active :

– le facteur démographique : la population française augmente, soutenue, outre le vieillissement démographique, par un taux de fécondité en France parmi les plus élevés d'Europe ;

– l'évolution des taux d'activité des individus d'une nation, mesurant le rapport entre le nombre d'actifs (actifs occupés et chômeurs) et l'ensemble de la population en âge de travailler (15-64 ans selon l'Insee).

L'évolution du taux d'activité dépend de critères démographiques, sociologiques et juridiques : la plus grande participation des femmes au marché du travail, l'allongement de la durée des études qui retarde l'entrée des jeunes sur le marché du travail, la hausse de l'âge légal de départ à la retraite qui augmente le taux d'activité des seniors…

DOC. 4 Les taux d'activité en France en 2017

En moyenne, en 2017, 29,3 millions de personnes de 15 à 64 ans en France (hors Mayotte) sont actives, soit 71,5 % de cette tranche d'âge. [...]
Sur la dernière décennie, la population active âgée de 15 à 64 ans a augmenté (+ 1 million de personnes en France métropolitaine) principalement sous l'effet de la hausse du taux d'activité. Cette hausse est avant tout portée par les seniors : entre 2007 et 2017, en France métropolitaine, le nombre d'actifs âgés de 50 à 64 ans a augmenté de 1,8 million et leur taux d'activité de 9,9 points. [...] La participation accrue des femmes au marché du travail participe également à la progression d'ensemble.

« Une photographie du marché du travail en 2017 », *Insee Première*, n° 1694, 18 avril 2018.

Taux d'activité selon l'âge et le sexe

	Ensemble		Sexe (en %)		Âge (en %)		
	En milliers	En %	Femmes	Hommes	15-24 ans	25-49 ans	50-64 ans
Actifs	**29 288**	**71,5**	**67,6**	**75,6**	**36,9**	**87,8**	**65,6**
Ayant un emploi	26 512	64,7	61,2	68,4	28,7	80,1	61,2
Chômeurs	2 776	6,8	6,4	7,2	8,2	7,7	4,4
Inactifs	**11 659**	**28,5**	**32,4**	**24,4**	**63,1**	**12,2**	**34,4**
Ensemble	**40 947**	**100,0**	**100,0**	**100,0**	**100,0**	**100,0**	**100,0**

Champ : France hors Mayotte, population des ménages, personnes de 15 à 64 ans.

Source : Insee, *Enquête Emploi 2017*.

7. Quelle relation peut-on établir entre l'offre de travail et la population active ?
8. À combien s'élève la population active française en 2017 ? Quelles sont les parts respectives des chômeurs et des personnes occupant un emploi ?
9. À combien s'élève le taux d'activité des Français en 2017 ? Que signifie-t-il concrètement ?
10. Comparez les taux d'activité en fonction de l'âge, puis du sexe. À votre avis, quels sont les facteurs explicatifs de ces écarts ?
11. En guise de synthèse, listez tous les facteurs qui expliquent l'augmentation de la population active française sur longue période. Concluez sur l'évolution de l'offre de travail.

DOC. 5 Quelles études font les jeunes Français ?

Près de 7 % des jeunes quittent le système scolaire sans aucun diplôme, quand 20 % d'entre eux parviennent au niveau master, voire doctorat. [...] Sur le temps long, la proportion d'élèves diplômés a connu une véritable flambée. À la fin des années 1970, près de 40 % des écoliers sortaient du système scolaire sans aucun diplôme. Aujourd'hui, près de 86 % des élèves sortent du système scolaire avec un diplôme qualifiant (autre que le brevet des collèges).

J. Tranié, *La Croix*, 14 décembre 2017.

DOC. 6 Pénurie d'offre de travail en Allemagne

Près d'une entreprise allemande sur deux ne parvient pas à trouver de candidats convenables sur le long terme pour ses postes vacants et six chefs d'entreprise sur dix considèrent le manque de personnel qualifié comme une menace pour leur activité, conclut une étude de la DIHK [fédération allemande des chambres de commerce et d'industrie] auprès d'environ 24 000 sociétés. [...] Le gouvernement doit accroître ses efforts pour favoriser la participation des femmes au marché du travail, développer la formation professionnelle et attirer davantage de travailleurs étrangers qualifiés [...].

usinenouvelle.com, 13 mars 2018.

12. Que signifie une pénurie d'offre de travail ?
13. Quelle est la raison de cette pénurie en Allemagne ?
14. Cette situation signifie-t-elle qu'il n'y a pas de chômeurs en Allemagne ?
15. Montrez que l'offre de travail regroupe une diversité de profils d'individus.

DOC. 7 La diversité de la demande de travail

La demande de travail a été affectée par la transformation des modes de consommation. La préférence des ménages s'est déplacée depuis les Trente Glorieuses des biens vers les services, appuyée sur une transformation des modes de vie et sur l'augmentation du revenu. La bi-activité des couples, le vieillissement de la population et la redistribution ont renforcé les dépenses en faveur de services d'aide et de soin, accentuant la transformation structurelle de l'emploi et des métiers. Ces évolutions expliquent une partie du déclin de l'industrie. [...] La tertiarisation des emplois s'est, en effet, accompagnée d'une progression très significative de la part des femmes dans l'emploi au cours des dernières décennies, celle-ci passant de 38,3 % en 1975 à 47,9 % en 2016.

Document de travail n° 2016-04, France Stratégie, mars 2016.

16. Quels sont les grands changements qui ont affecté la nature de la demande de travail depuis les Trente Glorieuses ?

DOC. 8 Demande de travail : les prévisions d'embauche

En 2018, les entreprises prévoient d'embaucher potentiellement 2,5 millions de nouveaux employés. Soit une augmentation de 18,4 % par rapport à 2017. Ce recrutement s'explique principalement par un surcroît d'activité au sein des entreprises ainsi [que par le] remplacement des départs. Les métiers du service aux particuliers et aux entreprises font partie de ceux qui recrutent le plus cette année. À eux seuls, ils représentent 63 % des potentielles embauches. Agents d'entretien, aides à domicile, serveurs, animateurs, employés de cuisine, aides-soignants, ces métiers ont particulièrement besoin de main-d'œuvre toute l'année.

Les entreprises auraient également besoin de métiers plus qualifiés comme les ingénieurs. [...] Les secteurs de la construction et du bâtiment ne sont pas en reste : ils connaissent respectivement une augmentation du nombre de projets d'embauche de 37 % et 27 % en 2018.

orientation-education.com, d'après l'enquête « Besoins en main-d'œuvre de Pôle emploi », 16 avril 2018.

17. Comment la demande de travail va-t-elle évoluer selon les prévisions de Pôle emploi ? Indiquez les deux causes de cette évolution.

18. Cette évolution concerne-t-elle tous les secteurs ? Expliquez.

DOC. 9 La réalité du marché du travail

En réalité, il n'existe pas un marché du travail mais une multiplicité de marchés du travail. Le travail n'est pas du tout homogène : il existe des travailleurs qualifiés et des peu qualifiés, des travailleurs manuels et des travailleurs avec un contenu davantage intellectuel, etc. De même, il existe de nombreux secteurs dans lesquels il y a beaucoup d'offres de travail, mais peu de demande.

La théorie néoclassique du marché du travail permet de comprendre son fonctionnement, mais n'est pas utile pour apprécier les diverses situations particulières de chaque marché, ni la formation des salaires qui ne dépendent pas uniquement de la confrontation de l'offre et de la demande, mais de nombreux autres critères (expérience, profil, secteur d'activité, négociations, etc.).

19. En quoi le modèle théorique présentant le fonctionnement du marché du travail présente-t-il des limites ?

APPLICATION AU CAS

GROUPE PSA

DOC. PSA recrute en 2018

Le groupe de distribution automobile du groupe PSA a annoncé sa volonté d'embaucher 700 collaborateurs d'ici la fin de l'année, principalement des conseillers commerciaux service.

Pour ce poste de conseiller commercial, un profil de niveau Bac à Bac +2 à +3 est recherché. D'autres besoins ont également été annoncés par PSA Retail : des vendeurs VN et VO, recrutés à un niveau Bac pro à Bac +2, et des techniciens et experts après-vente à partir du niveau Bac +2. [...] Dernière annonce de la direction : sa volonté de féminiser ses effectifs, notamment concernant les postes en contact avec le client final.

www.autorecrute.com

1. Quels sont les profils recherchés par PSA ?

2. PSA se situe-t-il du côté de l'offre ou de la demande de travail ?

2 Décrire les principales tendances du marché du travail

A La segmentation du marché du travail

DOC. 10 La thèse de la segmentation du marché du travail

L'analyse économique récente montre qu'il existe une dualité sur le marché du travail avec l'existence d'un marché primaire et d'un marché secondaire. Le **marché primaire** est un marché protégé où se trouvent des emplois stables (en CDI) occupés par des salariés qualifiés, plutôt bien rémunérés et bénéficiant de bonnes conditions de travail et de possibilités de promotion. À l'inverse, sur le **marché secondaire** se trouvent surtout les emplois dits « atypiques » (à durée déterminée ou à temps partiel), moins bien rémunérés et avec de fréquents passages par le chômage.
Cette segmentation du marché du travail a des conséquences sur le fonctionnement et l'analyse du marché : le chômage ne concerne pas de la même manière tous les actifs, les déterminants des salaires sont distincts sur les deux marchés.

DOC. 11 La dualité du marché du travail en France

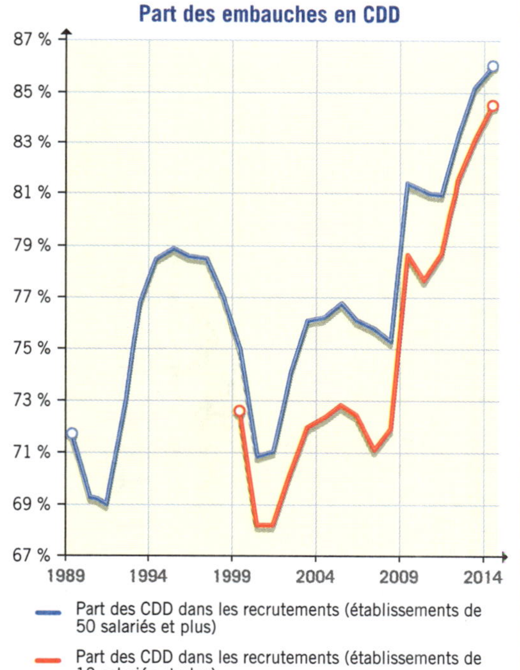

Source : Dares, Déclaration des mouvements de main-d'œuvre. Rétropolation des auteurs avant 1999.

En France, la flexibilité du marché du travail repose essentiellement sur les salariés en CDD et intérim. Ceux-ci sont moins bien rémunérés, reçoivent moins de formations et obtiennent difficilement un CDI. Cette dualité du marché du travail crée des difficultés sociales et économiques.

Le principal contrat de travail français est le contrat à durée indéterminée (CDI). Ces dernières années, il concerne la plupart des contrats en cours mais seulement une part limitée des embauches. Les CDD et les contrats d'intérim représentent en revanche une très faible part des contrats en cours mais la plupart des embauches.
Le taux de rotation sur ces contrats ne cesse de s'accroître, la durée moyenne d'un CDD étant de 14 jours en 2014. La flexibilité du marché du travail repose donc essentiellement sur les salariés en CDD et intérim.

Un taux de transition faible vers les CDI
Les CDD et l'intérim sont parfois présentés comme des marchepieds vers un emploi stable [mais ils mènent] plus souvent au non-emploi qu'à un CDI pour cette population.

C. Berson, *Bloc-notes Éco*, Banque de France, 19 décembre 2017.

1. Pourquoi est-il inopérant d'analyser le marché du travail comme un ensemble homogène ?
2. Comment a évolué la part des recrutements en CDD ? Quelle difficulté cela soulève-t-il ?
3. En quoi peut-on dire que le marché du travail français est segmenté ? Quelles en sont les conséquences ?
4. Pourquoi est-il difficile de passer du secteur secondaire au secteur primaire ?
5. Expliquez la phrase soulignée dans le document 11.

> **6. Quelle évolution marquante concerne la nature des emplois salariés ?**
>
> **7. Concerne-t-elle tous les pays européens de la même manière ?**

DOC. 12 La hausse des emplois atypiques

En France, la montée des contrats temporaires a été forte pendant les années 1980, quand ils représentaient déjà 5 % de l'emploi, puis continue jusqu'au début des années 2000. La part des CDD dans l'emploi s'est alors stabilisée autour de 15 %, même si […] la segmentation du marché du travail a en réalité continué de s'amplifier. Rappelons que tous les pays européens n'ont pas connu la même évolution en la matière. La part des contrats temporaires au Royaume-Uni et au Danemark est restée stable. En Allemagne, elle ne s'est accrue qu'au début des années 2000. Partant de niveaux différents, la croissance a été, en revanche, forte et assez continue en Italie comme en Espagne. […]

F. Fontaine, F. Malherbet, ***CDD* vs *CDI*. *Les effets d'un dualisme contractuel***, Les Presses de Sciences Po, 2016.

DOC. 13 Les jeunes plus précaires

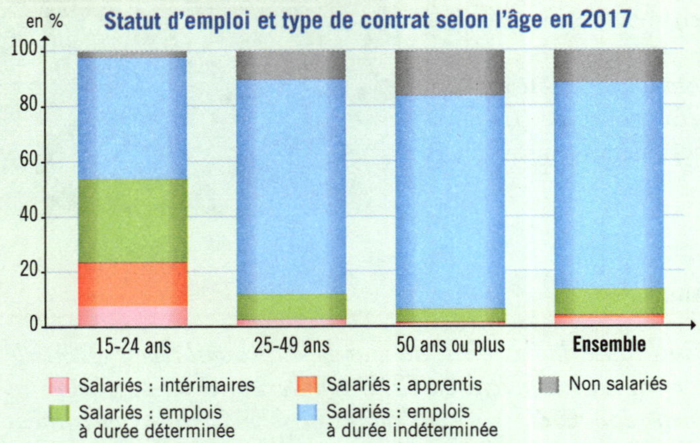

Lecture : en 2017, 43,8 % des personnes en emploi âgées de 15 à 24 ans sont salariées en emploi à durée indéterminée.
Champ : France hors Mayotte, population des ménages, personnes en emploi de 15 ans ou plus.

Source : Insee, enquête Emploi, 2017

> **8. En quoi peut-on dire que le temps d'accès à l'emploi durable est plus important pour les jeunes ?**

DOC. 14 Les inégalités professionnelles entre femmes et hommes

Les femmes occupent des postes moins qualifiés que les hommes, dans des entreprises moins rémunératrices.

En dépit de leur niveau d'études plus élevé, les femmes occupent des postes moins qualifiés que les hommes. En 2017, il n'y a que 15 % de cadres parmi les femmes en emploi, contre 21 % parmi les hommes en emploi. […] Si les femmes occupent moins souvent des postes de cadres, elles sont plus fréquemment sur des emplois de professions intermédiaires. […]
Au-delà du niveau de qualification, les femmes tendent à occuper des métiers différents des hommes. […]

L'écart de rémunération en défaveur des femmes découle en partie des différences de situation professionnelle.

En 2014, les revenus salariaux des femmes en emploi sont inférieurs de 24 % à ceux des hommes. Ceci tient en partie à des temps partiels plus fréquents que pour les hommes, mais même lorsqu'on en tient compte, il subsiste 17 % d'écart sur les salaires par équivalent temps plein. L'écart de revenu salarial a diminué de 4,2 points depuis le début des années 2000. […]
Parmi les différences de situation professionnelle entre femmes et hommes, les principaux facteurs explicatifs de l'écart salarial en défaveur des femmes sont, d'une part, les secteurs d'activité moins rémunérateurs et, d'autre part, les métiers et postes de niveau inférieur.

« La situation du marché du travail au 1er trimestre 2018 », rapport du ministère du Travail.

> **9. Quel est l'écart de rémunération par équivalent temps plein entre les hommes et les femmes en France ? Pourquoi cette mesure est-elle la plus objective ?**
>
> **10. Quelles sont les différentes causes de cet écart de rémunération ?**

B Un déséquilibre durable sur le marché du travail : le chômage

DOC. 15 La définition du chômage de l'Insee

En application de la définition internationale adoptée en 1982 par le Bureau international du travail (BIT), un chômeur est une personne en âge de travailler (15 ans ou plus) qui répond simultanément à trois conditions :
– être sans emploi, c'est-à-dire ne pas avoir travaillé, ne serait-ce qu'une heure, durant une semaine de référence ;
– être disponible pour prendre un emploi dans les 15 jours ;
– avoir cherché activement un emploi dans le mois précédent ou en avoir trouvé un qui commence dans les trois mois.

Insee.

Remarque : un chômeur au sens du BIT n'est pas forcément inscrit à Pôle emploi (et inversement).

DOC. 16 La mesure du chômage : le taux de chômage

Les critères du BIT permettent de faire des comparaisons internationales. Les résultats de l'enquête Emploi fournissent en outre une estimation (par sondage) du volume de la population active, ce qui permet de calculer les taux de chômage.

$$\text{Taux de chômage} = \frac{\text{Chômeurs au sens du BIT}}{\text{Population active}}$$

Le taux de chômage peut ainsi être calculé pour l'ensemble de la population active ou une partie de celle-ci.

J.-Y. Capul et O. Garnier, *Dico SES, L'essentiel de l'économie et des sciences sociales*, ©Hatier, 2017.

DOC. 17 Légère hausse du chômage début 2018

En moyenne sur le premier trimestre 2018, le taux de chômage au sens du BIT est de 9,2 % de la population active* en France (hors Mayotte), après 9,0 % au quatrième trimestre 2017 : il augmente ainsi de 0,2 point, après avoir baissé de 0,7 point le trimestre précédent.
En France métropolitaine, le nombre de chômeurs croît de 83 000 début 2018, à 2,6 millions de personnes.

Insee, *Informations rapides*, n° 129, 23 mai 2018.

* Population active en France métropolitaine : 29,3 millions de personnes.

11. **À quoi sert la définition internationale du chômage ?**

12. **Indiquez si les personnes suivantes sont comptabilisées dans les chiffres du chômage au sens du BIT :**
- **un étudiant recherchant un travail de quelques heures par semaine ;**
- **une personne victime d'un licenciement économique ayant cessé son travail le mois dernier ;**
- **un individu inscrit à Pôle emploi pour trouver un emploi à temps plein alors qu'il est employé en CDD à temps partiel.**

13. **Calculez le taux de chômage de la France métropolitaine au premier trimestre 2018.**

DOC. 18 30 ans de chômage de masse en France

La principale hausse du chômage a eu lieu entre le milieu des années 1970 et la fin des années 1980. Le nombre de chômeurs passe alors de 700 000 à 2,2 millions, le taux de chômage est multiplié par trois, de 3 à 9 % (selon la définition du Bureau international du travail). Depuis, le chômage fluctue autour de ce niveau avec des pics supérieurs à 10 %. Les phases de diminution peuvent être importantes, notamment comme entre 1997 et 2001. Malheureusement, à chaque fois, le chômage remonte au bout de quelques années.
La baisse enregistrée depuis 2015 est significative. Selon l'Institut, le nombre de chômeurs a diminué de 400 000 depuis cette période, soit une réduction de 15 %. Le contexte économique mondial s'améliore après une crise financière qui avait eu des répercussions considérables sur l'activité.

Centre d'observation de la société, 23 février 2018.

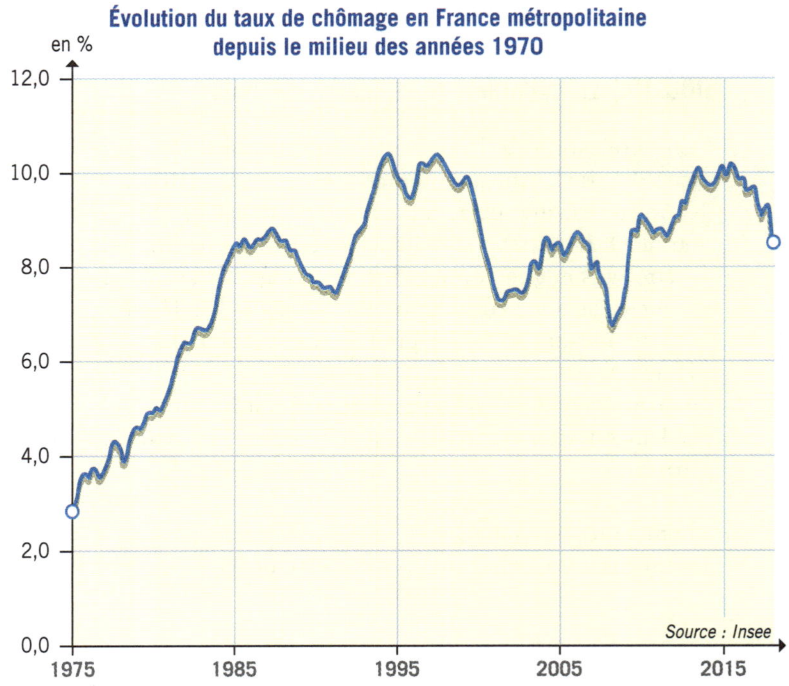

DOC. 19 France : un niveau de chômage encore élevé

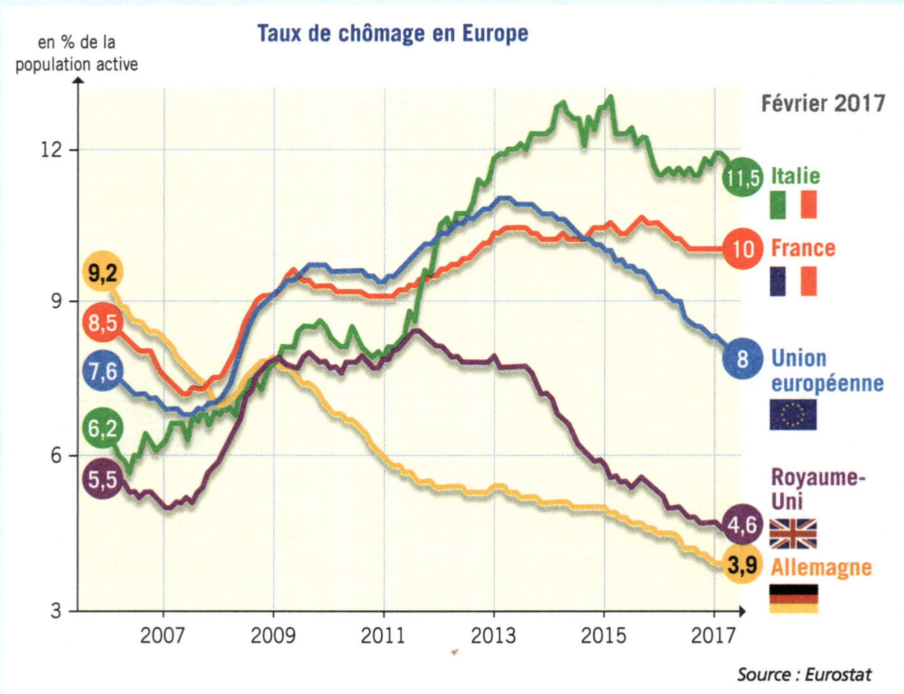

14. Comment le chômage a-t-il évolué depuis 1975 ?

15. Comment expliquer la nouvelle hausse du chômage depuis 2008 ?

16. Comparez l'évolution du chômage entre les pays membres de l'Union européenne depuis 2007. Comment la France se situe-t-elle ?

DOC. 20 Les facteurs d'inégalités face au chômage

Taux de chômage en France en 2017, en %

15-24 ans	22,3
25-49 ans	8,8
Plus de 50 ans	6,6
Cadres	3,3
Professions intermédiaires	4,7
Employés	10,2
Ouvriers	13,5
Brevet des collèges ou sans diplôme	17
Baccalauréat	10
Bac + 2	5,5
Diplôme supérieur à bac + 2	5
Étrangers hors UE (hommes)	23,5
Étrangers hors UE (femmes)	27,3
Français (hommes)	9,6
Français (femmes)	9,2

« Les chiffres de l'économie 2019 », *Alternatives économiques*, hors-série n° 115, octobre 2018.

17. Présentez les principaux facteurs d'inégalités face au chômage.

18. Quel pourrait être le profil des individus ayant le moins de risques de chômage ?

DOC. 21 6,1 % des actifs sont en sous-emploi

En 2017 comme en 2016, 18,8 % des personnes ayant un emploi travaillent à temps partiel. Cette part atteint 44,1 % parmi les employés non qualifiés. Elle est près de quatre fois plus élevée chez les femmes (30,0 % contre 8,3 % pour les hommes) et plus importante pour les 15-24 ans (25,0 %) et les 50 ans ou plus (22,2 %). [...]
En 2017, 1,6 million de personnes sont en situation de sous-emploi, soit 6,1 % des actifs occupés. Cette part baisse de 0,4 point sur un an. Il s'agit essentiellement de personnes à temps partiel souhaitant travailler davantage et disponibles pour le faire, près d'un quart d'entre elles recherchant activement un autre emploi. Le sous-emploi affecte surtout les femmes (8,9 %), les jeunes (11,5 %) et les employés non qualifiés (17,6 %).

« Une photographie du marché du travail en 2017 », *Insee Première*, n° 1694, avril 2018.

19. Quels types d'individus se retrouvent en situation de « sous-emploi » ?

20. Pourquoi ces individus ne sont-ils pas comptabilisés dans les chiffres du chômage ?

APPLICATION AU CAS

GROUPE PSA

DOC. PSA souhaite renouveler le savoir-faire de ses salariés

La direction de PSA veut utiliser les possibilités offertes depuis ce 1er janvier par la rupture conventionnelle collective pour supprimer 1 300 emplois au plan national. Elle veut aussi inciter 900 salariés à utiliser le dispositif du congé senior. En parallèle, la direction affiche vouloir embaucher 1 300 personnes [en CDI en 2018 et 2 000 jeunes en alternance].
Pour Christine Virassamy [déléguée centrale CFDT PSA], l'entreprise a besoin de restructurer ses forces de travail, de les adapter à ses besoins futurs.
Rien de choquant non plus pour la CFDT à ce que PSA propose aux salariés seniors 900 dispenses d'activité. Il s'agit de leur verser 75 % de leurs salaires pendant 3 ans et même pendant 5 ans pour les seniors. Il s'agit d'une sorte de préretraite, entièrement financée par PSA pour rééquilibrer sa pyramide des âges. [...]

M.-A. Mouchère, franceinfo, 10 janvier 2018.

1. Comment évolue la demande de travail chez PSA ?

2. Recherchez les avantages et les inconvénients du rajeunissement de la courbe des âges dans une entreprise.

1 Inégalités hommes / femmes : comparaison internationale

1. Indiquez l'écart de revenu du travail entre hommes et femmes en France. Comment peut-on l'expliquer ?
2. Comment se positionne la France par rapport aux autres pays de l'OCDE en matière d'écart de rémunération ?
3. Après avoir rappelé la signification du taux d'emploi, expliquez pourquoi le taux d'emploi des Françaises par rapport à celui des autres pays développés est un facteur favorable.
4. Repérez les pays ayant les plus faibles écarts de rémunération horaire entre hommes et femmes.

DOC. La France : bien placée pour le taux d'emploi des femmes mais moins bien pour les écarts de rémunération

Les inégalités de revenu du travail entre hommes et femmes sont plus faibles en France qu'en moyenne dans les pays de l'OCDE*. En tenant compte de l'ensemble des formes d'emploi (salarié et non salarié) et de l'ensemble de la population (active et inactive), la différence de revenu d'activité entre hommes et femmes est de 34 % en France, contre 40 % en moyenne dans l'OCDE. L'écart le plus faible est enregistré en Slovénie (19 %) et le plus élevé en Turquie (73 %).
La bonne performance française provient des taux d'emploi : l'écart de taux d'emploi entre hommes et femmes réduit les revenus des femmes par rapport aux hommes à hauteur de 10 points de pourcentage seulement en France, contre 17 points en moyenne dans l'OCDE. L'écart de rémunération horaire est en revanche plus élevé en France que dans la moyenne des autres pays : il contribue à hauteur de 19 points à l'écart de revenu en défaveur des femmes en France, contre 16 points en moyenne dans l'OCDE.

* L'Organisation de coopération et de développement économiques (OCDE) est une organisation internationale d'études économiques, regroupant 36 pays membres – des pays développés pour la plupart.

« La situation du marché du travail au 1er trimestre 2018 », rapport du ministère du Travail.

Écarts de revenu du travail entre hommes et femmes dans différents pays en 2013-2015

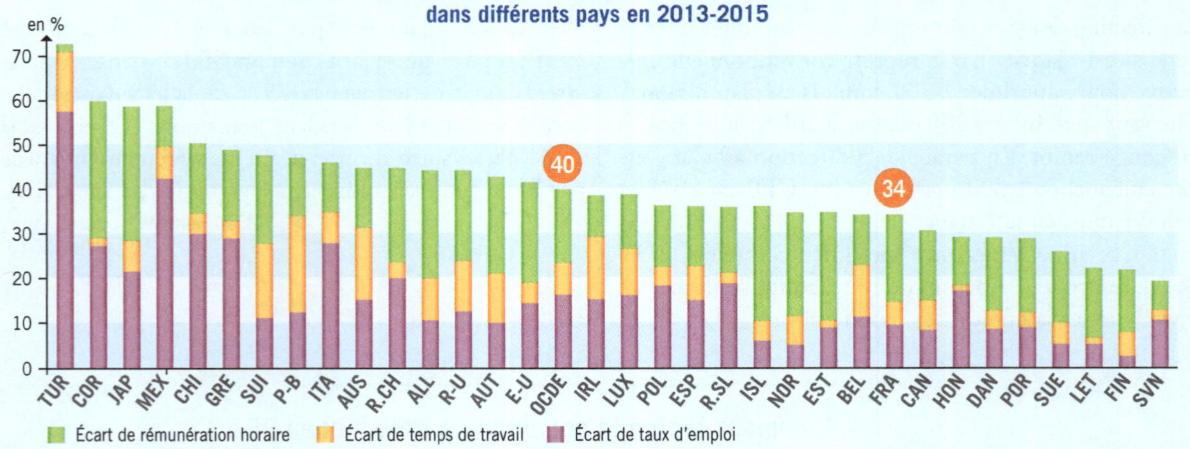

Champ : femmes et hommes de 20 à 64 ans.

Source : « Perspectives de l'emploi de l'OCDE 2018 », Éditions OCDE, Paris, www.oecd-ilibrary.org

2 Ces métiers qui disparaissent

1. Quelle évolution des emplois est envisagée dans le document ci-dessous ? Pourquoi ?
2. Expliquez la phrase soulignée.
3. Pourquoi les métiers pénibles ne devraient-ils pas disparaître ?
4. Recherchez en quoi les métiers de manutentionnaire et de médecin peuvent être respectivement touchés par la révolution numérique.

DOC. Révolution digitale : ces professions qui vont disparaître

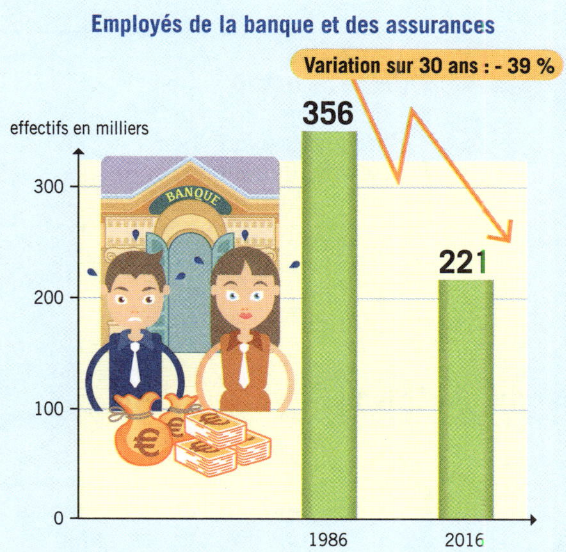

Date d'extinction (estimation) : entre 2038 et 2051

Pour les uns, c'est un motif d'angoisse. Pour les autres, un formidable espoir. Mais les faits sont là et il faut s'y faire. Le numérique bouleverse le monde du travail et cette révolution digitale n'est pas près de s'arrêter. Selon une étude du think tank libéral Institut Sapiens que *Le Parisien-Aujourd'hui en France* publie en exclusivité, cinq métiers ont été ces dernières années particulièrement touchés par les bouleversements liés à la robotisation et l'intelligence artificielle au point d'être menacés.

2,1 millions d'actifs « ont une forte probabilité de voir leur emploi disparaître dans les prochaines années », note l'étude. Il s'agit des métiers de comptable, de caissier, d'employé de banque et d'assurances, de secrétaire bureautique et de direction et, enfin, de manutentionnaire.

L'Institut Sapiens, qui s'est appuyé sur des données de la Dares – le service des études statistiques du ministère du Travail regroupant les effectifs des emplois classés par familles professionnelles sur trente ans –, a conclu, par exemple, que la profession d'employé de banque, dont les effectifs ont fondu de 40 % entre 1986 et 2016, pourrait disparaître totalement à l'horizon 2050, soit quelques années avant les comptables – dont la date d'extinction prévue est en 2056.

Pour assister à la disparition du métier d'ouvrier manutentionnaire, il faudrait en revanche attendre 40 ans de plus, soit jusqu'en 2090. « L'intelligence artificielle ne touche pas que les métiers peu qualifiés. Tout le monde est concerné, des ouvriers aux médecins ou aux avocats », éclaire Erwann Tison, économiste et directeur d'études à l'Institut Sapiens.

La fin des « *bullshit jobs* » ?

« Cela peut entraîner une peur diffuse dans la société mais nous avons les moyens de réagir », soutient l'économiste. Erwann Tison fait aussi le pari, à l'instar de l'anthropologue David Graber, que la robotisation de l'économie va permettre de voir disparaître les « *bullshit jobs* » (NDLR : « boulots à la con »), ces emplois aux tâches répétitives et pénibles. Une idée qui fait débat. Comment, au demeurant, dépasser ce constat terrible pour les milliers de salariés concernés ? Par la formation, notamment. L'étude met ainsi en avant que « les jeunes étant actuellement en formation de comptable ne pourront exercer ce métier toute leur vie et seront obligés de se réorienter ».

N'oublions pas non plus que si certains métiers disparaissent, d'autres en revanche sont prometteurs. […]

« Les métiers pénibles ne disparaissent pas. »

Selon David Gaborieau, sociologue du travail à l'université Paris-Est, qui a notamment travaillé sur les entrepôts de logistique, la révolution digitale a aussi fait réapparaître des anciens métiers physiques.

Que pensez-vous de la révolution digitale en cours, qui entraîne la disparition de certains métiers ?

David Gaborieau : Plutôt que de disparition, je préfère parler de transformation de certaines professions. […]

Que voulez-vous dire par là ?

Les métiers pénibles ne disparaissent pas nécessairement avec la révolution digitale. La preuve : les entrepôts d'Amazon ou de Cdiscount n'ont jamais eu autant besoin de bras humains.

Avez-vous des exemples ?

Le numérique a aussi entraîné dans nos rues le développement de certains vieux métiers physiques et difficiles comme coursiers ou livreurs.

B. Lepetit, *Le Parisien*, 21 août 2018.

Le fonctionnement du marché du travail

- **Fonctionnement théorique** → La confrontation de l'offre et de la demande conduit à déterminer le salaire et le niveau de l'emploi.
- **La réalité : le travail n'est pas homogène.**
  - La **demande de travail** dépend :
    – du niveau de l'activité économique ;
    – des profils et qualités attendus (existence de secteurs en tension).
  - L'**offre de travail** dépend :
    – de la population active et des taux d'activité ;
    – des qualifications et compétences disponibles.

Les évolutions sur le marché du travail

- **Un marché segmenté**
  - **Marché primaire :** emplois stables occupés par des salariés qualifiés, plutôt bien rémunérés avec de bonnes conditions de travail.
  - **Marché secondaire :** emplois dits « atypiques », moins bien rémunérés, avec de fréquents passages par le chômage.
- **Les tendances du marché du travail**
  - Un chômage durable depuis les années 1980, supérieur à la moyenne européenne. Populations les plus vulnérables : les jeunes, les faibles qualifications, les étrangers.
  - La hausse des emplois atypiques (CDD, intérim, temps partiel contraint). Populations les plus touchées : les jeunes, les femmes, les faibles qualifications.

CONCEPTS

Chômage au sens du BIT – Demande de travail – Marché du travail – Offre de travail – Population active – Taux d'activité – Taux de chômage

8 Les politiques de l'emploi

LA COMPÉTENCE ATTENDUE

→ Caractériser l'action des pouvoirs publics pour accompagner les transformations du marché du travail.

LE SAVOIR ASSOCIÉ

→ La politique de l'emploi

PLAN DU CHAPITRE

- 1 • Identifier les politiques actives de l'emploi
- 2 • Identifier les politiques passives de l'emploi

Secteur privé : des créations d'emplois trop faibles

Le secteur privé français a continué de créer des emplois au troisième trimestre, mais à un niveau trop faible (+0,2%), conséquence en partie du ralentissement de la croissance cette année, pour faire refluer fortement le chômage.

Sur un an, les entreprises ont créé 211 100 emplois salariés (+1,1%), pour atteindre un record de 19,43 millions de postes.

Mais, « la dynamique de l'emploi reste beaucoup plus réduite que l'an dernier », relève Philippe Waechter, chef économiste chez Ostrum Asset Management. [...] Pour l'économiste, cela pose la question du « retard » de réactivité du marché du travail sur la croissance, « beaucoup plus marqué en France que dans les autres pays de la zone euro ».

Une analyse partagée par le président du MEDEF, Geoffroy Roux de Bézieux, qui pointe « l'inadaptation de nos compétences par rapport à la demande des entreprises ». [...] Au total, les performances restent encore insuffisantes pour faire baisser sensiblement le taux de chômage.

***La Dépêche du Midi*, 14 novembre 2018.**

Qapa.fr [agence d'intérim] dévoile son baromètre mensuel sur les chiffres de l'emploi en France. Une analyse qui montre des différences entre les demandes des recruteurs et les souhaits des candidats [...]. Majoritairement, les recruteurs proposent des postes nécessitant un niveau d'études Bac+5 (35%) alors que, de leur côté, les candidats ne sont que 11% à pouvoir y postuler. Et si 31% des candidats ont le Bac, les recruteurs ne requièrent que 5% de personnes avec ce diplôme.

S. Delestre, www.qapa.fr, 16 octobre 2017.

1. **Pourquoi la création d'emploi n'est-elle pas un critère suffisant pour résoudre le problème du chômage ?**
2. **Quelles sont les raisons qui expliquent cette situation ?**
3. **Proposez des solutions à ces problèmes.**
4. **D'après la vidéo, quelles sont les solutions proposées par Pôle emploi pour aider les employeurs à recruter ?**

Nathan live!

EMPLOYEURS, COMMENT PÔLE EMPLOI PEUT VOUS AIDER ?
https://youtu.be/xhTuhCljvDI

1 Identifier les politiques actives de l'emploi

A L'objectif des politiques actives de l'emploi

DOC. 1 PME : la pénurie de main-d'œuvre qualifiée s'accentue

Selon un sondage OpinionWay d'octobre 2018, plus de 52 % des PME – 93 000 entreprises – rencontrent ou ont rencontré des difficultés de recrutement de profils hautement qualifiés. L'écart entre Paris (27 %) et la province (60 %) est très marqué.
Les entreprises peinent à recruter des profils spécifiques, malgré un taux de chômage important et un nombre de demandeurs d'emploi encore élevé. L'insuffisance des qualifications professionnelles des candidats est la première explication, évoquée par trois quarts des entreprises. L'absence même d'actes de candidature pour les postes à pourvoir est déplorée par 40 % des entreprises.

DOC. 2 Politiques actives du marché du travail : connecter les personnes avec les emplois

Les politiques d'activation efficaces pour les demandeurs d'emploi et les autres groupes défavorisés de la population ont pour objectif d'intégrer plus de personnes sur le marché du travail. Pour cela, elles doivent :
– s'assurer que les demandeurs d'emploi ont la motivation et les incitations nécessaires à la recherche d'emploi ;
– accroître leur employabilité et les aider à trouver un emploi approprié ;
– améliorer les débouchés offerts aux demandeurs d'emploi et aux personnes inactives sur le marché du travail ;
– mettre en œuvre les politiques d'activation grâce à des institutions du marché du travail efficaces.

www.oecd.org

1. **Identifiez le problème rencontré par les PME dans le recrutement.**
2. **Repérez le rôle des politiques actives de l'emploi et les moyens qu'elles utilisent.**
3. **Quelle solution vous semble répondre au problème soulevé dans le document 1 ?**

DOC. 3 Pôle emploi : assurer l'adéquation entre l'offre et la demande de travail

Créé en décembre 2008, par la fusion de l'ANPE (Agence nationale pour l'emploi) et l'Assedic (Association pour l'emploi dans l'industrie et le commerce), Pôle emploi a pour missions d'accompagner tous les demandeurs d'emploi dans leur recherche jusqu'au placement, d'assurer le versement des allocations aux demandeurs indemnisés, d'aider les entreprises dans leurs recrutements et de recouvrer les cotisations.

FRANCE
Nombre de retours à l'emploi :
4 241 613
Taux de paiements dans les délais :
95 %
Taux de satisfaction des demandeurs d'emplois :
73 %
Taux de satisfaction des entreprises :
71 %

4. **Pourquoi peut-on dire que la création de Pôle emploi s'inscrit dans le cadre d'une politique active de l'emploi ?**
5. **Pensez-vous que Pôle emploi répond aux missions qui lui sont fixées ? Justifiez votre réponse.**

B Les principales mesures mises en œuvre

DOC. 4 L'importance de la formation professionnelle

Que dit la loi…

La formation des salariés par l'employeur est obligatoire dans le cadre des principes suivants :

- Permettre aux salariés de s'adapter à leur poste de travail et veiller au maintien de leur capacité à occuper un emploi, au regard notamment de l'évolution des emplois, des technologies et des organisations ;
- Permettre aux salariés d'occuper un nouvel emploi dans le cadre d'un reclassement ;
- Assurer la formation d'un jeune en contrat d'insertion ou d'alternance […].

Aujourd'hui, tout évolue très vite. On change de voiture tous les deux ans, d'ordinateur tous les 18 mois, de smartphone tous les six mois et pourtant on ne se forme plus une fois sorti de l'école. C'est absurde, non ? Pense-t-on que les métiers n'évoluent pas ? Que les compétences restent toujours les mêmes ? Bien au contraire. Les métiers sont en perpétuelle évolution et nos enfants exerceront probablement des emplois qui n'existent pas encore. La digitalisation de l'économie oblige les entreprises à évoluer.

La formation professionnelle devient donc indispensable et doit être vue comme un levier de croissance et non plus comme une dépense.

Pourtant, en France, seuls 36 % de la population active ont accès à la formation professionnelle. On est très loin de nos voisins allemands et britanniques, chez qui c'est plus de la moitié de la population active qui y a accès…

www.skillup.co, 10 octobre 2017.

6. Expliquez pourquoi la formation professionnelle est un élément majeur pour l'activation de l'emploi.

7. Comment l'État agit-il pour favoriser cette pratique ?

DOC. 5 Loi du 5 septembre 2018 pour la liberté de choisir son avenir professionnel

De quoi s'agit-il ?

La loi a pour objet de réformer le système de formation professionnelle initiale (apprentissage) et continue ainsi que le fonctionnement de l'assurance chômage.

La loi réforme le compte personnel de formation (CPF) qui sera alimenté non plus en heures, mais en euros. Le compte sera crédité de 500 euros par an pour les salariés à temps plein, 800 pour les salariés non qualifiés, dans la limite de 5 000 euros et 8 000 pour les salariés non qualifiés. Une application numérique sera créée pour connaître en temps réel ses droits individuels acquis au titre du compte personnel de formation et de choisir une formation. […]

Des modules de remise à niveau sur les compétences de base et les savoirs numériques seront systématiquement proposés aux demandeurs d'emploi qui le souhaitent. Et, dès le premier mois, les besoins et aspirations des demandeurs d'emploi seront identifiés afin de proposer un parcours de formation adapté. […]

La limite d'âge de formation en apprentissage passera de 26 à 29 ans révolus. Les plus de 26 ans seront payés au minimum au niveau du SMIC et la rémunération des apprentis de 16 à 20 ans augmentera de 30 euros net. […]

www.vie-publique.fr, 6 septembre 2018.

8. Caractérisez l'action des pouvoirs publics pour accompagner les transformations du marché du travail.

9. Repérez la différence de traitement prévue par le compte personnel de formation en fonction de la qualification du salarié.

10. Expliquez l'intérêt de cette mesure pour l'insertion des individus sur le marché du travail.

11. Quelles sont les propositions de cette nouvelle loi au regard de l'insertion des jeunes ? Pourquoi ?

DOC. 6 Le parcours emploi compétences remplace les contrats aidés

Les contrats aidés étaient des contrats bénéficiant d'aides publiques ou de dispositions spécifiques du droit du travail. Ils favorisaient l'emploi de personnes ayant des difficultés à s'insérer dans le marché du travail.

Durant sa campagne électorale, Emmanuel Macron s'était montré hostile aux contrats aidés. Selon lui, ces types de contrats de travail étaient une forme d'emploi subventionné qui ne permettait pas aux salariés de monter en compétences. Le gouvernement d'Édouard Philippe a donc l'intention de réduire fortement le nombre de contrats aidés. Sur l'année 2017, l'État a financé 320 000 contrats aidés. Pour 2018, l'objectif est d'en réduire le nombre à moins de 200 000. Deux domaines seront préservés : l'éducation et l'outre-mer. Édouard Philippe a justifié cette mesure. Qualifiant ces contrats de travail de « trop coûteux » et « peu utiles », il a déclaré privilégier d'autres pistes pour lutter contre le chômage.

www.journaldunet.fr, 29 octobre 2018.

À partir de janvier 2018, les contrats aidés sont transformés en parcours emploi compétences.
La mise en œuvre des parcours emploi compétences repose sur le triptyque emploi-formation-accompagnement : un emploi permettant de développer des compétences transférables, un accès facilité à la formation et un accompagnement tout au long du parcours tant par l'employeur que par le service public de l'emploi, avec pour objectif l'inclusion durable dans l'emploi des personnes les plus éloignées du marché du travail. […] Une attention particulière est accordée à certains publics tels que les travailleurs handicapés ou les résidents des quartiers prioritaires de la ville. […]
L'objectif de durée d'un parcours est de 12 mois et les conventions initiales ne peuvent être inférieures à 9 mois.

Quelle aide financière pour les employeurs ?

Dans le cadre du parcours emploi compétences, le montant de l'aide accordée aux employeurs, exprimé en pourcentage du SMIC brut, pourra être modulé entre 30 % et 60 %, dans la limite des enveloppes financières. Le taux de prise en charge est fixé par arrêté du préfet de région.

travail-emploi.gouv.fr, 7 février 2018.

12. Montrez que les contrats aidés permettaient de répondre aux objectifs d'une politique active du travail.

13. Quelle est la limite de ce type de mesure ?

14. Montrez en quoi le parcours emploi compétences pourrait représenter une solution à ce problème.

DOC. 7 L'incitation à l'emploi au cœur du chantier social

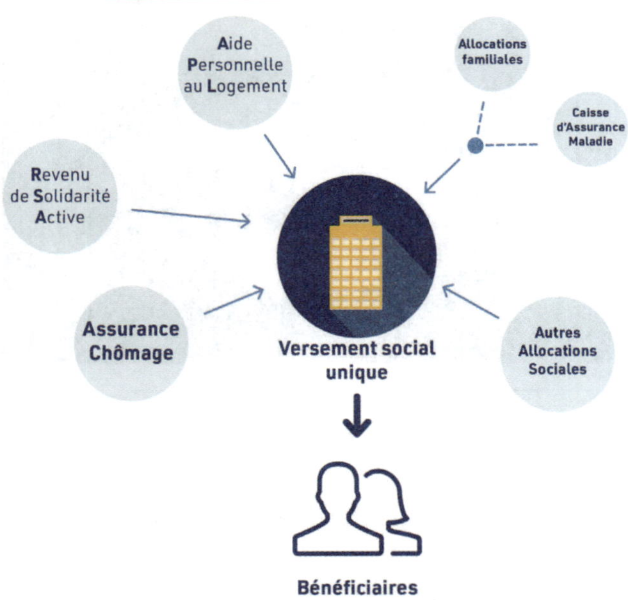

D'ici à la fin du quinquennat, un revenu universel d'activité va voir le jour. Emmanuel Macron l'a annoncé le 13 septembre. […]
Le chef de l'État compte utiliser cette nouvelle prestation pour renforcer sa politique d'incitation au retour à l'emploi puisque, selon lui, la première des protections sociales est le travail. Ce revenu, qui ne sera pas vraiment « universel » (il sera conditionné aux ressources), devrait bien être « d'activité » (il ne sera pas incompatible avec un emploi rémunéré).

Le modèle de la prime d'activité

Le modèle, c'est la prime d'activité. Son montant dépend des ressources du foyer. Quand les aides sociales ou d'autres revenus non liés à l'activité augmentent de 100 euros, la prime diminue d'autant. Mais si les revenus d'activité croissent de 100 euros, la prime ne baisse que de 38 euros (39 euros à partir d'octobre). […]

S. Godeluck, *Les Echos*, 27 septembre 2018.

15. Pourquoi peut-on dire que le revenu universel d'activité incite au retour à l'emploi ?

DOC. 8 Le coût du travail : le bilan controversé des allégements de charges

Instaurées à partir du début des années 1990, les politiques visant à diminuer le coût du travail n'ont cessé d'être mises en doute à mesure qu'elles gagnaient de l'ampleur. […] Le bilan controversé des réductions globales de charges conduit à poser la question suivante : faut-il continuer à y injecter des milliards d'euros alors que le chômage reflue à petits pas, tout en se maintenant à des seuils élevés, comparé à bien d'autre pays de l'Union européenne ?

L'effort financier consacré à ces dispositifs est, en effet, loin d'être négligeable. Selon une étude de la Dares, la direction de la recherche du ministère du Travail, « *les mesures générales d'exonérations* » de charges en faveur de l'emploi ont atteint 45,4 milliards d'euros en 2015, « *soit 16,4 % de plus* » que l'année précédente. […]

Si elles sont centrées sur les rémunérations basses, les exonérations de cotisations permettent de créer des postes pour les personnes peu ou pas qualifiées, affirme l'économiste Bertrand Martinot, par ailleurs ex-patron de la Délégation générale à l'emploi et à la formation professionnelle. Elles peuvent, à ce titre, être vues comme un exemple d'une « *politique de redistribution juste et efficace* », ajoute-t-il.

Les allégements décidés par les gouvernements Balladur (1993-1995) et Raffarin (2002-2005), qui portaient initialement sur des salaires allant de 1,1 à 1,2 SMIC dans le premier cas, et jusqu'à 1,3 SMIC dans le second, ont soutenu les embauches, renchérit Clément Carbonnier, maître de conférences à l'université de Cergy-Pontoise.

Plusieurs bémols

Ministre du Travail durant le mandat présidentiel de Nicolas Sarkozy, Xavier Bertrand en est convaincu : « *Le nombre de demandeurs d'emploi a progressé moins vite qu'il ne l'aurait fait si aucune politique de ce genre n'avait été mise en place.* »

S. Belouezzane et B. Bissuel, *Le Monde*, 15 octobre 2018.

16. Quelles sont les composantes du coût du travail ?

17. Quels sont les objectifs des allégements de charges sociales ? Quels emplois ciblent-ils en priorité ?

18. Exposez en quoi le bilan de ce type de politique de l'emploi fait l'objet de controverses.

APPLICATION AU CAS

GROUPE PSA

DOC. PSA recrute à Rennes

L'usine PSA de Rennes-La Janais tourne à plein régime pour produire le Peugeot 5008, qui rencontre un gros succès commercial, et le Citroën C5 Aircross, qui sortira sur le marché en octobre.

L'usine bretonne recherche donc pour des missions de 6 mois à 12 mois : des agents de fabrication polyvalents en industrie, des caristes mais également des chefs d'équipe, des professionnels tels que : maintenanciers (mécaniciens, électriciens, automaticiens), tôliers, retoucheurs, conducteurs d'installation, soudeurs.

« Toutes les candidatures seront examinées afin de répondre aux besoins en recrutement de l'entreprise, précise Pôle emploi. Il n'est pas obligatoire d'avoir de l'expérience dans le métier d'agents de fabrication polyvalents en industrie ou de caristes. »

Les personnes intéressées peuvent se présenter sur place, à l'hôtel Rennes Métropole, ou déposer leur candidature auprès de leur conseiller Pôle emploi ou l'adresser directement par mail à recrutement.35061@pole-emploi.fr. Cette opération de recrutement est organisée par Pôle emploi, en partenariat avec Manpower, Adecco, Synergie et Randstadt Inhouse.

Ouest France, 15 octobre 2018.

1. Quel problème rencontre PSA ?

2. Que fait Pôle emploi pour résoudre ce problème ?

3. Quelle sera la conséquence de cette action sur l'emploi dans la région rennaise ?

2 Identifier les politiques passives de l'emploi

DOC. 9 Qu'est-ce que l'assurance chômage ?

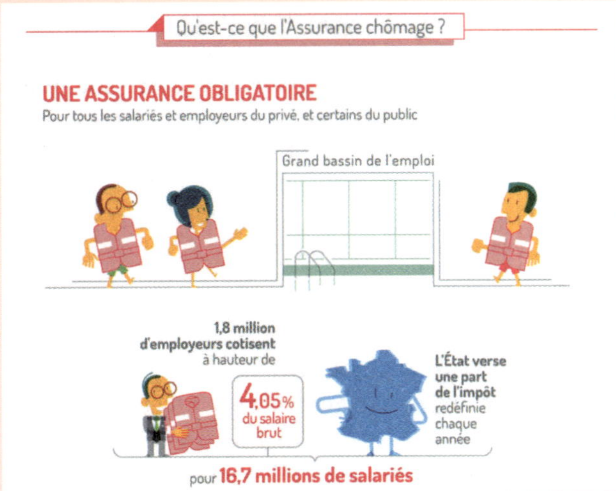

© Bronx Agence

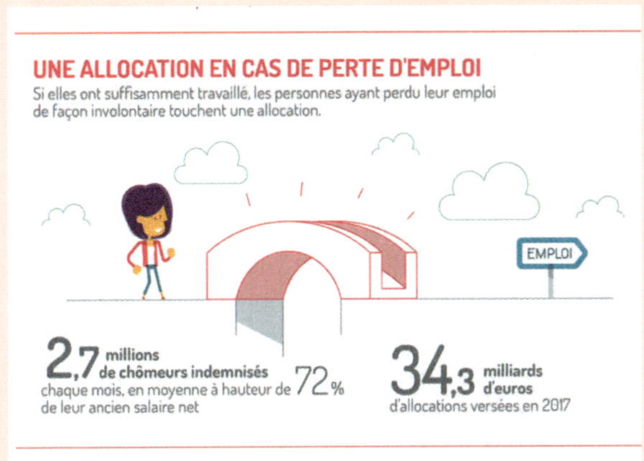

© Bronx Agence

À l'inverse des politiques actives qui cherchent à dynamiser l'emploi, les politiques passives ont pour objectif principal de limiter l'impact du chômage sur la situation des individus. Il s'agira principalement de compenser la perte de revenus ou, accessoirement, de permettre aux individus qui le souhaitent de se retirer de la vie active. Au-delà des allocations, l'assurance chômage incite aussi les chômeurs à reprendre un emploi et à développer leurs compétences.

1. **Comment est financée l'assurance chômage ? Les employeurs peuvent-ils s'y soustraire ?**
2. **Repérez le rôle de l'assurance chômage.**
3. **Identifiez les conditions à remplir pour pouvoir percevoir des indemnités.**

DOC. 10 La cessation anticipée du travail

[…] Certains salariés ou anciens salariés du secteur privé peuvent se retirer de la vie active avant d'avoir atteint l'âge minimum légal de la retraite, tout en percevant une allocation.

On peut distinguer plusieurs types de dispositif :

• les préretraites publiques […] ;

• les retraites anticipées (pour carrière longue, handicap, pénibilité, amiante) […].

travail-emploi.gouv.fr, 29 mai 2018.

4. **Repérez les dispositifs permettant de jouer sur le volume des chômeurs.**
5. **Montrez que ces dispositifs sont complémentaires des politiques actives de l'emploi.**

DOC. 11 Des mesures de l'assurance chômage pour favoriser le retour à l'emploi (informations à fin janvier 2019)

L'insertion par l'activité économique (IAE) permet aux personnes les plus éloignées de l'emploi, en raison de difficultés sociales et professionnelles particulières (âge, état de santé, précarité), de bénéficier d'un accompagnement renforcé qui doit faciliter leur insertion professionnelle.

Une entreprise d'insertion (EI) propose l'accès à l'emploi et un accompagnement socioprofessionnel à des personnes éloignées de l'emploi : demandeurs d'emploi de longue durée, allocataires de minima sociaux, jeunes sans qualification, etc., en contrepartie d'une aide financière (aide au poste d'insertion).

travail-emploi.gouv.fr

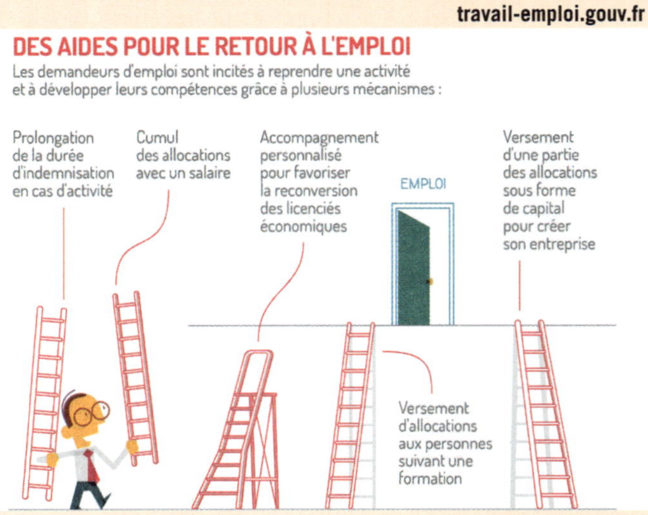

© Bronx Agence

DOC. 12 Quand la montée du chômage plombe les comptes de l'assurance chômage

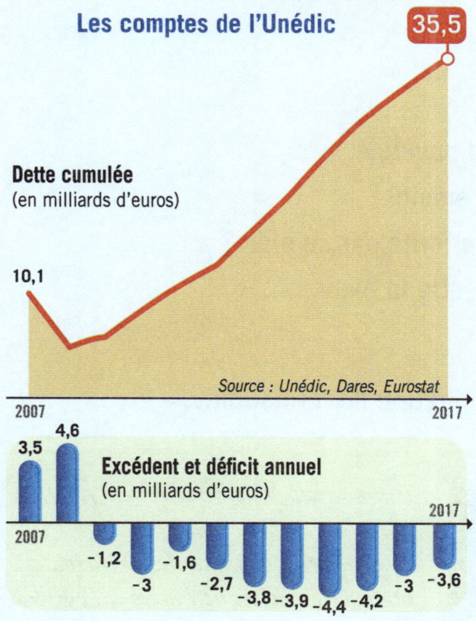

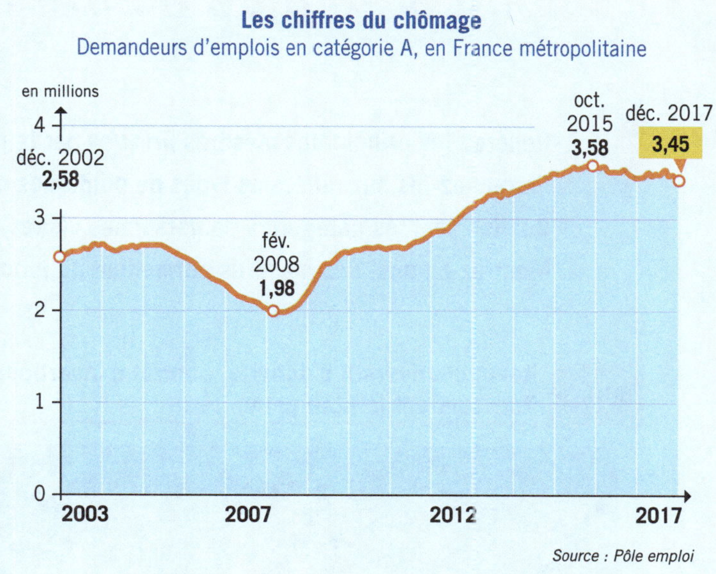

6. Quelles sont les conséquences de la variation du chômage sur les comptes de l'UNEDIC ?

DOC. 13 Faut-il taxer les emplois courts ?

Les entreprises sont de plus en plus gourmandes en contrats courts. Alors que le CDI demeure, en stock, la forme d'emploi majoritaire (88 %), le CDD est devenu, en flux, la porte d'entrée pour s'insérer sur le marché du travail. 87 % des embauches se font en CDD. Ces contrats précaires se concentrent sur 10 % de la population qui enchaîne les petits boulots à répétition. Autre clignotant au rouge, les CDD sont de plus en plus courts. 70 % durent moins d'un mois […]. Et pour l'UNEDIC, la facture est salée : ces contrats courts représentent un déficit de 8,7 milliards d'euros. C'est en effet l'assurance chômage qui prend le relais lorsque ces contrats prennent fin.

S. Foulon, *Alternatives économiques*, 18 octobre 2018.

7. Expliquez pourquoi le développement des CDD aggrave le problème de financement de l'UNEDIC.

APPLICATION AU CAS

GROUPE PSA

1. Quelles mesures en termes de politique de l'emploi permettraient à M. Giacobi d'acquérir les compétences nécessaires à ce nouveau poste ?

2. M. Giacobi a-t-il une autre solution que la recherche d'un emploi ?

DOC. PSA recrute à Valenciennes

M. Giacobi, ancien technicien de 57 ans, est au chômage depuis 14 mois. Il peine à retrouver un emploi qui corresponde à son expérience et ses qualifications. Un ami lui parle de la situation de l'usine de PSA Valenciennes (dans le Nord) qui n'arrive plus à approvisionner en quantités suffisantes les autres sites du groupe en boîtes de vitesses. Pour satisfaire la demande, ils vont embaucher suffisamment de maintenanciers pour réparer les machines délabrées.

1 L'emploi et la lutte contre la pauvreté

1. **Repérez les principales mesures prévues par le plan pauvreté.**
2. **Rattachez-les aux différents types de politiques de l'emploi.**
3. **Quelles sont les catégories de personnes visées en priorité par ce plan ?**
4. **Montrez en quoi ces mesures permettent de lutter contre la pauvreté.**

DOC. Revenu universel d'activité, contrat d'insertion, obligation de formation... Que contient le plan pauvreté ?

Emmanuel Macron a révélé […] son plan de lutte contre la pauvreté. Résumé des principales mesures améliorant l'accès à l'emploi.

Ce n'est rien de moins qu'une « stratégie nationale de prévention et de lutte contre la pauvreté » que le président de la République veut mettre en place, avec réunion tous les 6 mois des acteurs concernés. Le calendrier ? « À hauteur d'une génération. »

Revenu universel d'activité

Emmanuel Macron a annoncé la création, d'ici 2020, d'un revenu universel d'activité fusionnant « le plus grand nombre possible de prestations sociales ». Il sera soumis « à des droits et des devoirs et à un contrat d'engagement » du bénéficiaire, notamment la recherche d'emploi. À noter que l'emploi du terme « revenu universel » fait déjà débat.

Service public de l'insertion

Un « service public de l'insertion » prendrait la forme d'une aide de l'État aux départements pour mieux accompagner les personnes les plus éloignées de l'emploi, notamment bénéficiaires du RSA. « C'est le seul moyen de garantir l'universalité des droits » alors que le système est « éclaté et inégal territorialement », a-t-il détaillé. Le Président souhaiterait qu'à partir du 1er janvier [2019], « chaque personne qui s'inscrit au RSA puisse avoir un rendez-vous dans le mois » pour bénéficier d'un accompagnement.

Plus de contrats d'insertion par l'activité économique

Le plan pauvreté confirme également l'augmentation du nombre de contrats d'insertion par l'activité économique (IAE), qui s'adressent à des personnes très éloignées de l'emploi. Passant de 100 000 à 240 000. Environ 500 millions d'euros seront débloqués pour de l'accompagnement individualisé.

Une formation jusqu'à 18 ans

Emmanuel Macron veut être particulièrement « attentif à la situation des jeunes », affirmant que, chaque année, 60 000 « se retrouvent hors de tous les radars. Près de 2 millions de jeunes sont dans cette situation dans notre pays ». L'obligation de formation des jeunes sera alors portée de 16 à 18 ans. « Un jeune devra être scolarisé, ou en formation, ou en emploi à compter de 2020. » Pour cela, il compte développer davantage l'apprentissage et généraliser la garantie jeunes à 500 000 jeunes (contre 100 000 aujourd'hui).

J. Falcoz, rebondir.fr, 13 septembre 2018.

2 France : la baisse du coût du travail à l'étude

1. Repérez la position de la France en termes de coût du travail en Europe.
2. Précisez la méthode et les objectifs du gouvernement dans ce domaine.
3. Montrez que ce dispositif représente une politique active de l'emploi.

DOC. Vers une baisse des cotisations sociales ?

Le Conseil national de l'industrie (CNI) a examiné la possibilité de réduire les cotisations sociales au-delà de 2,5 SMIC, a fait savoir [...] le ministre français de l'Économie et des Finances, Bruno Le Maire. [...]

« Nous ne sommes pas encore suffisamment compétitifs, notamment par rapport à nos voisins allemands », a-t-il justifié [...]. « Je considère qu'il faut ouvrir ce débat sur les allégements de charges au-dessus de 2,5 SMIC. »

[Le] Premier ministre Édouard Philippe s'est dit prêt à baisser davantage le coût du travail en jouant sur les cotisations sociales, mais seulement lorsque les comptes publics auront été redressés. [...]

Niveau du coût de l'heure de travail (industrie et services marchands)

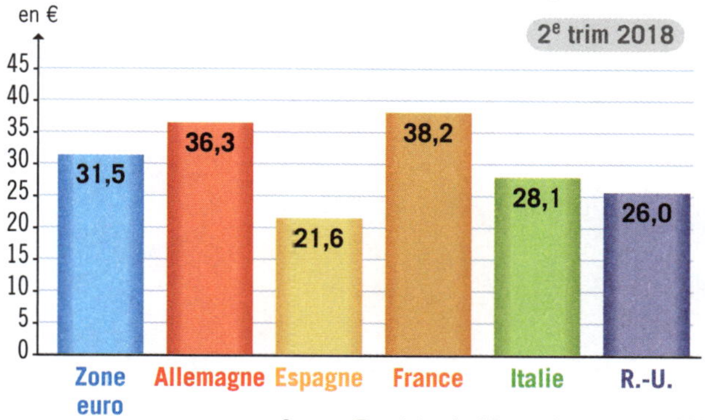

Source : Eurostat, calcul Rexecode, septembre 2018.

Cette mesure permettrait d'alléger le coût du travail pour les emplois les plus qualifiés, notamment dans l'industrie. Les plus bas salaires bénéficient déjà de baisses de cotisations patronales.

Les Echos, 25 novembre 2017.

3 L'efficacité du contrat de sécurisation professionnelle (CSP)

1. À quel type de politique de l'emploi pouvez-vous rattacher le CSP ?
2. Analysez l'efficacité de ce dispositif.

DOC. Les bénéficiaires du CSP

Le contrat de sécurisation professionnelle (CSP) s'adresse aux salariés licenciés pour motif économique d'entreprises de moins de 1 000 salariés ou d'entreprises de toutes tailles en redressement ou en liquidation judiciaire. En vigueur depuis septembre 2011, le CSP propose sur 12 mois un accompagnement personnalisé et renforcé, des accès à la formation, une indemnisation spécifique et des aides à la reprise d'emploi. Ses règles ont évolué depuis le 1er février 2015 [...].

Taux de persistance au chômage selon l'année d'entrée en CSP

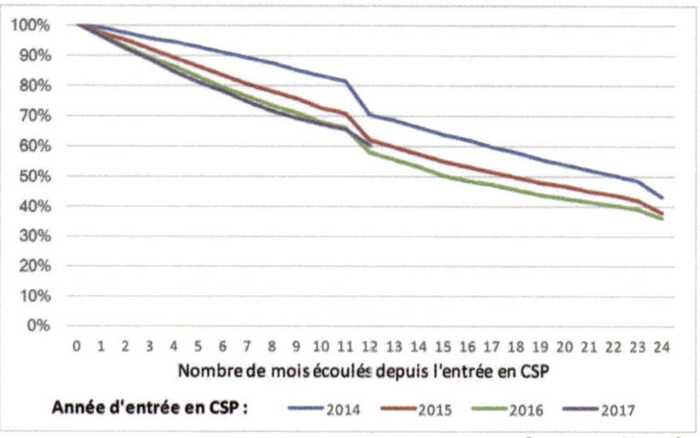

Source : Unedic

Depuis la mise en œuvre de la convention relative au CSP de 2015, davantage de bénéficiaires du CSP sortent du dispositif vers l'emploi. Entre 2014 et 2016, le taux de persistance au chômage 12 mois après l'entrée en CSP est passé de 80 % à 65 %. Les bénéficiaires sortent ainsi plus rapidement du dispositif (au bout de 9,5 mois en moyenne contre 10,6 mois auparavant). Ils sortent plus souvent vers l'emploi et tout aussi durablement qu'auparavant.

www.unedic.org, 7 mai 2018.

Les politiques actives de l'emploi

Objectif : dynamiser l'emploi

- Permettre une meilleure adéquation entre l'offre et la demande de travail
  Ex. : amélioration du fonctionnement de Pôle emploi
- Mesures ciblées pour réintégrer certaines catégories de chômeurs (de longue durée, seniors…)
  Ex. : exonération de cotisations, contrats aidés
- Permettre aux chômeurs d'acquérir de nouvelles compétences et d'augmenter leur employabilité
  Ex. : obligation de formation professionnelle

Les politiques passives de l'emploi

Objectif : rendre le chômage plus supportable et/ou influencer la quantité d'offre de travail

- Incitation au retrait du marché du travail et/ou incitation à la reprise d'activité
  Ex. : droit à la préretraite
- Indemnisation du chômage

CONCEPTS

Assurance chômage – Pôle emploi – Politique active de l'emploi – Politique passive de l'emploi

9 Le droit négocié et le rôle des partenaires sociaux

LES COMPÉTENCES ATTENDUES
- Identifier le rôle du droit négocié.
- Identifier le rôle des partenaires sociaux dans l'entreprise.

LES SAVOIRS ASSOCIÉS
- Les différentes sources du droit du travail
- Le droit négocié
- Le rôle des partenaires sociaux

PLAN DU CHAPITRE
- 1 • Distinguer les différentes sources du droit du travail
- 2 • Identifier le rôle du droit négocié
- 3 • Identifier le rôle des partenaires sociaux dans l'entreprise

FM Logistic France signe un accord sur l'emploi des travailleurs handicapés

Engagée depuis 2004 en faveur des travailleurs handicapés, FM Logistic France va aujourd'hui plus loin dans sa démarche en signant un accord d'entreprise pour une durée de trois ans.

Depuis le 1er janvier 2018, un accord relatif au maintien dans l'emploi des travailleurs handicapés est en vigueur chez FM Logistic France. Celui-ci a été signé par la direction du groupe et les organisations syndicales (CFTC, FO, CFDT et CFE-CGC) pour une durée de trois ans. Il est articulé autour de cinq axes : information et sensibilisation ; maintien dans l'emploi ; recrutement et insertion de travailleurs handicapés ; développement du recours aux entreprises adaptées pour la fourniture de biens ou prestations de services ; formation des travailleurs handicapés. Cet engagement de FM Logistic remonte à 2004. L'entreprise compte aujourd'hui près de 9 % de travailleurs handicapés dans ses effectifs, soit trois points de plus que l'obligation légale fixée à 6 %. […]

M.-N. Frison, www.voxlog.fr, 16 janvier 2018.

Nathan live!
UN EXEMPLE D'ACCORD D'ENTREPRISE : L'ACCORD SALARIAL POUR 2017 CHEZ ORANGE
https://youtu.be/VlcOKMTDvhg

1. **Par quel moyen les salariés handicapés de FM Logistic France ont-ils obtenu une amélioration de leur situation dans cette entreprise ?**
2. **Quels partenaires sociaux ont élaboré les règles en question ?**
3. **En quoi ces règles constituent-elles une amélioration des règles de droit concernant les travailleurs handicapés ?**

1 Distinguer les différentes sources du droit du travail

A Les sources internationales du droit du travail

DOC. 1 Un besoin universel de droit du travail

Une étude publiée en août [2017] par un cabinet d'analyse de risques états-unien, VeriskMaplecroft, estime que le risque de subir une forme d'esclavage moderne, dont le travail forcé, augmente de manière alarmante en Europe. En cause : l'exposition à l'exploitation des nouveaux migrants tout juste arrivés sur le continent. Selon cette étude, les pays avec les plus hauts taux de risque de mise en esclavage moderne sont aussi ceux par lesquels arrivent les réfugiés : Grèce, Italie, Roumanie, Bulgarie. Les migrants sont aussi particulièrement exposés au risque de travail forcé en Turquie.

R. Knaebel, www.bastamag.net, 13 novembre 2017.

DOC. 2 L'énoncé de principes intangibles

Exemples de textes de droit international

– La Déclaration de l'OIT de 1998 oblige les États membres à respecter et à promouvoir la reconnaissance du droit de négociation collective, l'élimination de toute forme de travail forcé, l'abolition effective du travail des enfants, l'élimination de la discrimination en matière d'emploi.

– La Convention de sauvegarde des droits de l'homme et des libertés fondamentales de 1950 prévoit, dans son article 4, l'interdiction de l'esclavage et du travail forcé.

– Le traité européen de Nice (2000) édicte de nombreux principes essentiels : interdiction de l'esclavage et du travail forcé (article 5), liberté syndicale (article 12), liberté de travailler partout dans l'UE (article 15), non-discrimination (article 21), etc.

– Le règlement européen 987/2009 sur la coordination des systèmes de sécurité sociale simplifie les règles d'application des régimes de protection sociale au bénéfice des salariés de l'UE.

– La directive européenne 2003/88/CE sur le temps de travail impose aux pays de l'UE de garantir à tous les travailleurs un temps de travail hebdomadaire qui ne peut pas dépasser 48 heures en moyenne, un congé annuel payé d'au moins 4 semaines…

1. Dans quelle mesure les textes de droit international apparaissent-ils comme des remparts contre les abus subis par les travailleurs les plus fragiles ?

2. En quoi ces principes constituent-ils une protection minimale des salariés des différents pays concernés ?

DOC. 3 Les principales sources internationales du droit du travail

1. L'Organisation internationale du travail (OIT), agence spécialisée de l'ONU (Organisation des Nations unies), définit les droits fondamentaux du travail dans des conventions (traités internationaux qui s'imposent aux États qui les ratifient) et des recommandations (qui n'ont pas de caractère contraignant).

2. Le droit européen « primaire » comprend les traités constitutifs de l'Union européenne et les traités les modifiant (traités de Rome, de Maastricht…).

3. Le droit européen « dérivé » regroupe l'ensemble des actes de l'Union européenne en application du droit primaire. On distingue les actes obligatoires (règlement, directive et décision) et les actes sans portée obligatoire (recommandation et avis).

D'après juri-ce.com

3. Pourquoi, au regard de la diversité des pays concernés par les sources internationales de droit du travail, les règles posées par ce droit ne peuvent-elles être que générales ?

B Les sources nationales du droit du travail

DOC. 4 Les sources étatiques et professionnelles du droit du travail

1. Constitution
2. Lois et ordonnances
3. Règlements : décrets et arrêtés

Sources de droit étatiques

4. Conventions et accords collectifs nationaux
5. Accords d'entreprise
6. Usages professionnels
7. Règlement intérieur d'entreprise
8. Contrat de travail

Sources de droit professionnelles

DOC. 5 Extrait du règlement intérieur de l'entreprise Ravial

Article 12. Nature et échelle des sanctions
Tout agissement d'un salarié considéré comme fautif pourra, en fonction de sa gravité, faire l'objet de l'une ou l'autre des sanctions suivantes : avertissement oral ou écrit, mise à pied de un à trois jours, sans rémunération, mutation disciplinaire vers un autre site de l'entreprise, rétrogradation professionnelle, licenciement pour faute réelle et sérieuse, licenciement pour faute grave ou lourde.

Article 13. Agissements fautifs du salarié
À titre indicatif et de façon non exhaustive, des sanctions pourront être appliquées dans les cas suivants : non-respect des horaires, refus de travailler sans motif légitime, rixes, injures et violence à l'encontre d'un autre membre du personnel ou d'un client, détournement, vol, abus de confiance, bris et détérioration volontaires du matériel, désorganisation volontaire de la bonne marche de l'entreprise.

Le règlement intérieur est un document écrit, rédigé par l'employeur. Conforme aux dispositions des lois, règlements et conventions collectives applicables, il ne peut contenir que les règles en matière de santé et de sécurité dans l'entreprise, celles relatives à la discipline et aux sanctions ainsi qu'aux harcèlements moral et sexuel et aux agissements sexistes.

4. Distinguez, parmi les sources de droit professionnelles, celles qui relèvent de la négociation et celles qui manifestent le pouvoir du chef d'entreprise.

5. En quoi le pouvoir du chef d'entreprise d'élaborer des règles n'est-il pas absolu ?

DOC. 6 La hiérarchie des sources du droit du travail et le principe de faveur

Le sens et la portée du principe de faveur

En principe, les sources « inférieures » du droit du travail ne peuvent édicter que des règles plus favorables au salarié que celles des sources « supérieures ». Ainsi, les conventions collectives et les accords d'entreprise ont-ils pour rôle – en principe – d'améliorer la situation des salariés concernés.

Un exemple (chiffres de 2018) :

La loi pose le principe du SMIC (salaire minimum interprofessionnel de croissance). Un décret en fixe le montant chaque année.	**9,88 €** brut/heure **1 498,47 €** brut/mois
Salaire minimum professionnel prévu par la convention collective nationale des hôtels, cafés, restaurants	**10,86 €** brut/heure **1 648,12 €**/mois
Salaire minimum prévu par l'accord salarial d'un groupe hôtelier du 10 janvier 2018	**11,30 €** brut/heure **1 713,87 €** brut/mois

6. D'après vous, quel intérêt la direction du groupe hôtelier a-t-elle à conclure un accord salarial plus avantageux pour les salariés ?

DOC. 7 Une source non formelle importante : la jurisprudence

Parfois, l'application de la loi est évidente, le texte de la loi et la volonté du législateur étant suffisamment clairs pour déterminer de manière en quelque sorte « mécanique » la solution du litige [...]. Mais, dans la plupart des cas, l'application de la règle aux cas concrets impose une interprétation du texte [...], voire son adaptation aux évolutions de la société. [...]
La jurisprudence sur l'égalité de traitement illustre parfaitement cette démarche d'interprétation et d'adaptation de la règle de droit : partant de textes particuliers, comme celui sur l'égalité des rémunérations entre les hommes et les femmes (C. trav., art. L3221 2) [...], la Cour de cassation a dégagé un principe, tiré de l'évolution de la société et d'une aspiration à la réduction des différences de traitement injustifiées, ayant vocation à s'appliquer de manière générale [...].

A. Lacabarats, www.lamyline.fr, *Semaine sociale Lamy*, n° 1598, 23 septembre 2013.

DOC. 8 Un exemple d'interprétation jurisprudentielle

1. Code du travail – Article L3221-2 – Tout employeur assure, pour un même travail ou pour un travail de valeur égale, l'égalité de rémunération entre les femmes et les hommes.

2. Le sens de l'arrêt de la Cour de cassation (chambre sociale) du 29 octobre 1996

Dans l'arrêt Ponsolle (Cass. soc., 29 oct. 1996, n° 92-43.980), la Cour de cassation s'est appuyée sur les dispositions légales [de l'article L3221-2 du Code du travail] pour étendre le principe « à travail égal, salaire égal » aux différences de rémunération non justifiées entre salariés dans leur ensemble, en dehors de toute considération du sexe.
Dorénavant, l'employeur est tenu d'assurer une égalité de rémunération entre ses salariés placés dans une situation identique, c'est-à-dire exerçant un même travail ou un travail de valeur égale.

F. Chhum, avocat sur village-justice.com

7. **Indiquez le sens exact et la finalité du texte de l'article L3221-2 du Code du travail.**

8. **Comment son interprétation par la Cour de cassation en élargit-elle la portée ? Vous semble-t-il que les juges trahissent l'esprit de la loi ? Justifiez votre réponse.**

APPLICATION AU CAS

GROUPE PSA

Les usines du groupe PSA ne sont pas toutes en France. Non seulement elles sont implantées dans divers pays européens, mais on en trouve aussi en Chine et en Amérique latine.

DOC. Les sites de PSA en Europe

Source : PSA

1. **Quelles sont les sources du droit du travail qui permettent d'assurer une protection minimale de tous les salariés de PSA dans le monde ?**
2. **En quoi le personnel des usines de l'Union européenne peut-il attendre un rapprochement de ses conditions de vie dans les différents sites de l'UE ?**
3. **Quelles sont les sources du droit du travail nationales intéressant les salariés des usines françaises ?**
4. **Pour quelles raisons économiques les règles de droit ne peuvent-elles pas être unifiées dans tous les pays où PSA est présent ?**

2 Identifier le rôle du droit négocié

DOC. 9 Définition et fonction des principaux accords collectifs

1. Un accord collectif est un accord conclu entre un employeur ou un groupement d'employeurs et une ou plusieurs organisations syndicales de salariés en vue de fixer des règles relatives aux conditions de travail, à l'emploi ou aux garanties sociales des salariés.

2. Les principaux accords collectifs à l'origine du droit du travail :

– **l'ANI (accord national interprofessionnel)** traite de sujets d'intérêt commun à tous les salariés (chômage, formation tout au long de la vie, etc.). Il est souvent repris par une loi ultérieure, l'ANI ouvrant ainsi la voie à une réforme de la législation ;

– **la convention collective de branche** : cet accord, négocié entre les syndicats d'employeurs et de salariés d'une branche d'activité (métallurgie, commerce, hôtellerie, etc.), porte sur les conditions d'emploi et de travail des salariés. Comme le précise le *Guide pratique du droit du travail*, « elle institue souvent des dispositions que le Code du travail ne prévoit pas, telles que les salaires minimaux, un régime de prévoyance, des primes, des congés, etc., ou améliore celles qu'il prévoit ». Il arrive aussi qu'« elle adapte des dispositions générales du Code du travail aux situations particulières d'un secteur d'activité ou d'une entreprise (exemple : l'aménagement du temps de travail) » ;

– **l'accord d'entreprise** (ou d'établissement) : négocié dans l'entreprise, il apporte des réponses à des attentes qui sont propres aux salariés et à la direction de cette entreprise (salaires, formation, intégration des handicapés, etc.).

https://droit-finances.commentcamarche.com/

1. **Expliquez l'expression « droit négocié ».**
2. **Quel est le rôle du droit négocié par rapport à la loi ?**
3. **Dans quelle mesure l'ANI et la convention collective sont-ils éloignés de l'entreprise et de ses problèmes particuliers ?**

DOC. 10 L'ANI sur la formation professionnelle du 22 février 2018

La 13e séance de négociation s'est concrétisée [le 22 février 2018] par l'accord des partenaires sociaux sur le texte définitif de l'accord national interprofessionnel (ANI) sur la formation professionnelle « pour l'accompagnement des évolutions professionnelles, l'investissement dans les compétences et le développement de l'alternance ».

Parmi les principales dispositions de l'ANI, on peut noter :

– une augmentation de l'alimentation du CPF [compte personnel de formation] qui passerait à 35 h par an avec un plafond de 400 h et à 55 h par an dans la limite de 550 h pour les personnes non qualifiées […] ;

– le remplacement du congé individuel de formation par un CPF de transition professionnelle ouvert aux salariés en CDI ou CDD, avec un financement dédié ;

– une redéfinition de l'action de formation afin d'intégrer les formations en situation de travail ;

– un nouveau financement du futur système de la formation professionnelle avec une contribution formation unique et globale (formation et alternance) de 1,23 % de la masse salariale pour les entreprises de 1 à 10 salariés et de 1,68 % pour les entreprises de 11 salariés et plus. […]

www.c2rp.fr

4. **Quel est l'objet de l'ANI du 22 février 2018 ? Qui en sont les bénéficiaires ?**
5. **En quoi peut-on dire que l'ANI dépasse les intérêts des salariés et employeurs de chaque branche ?**

6. En quoi la convention collective de la banque est-elle favorable aux salariés ?

7. Qui sont les bénéficiaires des apports d'une convention collective de branche ?

DOC. 11 Les apports d'une convention collective

Les salariés bénéficient d'au minimum 5 semaines de congés payés par an. Néanmoins, certaines conventions collectives accordent un nombre plus important de jours. […]

La convention collective de la banque n° 2120 prévoit par exemple :
– 25 jours ouvrés de congés payés par an aux salariés qui comptent un an de travail effectif, auxquels s'ajoute un 26e jour supplémentaire de congé rémunéré, sous certaines conditions ;
– 2 jours par an pour déménager ;
– 5 jours ouvrés en cas de mariage ou PACS et 2 jours pour le mariage des descendants ; […]
– 2 jours par exercice civil en cas d'hospitalisation d'un enfant de moins de 14 ans.

D'après www.juritravail.com

DOC. 12 Accord salarial à La Poste pour 2018

Extrait de l'accord salarial relatif aux mesures salariales pour l'année 2018 à La Poste

Article 2. Mesures d'augmentation des personnels des classes I et II

2.1. Salaires de base des salariés des niveaux I.2. à II.3 – Au 1er avril 2018, les salariés relevant des niveaux I.2 à II.3 bénéficient d'une augmentation de la valeur du point de coefficient de 0,75 %. La valeur du point de coefficient est ainsi portée à 48,95 € au 1er avril 2018. […]

2.3. Mesure de gain annuel garanti – Pour les salariés des classes I et II dont le gain de rémunération annuel en niveau serait inférieur à 220 € brut annuel, une prime de gain annuel garanti sera versée sur la paie de septembre 2018. […] Cette prime sera calculée par différence entre le gain annuel de rémunération en niveau et le montant de 220 €. […]

8. Pourquoi, au sein du groupe La Poste, la question des salaires ne peut-elle être réglée que par un accord collectif et non par la loi ?

9. Comment l'accord d'entreprise permet-il d'adapter le droit aux spécificités de l'entreprise ?

DOC. 13 Les accords dérogatoires

Les accords dérogatoires sont des accords collectifs (au sens large) qui édictent une règle de droit dérogeant à la règle supérieure sans être favorable aux salariés.

L'enjeu de ces accords dérogatoires est de viser à l'équilibre entre la justice sociale (intéressant les salariés) et l'efficacité économique (intéressant les employeurs).

Exemple : selon la loi, le salarié en CDD (contrat à durée déterminée) a droit, en fin de contrat, à une indemnité égale à 10 % des rémunérations perçues, mais un accord d'entreprise, comme un accord de branche, peut prévoir de réduire cette indemnité à 6 % pour alléger le coût du recours aux CDD.

Quand la règle est prévue par une loi ou un règlement
- En principe → Tous les accords collectifs sont plus favorables.
- Par exception → Des accords dérogatoires peuvent exister, mais sur autorisation de la loi.

Quand la règle émane d'accords collectifs de branche ou interprofessionnels nationaux
- En principe → Des accords d'entreprise dérogatoires sont possibles.
- Par exception → L'accord national prime dans certains domaines définis par la loi (salaires minimums, grilles de classification, égalité hommes-femmes…).

10. Qu'est-ce qu'un accord dérogatoire ?

11. Montrez que l'adoption des accords dérogatoires reste soumise à des conditions assez strictes quand il s'agit d'aller à l'encontre d'une règle légale. Pourquoi, selon vous ?

12. Faites la différence avec l'adoption des accords dérogatoires allant à l'encontre d'une règle prévue par un accord collectif national. Comment cela s'explique-t-il ?

DOC. 14 Un accord de compétitivité signé chez Bosch Rodez

La direction de l'usine Bosch d'Onet-le-Château, près de Rodez (Aveyron), a proposé un accord de compétitivité aux 1 600 salariés du site, qui a été signé [le] 4 juillet [2018] par les représentants syndicaux.
La direction de l'usine, qui produit notamment des injecteurs pour moteurs diesel, avait annoncé fin janvier [...] son intention d'investir 14 millions d'euros dans la modernisation de l'une de ses deux lignes de production, qui emploie 700 personnes, et de fermer l'autre, s'engageant à chercher des activités de diversification pour sauvegarder les 300 emplois concernés. [...]
Ces efforts restaient toutefois conditionnés à la signature de l'accord.
Alors que le déclin du diesel entraîne une chute d'activité, la direction a proposé de recourir au chômage partiel et demandé aux salariés de prendre en charge la moitié des coûts occasionnés, *via* une baisse de l'intéressement sur la période 2018-2021. « Un effort estimé entre 800 et 1 000 euros par an, pour une baisse d'activité de 20 % » [...]. Ce projet a finalement obtenu l'aval des syndicats – ce qui n'était pas évident *a priori*. Évoquant l'absence de projet industriel, la CGT s'est retirée des négociations il y a quelques jours. La CFDT et la CFE-CGC ont donné leur accord, mais SUD, majoritaire avec environ 40 %, a hésité : il a annoncé seulement lundi 2 juillet qu'il signerait. « Ne pas valider cet accord, c'était se résoudre à accepter le licenciement de 700 salariés fin 2018. » [...]

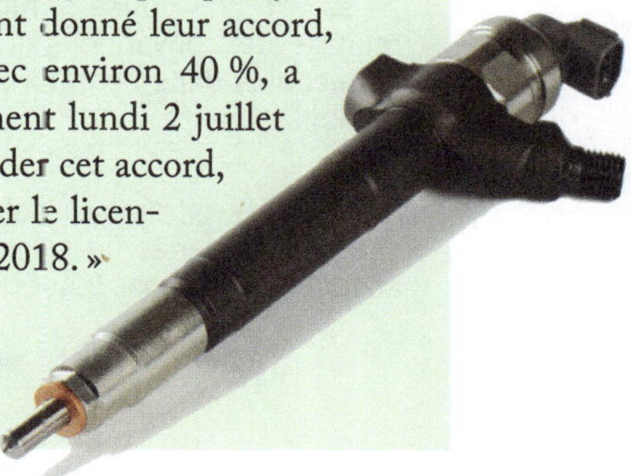

Anne Feitz, *Les Echos*, 4 juillet 2018.

13. **Quels sont les termes de l'accord d'entreprise signé chez Bosch Rodez ?**
14. **Quelles sont les raisons qui ont finalement poussé SUD à signer cet accord ?**
15. **Dans quelle mesure un accord moins favorable aux salariés peut-il favoriser l'emploi ?**

DOC. 15 Le moteur du droit négocié : l'obligation légale de négocier

Code du travail – Article L2241-1 (modifié par la loi n° 2018-771 du 5 septembre 2018)
Les organisations [syndicales] liées par une convention de branche ou, à défaut, par des accords professionnels se réunissent, au moins une fois tous les quatre ans pour les thèmes mentionnés aux 1° à 5° [salaires, égalité professionnelle entre les hommes et les femmes, conditions de travail et GPEC, insertion des salariés handicapés, dispositifs de formation professionnelle] et au moins une fois tous les cinq ans pour les thèmes mentionnés aux 6° et 7° [classifications, épargne salariale], pour négocier. [...]

16. **Pourquoi les accords collectifs nationaux doivent-ils être régulièrement révisés ?**
17. **Donnez des exemples de thèmes relevant de la protection sociale qui justifient d'être révisés périodiquement.**

DOC. 16 Le droit régulièrement négocié au niveau de l'entreprise

À défaut d'accord particulier prévoyant les modalités de la négociation au sein de l'entreprise, l'employeur doit engager, dans les entreprises où sont présentes des sections syndicales :
1. chaque année, une négociation sur la rémunération, sur le temps de travail, sur l'égalité professionnelle entre les femmes et les hommes et sur la qualité de vie au travail ;
2. tous les trois ans, dans les entreprises d'au moins 300 salariés, une négociation sur la gestion des emplois et des parcours professionnels.

18. **Comment se justifie l'obligation de négocier périodiquement des accords d'entreprise ?**
19. **En quoi l'obligation de négocier est-elle distincte de l'obligation de conclure ?**

DOC. 17 L'information des salariés

Quelles sont les obligations de l'employeur en matière d'information sur les accords collectifs applicables à l'entreprise ?

Les conditions dans lesquelles les salariés doivent être informés du droit conventionnel applicable à l'entreprise sont en principe fixées par une convention de branche ou un accord professionnel. Mais à défaut d'un tel accord, l'employeur doit respecter les obligations suivantes (C. trav., art. L2262-5).

1. Au moment de l'embauche, remettre au salarié une notice d'information relative aux conventions et accords applicables dans l'entreprise ou l'établissement.

2. Procurer un exemplaire de la convention ou de l'accord collectif au CSE (comité social et économique) et aux délégués syndicaux.

3. Tenir un exemplaire à la disposition du personnel dans chaque établissement; un avis est affiché à ce sujet.

4. Dans les entreprises dotées d'un intranet, y mettre à disposition des salariés un exemplaire à jour de toute convention ou accord collectif par lequel l'employeur est lié.

5. Mentionner l'intitulé de la convention collective de branche sur le bulletin de salaire (C. trav., art. R3243-1).

D'après http://www.wk-rh.fr

20. En quoi l'information des salariés est-elle indispensable au rôle du droit négocié ?

21. Comment se justifie chacune des obligations de l'employeur en matière d'information sur les accords collectifs applicables à son entreprise ?

APPLICATION AU CAS

GROUPE PSA

Les salariés embauchés dans les usines françaises de PSA dépendent de la convention collective n° 3126 de la métallurgie.

DOC. Convention collective n° 3126 de la métallurgie

Champ applicable de la convention Métallurgie (région parisienne)

La société PEUGEOT CITROËN AUTOMOBILE SA, dont le siège est situé route de Gizy 78140 VÉLIZY-VILLACOUBLAY, est principalement soumise aux dispositions particulières de la convention collective 3126.

Vous êtes ouvrier dans une entreprise de fabrication de matériel électronique ou d'équipement ménager ? Vous travaillez dans une entreprise de construction automobile ? […]

Vous êtes concerné par la convention collective 3126 de la métallurgie. […]

Vous relevez donc des dispositions de la convention collective des industries métallurgiques, mécaniques et connexes (dite « CCN métallurgie ») du 16 juillet 1954.

Les partenaires sociaux ont négocié pour votre activité des avantages qui concernent notamment:
- l'attribution de jours de congé exceptionnels (4 jours pour enfant malade de moins de 12 ans) et de jours de congés payés supplémentaires en fonction de l'ancienneté (à partir de 10 ans) ;
- une majoration d'incommodité de 50 % pour les heures effectuées un jour férié ;
- la rémunération: une prime d'ancienneté dont le taux augmente tous les ans est prévue dès 3 ans d'ancienneté, etc. […]

www.juritravail.com

1. Qui a négocié la convention collective n° 3126 et quels en sont les salariés bénéficiaires ?

2. Montrez que certains articles de cette convention collective illustrent bien le principe de faveur (document 6).

3. Par quels types d'autres accords collectifs les salariés d'une entreprise particulière de PSA peuvent-ils être concernés ?

4. Comment ces accords peuvent-ils compléter la convention collective n° 3126 ?

3 Identifier le rôle des partenaires sociaux dans l'entreprise

DOC. 18 Les partenaires de la négociation sociale à différents niveaux

La négociation collective est constituée par l'élaboration de divers accords entre les syndicats de salariés et le patronat soit au niveau national (ANI et conventions collectives), soit au niveau de l'entreprise ou de l'établissement.

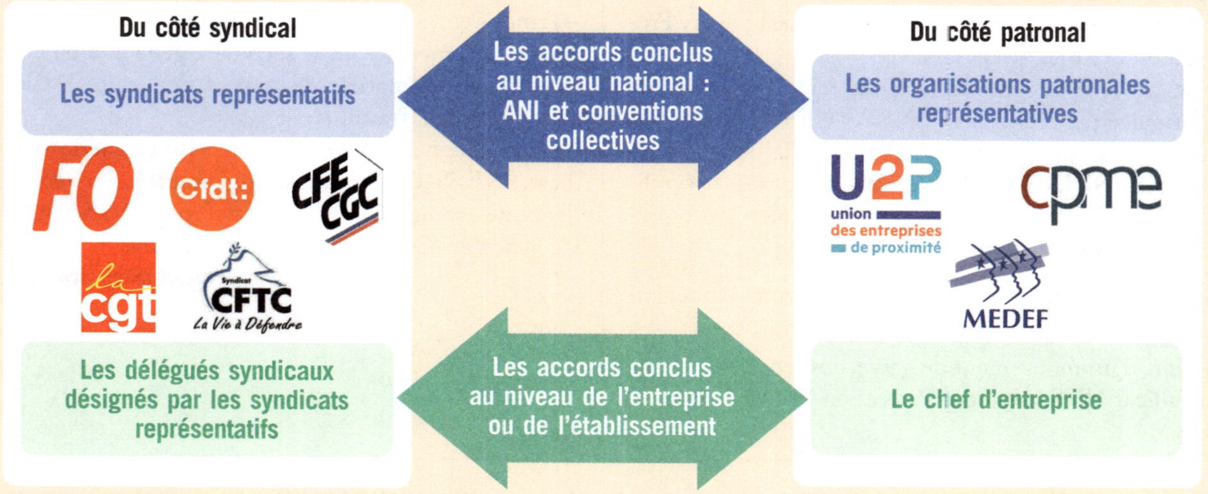

> **1. Qui sont les partenaires sociaux aux différents niveaux de la négociation sociale ?**

DOC. 19 La représentativité des partenaires sociaux

Principe : les partenaires sociaux auxquels la loi réserve le droit de négocier les accords sont les syndicats représentatifs et les délégués syndicaux désignés par eux.

1. La représentativité des syndicats de salariés est reconnue au travers de divers critères : le respect des valeurs républicaines, l'indépendance, la transparence financière, une ancienneté minimale de deux ans, l'influence, les effectifs d'adhérents et les cotisations, et, le plus important, l'audience du syndicat.

Cette audience se mesure par les suffrages obtenus au 1er tour des élections professionnelles dans l'entreprise ou dans les entreprises de la branche (tous les quatre ans) :
– au niveau de l'entreprise, il faut avoir au moins 10 % des voix exprimées pour être représentatif. Les délégués syndicaux issus de ces syndicats sont les interlocuteurs du chef d'entreprise ;
– au niveau national, la faculté de négocier les accords collectifs est reconnue aux syndicats de salariés ayant obtenu au moins 8 % des voix aux élections professionnelles.

2. La question de la représentativité de l'employeur
– au niveau de l'entreprise, le chef d'entreprise est habilité à négocier avec les délégués syndicaux ;
– au niveau national, les syndicats patronaux représentatifs sont ceux qui obtiennent le plus d'adhésion d'entreprises : MEDEF (Mouvement des entreprises de France), CPME (Confédération des petites et moyennes entreprises), U2P (Union des entreprises de proximité).

La représentativité des syndicats de salariés (2017-2021)

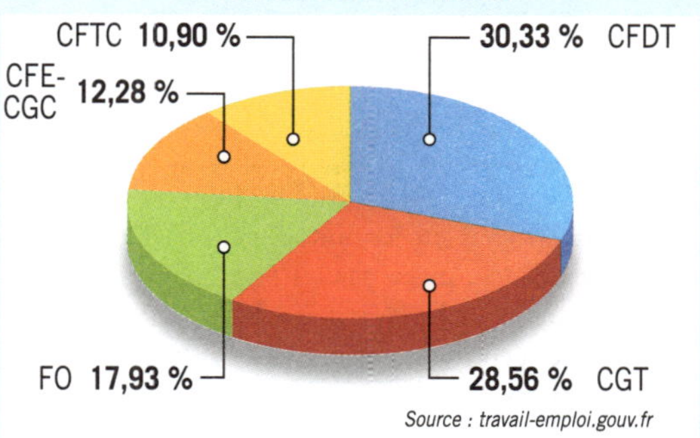

Source : travail-emploi.gouv.fr

> **2. Que permet à un syndicat le fait d'être représentatif ?**
> **3. Quels sont les syndicats représentatifs sur la période 2017-2021 ?**
> **4. Relevez et justifiez les différents critères de la représentativité des syndicats de salariés.**

DOC. 20 Une contestation de la représentativité

La perte de représentativité pour défaut d'indépendance du syndicat

Depuis la loi du 20 août 2008, la représentativité s'apprécie à la lumière de sept critères énoncés à l'article L2121-1 du Code du travail. […] En l'espèce, le syndicat SNEPS-CFTC [Syndicat national des employés de la prévention et de la sécurité – Confédération française des travailleurs chrétiens] intente une action en justice afin de contester la représentativité du syndicat UNSA [Union nationale des syndicats autonomes] Lancry Protection Sécurité. […]
Le tribunal de grande instance rejette la demande formulée par le syndicat SNEPS-CFTC. […]
La cour d'appel de Paris fait droit à la demande du syndicat SNEPS-CFTC en considérant que le syndicat UNSA Lancry Protection Sécurité n'est pas représentatif pour absence d'indépendance. […]

En l'espèce, les manquements au principe d'indépendance résultaient des faits suivants :

– lors d'un mouvement de grève, des représentants du syndicat UNSA Lancry Protection Sécurité, opposés à la grève, ont eu un comportement pour le moins ambigu, notamment en relevant l'identité des grévistes et en remettant leur liste au représentant de l'employeur ; […]
– le secrétaire général du syndicat […] avait, sur une certaine période, reçu une délégation de l'employeur permettant le prononcé de sanctions disciplinaires ;
– l'employeur a fait preuve de complaisance à l'égard des manquements dont le secrétaire général a pu être responsable en matière de respect des règles légales sur la durée du travail […].
La cour d'appel estime qu'« il en résulte que le syndicat SNEPS-CFTC démontre l'absence d'indépendance du syndicat UNSA Lancry Protection Sécurité. Ce syndicat n'est donc pas représentatif ».

www.miroirsocial.com

5. Qui a contesté la représentativité du syndicat UNSA de l'entreprise Lancry Protection Sécurité ? Quel critère de représentativité a été remis en cause ?
6. Quels faits justifient que la cour d'appel juge non représentatif ce syndicat ?

DOC. 21 La négociation d'entreprise en l'absence de délégués syndicaux

PROCÉDURES PARTICULIÈRES

Entreprises de moins de 11 salariés Entreprises de 11 à 20 salariés sans CSE	Possibilité de conclure un accord par référendum à la majorité des 2/3 des salariés)
Entreprises de 11 à 49 salariés	**Avec CSE* :** accord conclu avec des élus du CSE ayant eu la majorité des voix aux élections **Sans CSE :** accord conclu avec un ou des salariés mandatés par des syndicats + approbation par vote de la majorité des salariés
Entreprises d'au moins 50 salariés	**Avec CSE dont certains membres veulent négocier :** accord conclu avec un ou des salariés du CSE mandatés par des syndicats + approbation par vote de la majorité des salariés **Avec CSE mais sans volontaire(s) pour négocier :** accord conclu avec un ou des salariés mandatés par des syndicats + approbation par vote de la majorité des salariés

* Le comité social et économique (CSE) remplace l'ensemble des institutions représentatives élues du personnel de l'entreprise. Mis en place par les ordonnances Macron du 22 septembre 2017, ses membres pourront être élus dans toutes les entreprises d'ici le 1er janvier 2020 (il se substituera aux délégués du personnel, au comité d'entreprise et au comité d'hygiène, de sécurité et des conditions de travail). Le CSE ne se confond pas avec les délégués syndicaux, qui sont désignés par les syndicats de salariés.

7. Sachant que la France compte 95 % de TPE, employant 1 salarié sur 5, montrez l'importance des procédures particulières en l'absence de délégués syndicaux.
8. Rapprochez le rôle du vote par les salariés de l'exigence de représentativité des délégués syndicaux dans la procédure « ordinaire » d'adoption des accords d'entreprise.

DOC. 22 Le principe majoritaire

Les deux modalités de mise en œuvre du principe majoritaire

En principe, dans l'entreprise, les accords collectifs se négocient entre l'employeur et les délégués syndicaux appartenant à des organisations représentatives.

Accord entre le chef d'entreprise et les représentants syndicaux ayant recueilli **plus de 50 % des suffrages** lors des élections du conseil social et économique dans l'entreprise

ou

Accord entre le chef d'entreprise et les représentants syndicaux ayant recueilli **plus de 30 % des suffrages** lors des élections du comité social et économique dans l'entreprise **+** Approbation par un vote des salariés **à la majorité des suffrages exprimés**

9. Pourquoi peut-on dire que le droit négocié dans l'entreprise est démocratique ?

DOC. 23 Le premier référendum d'entreprise largement rejeté par les salariés

Les salariés du Réseau de transport de l'électricité (RTE) votaient cette semaine pour le premier référendum d'entreprise, permis par l'adoption en août de la loi El Khomri [loi du 8 août 2016 relative au travail, à la modernisation du dialogue social et à la sécurisation des parcours professionnels]. Ils devaient se prononcer par voie électronique au sujet d'un accord d'entreprise sur les chantiers urgents. Et ils ont dit non, à 70,8 % des suffrages. Avec une participation de 76% des 4258 salariés de l'entreprise. […]
La CFDT et la CFE-CGC, qui représentent à elles deux 34% du personnel, ont convoqué ce référendum pour tenter de passer outre l'opposition de la CGT (58 % du personnel). […] Le projet d'accord visait à assouplir les règles des chantiers «urgents», qui mobilisent des agents de maintenance les soirs et week-ends.

E. Manac'h, *Politis*, 31 mars 2017.

10. Quel était ici le projet d'accord d'entreprise à l'origine de la procédure du référendum?

11. En quoi est-il logique qu'il y ait convergence entre le résultat d'un référendum d'entreprise et la position des syndicats représentatifs dans cette entreprise ?

APPLICATION AU CAS

GROUPE PSA

Au sein du groupe PSA, divers accords collectifs organisent les rapports sociaux, en matière de rémunération, de gestion des emplois, etc.

Parfois, le consensus est assez difficile à dégager, en particulier lorsque l'accord collectif semble exiger des efforts importants de la part des salariés, comme dans le cas de l'accord de rupture conventionnelle collective de janvier 2018.

DOC. PSA : les syndicats ont signé l'accord de rupture conventionnelle collective

Une majorité de syndicats se sont prononcés en faveur du dispositif. L'accord, qui prévoit notamment 1300 départs volontaires et 1400 embauches en CDI, a été signé [le 19 janvier 2018]. Les syndicats du groupe automobile français PSA – qui exploite les marques automobiles Peugeot, Citroën, DS, ainsi que Vauxhall et Opel – ont tranché. Les organisations FO, CFE-CGC, CFDT, CFTC et GSEA, totalisant près de 78 % des voix, ont signé le projet de rupture conventionnelle collective (RCC), a annoncé la direction dans un communiqué […]. Seule la CGT (19,6 %) s'y est opposée.

Guillaume Poingt/lefigaro.fr/18.01.2018.

1. Quels sont les effets de l'accord d'entreprise rapporté dans le document ?

2. En quoi cet accord est-il avantageux pour l'employeur comme pour les salariés ?

3. Montrez que l'adoption de cet accord illustre bien le principe majoritaire institué par la loi.

ACTIVITÉS

1 SNCF : vers une nouvelle convention collective

1. Quelle est la source de droit à l'origine du changement des conditions de travail des salariés de la SNCF ?
2. Quel type d'accord collectif est en cause ici ?
3. Qui sont les partenaires sociaux engagés dans cette négociation ?
4. Quels sont les enjeux de cette négociation pour les syndicats de salariés ?

DOC. **SNCF : les enjeux de la négociation sur la convention collective**

Une page se tourne dans la grande affaire ferroviaire qui occupe la France et les Français depuis la fin février 2018. Le Parlement a définitivement adopté, jeudi 14 juin, la plus vaste réforme qu'ait connue la SNCF depuis sa création en 1938. Un vote ultime du Sénat est venu confirmer celui de l'Assemblée nationale mercredi. Les sénateurs ont approuvé par 245 voix contre 82 un projet de loi qui aura provoqué une grève des cheminots d'ampleur historique. [...]
La fin du processus législatif laisse place à la saison 2 de la bataille du rail, qui pourrait s'intituler « Bras de fer avec le patronat ». [...]

Qu'est-ce que c'est que cette nouvelle négociation ?

Destinée à rédiger une convention collective de la branche ferroviaire, cette négociation n'est pas à proprement parler nouvelle. Elle a commencé en 2014, lorsqu'une première réforme ferroviaire, anticipant l'arrivée de la concurrence, a jugé indispensable de refonder un cadre social commun à toutes les entreprises du rail.
En quatre ans de tractations, plusieurs chapitres de la convention collective ont été écrits, discutés et signés. C'est le cas du très important volet consacré à l'organisation du travail qui a été appliqué dès 2016. Depuis le début de la grève contre le nouveau pacte ferroviaire de ce printemps, les négociations ont été interrompues. Toutefois, des rencontres bilatérales entre les cinq organisations représentées à la branche (CGT, UNSA, SUD, CFDT et FO) et l'organisme patronal qui mène ces pourparlers, l'Union des transports publics et ferroviaires (UTP), ont perduré.

Pourquoi c'est important ?

La réforme qui vient d'être votée change la dimension de ces négociations. D'abord, parce que l'ampleur des changements rend nécessaire un accompagnement social de ces bouleversements. Ensuite, parce que la loi laisse des lacunes dans la définition précise du nouveau cadre social des cheminots. [...] La médecine spéciale, les billets de train gratuits ou les logements sociaux ne figurent pas dans le texte. Ils pourraient être repris dans la convention collective de branche et intégrés aux chapitres restant à négocier : prévoyance ; droit syndical ; classification et rémunérations ; règles de transfert et garanties sociales transférées. [...]

Quelles sont les principales revendications des protagonistes ?

Même s'il n'est pas toujours avoué, le rêve secret des syndicats serait de parvenir à imposer une convention collective de tellement haut niveau qu'on retrouverait quasiment tous les éléments du contrat social de la SNCF et du statut des cheminots.
Et c'est précisément ce dont ne veut pas l'UTP, qui l'a écrit noir sur blanc dans sa proposition de méthode de négociation adressée au ministère des Transports et aux syndicats le 24 mai : « Ce futur cadre social de branche [...] ne saurait être constitué de la reprise de l'ensemble des éléments actuellement inclus dans le statut des cheminots ou des autres dispositions réglementaires s'appliquant au sein de l'opérateur historique. » [...]

Éric Béziat, www.lemonde.fr, 15 juin 2018.

2 La place faite au droit négocié dans le Code du travail

1. Quelle est la caractéristique de la règle dite « des 35 heures de travail par semaine » ?
2. Expliquez le dispositif de rémunération des heures supplémentaires (effectuées au-delà des 35 heures hebdomadaires).
3. Montrez en quoi ce dispositif illustre le rôle essentiel du droit négocié.
4. Quelle est l'utilité de la règle de droit supplétive ?

DOC. Code du travail (extrait)

L'articulation entre les règles légales et les règles de droit négocié est illustrée par de nombreuses dispositions du Code du travail, qui prévoit :
– des règles d'ordre public (qui s'appliquent impérativement à tous les salariés) ;
– des règles relevant du droit négocié (avec des accords dérogatoires autorisés) ;
– des règles supplétives (prévues par la loi à défaut d'accord collectif).

Exemple : durée légale de travail et heures supplémentaires

1. Ordre public

Article L3121-27 – La durée légale de travail effectif des salariés à temps complet est fixée à trente-cinq heures par semaine.

Article L3121-28 – Toute heure accomplie au-delà de la durée légale hebdomadaire ou de la durée considérée comme équivalente est une heure supplémentaire qui ouvre droit à une majoration salariale ou, le cas échéant, à un repos compensateur équivalent.

Article L3121-29 – Les heures supplémentaires se décomptent par semaine.

2. Champ de la négociation collective

Article L3121-33

I. Une convention ou un accord collectif d'entreprise ou d'établissement ou, à défaut, une convention ou un accord de branche :

1° Prévoit le ou les taux de majoration des heures supplémentaires accomplies au-delà de la durée légale ou de la durée considérée comme équivalente. Ce taux ne peut être inférieur à 10 % […].

3. Dispositions supplétives

Article L3121-36 – À défaut d'accord, les heures supplémentaires accomplies au-delà de la durée légale hebdomadaire fixée à l'article L3121-27 ou de la durée considérée comme équivalente donnent lieu à une majoration de salaire de 25 % pour chacune des huit premières heures supplémentaires. Les heures suivantes donnent lieu à une majoration de 50 %.

3 Champ d'application d'une convention collective

1. Qui sont les salariés bénéficiant de cette convention collective ?
2. À quels employeurs s'impose-t-elle ?

DOC. Texte de la convention collective

Convention collective nationale des cabinets et cliniques vétérinaires du 5 juillet 1995
Étendue* par arrêté du 16 janvier 1996

Titre Ier : Dispositions générales

Champ d'application

Article 1 – La présente convention collective nationale règle, sur le territoire métropolitain et dans les départements d'outre-mer, au sein des cabinets, cliniques et centres hospitaliers vétérinaires qui exercent la médecine ou la chirurgie des animaux, les rapports du travail entre les employeurs et le personnel salarié non vétérinaire.

Les activités concernées ressortissent au code NAF 75. 00Z.

* L'extension de la convention collective par le ministre du Travail la rend applicable à tous les employeurs de la branche, même ceux qui ne sont pas membres des organisations signataires de cette convention collective.

SYNTHÈSE

Les sources du droit du travail

- Sources internationales
- Sources nationales
  - Sources étatiques
  - Sources professionnelles issues en partie de négociations
  - Jurisprudence

Le rôle du droit négocié

Adapter le Code du travail aux spécificités d'une branche ou d'une entreprise

- Au moyen de différents accords collectifs :
  - ANI
  - Conventions collectives
  - Accords d'entreprise
- Grâce à une obligation de négociation périodique

Le rôle des partenaires sociaux

La négociation

- Qui négocie ?
  - **Au niveau national :** les syndicats de salariés et d'employeurs représentatifs
  - **Au niveau de l'entreprise :** le chef d'entreprise et les délégués syndicaux des syndicats représentatifs
- Modalités d'adoption des accords
  - Signature par l'employeur et les délégués syndicaux selon le principe majoritaire
  - **En l'absence de délégués syndicaux :** signature par les salariés mandatés, ou des membres du CSE et/ou par référendum auprès des salariés

CONCEPTS

Accord d'entreprise – Accord dérogatoire – Accord national interprofessionnel (ANI) – Comité social et économique (CSE) – Convention collective – Droit négocié – Principe majoritaire – Représentativité syndicale – Salarié mandaté – Syndicat

10 Le contrat de travail et son évolution

LES COMPÉTENCES ATTENDUES
- → Analyser un contrat de travail et justifier les clauses de ce contrat au regard des besoins de l'entreprise et des salariés.
- → Qualifier une modification du rapport d'emploi et en déduire les conséquences juridiques.

LES SAVOIRS ASSOCIÉS
- → Les régimes juridiques du salarié et du travailleur indépendant
- → Les contrats de travail
- → Les modifications du rapport d'emploi

PLAN DU CHAPITRE

Quelques statistiques sur l'emploi et les différents contrats de travail

Au sein des **flux d'embauches** en CDD et CDI, la part des CDD a nettement progressé en vingt-cinq ans, notamment à partir des années 2000, passant de 76 % en 1993 à 87 % en 2017. Cette évolution structurelle dans les mouvements de main-d'œuvre s'accompagne d'une forte hausse des contrats de très courte durée ; en 2017, 30 % des CDD ne durent qu'une seule journée ; 40 % des salariés ont un contrat de moins d'un mois au cours d'un trimestre donné.

https://dares.travail-emploi.gouv.fr, 21 juin 2018.

Types d'emploi

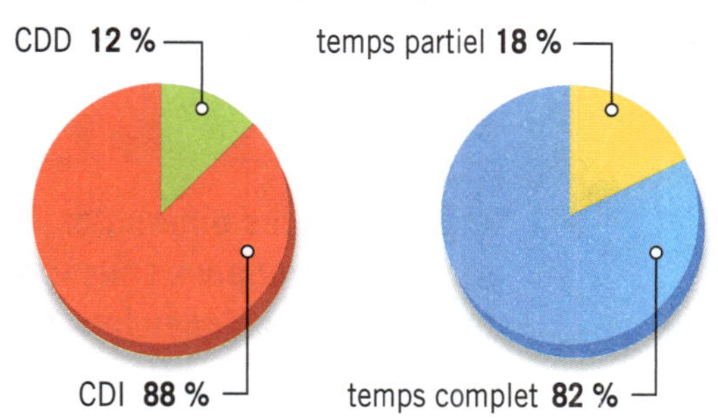

1. Quel est le type de contrat de travail le plus répandu ?
2. Quel est le type de contrat de travail le plus fréquemment proposé à l'embauche ?
3. Comment s'explique la différence entre ces deux constats ?
4. Si ces constats perduraient, quel changement dans les types d'emplois pourrait en découler ?

Nathan live!
L'INTÉRIM, UN TREMPLIN VERS L'EMPLOI
https://youtu.be/fQ2zv5Po66c

1 Analyser le régime juridique du salarié et le contrat de travail

A Les régimes juridiques du salarié et du travailleur indépendant

DOC. 1 Le salariat, un statut caractérisé par un contrat de travail

Contrat de travail de Jean-Louis Martin (extraits)

[…]

Article 2 – Monsieur Jean-Louis Martin est engagé comme juriste d'entreprise par contrat à durée indéterminée avec un statut de cadre coefficient 330.

Article 3 – En contrepartie de sa prestation de travail, Monsieur Jean-Louis Martin percevra une rémunération de 3 600 euros brut mensuels. […]

Article 5 – Monsieur Jean-Louis Martin est soumis aux horaires collectifs de travail, soit du lundi au vendredi, de 9 h à 17 h avec une pause déjeuner d'une heure.

Article 6 – Monsieur Jean-Louis Martin devra se conformer aux directives de la société. Tout manquement à ses obligations contractuelles sera passible d'une sanction disciplinaire, mise en œuvre selon les dispositions du règlement intérieur de l'entreprise. […]

1. **Relevez les obligations des deux parties à ce contrat.**

DOC. 2 La définition du contrat de travail par la jurisprudence

Les éléments définissant le contrat de travail et le salariat :
- **Une prestation de travail**
- **Une rémunération**
- **Un lien de subordination**

Les éléments caractérisant le travailleur indépendant : une prestation de travail, une rémunération.

Le critère de la subordination est le critère le plus important. La jurisprudence l'a défini comme «*l'exécution d'un travail sous l'autorité d'un employeur qui a le pouvoir de donner des ordres, des directives, d'en contrôler l'exécution et de sanctionner les manquements de son subordonné*».

Cour de cassation, 13 novembre 1996.

2. **Repérez les critères caractéristiques du contrat de Jean-Louis Martin (document 1). Quels sont les éléments qui marquent le lien de subordination entre M. Martin et son employeur ?**

3. **Pourquoi la subordination du salarié justifie-t-elle sa protection par le droit du travail ?**

DOC. 3 Le statut de travailleur indépendant pour des activités variées

Les travailleurs indépendants choisissent d'exercer librement à leur compte une activité économique, en supportant les risques de cette activité et en s'appropriant les profits éventuels qu'elle peut générer. Ils sont autonomes dans l'organisation de leur travail (horaires, dates, moyens mis en œuvre…) et ne se trouvent pas, à la différence d'une personne salariée, dans une situation de subordination juridique à l'égard de la personne avec laquelle ils contractent. C'est le cas, par exemple, des personnes en professions libérales (experts-comptables, médecins libéraux), des commerçants et des artisans.

4. **Quelles sont les différentes activités regroupées sous le statut de travailleur indépendant ?**

5. **Quels sont les avantages et les inconvénients du statut de travailleur indépendant ?**

6. **Dans quelle mesure le choix d'exercer son métier en tant que salarié ou en tant que travailleur indépendant traduit-il la première des libertés professionnelles ?**

DOC. 4 Des différences de statut sensibles

EST-CE POSSIBLE ?

OUI	NON
Un jeune médecin, qui vient de s'installer, décide de ne pas prendre de congés durant ses deux premières années d'activité.	La secrétaire du médecin, désireuse d'augmenter sa rémunération, accepte de renoncer à ses congés payés.
Un commerçant, dont l'activité saisonnière est florissante, travaille 65 heures par semaine sans un jour de repos durant trois mois.	Un livreur du commerçant ne veut pas se faire mal voir et reste présent et actif aussi longtemps que le magasin est ouvert.
Le sous-traitant d'un industriel accepte de baisser le prix de ses prestations pour continuer à travailler avec son client.	Un ouvrier de l'entreprise sous-traitante accepte – pour un temps – de recevoir un salaire inférieur au SMIC.
Une agricultrice en grande difficulté décide, du jour au lendemain, de céder son exploitation à un repreneur.	Les deux ouvriers agricoles de la fermière se voient signifier la fin de leur contrat de travail sans délai.

7. Comparez les situations rapportées ci-dessus : qui décide des conditions d'exercice de son activité professionnelle ? Qui est tenu par les conditions qu'on lui impose ?

8. Dans quelle mesure le salarié est-il protégé par le droit du travail ?

9. Quels sont les domaines de cette protection illustrés par les exemples ci-dessus ?

DOC. 5 Travail indépendant ou travail salarié ?

« L'existence d'une relation de travail salarié ne dépend ni de la volonté exprimée par les parties ni de la dénomination qu'elles ont donnée à leur convention, mais des conditions de fait dans lesquelles est exercée l'activité des travailleurs. »

www.courdecassation.fr

Cette règle, souvent rappelée par la Cour de cassation, autorise les juges à requalifier un contrat qui aurait l'apparence d'un contrat soit de franchise, soit de concession, soit d'entreprise…, mais qui, en réalité, révélerait la subordination du travailleur à son cocontractant.

10. Quel est le critère déterminant permettant de distinguer travail salarié et travail indépendant ? Quels indices peuvent révéler son existence chez Uber ?

11. Quel est l'intérêt pour un chauffeur Uber de demander la requalification de son contrat en contrat de travail ?

DOC. 6 Le travail pour Uber

Récemment, plusieurs actions en justice ont été intentées contre la société Uber. D'une part, plusieurs chauffeurs Uber ont intenté une action en requalification de leur contrat Uber en contrat de travail, ces derniers estimant être des salariés de cette entreprise, d'autre part, l'URSSAF a introduit une action à la rentrée 2015 afin de faire reconnaître les contrats des chauffeurs Uber en CDI. […] Dans le cadre des contrats qui lient les chauffeurs à Uber, certains indices permettraient de soutenir qu'il existe un lien de subordination. En effet, chez Uber, il existe un système de notation des chauffeurs. Lorsque la note est jugée trop basse, les chauffeurs Uber reçoivent un mail de rappel à l'ordre, qui pourrait s'apparenter à une sanction disciplinaire. […] Par ailleurs, les chauffeurs Uber ne choisissent pas librement les tarifs pratiqués pour leur prestation, ces tarifs étant fixés par la société Uber.
Or, la liberté d'entreprise, du commerce et de l'industrie voudrait que tout indépendant ait la possibilité de fixer lui-même le montant de ses prestations.

A. Sarfati, avocat sur village-justice.com, 15 juin 2018.

DOC. 7 Des concessionnaires en danger

PSA a décidé de rationaliser son réseau de distribution en Europe, en s'attaquant en particulier aux concessions Opel, entreprise faisant partie du groupe et générant de lourdes pertes. On a appris en avril 2018 que 1 600 concessions allaient recevoir un préavis de fin de contrat, avec un délai de deux ans. Seules deux tiers d'entre elles se verraient proposer un nouveau contrat. Les succursales les moins performantes seraient abandonnées, PSA entendant profiter de l'occasion pour instaurer un système de primes en fonction des retours de la clientèle.

Définition du contrat de concession
Il s'agit d'« *une convention liant le fournisseur à un nombre limité de commerçants auxquels il réserve la vente d'un produit sous condition qu'ils satisfassent à certaines obligations* ».

12. Quel est le statut juridique d'un concessionnaire Opel ?

13. Dans quelles circonstances un concessionnaire pourrait-il faire requalifier son contrat en contrat de travail ? Quel intérêt cela aurait-il pour lui ?

B Les différents types de contrats de travail

DOC. 8 Les différents contrats de travail et leur formation

Le **contrat à durée indéterminée** (CDI) est conclu sans limitation de durée.
Les contrats précaires se sont développés afin de répondre au besoin de flexibilité des entreprises. On distingue le **contrat à durée déterminée** (CDD) et le **contrat de travail temporaire** (CTT) : conclus pour des motifs spécifiques énumérés par la loi, ils ont une durée limitée dans le temps.

<table>
<tr><th>Contrats de travail</th><th>CDI</th><th>CDD</th><th>CTT</th></tr>
<tr><td rowspan="2">Conditions de forme</td><td>Contrat écrit (preuve du contenu du contrat facilitée) ou oral*.</td><td colspan="2">– Contrat impérativement écrit, comportant des mentions obligatoires (motif du recours, terme…).
– Contrat transmis au salarié dans les 2 jours de l'embauche.</td></tr>
<tr><td colspan="3">Contrat écrit en français.</td></tr>
<tr><td rowspan="2">Conditions de fond</td><td colspan="3">Respect des conditions de validité de tout contrat : capacité des parties, consentement non vicié (ni erreur, ni dol, ni violence), contenu licite et certain.</td></tr>
<tr><td></td><td colspan="2">– Recours à ces contrats pour une durée limitée, déterminée par accord collectif de branche ou, à défaut, fixée par la loi à 18 mois.
– Renouvellement limité en fonction des restrictions prévues par accord collectif de branche ou, à défaut, à deux.</td></tr>
</table>

* Une règle essentielle : en application des articles L1221-1 et L1221-2 du Code du travail, considérant le CDI (à temps plein) comme le contrat de travail « ordinaire », la Cour de cassation considère que tout contrat non écrit est présumé être un CDI à temps complet.

14. À quelle condition un mineur peut-il conclure un contrat de travail ?

15. Qu'est-ce qui justifie que le CDD ou le CTT doivent être transmis rapidement au salarié ?

DOC. 9 Le respect des conditions générales de validité des contrats

Un exemple d'après un arrêt de la Cour de cassation du 17 octobre 1995
La cour d'appel, après avoir constaté qu'il était établi que pour se faire embaucher, M. X… s'était faussement prévalu d'un DESS Technique et pratique des relations économiques extérieures Paris I (Dauphine) et d'une formation suivie à « Sup de Co » à Bordeaux, en a déduit que ces fausses affirmations avaient eu un rôle déterminant pour son recrutement, a justifié sa décision [le prononcé de la nullité du contrat de travail pour vice du consentement].

16. Quel est le vice du consentement qui rend nul le contrat de travail dans cet exemple ?

DOC. 10 Le CDI, contrat de droit commun

1. La loi : Code du travail – Article L1221-2
Le contrat de travail à durée indéterminée est la forme normale et générale de la relation de travail. […]
2. Le fondement de la règle légale
Le CDI est privilégié par le législateur, qui le considère comme le type de contrat le plus favorable au salarié. En effet, si l'employeur peut éventuellement licencier le salarié, cette mesure est encadrée par de nombreuses règles limitant les pouvoirs du chef d'entreprise. Par exemple, l'employeur doit justifier d'une cause réelle et sérieuse, verser une indemnité…
3. La réalité sociologique : 75 % des emplois sont des CDI.

17. Pourquoi le Code du travail veut-il privilégier le CDI ?
18. Qu'est-ce qui fait que le CDI est le contrat le plus favorable à la stabilité de l'emploi ?

DOC. 11 Un exemple de CDI

CONTRAT DE TRAVAIL À DURÉE INDÉTERMINÉE (extrait)

ENTRE LES SOUSSIGNÉS :

– la Société GRÉGOIRE CARTONS, 6 rue des Vignes, 46170 Castelnau-Montratier,
représentée par Mme Florence TERAS, agissant en qualité de directrice des ressources humaines,
d'une part,
– et Mlle Maryam LOTFI, demeurant 126 route de la Gare, 82220 Molières,
d'autre part,

IL A ÉTÉ CONVENU CE QUI SUIT :
Article 1er – La Société GRÉGOIRE CARTONS engage Mlle Maryam LOTFI à compter du 1er octobre 2019.
Le présent contrat de travail est soumis aux dispositions de la convention collective nationale pour le personnel des industries de cartonnage du 9 janvier 1969, étendue par arrêté du 2 août 1971.
Article 2 – Qualification et fonctions : Mlle Maryam LOTFI sera employée en qualité de VRP – représentant de commerce. Elle devra démarcher les industriels des régions Occitanie, Nouvelle-Aquitaine et Pays de la Loire et présenter la gamme des produits de GRÉGOIRE CARTONS susceptibles d'être intégrés à leurs processus d'emballage. Elle exercera son travail dans les conditions prévues par le Code du travail (art. L7311-1 et s.) et aura la qualification de cadre, coefficient 366 dans la convention collective.
Article 3 – Durée du contrat et préavis en cas de rupture : le présent contrat est conclu pour une durée indéterminée. Il est résiliable par l'une ou l'autre des parties, dans le respect des règles légales et conventionnelles, sous réserve du respect d'un délai de préavis d'un mois en cas de démission et de deux mois en cas de licenciement.
Article 4 – Rémunération : Mlle Maryam LOTFI percevra un salaire mensuel fixe brut de 1 900 € (mille neuf cents euros), versé le 30 de chaque mois civil, et correspondant à la rémunération minimale prévue par la convention collective précitée pour le coefficient 366. Elle percevra en outre chaque trimestre une commission égale à 7 % du chiffre d'affaires réalisé auprès des clients démarchés.
Article 5 – Remboursement de frais : Mlle Maryam LOTFI sera remboursée de ses frais professionnels chaque mois à partir des justificatifs produits pour les semaines écoulées.
Article 6 – Durée du travail : sur la base de 35 heures hebdomadaires, Mlle Maryam LOTFI disposera de la plus grande liberté d'organisation de son travail et de ses déplacements.
[…]

19. Identifiez dans ce CDI : les parties, la fonction de la salariée, le lieu de son travail, sa rémunération.
20. Quelles sont les modalités de rupture de ce CDI envisagées par les parties ?

DOC. 12 Les deux types de contrats précaires

Contrat à durée déterminée (CDD)	Contrat de travail temporaire (CTT) – Intérim
Le CDD met en présence un salarié et son employeur. Ce dernier doit assurer lui-même le recrutement et la formation éventuelle du salarié. La rupture du contrat avant son terme n'est possible que dans certains cas : – accord entre les parties ; – faute grave du salarié ; – embauche du salarié en CDI.	Face à un besoin de main-d'œuvre, le chef d'entreprise s'adresse à une agence d'intérim, qui offre ses services en créant deux contrats complémentaires : – un contrat de travail (**contrat de mission**) entre le salarié et l'entreprise de travail temporaire ; – un contrat de service (**contrat de mise à disposition**) entre l'entreprise de travail temporaire et l'entreprise utilisatrice du salarié.

21. Quels sont les avantages et les inconvénients de chaque type de contrat précaire ?

DOC. 13 Un exemple de CTT

LABORTOP – Entreprise de travail temporaire
SA au capital de 1 000 000 € – RCS Toulon B 736 466 050
302 bd Maréchal Joffre 83000 Toulon

CONTRAT DE MISSION

Réf. URSSAF ETT : 061000023698587335
Contrat n° 12569

INTÉRIMAIRE

NOM Prénom : MARTINEAU Julianne
Adresse : 8 rue du Jeu de Paume
83200 Toulon
Né(e) le : 31/10/1985 à La Seyne
N° SS : 2851083088170

ENTREPRISE UTILISATRICE

Raison sociale : BURTAS SARL
Adresse : 5 avenue Georges Bizet 83000 Toulon
Représenté par : BURTAS Antoine, gérant
N° SIRET : 821 655 698 00213
Lieu de travail : 5 avenue Georges Bizet
83000 Toulon

MOTIF ET JUSTIFICATIONS DU RECOURS

Remplacement de Mme Amira JOUNI, assistante de direction, absente pour cause de congé-maternité.

CARACTÉRISTIQUES DU POSTE

QUALIFICATION DEMANDÉE : Diplôme de niveau Bac+2 (BTS, DUT…) en assistanat de direction.
TÂCHES : Accueil de la clientèle, traitement de l'information, gestion des contrats, organisation des déplacements professionnels et des réunions, saisie des documents numériques, gestion du courrier.
RISQUES DU POSTE : Néant – ÉQUIPEMENTS INDIVIDUELS DE SÉCURITÉ UTILISÉS : Néant

DURÉE DE LA MISSION

Du 1er octobre N au 20 janvier N+1
ou reportée au 23 janvier N+1
(Le terme peut être reporté au surlendemain du retour du salarié remplacé.)

PÉRIODE D'ESSAI : 4 jours à compter du 1er octobre N
HORAIRES DE TRAVAIL : 8 h 30-12 h et 14 h-17 h 30 du lundi au vendredi

RÉMUNÉRATION DE RÉFÉRENCE

SALAIRE DE BASE : 2 400 € mensuels pour 151,67 h
Taux horaire : 15,82 €
HS > 35 h : + 25 % HS > 43 h : + 50 %

RÉMUNÉRATION DE L'INTÉRIMAIRE

Heures normales : 15,82 €
Indemnité de fin de mission : 10 %
Indemnité compensatrice de congés payés : 10 %

L'embauche du salarié par l'utilisateur à l'issue de la mission n'est pas interdite.
Le soussigné certifie être libre de tout engagement, accepte la mission proposée aux conditions énoncées sur le présent contrat, et reconnaît avoir pris connaissance du règlement intérieur et des mentions portées au verso.
Fait à Toulon, en deux exemplaires, le 28 septembre N, un exemplaire étant remis ce jour à la salariée intéressée.

Cachet et signature LABORTOP	Service médical LABORTOP	Signature de la salariée

> **22.** **Identifiez dans ce CTT : les parties, la fonction de la salariée, le lieu de son travail, sa rémunération. Quelle est l'utilité de l'indication de la rémunération « de référence » dans l'entreprise utilisatrice ?**
>
> **23.** **Quel est le contrat complémentaire de celui-ci ? Quelles en sont les parties ?**

DOC. 14 Le recours aux contrats précaires et ses limites

Contrats précaires (CDD et CTT) autorisés

– Remplacement d'un salarié absent
– Accroissement temporaire d'activité
– Emploi saisonnier ou par nature temporaire
– Remplacement du chef d'entreprise malade
– Contrats dans le cadre de mesures pour l'emploi

Contrats précaires (CDD et CTT) interdits

– Pour un emploi permanent
– Pour remplacer un gréviste
– Pour des tâches dangereuses
– Dans les 6 mois qui suivent un licenciement économique

> **24.** **Donnez des exemples d'absence de salarié donnant lieu à remplacement.**
>
> **25.** **Expliquez la notion d'accroissement temporaire d'activité.**
>
> **26.** **Justifiez chacune des interdictions de recourir aux contrats précaires.**

APPLICATION AU CAS

GROUPE PSA

Dans les différentes usines du groupe PSA, le recours aux salariés intérimaires est habituel. Pour autant, l'arrivée du terme de ces contrats n'est pas sans poser de problèmes au personnel concerné.

DOC. Poissy : un forum de reclassement pour les intérimaires de PSA

Les grandes manœuvres ont commencé à l'usine Peugeot qui prévoit de ne pas renouveler les missions de plus de 500 intérimaires. Une antenne emploi a tout spécialement été lancée sur le site dans le but de les accompagner et de les aider à retrouver un emploi. Créée depuis l'annonce de cette réorganisation aux salariés, elle se tient chaque mardi et jeudi entre 11 heures et 14 heures, jusqu'au 5 avril 2018.

« Elle permet à chaque travailleur temporaire d'avoir un entretien individualisé avec un conseiller de son agence afin de faire le point sur ses souhaits et d'identifier pour chacun une future mission », indique la direction de l'usine. À ce jour, environ 150 travailleurs temporaires ont déjà été reçus par l'antenne emploi.

Cette mesure est instaurée en partenariat avec les entreprises de travail temporaire (Manpower, Crit, Adecco et Synergie), « en complément des entretiens qui se déroulent également directement dans les agences ». Car l'objectif est de reclasser un maximum d'employés touchés par la réduction des effectifs.

J. Gruwé-Court, *Le Parisien*, 26 mars 2018.

> **1.** **Quelle raison, selon vous, avait amené l'usine PSA de Poissy à recruter 500 salariés intérimaires ?**
>
> **2.** **À votre avis, pourquoi la direction de PSA Poissy a-t-elle décidé de ne pas renouveler leur mission ?**
>
> **3.** **Comment se justifient les efforts de PSA Poissy pour aider au reclassement de ces salariés ?**

2 Analyser les clauses particulières d'un contrat de travail

DOC. 15 L'adaptation des contrats de travail aux besoins de l'entreprise

Au-delà de ses obligations générales (exécuter le travail, respecter le règlement intérieur, obéir aux ordres de ses supérieurs hiérarchiques et, d'une manière générale, être loyal à son employeur), le salarié peut se voir imposer des clauses particulières – souvent contraignantes – dictées par les intérêts de l'entreprise (clause d'essai, clause de mobilité…). La question que posent ces clauses est celle de leur validité. En effet, dans la plupart des cas, le salarié ne peut pas se permettre de les contester. La conclusion du contrat de travail est liée à l'acceptation « en bloc » des termes de ce contrat. Il faut donc s'interroger sur les limites au pouvoir de l'employeur face à chacune de ces clauses.

1. Quelles sont les circonstances de conclusion du contrat de travail qui obligent le salarié à accepter les clauses particulières du contrat de travail ?

DOC. 16 La clause d'essai

Contrat de travail de Maryam Lotfi (extrait)

Article 7 – Période d'essai : la première période de travail de trois mois sera considérée comme période d'essai au cours de laquelle chacune des parties pourra librement rompre le contrat sans indemnité. À l'issue de cette période, conformément à la possibilité offerte par l'article 29 de la convention collective, l'employeur se réserve le droit de reconduire l'essai pour une nouvelle durée maximale de trois mois. […]

Les règles du Code du travail

Finalité : « La période d'essai permet à l'employeur d'évaluer les compétences du salarié dans son travail, notamment au regard de son expérience, et au salarié d'apprécier si les fonctions occupées lui conviennent. » (Art. L1221-20)

Durée et renouvellement (exemple de l'essai en CDI) : le CDI peut comporter une période d'essai dont la durée maximale est de 2 mois pour les ouvriers et les employés, de 3 mois pour les agents de maîtrise et les techniciens, de 4 mois pour les cadres (art. L1221-19). La période d'essai peut être renouvelée une fois si un accord de branche étendu le prévoit (art. L1221-21).

2. Quelle est l'utilité de la clause d'essai pour l'employeur et pour Maryam Lotfi ?

3. Cette clause est-elle valide au regard de la loi ?

4. Montrez que, pour la loi, cette clause du contrat de travail doit respecter un équilibre dans les rapports entre employeur et salarié.

DOC. 17 La clause de mobilité

Contrat de travail de Maryam Lotfi (extrait)

Article 8 – Clause de mobilité : Mlle Maryam LOTFI exercera ses fonctions à Castelnau-Montratier, au siège social de la Société GRÉGOIRE CARTONS. Toutefois, compte tenu du grand nombre de succursales de la société, l'entreprise se réserve la possibilité de muter la salariée dans ses autres centres d'activité, soit à Strasbourg, soit à Mulhouse, soit à Digne-les-Bains. La salariée sera prévenue de la mise en œuvre de cette clause au moins trois mois à l'avance. […]

Règles légales

Le Code civil pose le principe général de la force obligatoire du contrat (art. 1103).

Le Code du travail est silencieux sur cette clause de mobilité à laquelle il ne consacre aucun article.

Précisions de la jurisprudence sur la validité de la clause

– Le(s) lieu(x) de la mutation éventuelle doit (doivent) être déterminé(s) de façon précise.

– La mutation du salarié doit être justifiée par l'intérêt de l'entreprise (ex.: réorganisation des services).

– L'employeur doit tenir compte de la situation personnelle et familiale du salarié (ex.: enfants, célibat).

– Un délai de prévenance raisonnable doit être respecté avant la mutation du salarié (ex.: quelques mois)

5. Quels sont, en général, la finalité de la clause de mobilité et son intérêt pour l'entreprise ?

6. La clause de mobilité prévue ici est-elle valide au regard de la jurisprudence ?

7. En quoi la jurisprudence tempère-t-elle les effets de cette clause ?

DOC. 18 La clause de confidentialité

La clause de confidentialité interdit au salarié de divulguer certaines informations qui lui ont été communiquées pendant son travail. Le secret doit être gardé non seulement à l'égard des personnes extérieures à l'entreprise, mais aussi en interne. La Cour de cassation a admis que cette obligation se poursuivait après la rupture du contrat (Cass. soc., 19 mars 2008, n° 06-45322).

Pour être valable, elle doit remplir certaines conditions : figurer dans le contrat de travail, justifier de son existence (protection des intérêts de l'entreprise et nature des fonctions du salarié), lister précisément les informations à ne pas révéler, respecter les éventuelles conditions posées par la convention collective.

www.saisirprudhommes.com

DOC. 19 La clause de non-concurrence

Contrat de travail de Maryam Lotfi (extrait)

Article 9 – Clause de non-concurrence : en cas de rupture de son contrat de travail, quelle que soit la cause de cette rupture, il est interdit à Mlle Maryam LOTFI d'accepter tout poste dans une entreprise concurrente de son actuel employeur ou de créer sa propre entreprise dans le secteur de la cartonnerie industrielle. Ces interdictions sont limitées à deux ans et ne s'appliquent que dans la région administrative du lieu où Mlle Maryam LOTFI exercera ses fonctions le jour de la rupture du contrat. En contrepartie du respect de cette clause, Mlle Maryam LOTFI percevra, durant les deux ans de son application, une indemnité mensuelle égale à 1/3 de sa dernière rémunération brute.

Règles légales

Le Code civil pose le principe général de la force obligatoire du contrat (art. 1103).

Le Code du travail ne consacre aucun article à la clause de non-concurrence.

Précisions de la jurisprudence sur la validité de la clause

Pour la Cour de cassation, la clause est valable dès lors que trois conditions sont réunies :

Une portée non absolue	Les effets de la clause doivent se limiter à un espace déterminé (ville, département...), pour un temps donné (deux, trois ans...) et ne concerner que des activités bien définies (ingénieur en optique industrielle, contrôleur de gestion dans l'hôtellerie...).
Un caractère indispensable	Elle doit être justifiée par la nécessité de protéger les intérêts légitimes de l'entreprise : elle n'est donc pas licite dans le contrat de travail d'un salarié subalterne.
Une contrepartie pour le salarié	Le salarié doit percevoir une indemnité financière en contrepartie du respect de la clause. Cette indemnisation ne doit pas être dérisoire.

8. Quelle est la finalité de la clause de non-concurrence ? Qu'est-ce qui justifie sa présence dans le contrat de Maryam Lotfi ?

9. Justifiez les conditions de validité de cette clause selon la jurisprudence.

10. Rapprochez et différenciez les clauses de non-concurrence et de confidentialité (document 18).

APPLICATION AU CAS

GROUPE PSA

Divers concessionnaires Peugeot et Citroën ont eu à verser des indemnités substantielles à d'anciens salariés concernés par une clause de non-concurrence. Il leur est arrivé de se demander si l'inconvénient ne surpassait pas parfois l'avantage de cette clause.

DOC. Renonciation à la clause de non-concurrence

L'employeur peut parfois vouloir renoncer à une clause de non-concurrence. Une décision qui aurait dès lors pour effet de priver le salarié de son indemnité compensatrice. Selon la jurisprudence (arrêt de la Cour de cassation du 11 mars 2015), l'employeur a le droit de renoncer unilatéralement à la clause au cours de l'exécution du contrat de travail, mais à condition d'avoir expressément prévu cette faculté au sein du contrat de travail. À l'inverse, il doit obligatoirement obtenir l'accord du salarié pour annuler la clause de non-concurrence si rien n'est prévu dans le contrat de travail ou dans un accord collectif.

https://droit-finances.commentcamarche.com, décembre 2018.

1. Dans quel cas un concessionnaire automobile peut-il regretter d'avoir inscrit une clause de non-concurrence dans le contrat de travail d'un salarié ?

2. Rédigez la clause de non-concurrence qui laisserait à l'employeur le choix de payer ou de ne pas payer l'indemnité compensatrice.

3 Qualifier les modifications du rapport d'emploi

A Les modifications affectant le travail du salarié

DOC. 20 La distinction entre les deux types de modification

L'employeur a un pouvoir disciplinaire et de direction qui lui permet d'organiser le travail, les horaires, les modes de production… donc de modifier les conditions de travail du salarié. Ce dernier, relié par un lien de subordination à l'employeur, ne peut refuser ces modifications sans prendre le risque d'un licenciement pour faute.

En revanche, la Cour de cassation et une directive européenne précisent que lorsqu'il s'agit de modifier le contrat de travail initialement conclu, c'est-à-dire l'un de ses éléments essentiels – rémunération, durée du travail, lieu du travail ou fonction –, l'employeur doit demander l'accord du salarié.

Il lui adresse une lettre recommandée avec accusé de réception, le salarié doit répondre (il a un délai d'un mois si le changement a une raison économique) et signifier son refus ou son acceptation. En cas de refus du salarié, le contrat de travail reste donc en l'état. Mais il peut être rompu, par exemple, par un licenciement économique si la modification est justifiée par des difficultés économiques.

Un exemple de modification du contrat de travail refusée

Lorsqu'il souhaite modifier le contrat de travail d'un salarié, l'employeur n'a pas tous les droits. La Cour de cassation vient de le rappeler. Le 11 juillet 2018, elle a annulé un arrêt de la cour d'appel de Lyon, qui avait validé le licenciement d'un aide-comptable refusant de changer de lieu de travail. Celui-ci exerçait ses fonctions depuis 1983 à Rillieux-la-Pape, au nord-est de Lyon. À l'occasion d'un rachat de sa société, son nouvel employeur avait voulu le transférer à Rennes.

Faut-il en déduire qu'un salarié ne peut être licencié lorsqu'il refuse une modification de son contrat ? Non. Seulement, il faut que l'entreprise prouve les difficultés économiques nécessitant la réorganisation qu'elle compte imposer, ou qu'elle justifie son choix par une sauvegarde de sa compétitivité. Dans l'affaire en question, l'employeur s'était bien gardé d'apporter de tels éléments. […]

M. Rey, *L'Express*, 9 août 2018.

1. Quelles modifications du travail du salarié peuvent lui être signifiées par l'employeur ?
2. Quelles modifications du travail du salarié doivent être acceptées par lui ?
3. Pour quelle raison la Cour de cassation n'a-t-elle pas validé le licenciement du salarié ayant refusé de changer de lieu de travail ?

DOC. 21 Différentes modifications du travail du salarié

Décision de l'employeur
Changement du montant des commissions pour un représentant de commerce
Changement des horaires imposant de travailler le samedi
Changement du lieu de travail à l'intérieur de la même ville
Passage d'un horaire de jour à un horaire de nuit
Changement des tâches dans la même fonction

4. Précisez, pour chacun des exemples de modification du travail ci-contre, s'il s'agit d'une modification des conditions de travail ou d'une modification du contrat de travail.
5. Quelles décisions formulées ici peuvent être imposées au salarié ?

B La modification de la situation juridique de l'employeur

DOC. 22 La reprise d'une entreprise

Espoir pour les 280 salariés d'Ascoval : le projet de reprise de l'usine de Saint-Saulve (Nord) par le groupe Altifort a été jugé « solide et crédible » par le cabinet Roland Berger, mandaté par le ministre de l'Économie. « Soulagés », les salariés, qui faisaient grève et bloquaient l'aciérie du Nord depuis plus d'une semaine, ont voté ce mercredi soir en assemblée générale la reprise du travail lundi.

Le repreneur, l'entreprise franco-belge Altifort, prévoit d'investir notamment dans une tréfilerie afin de produire de l'acier « spécialisé » et « haut de gamme ». Une mise de 150 à 200 M€ serait nécessaire au projet, impliquant de nouveaux financements.

www.leprogres.fr, 1er novembre 2018.

Pourquoi cet espoir pour les salariés ?

L'article L1224-1 du Code du travail pose le principe du maintien des contrats en cours s'il y a transfert de l'entreprise entre les mains d'un nouvel employeur (bien que ce dernier n'ait conclu aucun contrat avec les salariés). Ce texte s'applique aux cas, notamment, de succession, de vente, de fusion, de transformation du fonds, de mise en société de l'entreprise.

6. Quelles sont les obligations du repreneur d'Ascoval à l'égard des contrats de travail en cours ?
7. Quel est l'objectif de cette règle particulière posée par le législateur en droit du travail ?

DOC. 23 Le cas particulier des entreprises en difficulté

La loi Travail n° 2016-1088 du 8 août 2016 crée une véritable entorse au principe d'ordre public de maintien de plein droit avec le nouvel employeur des contrats de travail, puisqu'elle introduit la possibilité de procéder à des licenciements avant le transfert de l'entreprise. […] Le nouveau dispositif de dérogation au transfert automatique des contrats de travail est applicable aux entreprises d'au moins 50 salariés. Désormais, les dispositions de l'article L1224-1 du Code du travail relatives au transfert des contrats de travail ne s'appliquent que dans la limite du nombre d'emplois qui n'ont pas été supprimés à la suite des licenciements, à la date d'effet de ce transfert. […] Le cessionnaire n'est tenu de reprendre que les salariés qui n'ont pas été licenciés par le cédant au jour du transfert du contrat de travail.

V. Chudakova, avocat sur village-justice.com, 5 décembre 2017.

8. Dans quelle mesure les syndicats de l'entreprise Ascoval (document 22) peuvent-ils être inquiets des conditions du transfert de leur entreprise à un repreneur ?
9. Pour quelles raisons, selon vous, la législation moderne autorise-t-elle les entreprises en difficulté à procéder à des licenciements avant le transfert des contrats de travail ?

APPLICATION AU CAS

GROUPE PSA

Le groupe PSA a été amené à proposer aux salariés de son site de Vesoul un allongement du temps de travail, en échange de mesures favorables au personnel.

DOC. À Vesoul, PSA renonce aux 35 heures

« Après plusieurs semaines de négociations, un accord a finalement été trouvé […]. Trois des quatre syndicats représentatifs des salariés de l'usine PSA de Vesoul (FO, CFTC et CFC-CGC) ont accepté d'abandonner la semaine de 35 heures et d'augmenter de 8 % leur temps de travail hebdomadaire pour passer à 37,45 heures. En échange, ils ont obtenu une augmentation de 3,1 % des salaires, soit supérieure aux 2,8 % initialement proposés par la direction. »

www.lefigaro.fr, 16 mai 2018.

1. La modification proposée par PSA touche-t-elle aux conditions de travail ou aux contrats de travail eux-mêmes ? Justifiez votre réponse.
2. À quel mode d'accord avec les salariés a-t-on eu recours ? Qu'est-ce qui le justifie ?

1 Les conditions de la requalification en contrat de travail

1. Étudiez le conflit à l'origine de l'arrêt de la Cour de cassation. Précisez l'intérêt de la demande de M. X...
2. Quel est le sens de la décision de la Cour de cassation ?
3. Sur quel critère les juges se sont-ils appuyés pour rejeter l'argument de M. X... ?
4. Quel est l'intérêt de cet arrêt par rapport à la définition du contrat de travail ?

DOC. Cour de cassation – Chambre sociale – Audience publique du mardi 20 octobre 2015

Attendu qu'ayant relevé que M. X..., qui exerçait sous le statut d'autoentrepreneur [aujourd'hui « microentreprise »], ne démontrait pas être à la disposition permanente du donneur d'ordre et restait libre d'effectuer les courses proposées par ce dernier, voire de travailler avec d'autres donneurs d'ordre s'il le souhaitait, qu'il exécutait ses prestations comme bon lui semblait, notamment en ce qui concerne ses horaires, qu'il avait lui-même fixé le taux horaire de ses prestations, et que le seul élément tiré de l'utilisation des véhicules de l'entreprise des Transports du Mont Blanc, en l'absence d'autres éléments permettant d'établir un lien de subordination, ne pouvait à lui seul caractériser l'existence d'un contrat de travail, la cour d'appel a légalement justifié sa décision ;
PAR CES MOTIFS : REJETTE le pourvoi [...].

2 L'intérim d'insertion à La Poste

1. Quelles particularités les ETTI présentent-elles par rapport aux entreprises de travail temporaire « classiques » ?
2. Quels sont les avantages pour les salariés intérimaires passant par une ETTI ?
3. Quels sont les avantages pour l'entreprise utilisatrice, comme ici La Poste ?

DOC. Les ETTI

Nathan live!
L'INTÉRIM D'INSERTION À LA POSTE
https://youtu.be/esFUC1ZOhdU

3 L'abus de contrats précaires

1. Pour quelle raison Sylvia Rausa pense-t-elle obtenir en justice la requalification de ses CDD en un CDI ?
2. Quelle est la finalité de la demande de requalification des CDD en CDI ?
3. Quel est le moyen de défense de l'employeur ? Vous semble-t-il pertinent au regard d'autres cas de jurisprudence analogues ?

DOC. **Elle attaque son ex-employeur après avoir enchaîné 1 117 CDD en douze ans**

Une ex-employée de la Caisse régionale de la Sécurité sociale des mines (Carmi) dans le Nord attaque auprès des prud'hommes son ancien employeur. Elle indique avoir effectué pour le compte de la même entreprise pas moins de 1 117 contrats à durée déterminée (CDD) entre janvier 2002 et février 2014, sans quasiment aucune interruption ! Ce qui représenterait environ 93 contrats en moyenne par an, certains conclus au jour le jour.

« Je faisais des journées aussi bien que des nuits »

Sylvia Rausa indique au quotidien local *La Voix du Nord* qu'elle a accepté cette situation sans broncher pour pouvoir faire vivre son foyer. « Je faisais des journées aussi bien que des nuits, cela dépendait. Je travaillais comme agent de service hospitalier. D'abord, j'ai fait le ménage. Ensuite, j'ai été veilleuse de nuit puis j'ai travaillé auprès des patients. » Voulant se faire embaucher en CDI, la quinquagénaire décide alors d'effectuer une formation d'aide-soignante. À l'issue de celle-ci, elle réussit à obtenir un diplôme en 2014. Las, l'employée n'est pas requalifiée en CDI. Son employeur préfère choisir une autre personne extérieure à l'entreprise pour pourvoir le poste. Le 26 août 2016, Sylvia Rausa envoie à son employeur une rupture de contrat aux torts de la Carmi. Elle devra les prouver auprès des prud'hommes. [...]

En la matière, le Code du travail prévoit qu'un CDD ne peut être renouvelé que deux fois. Une exception toutefois concerne les CDD signés sans terme précis (mais avec une durée minimale conclue au préalable) dans le cadre d'un recrutement de salariés saisonniers ou d'un remplacement d'un salarié absent, par exemple. Et c'est avec cette dernière justification que la Carmi espère muscler sa défense, comme l'indique Élisabeth Veniel-Gobbers, l'avocate de la caisse sociale au site Internet de BFM TV. [...]

Le nombre de CDD très courts a explosé

De son côté, Anne-Sophie Audegond, l'avocate de l'ex-employée de la Carmi, réclame pour sa cliente près de 100 000 euros. Une somme qui regroupe l'indemnité légale de licenciement, le préjudice moral, la requalification du contrat de travail, ainsi que des dommages et intérêts. Contactée par *La Voix du Nord*, elle explique que le recours à un tel renouvellement de CDD est illégal : « Un CDD ne doit pas pourvoir durablement un emploi lié à l'activité normale et permanente de l'entreprise. Or, en renouvelant de manière quasi ininterrompue les contrats de Mme Rausa, l'employeur montre qu'il s'agissait de pourvoir à une activité permanente de l'entreprise. » [...]

En France, d'autres cas plus ou moins similaires ont déjà été jugés. En décembre dernier, une maison de retraite associative de Bellegarde dans l'Ain s'est vue condamnée à verser à une employée la somme de 28 000 euros. Cette dernière avait enchaîné durant six années une centaine de CDD, comme le rapportait *Le Figaro*. En mars 2016, c'est le Comité d'établissement SNCF des cheminots de la région de Metz-Nancy qui s'est vu condamné à verser plus de 40 000 euros à une ancienne salariée qui avait cumulé 184 CDD en douze ans. Et plus récemment, c'est l'ancien prévisionniste météo Joël Collado, bien connu des auditeurs de France Inter et France Info, qui a gagné [...] aux prud'hommes. Il avait signé 215 contrats de travail entre 1995 et 2015 avec Radio France.

F. Pierrat, *Le Figaro*, 23 juin 2017.

Annexe – Code du travail, article L1243-13 :
« Une convention ou un accord de branche étendu peut fixer le nombre maximal de renouvellements possibles pour un contrat de travail à durée déterminée. Ce nombre ne peut avoir ni pour objet ni pour effet de pourvoir durablement un emploi lié à l'activité normale et permanente de l'entreprise. [...] »

Le statut du salarié et le contrat de travail

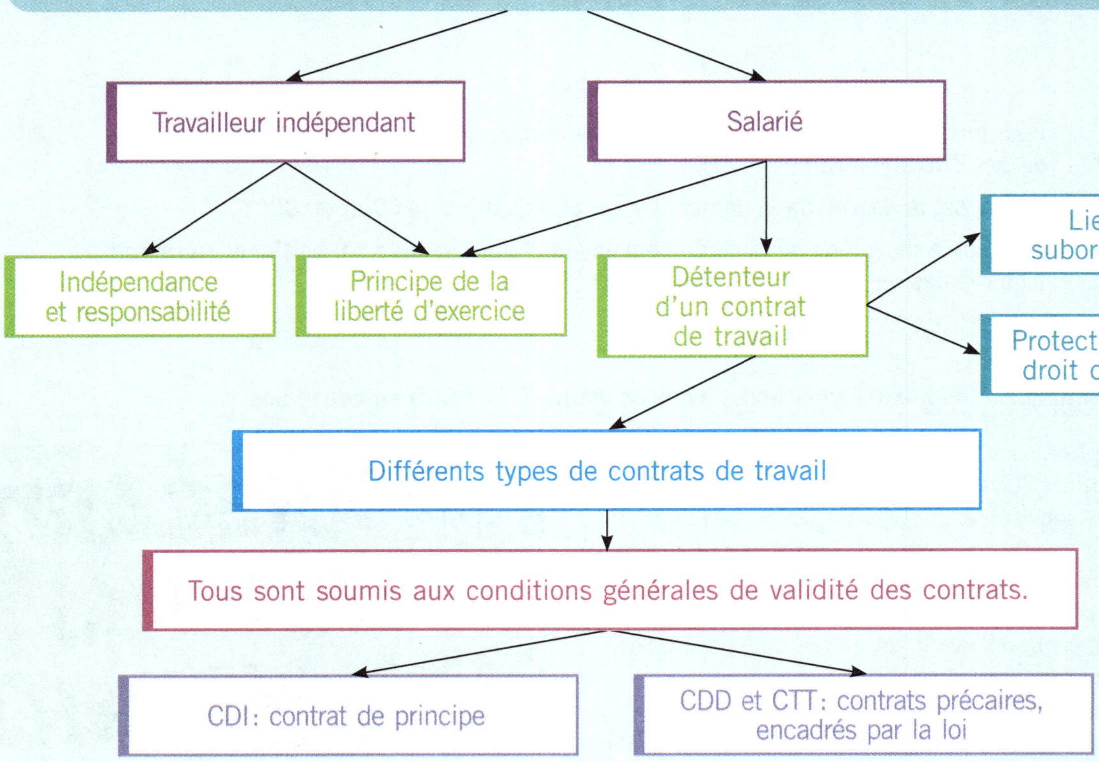

Les clauses particulières du contrat de travail

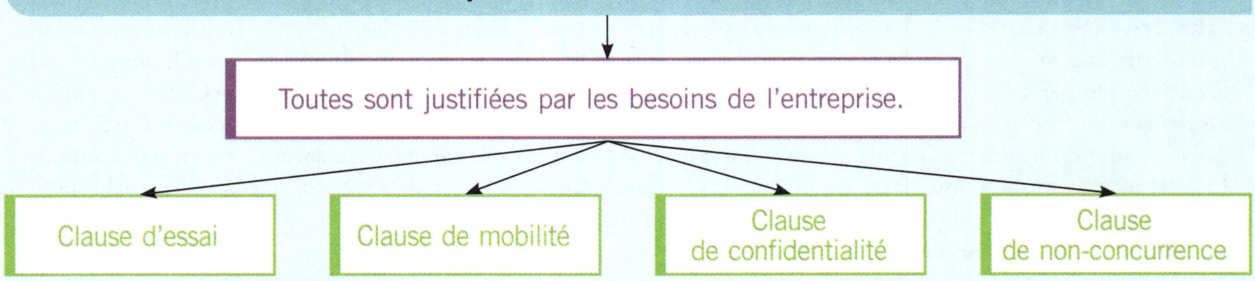

Les modifications du rapport d'emploi

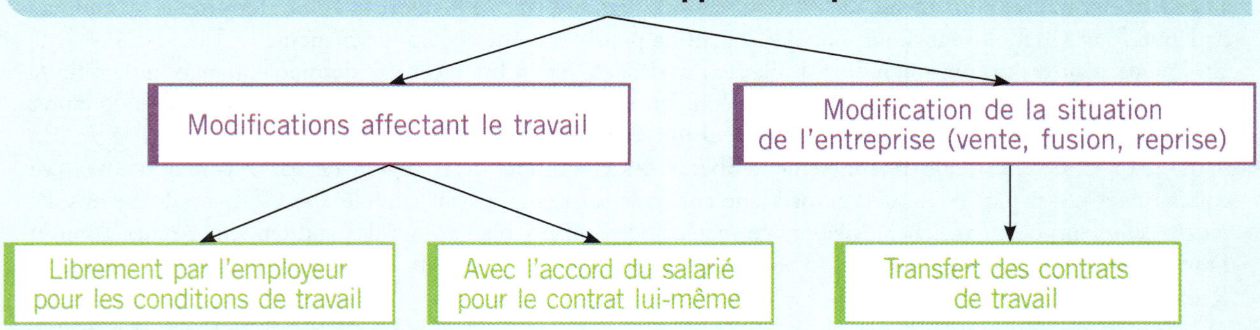

CONCEPTS

CDD – CDI – Clause d'essai – Clause de mobilité – Clause de non-concurrence – Contrat de travail – CTT – Lien de subordination – Transfert des contrats de travail – Travailleur indépendant – Salarié

11 La protection du salarié

LES COMPÉTENCES ATTENDUES
- Caractériser les obligations de l'employeur en matière de protection des salariés.
- Identifier les dispositifs de formation au sein de l'entreprise.
- Qualifier une rupture du rapport d'emploi et en déduire les conséquences juridiques.

LES SAVOIRS ASSOCIÉS
- Les principes de la protection du salarié
- Les modes de rupture du rapport d'emploi

PLAN DU CHAPITRE
- 1 • Analyser la protection du salarié lors de l'exécution du travail
- 2 • Qualifier la rupture du contrat de travail et en déduire les conséquences

Le bermuda peut-il nuire au travail ?

Quand le thermomètre frôle les 40 °C et qu'il faut aller travailler, couvert jusqu'aux pieds, certains craquent. Vincent, 27 ans, conseiller financier à La Défense : « J'en peux plus. Ça me colle de partout, c'est une horreur. Je n'ose même pas me lever de ma chaise. » Guillaume, 46 ans, vendeur aux Halles : « Oui, oui, oui… Il y a la clim, de quoi je me plains ? En attendant, j'ai l'air d'un clown là avec mes taches de transpiration. Franchement, je serais moins ridicule en short de bain et tongs. » Aurélien, 30 ans, cuisinier au quartier des Batignolles : « C'est simple, je suis en train de cuire avec mes légumes. »

Ils ne sont pas les seuls à grogner. Mardi, six conducteurs de bus nantais de l'entreprise Semitan, encartés CFDT, se sont rendus à leur QG vêtus d'une jupe, pour protester contre l'interdiction de leur employeur de porter un bermuda au travail. […]

Le salarié a pourtant la liberté de s'habiller à son gré (et ses fautes de goût ne peuvent être pénalisées). Il y a cependant des exceptions. « D'abord, on ne doit jamais fâcher la décence, explique Eva Touboule, avocate en droit du travail. Outre ce savoir-vivre, un employeur peut également exiger de son salarié une tenue vestimentaire particulière, proportionnée au but recherché, grâce à des dispositions prises par le règlement intérieur. » Dans les faits, les entreprises imposent principalement leur *dress code* pour trois motifs « légitimes » : sécurité, hygiène et image de marque.

A. Moran, *Libération*, 22 juin 2017.

Nathan live!

NANTES : CANICULE, LES CONDUCTEURS CFDT DE LA TAN SONT EN JUPE POUR PROTESTER

https://youtu.be/bWJIoWvop2I

1. **Quelle est la liberté des salariés qui pose problème ici ?**
2. **Pourquoi cette liberté peut-elle générer des conflits dans l'entreprise ?**
3. **Comment peuvent se justifier les cas où l'employeur porte atteinte à cette liberté ?**

1 Analyser la protection du salarié lors de l'exécution du travail

A Les domaines de la protection du salarié

DOC. 1 La perception de la discrimination

Le travail, premier lieu de discrimination

Selon le dernier baromètre du Défenseur des droits, 34 % de la population active soutient avoir été victime de discrimination. L'âge et le sexe apparaissent comme les deux premiers critères discriminants. [...]

Sur les 3556 actifs interrogés, 34 % déclarent avoir été victimes de discrimination au cours de ces cinq dernières années. Dénoncées par 29 % des sondés, les discriminations au cours de la carrière professionnelle demeurent les plus importantes. 18,5 % des personnes interrogées disent avoir été discriminées dans leur recherche d'emploi. [...]

Dans le strict cadre du travail, l'âge et le sexe apparaissent comme les deux premiers « motifs des expériences de discrimination » (15 %). Ils sont suivis de l'origine ou de la couleur de peau (8 %), du handicap ou de l'état de santé (6 %) et des convictions religieuses (2 %). Il reste néanmoins difficile d'établir avec certitude le motif principal de discrimination dans l'emploi.

Pauline Château / lefigaro.fr / 23.03.2017.

1. À quels moments de sa carrière professionnelle une personne peut-elle être victime de discrimination ?

2. Quel problème concret un salarié rencontre-t-il lorsqu'il veut se plaindre en justice d'une discrimination ?

DOC. 2 L'interdiction de la discrimination

Diriger une entreprise ou une structure comporte la nécessité de faire des choix, en particulier des choix entre les personnes auxquelles on confie telle ou telle tâche, ou choix de celles qu'on entend promouvoir.

Cependant, la législation (européenne et nationale) ainsi que la jurisprudence ont progressivement limité le pouvoir arbitraire du dirigeant afin que ses décisions soient encadrées et qu'il ne puisse les faire reposer sur des critères subjectifs. [...]

Aujourd'hui, le terme « discrimination » désigne ce que la société considère comme inacceptable comme critère de choix dans les processus de gestion des entreprises.

Face à une situation de discrimination dans la relation de travail, la loi protège le salarié en définissant :

– les éléments que l'employeur ne peut pas prendre en compte pour fonder une décision [...]. **(1)**

Discriminer, c'est traiter différemment des personnes placées dans des situations comparables, en se fondant sur un ou des critères prohibés par la loi.

www.souffrance-et-travail.com

(1) Code du travail – Article L1132-1

Aucune personne ne peut être écartée d'une procédure de recrutement ou de l'accès à un stage ou à une période de formation [...], aucun salarié ne peut être sanctionné, licencié ou faire l'objet d'une mesure discriminatoire, [...] notamment en matière de rémunération [...], de formation, de reclassement, d'affectation, de qualification, de classification, de promotion professionnelle [...] en raison de son origine, de son sexe, de ses mœurs, de son orientation sexuelle, de son identité de genre, de son âge, de sa situation de famille ou de sa grossesse, de ses caractéristiques génétiques, de la particulière vulnérabilité résultant de sa situation économique, apparente ou connue de son auteur, de son appartenance ou de sa non-appartenance, vraie ou supposée, à une ethnie, une nation ou une prétendue race, de ses opinions politiques, de ses activités syndicales ou mutualistes, de ses convictions religieuses, de son apparence physique, de son nom de famille, de son lieu de résidence ou de sa domiciliation bancaire, ou en raison de son état de santé, de sa perte d'autonomie ou de son handicap, de sa capacité à s'exprimer dans une langue autre que le français.

3. Relevez les trois éléments de définition de la discrimination.

4. Quelle différence existe-t-il entre la sélection et la discrimination ?

5. Combien de critères de discrimination sont prévus par le Code du travail ? Commentez.

DOC. 3 Air France condamné pour discrimination

C'est une victoire marquante pour Mohammed. Le salarié quadragénaire entré chez Air France comme mécanicien en 1997 vient d'obtenir la condamnation de la compagnie aérienne pour discrimination [à plus de 156 000 euros d'indemnité]. […] Depuis son embauche comme mécanicien révision moteur, Mohammed a plusieurs fois changé de poste au gré des formations. […] À partir de 2006, ses cartes de visite témoignent qu'il exerce comme « expert méthode-management de projets » […]. « L'exercice de cette fonction devrait lui donner droit au statut de cadre, explique à *L'Express* Rachid Brihi, son avocat. Tous ses collègues l'ont obtenu. » […] Selon la cour d'appel, […] Mohammed a bien « fait l'objet d'une inégalité de traitement à raison de son origine étrangère et/ou de son engagement syndical ». « La Cour estime que peu importe la cause de la discrimination, à partir du moment où Air France n'est pas capable de justifier l'inégalité de traitement », commente Rachid Brihi.

Alexia Eychenne et Nathalie Samson / lexpress.fr / 08.09.2015.

6. De quelle(s) discrimination(s) le salarié se plaint-il ici ?

7. Quelle est la sanction prononcée par la cour d'appel ? Quel est son fondement ?

DOC. 4 Le respect de la vie privée et des libertés fondamentales

Le sujet des libertés dans l'entreprise est plus que jamais d'actualité. L'employeur doit ainsi veiller au respect de l'ensemble des droits du salarié, de surcroît au regard de la valeur fondamentale de ces derniers, rappelés et protégés par les dispositions légales du Code civil, du Code du travail, mais aussi par la Cour européenne des droits de l'homme.

D'après www.travail-prevention-sante.fr

1) Le respect de la vie privée du salarié

Les **données personnelles du salarié** lui appartiennent et l'employeur ne peut accéder qu'à celles qui sont indispensables à la gestion du contrat de travail.

Le **secret des correspondances** doit être respecté par l'employeur dès lors que celles-ci ont un caractère personnel. Mais la jurisprudence considère que les courriels reçus par le salarié sur sa messagerie professionnelle sont présumés avoir un caractère professionnel (sauf s'ils portent la mention « Personnel »). L'employeur peut donc y avoir accès sans la présence du salarié.

Le **droit à la déconnexion**, c'est-à-dire le droit de ne pas être joignable en dehors du temps de travail, est depuis peu reconnu. La négociation annuelle sur la qualité de vie au travail doit comporter un volet sur le droit à la déconnexion.

La **liberté vestimentaire** du salarié doit également être respectée. Des restrictions ne peuvent être admises que si elles sont dictées par des nécessités d'ordre professionnel tenant à l'hygiène, la sécurité, la décence ou encore l'image de marque.

Le **respect du domicile** : le salarié dispose du libre choix de son domicile duquel son employeur ne peut pas lui imposer de travailler.

2) Les libertés individuelles fondamentales

La **liberté d'opinion et de penser du salarié** est absolue. Le salarié ne saurait être contraint d'aucune manière, ni à dévoiler son opinion, ni à s'en voir imposer une.

La **liberté d'expression du salarié** hors de l'entreprise s'exerce pleinement, sauf abus (interdiction des propos diffamatoires ou particulièrement dénigrants à l'encontre de l'employeur ou l'entreprise). Au sein de l'entreprise, l'abus sera constitué dès lors que les conversations non professionnelles sont de nature à empêcher le travail.

Les **convictions religieuses du salarié** ne peuvent servir de base à aucune discrimination ni aucune sanction ou licenciement (article L1132-1 du Code du travail). Toutefois :
– il n'est pas possible au salarié de refuser d'exécuter des actes absolument inhérents au poste qu'il occupe pour des motifs religieux ;
– à défaut d'un accord ou d'une autorisation spéciale, le salarié ne peut prétendre justifier des absences ou des refus de travail par des exigences religieuses ;
– si la question du port des signes religieux n'est pas clairement tranchée, il est en principe autorisé mais peut-être limité par une restriction suffisamment précise, justifiée par la nature des tâches à accomplir et proportionnée à l'objectif poursuivi.

8. Pour quel type de salarié le « droit à la déconnexion » est-il important ?

9. Montrez que le droit moderne défend les droits de la personne au travail et pas seulement les droits du salarié.

DOC. 5 Les restrictions des droits et libertés par l'employeur

Les limitations des libertés et droits du salarié sont inhérentes au lien de subordination qui existe entre celui-ci et son employeur durant le temps de travail. Toutefois, « *nul ne peut apporter aux droits des personnes et aux libertés individuelles et collectives de restrictions qui ne seraient pas justifiées* [1] *par la nature de la tâche à accomplir ni proportionnées* [2] *au but recherché* » (article L1121-1 du Code du travail).

1. Exemples de justifications admissibles :

– le contact avec le public ou la clientèle. Il justifie par exemple le port d'une tenue spéciale ou l'interdiction de telle ou telle tenue ; [...]

– la santé, la sécurité (interdiction de porter des bijoux religieux dans un hôpital).

2. La proportionnalité : la restriction aux libertés ne doit pas être seulement justifiée ; elle doit être proportionnée à la situation. Il s'agit donc d'une appréciation au cas par cas.

www.travail-prevention-sante.fr

10. Donnez un exemple d'atteinte aux libertés individuelles justifiée et proportionnée.

DOC. 6 Exemples et contre-exemples

1. D'après un arrêt de la Cour de cassation du 13 février 2008

Mme X..., engagée le 19 avril 1999 par l'hôtel SOFITEL Paris CNIT La Défense et qui exerçait les fonctions d'assistante responsable des réservations, a été licenciée le 16 mai 2003 pour faute grave en raison, notamment, de son refus de porter l'uniforme imposé par son employeur ;

« Attendu que la cour d'appel, qui a constaté que la contrainte vestimentaire imposée à la salariée était justifiée par la tâche à accomplir et proportionnée au but recherché, a légalement justifié sa décision. »

2. D'après un arrêt de la Cour de cassation du 28 février 2012

Une salariée, engagée à compter du 23 janvier 1999 par une association en qualité d'employée gouvernante et dont les fonctions consistaient à veiller sur des majeurs sous tutelle ou curatelle, logés par l'association dans un appartement, a été licenciée par lettre du 30 janvier 2007 pour avoir méconnu l'obligation contractuelle de résider à proximité de son lieu de travail.

Après avoir rappelé que toute personne dispose de la liberté de choisir son domicile, la Cour de cassation retient que la situation ne permettait pas de dire que l'atteinte au libre choix par la salariée de son domicile était justifiée par la nature du travail à accomplir et proportionnée au but recherché.

3. D'après un arrêt de la Cour de cassation du 18 janvier 2018

Un salarié estime subir un système illicite de géolocalisation mis en place par l'employeur ; les juges du fond ne l'ayant pas suivi, le salarié fait un pourvoi en cassation ; les juges du droit désapprouvent les juges du fond en énonçant que l'utilisation d'un système de géolocalisation pour assurer le contrôle de la durée du travail n'est licite que lorsque ce contrôle ne peut pas être fait par un autre moyen et que le salarié en a été préalablement informé ; qu'en revanche, ce dispositif n'est pas justifié lorsque le salarié dispose d'une liberté dans l'organisation de son travail.

11. Pour chacune de ces situations, faites ressortir les faits litigieux et le problème de droit qu'ils illustrent, la règle de droit rappelée par la Cour de cassation et la solution du litige.

DOC. 7 La sécurité au travail

Quimper – Le tribunal juge l'accident du chantier de la maison boulevard Dupleix

Un mort et un blessé grave, c'est le bilan d'un chantier de rénovation à Quimper. Une entreprise de Gouesnou était poursuivie. Le tribunal correctionnel de Brest (Finistère) a essayé de démêler l'écheveau des responsabilités concernant deux accidents du travail, dont l'un mortel. Ils ont eu lieu à quelques mois d'intervalle, sur le chantier de rénovation d'une ancienne maison bourgeoise en centre-ville de Quimper. À la barre, le patron d'une entreprise du bâtiment implantée à Gouesnou, près de Brest, doit s'expliquer.

S. Niclot-Baron, *Ouest-France*, 19 septembre 2018.

La responsabilité des chefs d'entreprise est de plus en plus souvent recherchée dans le cadre d'accidents du travail ou de maladies professionnelles. […] Selon la loi française, la Sécurité sociale indemnise les victimes d'accident du travail ou de maladie professionnelle sur une base automatique et forfaitaire. La victime, ou ses ayants droit en cas de décès, peut également rechercher la faute inexcusable de l'employeur pour obtenir une majoration de la rente versée par l'organisme social, ainsi qu'une indemnisation supplémentaire sur tous les autres types de préjudice non pris en charge.

www.groupe-sma.fr, 17 août 2016.

12. Comment les victimes d'accident du travail sont-elles protégées par le droit ?

13. Quelles mesures un employeur du BTP doit-il prendre pour limiter les risques d'accident ?

B La protection des intérêts du salarié grâce à la formation professionnelle

DOC. 8 Les obligations de l'employeur en matière de formation du salarié

Grâce à la formation professionnelle, le salarié peut maintenir son employabilité.

Obligation générale de l'employeur

Selon l'article L6321-1 du Code du travail, « l'employeur assure l'adaptation des salariés à leur poste de travail. Il veille au maintien de leur capacité à occuper un emploi, au regard notamment de l'évolution des emplois, des technologies et des organisations ».

Le plan de formation

Le plan de formation rassemble les actions de formation, de bilans de compétences et de validation des acquis de l'expérience (VAE) définies dans le cadre de la politique de gestion du personnel de l'entreprise. Son élaboration est assurée sous la responsabilité pleine et entière du chef d'entreprise, après consultation des représentants du personnel.

www.uniformation.fr, 7 septembre 2018.

14. Quels sont les avantages de la formation professionnelle pour le salarié ?

15. Qu'est-ce qui justifie cette obligation pour l'employeur ?

DOC. 9 La réforme 2018 de la formation professionnelle

Les principales mesures de la loi du 6 septembre 2018

– Création d'un compte personnel de formation (CPF) alimenté non plus en heures mais en euros, dans des conditions fixées par décret. Le gouvernement a annoncé 500 euros par an (800 euros pour les salariés non qualifiés), dans la limite de 5 000 euros (8 000 euros). Les salariés à mi-temps auront les mêmes droits que ceux à temps plein.

– L'éventail des formations éligibles au CPF sera élargi et sera créé un « service dématérialisé gratuit » pour accéder aux « informations sur les formations éligibles », s'inscrire et payer les formations.

– Le CPF des travailleurs handicapés sera, lui, majoré (montant défini par décret).

– Pour les reconversions, le congé individuel de formation (CIF) sera remplacé par un dispositif similaire intégré au CPF. […]

V. Mazuir, *Les Echos*, 1er octobre 2018.

16. En quoi le CPF apparaît-il comme l'élément clé de la formation professionnelle ?

17. Qui décide de l'utilisation des heures de formation dans ce cadre ?

18. Comment expliquez-vous les différents montants alloués aux salariés ?

DOC. 10 La validation des acquis de l'expérience (VAE)

La validation des acquis de l'expérience (VAE) permet à toute personne de faire reconnaître son expérience (professionnelle ou non) afin d'obtenir un diplôme, un titre ou un certificat de qualification professionnelle.
La VAE prend en compte les compétences professionnelles acquises au travers d'activités salariées, non salariées et bénévoles, d'une durée au moins égale à 1 an, en rapport direct avec le contenu du titre ou du diplôme.
Un jury de validation, composé notamment de professionnels du métier concerné, peut accorder la totalité ou une partie du titre, diplôme ou certificat visé.

www.uniformation.fr, 31 octobre 2018.

19. Pour quelles raisons, selon vous, la législation moderne autorise-t-elle le salarié à valider un diplôme sans passer un examen ?

20. Diriez-vous que la formation professionnelle (documents 8 à 10) est attachée plutôt aux intérêts de l'entreprise ou à ceux du salarié ? Justifiez.

APPLICATION AU CAS

GROUPE PSA

Depuis près de 10 ans, conformément à ses obligations légales, le groupe PSA développe une action de prévention des accidents du travail. Les premiers résultats ont vite montré l'efficacité du dispositif adopté.

DOC. 1 Un objectif commun : travailler sans risque

La sécurité au travail constitue la première exigence de la politique de ressources humaines du Groupe. […] La mise en œuvre de la politique « sécurité et santé au travail » du Groupe s'appuie sur le déploiement du SMST ou Système de Management de Sécurité et de la Santé au Travail. Tous les établissements sont engagés dans cette démarche structurée qui, en quatre ans d'existence, a déjà montré son efficacité. Le Groupe considère que la seule cible acceptable est de travailler sans accident et qu'il ne peut y avoir de développement efficace sans sécurité assurée pour tous les salariés. […]
PSA a choisi de centrer son action sur cinq points prioritaires : la prévention des troubles musculo-squelettiques, les risques chimiques, les risques psychosociaux, les risques routiers et le développement de la détection des comportements à risque. […]
Le taux de fréquence des accidents avec arrêt [de travail] a ainsi fortement régressé, passant de 4,63 points en 2009 à 1,19 point en 2013.

www.groupe-psa.com

DOC. 2 Article L4121-1 du Code du travail (extrait)

L'employeur prend les mesures nécessaires pour assurer la sécurité et protéger la santé physique et mentale des travailleurs. Ces mesures comprennent :
1° Des actions de prévention des risques professionnels […] ;
2° Des actions d'information et de formation ;
3° La mise en place d'une organisation et de moyens adaptés. […]

1. Quel est l'objectif du SMST chez PSA ?

2. Dans quelle mesure cette politique de sécurité répond-elle à une exigence légale ?

2 Qualifier la rupture du contrat de travail et en déduire les conséquences

A La rupture à l'initiative du salarié : la démission

DOC. 11 La démission, expression d'une volonté claire, sérieuse et libre

La démission constitue une modalité de rupture du CDI. Elle traduit, comme un parallèle au droit de licencier de l'employeur, le droit de résiliation unilatérale de ce contrat de travail par le salarié.

À ce titre, la démission doit manifester une volonté claire, sérieuse, non équivoque[1] et libre[2] du salarié : l'employeur ne peut pas la présumer, même dans des circonstances où l'attitude du salarié semble montrer sa volonté d'interrompre le travail : absence non justifiée, brusque abandon de poste, etc.

1. On ne doit pas douter de la volonté du salarié, qui agit après réflexion et non sur un coup de tête.
2. Le salarié ne doit pas démissionner pour échapper à une situation de travail insupportable.

1. **Dans quelle mesure peut-on dire que le droit protège le salarié contre une décision prise à la légère ?**
2. **Donnez un exemple de situation de travail si difficile à supporter qu'un salarié puisse décider de démissionner.**

DOC. 12 Les suites de la démission forcée

Sous certaines conditions, une démission forcée peut être requalifiée par les juges en licenciement sans cause réelle et sérieuse.

L'intérêt ? La requalification d'une démission en licenciement permet d'obtenir des indemnités de licenciement, des dommages et intérêts, et de bénéficier d'allocations chômage.

Un cas de requalification de la démission en licenciement sans cause réelle et sérieuse

Un VRP, chargé de commercialiser des articles destinés aux viticulteurs, avait présenté sa démission en mettant en avant la détérioration de ses relations avec son employeur et la pression insupportable que ce dernier lui faisait subir depuis plusieurs mois. Par ailleurs, la lettre de démission précisait que le comportement de l'employeur avait porté préjudice au travail et à la santé du salarié.

www.juritravail.com

3. **À quelle condition un salarié peut-il considérer que sa démission a été forcée ?**
4. **Quel est l'intérêt de la requalification de la rupture du contrat de travail en licenciement ?**
5. **En quoi ce risque de requalification d'une démission constitue-t-il une protection du salarié ?**

DOC. 13 Les conséquences de la démission

Le respect d'un préavis

Selon l'article L1237-1 du Code du travail, le salarié qui démissionne doit effectuer un préavis. La loi n'en fixe pas la durée. Celle-ci résulte d'une convention collective ou d'un accord d'entreprise, parfois même des usages professionnels.

Les suites de la démission

En principe, le salarié démissionnaire ne bénéficie pas des allocations chômage. Dans certains cas, cependant, la démission ouvre droit à l'ARE (pour suivre son conjoint, pour échapper au harcèlement, pour créer ou reprendre une entreprise, etc.).

6. **Quelle est la finalité du préavis dû par le salarié démissionnaire ?**
7. **Pour quelle raison les allocations chômage ne sont-elles pas versées au salarié démissionnaire ?**

B La rupture à l'initiative de l'employeur : le licenciement

DOC. 14 Le licenciement, une décision à justifier

Si le contrat de travail est à durée indéterminée, le droit de résiliation de l'employeur existe. Mais la spécificité du droit du travail est dans l'encadrement de ce droit. En premier lieu, la protection du salarié se traduit par l'obligation de l'employeur de justifier le licenciement.

MOTIF DU LICENCIEMENT : UNE CAUSE RÉELLE ET SÉRIEUSE
Code du travail
Article L1232-1 – Tout licenciement pour motif personnel […] est justifié par une **cause réelle et sérieuse.**
Article L1233-2 – Tout licenciement pour motif économique […] est justifié par une **cause réelle et sérieuse.**

MOTIF PERSONNEL = MOTIF NON ÉCONOMIQUE		MOTIF ÉCONOMIQUE = MOTIF NON PERSONNEL
APPRÉCIATION JURISPRUDENTIELLE		DÉFINITION LÉGALE
FAUTE	**FAIT NON FAUTIF**	
• Faute sérieuse (pas une faute légère). *Ex. : des retards répétés.* • Faute grave (maintien du contrat de travail impossible). *Ex. : vol, refus d'obéir.* • Faute lourde (faute grave avec intention de nuire). *Ex. : dégradation volontaire.*	• Insuffisance ou inaptitude. *Ex. : incapacité face à des nouveaux outils.* • Caractère, attitude. *Ex. : incompatibilité d'humeur.* • Maladie prolongée si le remplacement définitif du salarié malade s'impose.	Suppression ou transformation d'emploi ou modification, refusée par le salarié, d'un élément essentiel du contrat de travail, consécutives notamment : – à des difficultés économiques ; – à des mutations technologiques ; – à une réorganisation pour la sauvegarde de la compétitivité ; – à la cessation d'activité de l'entreprise.

8. **En quoi peut-on dire que le Code du travail protège le salarié contre un licenciement arbitrairement décidé par l'employeur ?**
9. **Dans quelle mesure le licenciement n'est-il pas toujours une sanction ?**
10. **Pourquoi le licenciement économique peut-il concerner plusieurs salariés ?**

DOC. 15 La sanction du licenciement sans cause réelle et sérieuse

Lorsqu'un salarié se rend devant le conseil de prud'hommes suite à un licenciement sans cause réelle et sérieuse, le juge peut, dans un premier temps, proposer une réintégration du salarié à son poste.
Employeur comme salarié peuvent la refuser. Dans ce cas, le salarié va pouvoir obtenir des dommages-intérêts dont le montant est calculé selon les formules prévues par les ordonnances Macron pour tout licenciement prononcé depuis le 24 septembre 2017. […]
Le juge doit appliquer maintenant un barème légal qui contient des montants minimaux et maximaux (en mois de salaire) fixés en fonction de l'ancienneté du salarié. Sa marge de manœuvre a donc été réduite. Un barème s'applique pour les entreprises de moins de 10 salariés et un barème pour les entreprises d'au moins 10 salariés.
Par exemple, un salarié victime d'un licenciement sans cause réelle et sérieuse disposant d'une ancienneté de 15 ans va pouvoir bénéficier de dommages-intérêts compris entre 3 et 13 mois de salaire. L'intervalle reste conséquent et l'arbitrage du juge reste essentiel !
Le montant maximal de dommages-intérêts pour les salariés disposant d'une très grande ancienneté est plafonné à 20 mois de salaire.

www.alexia.fr, 23 janvier 2018.

11. **Relevez les deux suites possibles au licenciement sans cause réelle et sérieuse. Laquelle vous paraît être la plus fréquente ? Justifiez.**
12. **Quelle est l'utilité d'un barème légal d'indemnisation ?**
13. **Pourquoi peut-on dire que « l'arbitrage du juge reste essentiel » ?**

DOC. 16 Un salarié indolent

D'après un arrêt de la Cour de cassation du 24 septembre 2015

M.X… a été engagé à compter du 30 octobre 2006 par la société Compagnie IBM France en qualité de chef de fonction attaché en dernier lieu aux fonctions d'ingénieur d'affaires ; licencié pour insuffisance professionnelle par lettre du 20 février 2009, il a saisi la juridiction prud'homale ; il estime que la seule insuffisance de résultats ne peut, en soi, constituer une cause de licenciement.

La Cour de cassation relève que le salarié n'avait pas établi le caractère irréaliste des objectifs professionnels qui lui étaient assignés ; que la cour d'appel a constaté que le défaut de résultats était causé par un manque de travail, d'implication et de réactivité, malgré les mises en garde du manager dont le salarié n'avait pas tenu compte.

Les juges du droit approuvent donc les juges du fond qui ont estimé que le licenciement procédait d'une cause réelle et sérieuse.

14. **Relevez les faits et le litige entre le salarié et IBM France.**

15. **Quel est le problème juridique soulevé ? Quel type de licenciement est illustré par cette affaire ?**

16. **Quel est le sens de l'arrêt de la Cour de cassation ?**

DOC. 17 La procédure contradictoire en cas de licenciement individuel

Étape 1 – Convocation du salarié à un entretien préalable	Étape 2 – Entretien préalable au licenciement	Étape 3 – Notification du licenciement
Le motif de la convocation est précisé au salarié, à qui il est dit qu'il peut se faire assister.	Le salarié est entendu, éventuellement assisté, et fait valoir son point de vue.	La lettre de notification doit indiquer la cause du licenciement.

En cas de licenciement individuel pour motif économique

La notification du licenciement est précédée d'une proposition de mesure de reclassement, et une 4e étape est constituée par l'obligation de l'employeur d'informer l'administration du travail.

17. **En quoi ces différentes formalités de la procédure de licenciement permettent-elles de protéger le salarié ?**

DOC. 18 La procédure consultative en cas de licenciement économique collectif de 2 à 9 salariés

Étape 1 – Convocation du comité social et économique	Étape 2 – Réunion avec le comité social et économique	Étape 3 – Mise en œuvre de la procédure individuelle
L'employeur signifie le projet de licenciement collectif et toutes les informations utiles au comité social et économique (CSE).	L'employeur prend acte de l'avis des représentants du personnel et modifie éventuellement son projet de licenciement.	Une proposition de reclassement est faite à chaque salarié (par l'offre d'un contrat de sécurisation professionnelle).

18. **Comment la consultation des représentants du personnel peut-elle être favorable aux salariés menacés d'un licenciement économique ?**

DOC. 19 L'offre d'un contrat de sécurisation professionnelle (CSP)

Monsieur,
Vous avez appris par vos élus au comité social et économique que le projet de licenciement économique qui vous vise est définitivement adopté. Conformément à ce que prévoit la loi pour tout licenciement économique, je vous prie de trouver ci-joint un formulaire d'explication et un bordereau d'acceptation éventuelle du contrat de sécurisation professionnelle.
Dans le cadre de ce dispositif, vous avez la possibilité de bénéficier d'un parcours de retour à l'emploi, après un pré-bilan de vos compétences et l'examen des possibilités de reconversion – par une formation si nécessaire – que le Pôle emploi qui vous accompagnera se chargera d'effectuer.
Si vous adhérez à ce contrat, vous aurez la qualité de stagiaire de la formation professionnelle et, durant 12 mois au plus, vous percevrez une allocation de sécurisation professionnelle égale à 75 % de votre salaire brut. La rupture du contrat de travail ne donnera alors pas lieu à préavis, mais vous bénéficierez de l'indemnité de licenciement.
La loi précise que vous disposez d'un délai de 21 jours pour fournir votre réponse. […]

19. **En quoi le CSP apparaît-il comme un dispositif susceptible d'atténuer les effets néfastes du licenciement ?**

20. **Quelles mesures du CSP peuvent inciter les salariés à l'accepter ?**

DOC. 20 Le plan de sauvegarde de l'emploi (PSE)

Dans le cas des « grands » licenciements économiques collectifs (concernant au moins 10 salariés sur une période de 30 jours dans une entreprise d'au moins 50 salariés), il est obligatoire d'élaborer un plan de sauvegarde de l'emploi (PSE). Celui-ci doit explorer toutes les alternatives possibles aux licenciements initialement envisagés :

- des reclassements, éventuellement après une formation ;
- le placement de certains salariés dans d'autres entreprises du groupe ;
- des mutations vers d'autres établissements ;
- des dispositifs de départ volontaire, etc.

Ce PSE doit être négocié avec les représentants syndicaux. En cas d'accord, il est validé par la Direccte (Direction régionale des entreprises, de la concurrence, de la consommation, du travail et de l'emploi). En l'absence d'accord, il est proposé par le chef d'entreprise, mais il doit alors être homologué par la Direccte.

21. **Relevez les différentes mesures du PSE propres à limiter les licenciements.**

22. **Comment l'efficacité relative de la préservation des emplois est-elle contrôlée ?**

DOC. 21 Les conséquences du licenciement

1. LE PRÉAVIS

C'est le délai compris entre la notification du licenciement et la fin effective du contrat de travail.

Sa durée
Elle dépend de l'ancienneté du salarié.
- Pour une ancienneté de 6 mois à 2 ans, le préavis légal est de 1 mois.
- Pour une ancienneté de plus de 2 ans, le préavis légal est de 2 mois.

2. L'INDEMNITÉ DE LICENCIEMENT

C'est la réparation due au salarié pour tout licenciement justifié.

Son montant
Il dépend de l'ancienneté du salarié.
- 1/4 de mois de salaire par année d'ancienneté pour les 10 premières années.
- 1/3 de mois de salaire par année d'ancienneté à partir de la 11e année.

23. **En quoi le préavis dont bénéficie le salarié est-il protecteur de ses intérêts ?**

24. **Dans quelle mesure l'indemnité de licenciement est-elle dissuasive pour l'employeur ?**

C La rupture voulue par employeur et salarié(s) : la rupture conventionnelle

DOC. 22 La rupture conventionnelle homologuée individuelle

Ce mode de rupture du contrat de travail permet à l'employeur et au salarié de convenir de concert de la fin de leurs rapports, en négociant une convention soumise à homologation administrative. […] Le succès rencontré par la rupture conventionnelle homologuée s'explique en premier lieu par la facilité de sa mise en œuvre. En effet, il s'agit d'une convention librement négociée par les parties au cours d'un ou de plusieurs entretiens préalables, pendant lesquels elles peuvent se faire assister. […]

Cette convention définit les conditions de la rupture, et notamment :
– le montant de l'indemnité de rupture, qui ne peut être inférieur à celui de l'indemnité légale de licenciement ;
– la date de la rupture, qui ne peut intervenir avant le lendemain du jour de l'homologation.

Schéma de la mise en œuvre chronologique d'une rupture conventionnelle homologuée

– Signature de la convention et du formulaire type ⟶ 15 jours calendaires de délai de rétractation.
– Lendemain des 15 jours : envoi de la convention et du formulaire à l'administration du travail.
– 15 jours ouvrables (silence vaut homologation) ⟶ La rupture intervient le lendemain du jour où elle est autorisée (homologuée) par l'administration du travail.

www.village-justice.com

25. Quelles sont les raisons qui expliquent le succès de la rupture conventionnelle ?

26. Pourquoi l'homologation est-elle une protection des intérêts du salarié ?

DOC. 23 La rupture conventionnelle collective (RCC)

Ils l'attendaient visiblement avec impatience. À peine son décret d'application publié au *Journal officiel* le 21 décembre 2017, PSA, Pimkie ou encore l'hebdomadaire *Les Inrocks* se sont empressés de manifester leur intérêt pour la nouvelle rupture conventionnelle collective (RCC). […] Créé dans le cadre des ordonnances réformant le Code du travail adoptées en septembre 2017, ce dispositif permet à l'employeur de se séparer de plusieurs salariés volontaires sans avoir à justifier de difficultés économiques particulières […].

Si la procédure est certes plus flexible que celle d'un plan de départs volontaires ou d'un plan de sauvegarde de l'emploi (PSE), son issue reste conditionnée à l'approbation des organisations syndicales ou, à défaut, du comité social et économique (CSE) [et à sa validation par l'administration du travail].

M. Perroud, *Challenges*, 8 janvier 2018.

27. Comment les intérêts des salariés sont-ils protégés dans cette procédure ?

28. Pourquoi la RCC connaît-elle le succès ?

APPLICATION AU CAS

GROUPE PSA

PSA a divers sous-traitants. L'un d'eux, GM&S, connaît de graves difficultés.

DOC. Sous-traitant automobile GM&S : 277 emplois menacés, une « catastrophe économique »

À La Souterraine, dans la Creuse, où est basé le sous-traitant automobile GM&S, l'inquiétude est palpable. […] Dans l'usine, un nom revient en boucle. Celui de PSA. Le constructeur automobile représente 70 % du chiffre d'affaires de GM&S. Laurent Malochet est délégué CGT et cela fait 27 ans qu'il travaille dans l'atelier d'outillage. Il est persuadé que PSA a fait fabriquer les outils pour pouvoir se passer de son sous-traitant. […]

Aujourd'hui, faute de commandes suffisantes, le site de GM&S est menacé de fermeture. Si aucun repreneur digne de ce nom n'est trouvé d'ici le 5 mai, la liquidation judiciaire sera prononcée. 277 licenciements sont en jeu.

Isabelle Raymond, franceinfo:, 26 avril 2017.

1. Quel est le type de licenciement envisagé chez GM&S ?
2. Quelle en est l'origine ? Correspond-elle à une situation envisagée par la loi ?
3. Si ce licenciement devait survenir, quelles seraient les obligations de l'entreprise ?

1 La discrimination à l'embauche

1. **Quels peuvent être les effets d'une offre d'emploi comportant une mention discriminatoire ?**
2. **Quelle différence faut-il faire entre la discrimination et des différences de traitement de personnes autorisées ? Donnez des exemples.**
3. **Pourquoi ne suffit-il pas d'interdire la discrimination dans les offres d'emploi pour éviter la discrimination à l'embauche ?**

DOC. Offre d'emploi : ce qui est légal, ce qui ne l'est pas

Près de 10 % des offres figurant sur le site Pôle emploi seraient illégales, [a révélé une] étude de l'opérateur. Une faute qui peut coûter cher au recruteur.

Une entreprise qui recrute sur Internet, dans la presse ou *via* le service public doit se montrer particulièrement vigilante. La rédaction d'une offre d'emploi est soumise à des règles précises encore méconnues, comme le révèle [l'étude] de Pôle emploi. Elles sont pourtant lourdes de conséquences. La personne physique ou morale reconnue coupable de discrimination encourt une sanction disciplinaire (s'il s'agit d'un salarié de l'entreprise) et des sanctions pénales (trois ans d'emprisonnement pour le chef d'entreprise et 45 000 euros d'amende).

Les mentions discriminatoires interdites

Lors d'un recrutement, toute forme de discrimination est interdite. Il y a plusieurs choses que le recruteur n'a pas le droit d'écrire. Les chances entre les différents candidats à l'emploi doivent être égales.

Voici les mentions discriminatoires non autorisées citées dans l'article L1132-1 du Code du travail :

1/ Pas de condition de nationalité possible en demandant, par exemple, la présentation de la carte d'électeur. Il n'est pas possible non plus de préciser « candidat français » ou « candidat corse » [...].

2/ Pas d'annonce sexuée : l'offre ne peut pas mentionner uniquement un sexe pour le candidat recherché, la mention avec les deux sexes « H/F » doit apparaître après l'intitulé du poste (une dérogation existe pour les artistes jouant un rôle, les mannequins et les modèles) [...].

3/ Pas de mention sur les mœurs, l'orientation ou l'identité sexuelle possible. [...]

4/ Pas de condition d'âge : une limite d'âge minimale peut être mentionnée seulement pour les emplois avec travaux dangereux ou les débits de boissons. [...]

5/ Pas de mention sur une situation de famille souhaitée : l'offre ne peut pas mentionner « célibataire », « sans enfant » ou « libéré de toute obligation familiale ».

6/ Pas d'exigence d'appartenance ou non à une ethnie, nation ou race. L'offre ne peut pas, par exemple, mentionner « un boucher israélite pour une boucherie casher ».

7/ Pas de mention sur les opinions politiques, activités syndicales ou mutualistes. [...]

8/ Pas de recherche en fonction des convictions religieuses. [...]

9/ Pas de discrimination fondée sur l'état de santé : toute mention du type « personne en bonne condition physique », « poste réservé à une personne handicapée », « bonne résistance au stress » ou « personne valide » est à proscrire.

10/ La demande d'extrait de casier judiciaire vierge, dit « bulletin n° 3 », n'est autorisée que pour certains métiers (entreprises privées de gardiennage, surveillance, sécurité, transport de fonds, et les employés de banque).

Marion Bain / lentreprise.lexpress.fr / 26.07.2017.

2 Le caractère clair et non équivoque de la démission

1. Étudiez le conflit à l'origine de l'arrêt de la cour d'appel.
2. Sur quelle analyse les juges du conseil de prud'hommes se sont-ils appuyés pour accueillir la demande de Mme X… ?
3. Quel est le sens de la décision de la cour d'appel ?

DOC. La nounou démissionne par SMS

Mme Y embauche Melissa X le 2 novembre 2012, en qualité de garde d'enfant à domicile. Leur relation de travail prend fin le 28 février 2014, après la découverte, par Mme Y, d'un coquard sur l'œil de l'enfant. Le 16 avril 2014, Mme X saisit le conseil de prud'hommes d'Albi (Tarn). Melissa X réclame des indemnités pour la rupture du contrat de travail, dont elle soutient qu'elle s'analyse comme un licenciement sans cause réelle et sérieuse. […] L'employeuse réplique qu'elle n'a pas licencié sa nounou, mais que cette dernière a abandonné son poste sans préavis, ce qui, d'ailleurs, lui a causé un préjudice. Faute de preuves de ce qu'elle avance, le conseil de prud'hommes la condamne à payer des dommages et intérêts ainsi que des indemnités pour licenciement sans cause réelle et sérieuse, le 18 février 2015.

Mme Y fait appel. Pour prouver la démission de la nounou, elle produit cette fois les SMS que celle-ci lui a envoyés, après qu'elle l'eut interrogée sur l'origine du coquard, le 28 février 2014. Melissa X lui a ainsi répondu : « Beh j'ai rien vue à par qui c'est cogné mais j'ai rien vue ainsi que Romain. C'est vraiment pas sympa à gros tu insinue quoi… ! Que je sache je me suis toujours très bien occupé de Z. […] Trouve toi une autre personne pour garde Z c'est de trop. Sur ce bonne soirée. » Mme Y estime que, par cette phrase, Mme X a manifesté sa volonté de quitter son emploi.

Le lendemain, Melissa X a encore écrit : « Tu fera passe mon salaire à ma mère. Merci. Bonne continuation. » Puis : « Oui je ne veut plus le garde au moins tu n'auras plus rien à me reprocher !!!! Je pense que sa ne sert à rien de parlé plus… Bye. » Mme Y estime que ces nouveaux textos prouvent la volonté certaine et définitive de la salariée de rompre le contrat de travail.

La cour d'appel de Toulouse lui donne raison, après avoir rappelé que « la démission ne se présume pas, mais qu'elle est un acte unilatéral par lequel le salarié manifeste de façon claire et non équivoque sa volonté de mettre fin au contrat de travail ». Elle constate que « la démission n'a pas été donnée dans un mouvement d'humeur lors d'un incident concernant le travail, mais que Mme X a réaffirmé le lendemain sa volonté de rompre le contrat, de façon claire et non équivoque […] ». Elle infirme le jugement de première instance.

R. Rivais, *Le Monde* (blog) 25 août 2017.

Le Code du travail ne prévoit aucune forme particulière pour présenter sa démission : elle peut être verbale, écrite ou résulter d'un comportement sans ambiguïté du salarié (ce qui n'est pas le cas, par exemple, de la seule absence du salarié à son poste de travail ou de l'absence de reprise du travail à l'issue des congés payés).

travail-emploi.gouv.fr, 18 janvier 2019.

La protection du salarié lors de l'exécution du travail

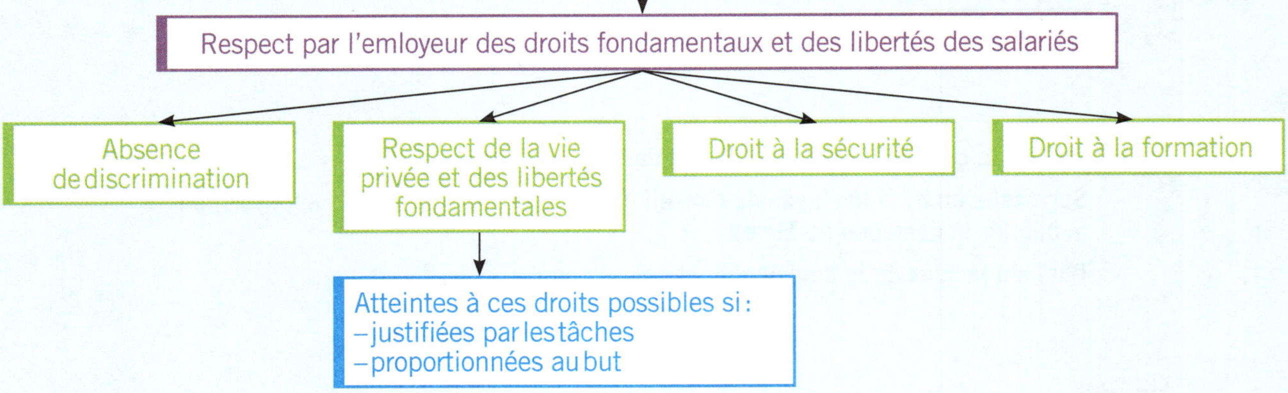

La rupture du contrat de travail et ses conséquences

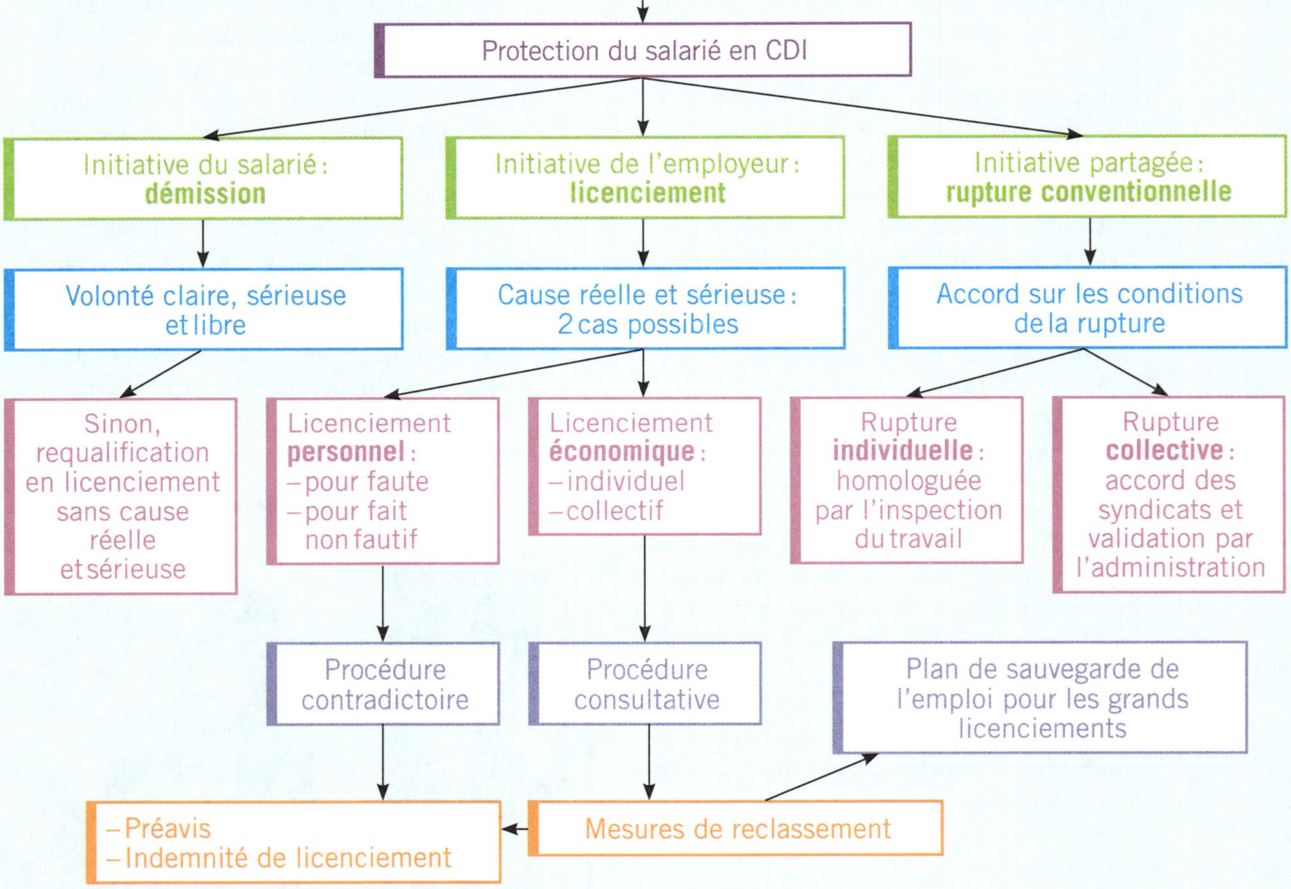

CONCEPTS

Compte personnel de formation (CPF) – Contrat de sécurisation professionnelle (CSP) – Démission – Discrimination – Formation professionnelle – Indemnité de licenciement – Licenciement – Licenciement économique – Licenciement personnel – Licenciement sans cause réelle et sérieuse – Plan de sauvegarde de l'emploi (PSE) – Préavis – Rupture conventionnelle collective – Rupture conventionnelle homologuée

12 L'impact des mutations du travail sur l'emploi et les conditions de travail

PLAN DU CHAPITRE

- 1 • Proposer des actions appropriées dans le cadre d'une gestion des emplois et des compétences
- 2 • Identifier les leviers de la motivation

LES COMPÉTENCES ATTENDUES

- → Proposer des actions appropriées dans le cadre d'une gestion des emplois et des compétences.
- → Identifier les leviers de motivation conciliant l'objectif de l'entreprise et les attentes de l'individu.

LES SAVOIRS ASSOCIÉS

- → Le dispositif de gestion provisionnelle des emplois et des compétences
- → Les facteurs de motivation et de la satisfaction au travail
- → Les conditions de travail et leurs évolutions

Les Français en manque de reconnaissance au travail

Plus de huit Français en emploi sur dix ont le sentiment de faire un travail « utile », mais moins d'un sur deux estime que son travail est « reconnu à sa juste valeur », selon un sondage publié mardi.

Globalement, les Français en emploi sont satisfaits (72 %) de leur travail, des relations avec leurs collègues (88 %), leurs supérieurs (72 %) et leur direction (64 %), selon cette enquête Odoxa/Dentsu Aegis Network pour Franceinfo.

Toutefois, si 84 % d'entre eux ont le sentiment de faire un travail « utile », seuls 49 % estiment que leur travail est « reconnu à sa juste valeur ». Et 59 % ne considèrent pas avoir des « perspectives d'évolution motivantes ».

Les deux tiers des Français (67 %) actuellement en emploi pensent qu'il leur serait difficile de retrouver un emploi équivalent s'ils perdaient le leur, alors qu'une majorité d'entre eux (75 %) a le sentiment de disposer de « compétences spécifiques et d'une expertise recherchée sur le marché de l'emploi ».

Autre enseignement de cette enquête, seul un Français sur cinq (21 %) conseillerait à un jeune de travailler toute sa vie dans la même entreprise.

L'enquête a été réalisée auprès d'un échantillon de 1016 Français en emploi (méthode des quotas), interrogés par Internet du 3 au 5 avril 2018.

AFP, 10 avril 2018.

Nathan live!
LES FRANÇAIS ET LE TRAVAIL
https://youtu.be/zpV5CJVFebs

1. **Quelles sont les sources de satisfaction des Français au travail ?**
2. **Pourquoi les salariés français sont-ils en manque de reconnaissance au travail ?**

1 Proposer des actions appropriées dans le cadre d'une gestion des emplois et des compétences

DOC. 1 Qu'est-ce que la GPEC ?

L'environnement, les décisions stratégiques ont des conséquences sur les ressources humaines de l'entreprise. Dans ce contexte, la gestion prévisionnelle des emplois et des compétences (GPEC) se fonde sur une analyse des ressources disponibles qui vont être confrontées aux besoins futurs de l'entreprise en termes de volume d'emploi et de compétences. En fonction des écarts, l'entreprise mettra en œuvre les actions appropriées.

Écarts : besoins – ressources	Objectifs	Actions appropriées
Les besoins sont supérieurs aux ressources disponibles	Accroître les effectifs et/ou accéder à de nouvelles compétences	**La mobilité interne / la promotion :** l'entreprise recrute en interne en proposant un changement de poste à un salarié. Cette mesure permet de motiver les salariés en leur accordant de nouvelles responsabilités. **Le recrutement externe :** l'entreprise embauche des personnes extérieures. Cette solution permet d'accéder à de nouvelles compétences et d'apporter du sang neuf dans l'entreprise. **La formation :** elle permet de faire évoluer les salariés et de répondre à de nouveaux besoins en matière de compétences.
Les besoins sont inférieurs aux ressources disponibles	Réduire les effectifs	**La réduction des effectifs :** l'entreprise va chercher à réduire ses effectifs en favorisant des dispositifs de départs volontaires, de travail à temps partiel ou de gestion des fins de carrière dans le but de limiter les licenciements. **La réduction du temps de travail :** cette mesure permet d'ajuster la durée du temps de travail en fonction des besoins. **La mobilité interne :** elle va permettre d'éviter de supprimer des postes sensibles devenus obsolètes en proposant des reclassements.

1. Pourquoi l'environnement et les décisions stratégiques peuvent-ils influencer les besoins en ressources humaines de l'entreprise ? Donnez des exemples pouvant les influencer à la hausse ou à la baisse.

DOC. 2 Les GPEC en pratique

En manque de main-d'œuvre

Créée en 2009, Cambrai Broderie et impression emploie douze personnes à Ligny-en-Cambrésis. En plein essor, l'entreprise de Sébastien Dessolle peine pourtant à trouver la main-d'œuvre. « Il n'y a plus d'écoles de sérigraphie et de broderie par ici », déplore le chef d'entreprise.

Le groupe Happychic se restructure

D'ici 2021, le groupe d'habillement Happychic va fermer 88 magasins non rentables (48 Brice, 30 Jules sur 546 Jules et Brice et 10 Bizzbee). [...] La crise du marché de l'habillement serait en cause avec la concurrence de géants comme Zara, H&M ou Primark, mais aussi le changement des comportements d'achat, notamment avec le shopping en ligne.

G. Deljurie, *La Tribune*, 13 septembre 2018.

Amazon a besoin de main-d'œuvre

Comme chaque année à la même époque, Amazon a besoin de main-d'œuvre. Il lui faut anticiper l'augmentation de son activité avant et au moment des fêtes de fin d'année.

2. Analysez et expliquez l'écart entre les ressources disponibles et les besoins futurs dans chacun des trois cas présentés dans le document 2.

3. Proposez des actions pour réduire ces écarts.

DOC. 3 La gestion des talents

La GPEC a pour objet d'anticiper à moyen/long terme les évolutions des ressources humaines. Or, les dirigeants ont des difficultés pour établir des plans d'action fiables tant l'environnement est aléatoire. Dans ce cadre, la GPEC ne permet pas de s'adapter immédiatement aux changements en cours. Pour être réactive, l'entreprise doit être en mesure d'identifier les talents, qui se définissent comme la combinaison de compétences rares, ayant la capacité d'être performants dans une situation donnée. Avec la gestion des talents, les entreprises doivent être en mesure de détecter leurs hauts potentiels, de fidéliser leur personnel, d'améliorer la performance individuelle de leurs employés ainsi que de développer leurs compétences. La gestion des talents s'appuie sur la personne en explorant, pour chaque salarié, les activités pour lesquelles il dispose d'aptitudes naturelles de manière à mettre « la bonne personne à la bonne place ».

4. Pourquoi la GPEC ne permet-elle pas à l'entreprise d'être réactive ?

5. Quels sont les objectifs de la gestion des talents ?

DOC. 4 Attirer et repérer les talents

Pour attirer les talents, le groupe Mazars, spécialisé en audit et conseil, développe une stratégie digitale sur les réseaux sociaux. Le cabinet a fait le pari de communiquer sur sa culture d'entreprise. Par exemple, une websérie (*Vie de Mazars*) a été lancée : entretien, vie en interne, séminaire... Tous les sujets sont abordés avec une autodérision assumée. « Nous sommes dans une démarche de transparence totale, déclare Arnaud Le Neen, associé responsable de la région Ouest. On peut communiquer comme tout le monde sur les métiers de notre groupe mais ces informations, les jeunes diplômés les ont déjà. Notre objectif, c'est d'attirer les talents, les meilleurs. Alors, on se différencie, en présentant notre culture d'entreprise. »

Lancé en juin 2017, le programme d'intrapreneuriat NewValue s'inspire des grandes étapes de développement des start-up et poursuit un double objectif : concrétiser les idées et projets des collaborateurs tout en favorisant l'émergence de nouveaux talents dans l'entreprise. Toutes les idées récoltées lors de la phase de candidature sont analysées. Les collaborateurs présentent ensuite un pitch de leurs idées à un comité composé d'experts. Les employés qui sont entrés dans la phase de maturation travaillent sur leur projet avec du temps dédié et l'assurance que si les choses ne se concrétisent pas, ils pourront reprendre leur poste, ou équivalent. « Avec ce programme, nous souhaitons nous concentrer sur quelques personnes qui ont des idées à très fort potentiel, en mettant à leur disposition tous les moyens nécessaires pour transformer – en un temps très court – leurs idées en véritables business pour l'entreprise. » – Morgane Jossic (responsable de l'intrapreneuriat et de la créativité chez Bouygues Construction)

***Maddyness*, avec Bouygues Construction, 12 octobre 2018.**

6. Repérez les moyens utilisés par le groupe Mazars pour attirer les talents.

7. Pourquoi le groupe Mazars a-t-il besoin de se différencier de ses concurrents pour attirer les talents ?

8. Comment Bouygues Construction repère-t-il les talents parmi ses salariés ?

9. En quoi les talents peuvent-ils représenter un avantage compétitif pour l'entreprise ?

APPLICATION AU CAS

GROUPE PSA

DOC. Témoignage de Jean-Paul Guy, délégué syndical central suppléant de la CFTC pour le groupe PSA

« Avec la GPEC, nous avons des accords centraux qui nous ont permis de répartir les postes en trois catégories. Les métiers en tension : pour ces métiers, nous n'avons pas assez de personnel pour pourvoir ces postes. Ils sont croissants chez groupe PSA. Les métiers à l'équilibre : pas de problèmes particuliers les concernant. Et les métiers sensibles : sureffectif par rapport au besoin de l'entreprise. Nous faisons le point tous les six mois sur leurs évolutions. [...] Il faut permettre aux personnes de partir volontairement dans les meilleures conditions, en évitant tout plan social. Nous avons aussi mis en place le programme "Top compétences", qui permet de suivre une formation complète pour changer de métier. »

A. Sibuet, frenchweb.fr, 11 septembre 2018.

1. Identifiez les mesures mises en place dans le cadre de la GPEC. Justifiez ces choix.

2. Proposez des actions pour les métiers en tension.

2 Identifier les leviers de la motivation

DOC. 5 Quels sont les facteurs déterminants de la motivation au travail ?

La motivation se définit comme une force plus ou moins consciente qui pousse un individu à agir. Dans le cadre du travail, la motivation se mesure par la volonté d'un individu à s'investir et à s'impliquer dans la réussite de son entreprise. L'employeur dispose d'un ensemble d'outils qui vont avoir une influence sur la motivation et l'implication de ses salariés :

La **rémunération** est un des leviers classiques de la motivation. Elle est constituée de l'ensemble des rétributions versées à son salarié en contrepartie de son travail.
Selon la théorie de l'équité d'Adams, chaque individu a tendance à évaluer ses contributions envers son employeur (temps de travail, performances, expérience) et à les comparer à ce qu'il reçoit en contrepartie (salaire, conditions de travail, promotion…) et à ce que d'autres personnes perçoivent dans des situations qu'il juge similaires. En fonction des écarts constatés, l'individu éprouvera un sentiment d'équité si sa rétribution (avantages perçus) est à la hauteur de sa contribution ou d'iniquité si l'écart est en sa défaveur. Dans ce dernier cas, l'iniquité peut avoir des effets sur le comportement et la motivation du salarié qui peuvent se traduire par de l'absentéisme, des tensions, des demandes d'avantages supplémentaires (salaires, primes, promotions).

La **stabilité de l'emploi** : au-delà de l'aspect financier lié à la rémunération, le salarié est également prêt à s'impliquer pour une entreprise qui lui garantit de bénéficier d'un emploi stable et sécurisant.

La **gestion des carrières** a pour but de mettre en œuvre des parcours personnalisés pour les salariés. Elle vise à accompagner le salarié en lui donnant des fonctions intéressantes, avec de réelles responsabilités.

L'**aménagement du temps de travail** est l'adaptation des horaires et du rythme du travail aux besoins de l'entreprise et des salariés.

L'**épargne salariale** regroupe un ensemble de dispositifs destinés à intéresser collectivement les salariés d'une entreprise à ses résultats.

1. **Distinguez les leviers monétaires et non monétaires de la motivation parmi les dispositifs présentés dans le document 5.**

2. **Selon la théorie de l'équité d'Adams, à quelles conditions un système de rémunération sera-t-il motivant pour un salarié ?**

DOC. 6 Et si demain, on choisissait nos salaires ?

Bienvenue chez Lucca, une start-up où les salariés fixent eux-mêmes leurs salaires sous l'œil attentif (mais non contraignant !) de leurs collègues. Ici, non seulement chacun sait combien gagne son voisin, tout est transparent, mais chacun fixe aussi sa rémunération, à partir de trois ans d'ancienneté. […] Après une première phase dans les années 2000, Gilles Satgé retente l'expérience depuis janvier 2016. Le mécanisme est affiné chaque hiver. « On conserve deux règles, précise le PDG. Un : le salarié a le dernier mot. Deux : le salaire doit correspondre à la valeur du marché. » […] Au bout du compte, atteste Gilles Satgé, les salaires chez Lucca suivent les marchés mais sont en moyenne 3 à 4 % plus élevés que si le PDG fondateur les avait déterminés seul. Un investissement qui s'avère… rentable. « Les gens sont contents d'avoir fixé leur salaire et ça évacue toute la frustration qui existe en temps normal autour du sujet. » Un mécanisme qui augmente surtout l'engagement, en particulier de ceux qui prétendent à un salaire élevé. « Ça leur met la pression ! Désormais, ils doivent assurer devant tout le monde, être à la hauteur de leur prétention. » […]

C. Lesacq, *Welcome to the Jungle*, n° 8, 2 mars 2018.

3. **Expliquez comment le système de rémunération mis en place par l'entreprise Lucca permet d'éviter le sentiment d'iniquité évoqué dans la théorie de l'équité d'Adams (document 5).**

4. **Pourquoi ce système augmente-t-il l'implication des salariés ?**

DOC. 7 La satisfaction des besoins des salariés

Abraham Maslow a identifié cinq besoins auxquels l'entreprise doit répondre pour motiver ses salariés : le besoin physiologique, le besoin de sécurité, le besoin d'appartenance, le besoin d'estime (ou de reconnaissance) et le besoin de s'accomplir (ou d'épanouissement personnel). Dans sa théorie bi-factorielle, Frederick Herzberg distingue deux types de facteurs qui influencent la satisfaction au travail : les facteurs d'hygiène liés à l'environnement du travail et les facteurs de motivation qui concernent le travail en lui-même. Selon Herzberg, les salariés sont mécontents si les facteurs d'hygiène ne sont pas satisfaits. Cependant, la satisfaction des facteurs d'hygiène ne suffit pas à motiver le salarié car il lui apparaîtra normal que son travail réponde à ce type de besoins. Pour motiver les salariés, il faut satisfaire les facteurs de motivation, c'est-à-dire le contenu du travail. Ainsi, Herzberg disait : « Si vous voulez que les gens fassent du bon travail, donnez-leur un bon travail. »

Maslow et Herzberg

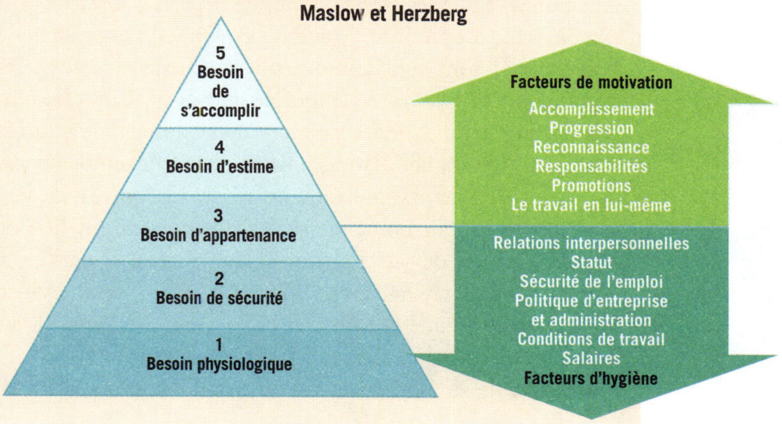

5. **Comment l'entreprise peut-elle satisfaire le besoin d'estime de ses salariés ?**
6. **Pourquoi la seule satisfaction des facteurs d'hygiène évoqués par Herzberg ne permet-elle pas de motiver les salariés ?**
7. **Expliquez la phrase soulignée dans le document 7.**

DOC. 8 Partager la réussite de son entreprise avec ses salariés

Un patron qui reverse 1,6 million d'euros de bénéfices à ses salariés pour fêter les 25 ans de son entreprise, c'est plutôt rare. « Non, c'est normal ! » affirme Jean-Louis Brissaud, le généreux PDG fondateur de Starterre, une PME lyonnaise spécialisée dans la distribution automobile…

Pourquoi avez-vous été surpris par le buzz provoqué par ce cadeau offert à vos salariés (de 500 à 35 000 euros selon l'ancienneté, NDLR) ? Cette prime, c'est un peu le sommet de l'iceberg. Nos collaborateurs se sont beaucoup investis, certains depuis des années, pour faire croître cette entreprise. Il est logique de partager sa réussite avec eux. […]

Vous avez aussi une approche assez paternaliste avec vos salariés. N'est-ce pas également un facteur de succès ? […] Si vous permettez à vos collaborateurs d'être bien dans leur travail, acteurs de leur job et si vous reconnaissez leur implication, vous pouvez les emmener au bout du monde. Cette valorisation est primordiale. Un salarié a d'ailleurs dit en recevant cette prime d'anniversaire qu'au-delà du montant, elle était d'abord une preuve de la reconnaissance de son travail.

Au-delà de son management participatif et reconnaissant, Jean-Louis Brissaud veille aussi au bien-être de ses équipes. La centaine de salariés de Starterre bénéficie d'excellentes conditions de travail : open space très zen couleur chocolat et vert anis agrémenté de bonsaïs, pièce de repos pour les micro-siestes, salle de massage, cuisine-bar, coin télé, terrasse et… baby-foot !

C. Dillenseger, myhappyjob.fr, 18 octobre 2017.

8. **Quels types de besoins de Maslow (document 7) l'entreprise Starterre a-t-elle satisfaits en distribuant une partie de ses bénéfices à ses salariés ?**
9. **Classez les actions mises en place selon la théorie bi-factorielle de Herzberg (document 7).**
10. **Quelle est la clé de la motivation des salariés selon le PDG de Starterre ?**

Nathan live!
LYON : UN PATRON GÉNÉREUX REVERSE 1,6 MILLION D'EUROS À SES SALARIÉS
https://youtu.be/Hupqk9tjpSk

DOC. 9 Les attentes des Digital Natives

Les natifs du numérique constituent la première génération pour qui les nouvelles technologies sont naturelles, car ils ont grandi dans un environnement technophile où les ordinateurs, jeux vidéo, lecteurs MP3, webcams et téléphones cellulaires étaient omniprésents. [...] Internet offre la possibilité d'avoir accès à tout, tout de suite. Les Digital Natives [également appelés Millennials] sont soucieux de concret, d'expérience, de transparence et d'immédiateté. [...] Dans le monde du travail, ils ont besoin d'accéder aux connaissances de manière rapide, d'avoir des activités variées [...]. Autre spécificité des Digital Natives, mieux gérer leur temps vie professionnelle / vie privée, en interconnectant les deux. Ce qui incite les entreprises à repenser le bureau non plus seulement comme un lieu de travail mais comme un lieu de vie. Ils sont également conscients de vivre dans un environnement changeant et incertain. Ainsi, leur respect de l'autorité est à la compétence et non à la hiérarchie et à l'âge. Ils veulent que les ordres qu'on leur donne soient justifiables, légitimes au sens de l'utilité et ont besoin de se sentir dans un environnement social agréable et amical.

ct.nexity.fr

11. **Recensez les besoins des Digital Natives dans le monde du travail.**

12. **Expliquez et justifiez comment s'exprime leur rapport à l'autorité.**

13. **Les leviers classiques de la motivation leur correspondent-ils ?**

DOC. 10 Davidson Consulting, l'entreprise rêvée ?

Cette société française de conseil en management et d'expertise technologique, créée en 2005, emploie quelque 1 800 salariés. Peu sont visiblement ceux à se plaindre de leur situation. « Nous avons décidé que rien dans le travail ne justifiait qu'on "fasse la gueule". Nous multiplions les occasions de nous retrouver : formations, parrainage, échanges d'appartements, ateliers photos, week-end plongée, tennis, football, soirées théâtre, opéra. [...] Chez Davidson Consulting, il y a même un coin sieste, qui fait face à l'espace détente où sont disposés piano, guitare, console de jeux, transat et baby-foot. » Mais la recette du succès comprend bien plus d'ingrédients. Le principal, peut-être, réside dans le management horizontal : peu de niveaux hiérarchiques, des dirigeants très accessibles et des collaborateurs placés au centre de l'entreprise.

T. Mathieu, europe1.fr, 9 octobre 2017.

14. **Quels sont les moyens mis en place au sein de la société Davidson Consulting pour développer les relations sociales entre les salariés ?**

15. **Quel style de management a été instauré au sein de cette société ? Justifiez votre réponse. En quoi cela correspond-il aux attentes des Digital Natives ?**

DOC. 11 Télétravail et lien social

Jean-Charles Varlet, le dirigeant de la start-up Crème de la Crème qui met en relation les travailleurs freelance et les entreprises, est heureux : depuis quatre ans, son entreprise n'a connu qu'un seul départ. Pour fidéliser ses salariés, la start-up a misé sur le télétravail. Trois jours par semaine, les salariés ont la possibilité de rester travailler chez eux. La réussite de cette nouvelle forme de travail repose sur la liberté et la confiance. Elle nécessite également de maintenir un lien social entre l'entreprise et ses salariés.

Crème de la Crème a ainsi créé des rendez-vous et des évènements qui vont permettre de favoriser les échanges et la collaboration entre les salariés. Chaque semaine, un apéritif est organisé avec des salariés choisis aléatoirement. De plus, tous les trois mois, chaque équipe s'évade pendant quelques jours hors de Paris, en province ou à l'étranger.

16. **À quelle aspiration des Digital Natives (document 9) le télétravail répond-il ?**

17. **Quels peuvent être, selon vous, les freins à la mise en place du télétravail ?**

18. **Comment l'entreprise Crème de la Crème réussit-elle à concilier télétravail et lien social ?**

DOC. 12 Les Digital Natives changent l'entreprise

Comment attirer les jeunes talents et les fidéliser ? Comment répondre aux besoins de créativité et d'autonomie des Digital Natives ? De nombreuses entreprises font actuellement face à ces problématiques et n'hésitent pas, pour y répondre, à revoir leur mode de management pyramidal.
C'est le cas de l'entreprise GT Location, spécialisée dans la location de véhicules avec conducteur. « Notre organisation donne toutes les capacités de décision aux équipes opérationnelles, de sorte que ceux qui savent décident sans avoir à en référer à leur supérieur », explique Michel Sarrat, PDG de GT Location.
Même tendance au sein du groupe SGP, expert en sécurité privée, qui emploie 450 agents de sécurité, dont plus de la moitié a moins de 35 ans. Au sein de cette société, le PDG, Florian Pette, a décidé en 2015 de laisser ses salariés prendre les décisions de manière collégiale.
Les équipes sur le terrain ont toute la lattitude pour gérer leur emploi du temps sous l'encadrement d'un leader choisi par les membres de l'équipe en concertation avec le client. Ces mesures ont permis de favoriser les prises d'initiative chez les collaborateurs et les jeunes recrues tout en développant l'esprit d'équipe. « Ces Digital Natives ont besoin de reconnaissance, d'être écoutés et de trouver du sens à leur métier », explique Sonia Chateaux, Office manager au sein du groupe SGP, qui estime que ce mode de management libéré correspond bien aux aspirations des générations Y et Z.

19. **Décrivez le type de management mis en place au sein de l'entreprise GT Location et du groupe SGP.**

20. **Pourquoi ces entreprises répondent-elles aux attentes des Digital Natives ?**

APPLICATION AU CAS

GROUPE PSA

DOC. De nouveaux outils pour accompagner la transformation digitale ?

Valérie Roch, Responsable de l'Innovation RH et du programme « Digital Employee » du groupe PSA, décrit l'engagement de la DRH dans la transformation du groupe automobile.

Quel est le lien entre le poste de « Responsable de l'Innovation RH » et la transformation que connaît actuellement le groupe PSA ?

Le poste de Responsable de l'Innovation RH existe depuis février 2016. Le groupe PSA veut en effet devenir une entreprise complètement connectée. L'évolution culturelle à mener dans le groupe et à laquelle la transformation digitale contribue, c'est avoir une culture du résultat et de la confiance.

Y a-t-il un enjeu générationnel ?

La moyenne d'âge dans le groupe est de 45 ans et la présence des Digital Natives y est encore limitée. Nous capitalisons donc sur nos 3 000 jeunes apprentis. Nous avons ainsi organisé des rencontres à l'heure du déjeuner pour qu'ils puissent parler de différents aspects que représentait le digital pour eux et pour l'entreprise.

Devez-vous transformer vos modes et lieux de travail ?

Nous avons beaucoup développé le télétravail et une solution innovante, le TAD (travail à distance) : ainsi, 25 jours par an peuvent y être réalisés à distance, et plus dans l'entreprise, avec juste un accord direct avec le manager. C'est un des moyens de dire : nous vous faisons confiance dans votre organisation du travail pour réaliser votre mission et atteindre vos objectifs. Nous développons en parallèle le Flex Office. Ces nouveaux locaux reflètent trois aspects clés : de la modernité, des moyens digitaux et une grande convivialité – qui est définitivement le maître-mot. Dans ces cadres, les managers sont en contact direct avec les équipes.

Digital Insights, 26 mars 2018.

1. **Montrez que les transformations menées au sein du groupe PSA répondent aux attentes des Digital Natives.**

2. **Pourquoi le travail à distance repose-t-il sur la confiance ?**

3. **La mise en place du Flex Office peut-elle avoir une influence sur la motivation des salariés ? Justifiez votre réponse.**

1 Un exemple réussi de GPEC dans une PME

1. **Repérez les objectifs de la GPEC au sein de l'entreprise AKTEHOM.**
2. **Identifiez les moyens mis en œuvre pour développer les compétences des salariés.**
3. **Expliquez pourquoi la GPEC permet de garantir la motivation des collaborateurs de l'entreprise AKTEHOM.**

DOC. **La GPEC, un atout concurrentiel**

Inscrite dans la stratégie RH des grandes entreprises afin de détecter et d'anticiper les métiers clés et besoins en compétences de demain, la GPEC (gestion prévisionnelle des emplois et des compétences) a également sa place dans des structures plus légères.

C'est le cas d'AKTEHOM, cabinet de conseil auprès des industriels de la pharmacie, dont la cofondatrice en charge des RH, Christelle Petrossi, développe une stratégie dans ce sens depuis 2011.

Pourquoi avoir élaboré une GPEC ?

Notre activité et notre positionnement de conseil expert nécessitent d'avoir une logique anticipative d'identification des compétences stratégiques, tant sur les besoins du marché que sur la croissance et le développement. Nos collaborateurs ingénieurs, scientifiques, pharmaciens interviennent en équipe projet pour apporter des solutions d'expertise permettant de mettre en conformité les procédés pharmaceutiques. La valeur apportée par AKTEHOM à ses clients repose en grande partie sur la qualité des compétences de ses consultants. La mise en place d'une GPEC a aussi pour objectif de garantir l'excellence et la motivation de nos collaborateurs. Le recrutement de 10 consultants expérimentés en 2018 s'inscrit dans cette démarche de renforcement de nos compétences stratégiques.

Quels sont les dispositifs mis en place dans ce cadre ?

Nous avons mis en place dans notre fonctionnement interne trois pôles (Business, Compétences et Innovation) afin d'intégrer ces valeurs clés dans une réalité organisationnelle. La mission du pôle Compétences consiste à décliner la stratégie du cabinet en termes de compétences. Pour cela, nous disposons d'une équipe de cinq consultants experts qui s'impliquent pour animer, piloter, orienter la GPEC. Nous avons à notre disposition une matrice de compétences, intégrée dans notre processus de management, qui permet d'évaluer et de suivre les évolutions collectives et individuelles. Ces évaluations s'effectuent de façon collaborative en associant consultants, experts métiers et managers. Cela permet d'impliquer tous les collaborateurs dans un projet et une dynamique humaine basée sur le progrès et la performance.
De plus, nous disposons d'un comité technique qui se réunit trois fois par an pour étudier toutes les voies d'amélioration possibles. Enfin, nous mettons en place des plans d'action avec des formations, congrès scientifiques, recrutements et tutorats afin de faire évoluer ces compétences.

Quels sont les résultats ?

Nous avons listé 35 macro-compétences dont un tiers fait l'objet d'actions prioritaires chaque année. La taille de l'entreprise nous permet de connaître les profils et les motivations de chacun. Enfin, nous sommes en mesure de piloter de façon efficace tant le collectif que l'individu, ce qui offre une parfaite agilité à la structure.

C. Gierse, focusrh.com

Nathan live!
ÊTRE CONSULTANT AKTEHOM
https://youtu.be/zbiq3At-NoY

2 SFAM, l'entreprise où on est heureux de travailler

1. Repérez les moyens mis en place par SFAM pour fidéliser ses salariés.
2. Classez ces moyens selon la classification des facteurs de Herzberg.
3. Quels types de besoins de Maslow SFAM cherche-t-elle à satisfaire auprès de ses employés ?
4. Pourquoi la politique mise en œuvre est-elle motivante ?

DOC. **De nombreux avantages chez SFAM**

On y entre et on y reste. Chez SFAM, le taux de départs est inférieur à 1 %. Un turnover très faible, fruit d'une politique de management qui a fait ses preuves. Car depuis sa création, cette société, leader européen de l'assurance affinitaire destinée à la téléphonie mobile, au multimédia et aux objets connectés, met tout en œuvre pour fidéliser ses collaborateurs.

Depuis sa création en 1999, SFAM ne cesse de se développer. En seulement cinq ans, cette entreprise d'assurance affinitaire pour la téléphonie, le multimédia et les objets connectés a connu une progression exceptionnelle de 2 400 %, tandis que ses effectifs ont été multipliés par 10. Pour accompagner cette croissance, elle recrute actuellement quelque 1 000 nouveaux collaborateurs, en contrat à durée indéterminée. SFAM recrute, mais elle sait aussi fidéliser ses employés, à qui elle offre de réelles opportunités de carrière, des formations qui leur permettent de monter en compétences et de faire évoluer leur poste, ainsi que de nombreux avantages. Et cette politique porte ses fruits, comme l'illustre son taux de turnover, inférieur à 1 %. […]

La formation est, de fait, l'un des fers de lance de SFAM. Lorsqu'elle recrute par exemple des téléconseillers, cœur de métier pour cette entreprise attachée au service du client, elle leur propose systématiquement une session d'intégration. […] Mais cette formation ne s'arrête pas là. Les téléconseillers fraîchement embauchés sont par la suite accompagnés par leurs superviseurs et des « coachs performance » qui les aident à maîtriser au mieux leur poste.

Ces formations permettent non seulement aux collaborateurs de fournir un travail de qualité, conforme aux exigences et process de SFAM, mais aussi de monter en compétences et d'évoluer au sein de l'entreprise. En témoigne le parcours de Charlotte Michel, manager de plateau. Entrée en 2011 chez SFAM, elle y a d'abord été formée, comme son collègue, au métier de téléconseiller pendant deux ans. À peine quelques mois plus tard, elle s'est vu proposer un poste de superviseur. Et il ne lui a pas fallu un an pour monter encore en grade, en accédant cette fois aux fonctions de manager de plateau. […]

SFAM se distingue en outre par une politique de rémunération attractive. Supérieure au marché, elle s'accompagne d'une mutuelle prise en charge à 100 %, d'une participation, d'une prime d'intéressement et d'une épargne salariale. Soucieuse de la qualité de vie au travail et du bien-être de ses effectifs, SFAM accorde par ailleurs un soin particulier à les loger dans des locaux, modernes et fonctionnels, équipés d'une salle de sport et de restaurants d'entreprise. Autant d'avantages qui expliquent sans nul doute l'attachement des collaborateurs à leur entreprise…

liberation.fr, 9 août 2018.

La gestion des emplois et des compétences

GPEC Gestion prévisionnelle des emplois et des compétences → Analyser les écarts entre ressources humaines disponibles et besoins futurs et proposer les actions appropriées →

Ressources > Besoins
- Réduction des effectifs
- Mobilité interne / promotion
- Réduction du temps de travail

Ressources < Besoins
- Recrutement externe
- Mobilité interne / promotion
- Formation

La gestion des talents → Bénéficier d'un avantage compétitif durable en valorisant l'unicité de la personne et de ses compétences →
- Attirer les talents
- Détecter les talents
- Fidéliser les talents

Les leviers de la motivation

Les facteurs de motivation et de satisfaction au travail → Identifier les leviers de la motivation →

- Rémunération (théorie de l'équité d'Adams)
- Épargne salariale
- Gestion des carrières
- Aménagement du temps de travail
- Stabilité de l'emploi

- Pyramide des besoins de Maslow
- Théorie bi-factorielle de Herzberg

L'évolution des conditions de travail → S'adapter aux attentes des Digital Natives →
- Management participatif
- Travail collaboratif
- Télétravail

CONCEPTS

Gestion des talents – Gestion prévisionnelle des emplois et des compétences (GPEC) – Motivation

Synthèse du thème 5

Les mutations du travail : l'exemple du **groupe PSA**

À l'aide d'un outil collaboratif en ligne (ex. : Padlet), préparez pour chaque question une réponse argumentée. Vous veillerez à mobiliser les concepts développés dans les chapitres.

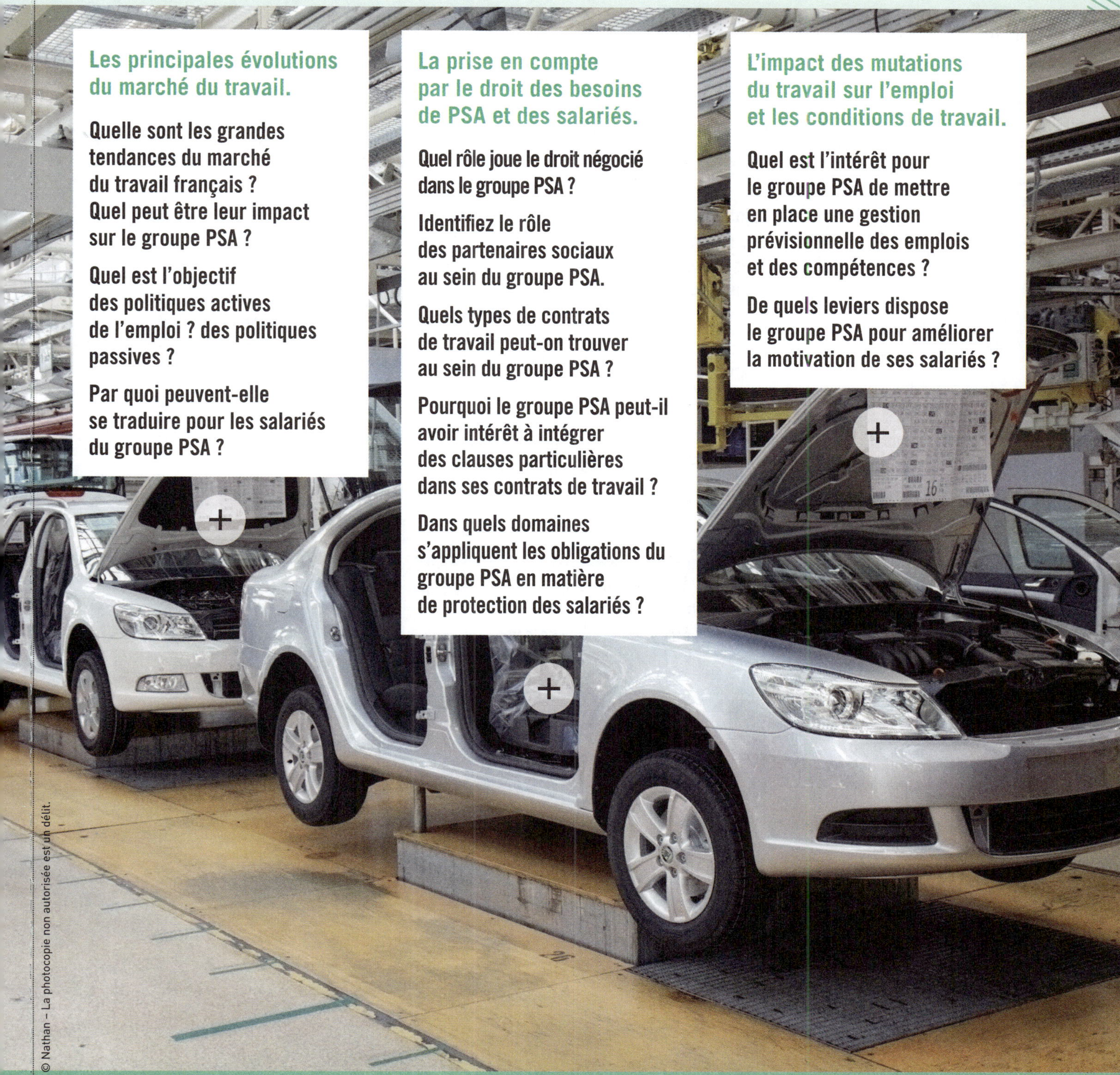

Les principales évolutions du marché du travail.

Quelle sont les grandes tendances du marché du travail français ? Quel peut être leur impact sur le groupe PSA ?

Quel est l'objectif des politiques actives de l'emploi ? des politiques passives ?

Par quoi peuvent-elle se traduire pour les salariés du groupe PSA ?

La prise en compte par le droit des besoins de PSA et des salariés.

Quel rôle joue le droit négocié dans le groupe PSA ?

Identifiez le rôle des partenaires sociaux au sein du groupe PSA.

Quels types de contrats de travail peut-on trouver au sein du groupe PSA ?

Pourquoi le groupe PSA peut-il avoir intérêt à intégrer des clauses particulières dans ses contrats de travail ?

Dans quels domaines s'appliquent les obligations du groupe PSA en matière de protection des salariés ?

L'impact des mutations du travail sur l'emploi et les conditions de travail.

Quel est l'intérêt pour le groupe PSA de mettre en place une gestion prévisionnelle des emplois et des compétences ?

De quels leviers dispose le groupe PSA pour améliorer la motivation de ses salariés ?

Les mutations du travail

L'analyse des évolutions des métiers et des emplois

- **Économie**
  - L'évolution de la situation du marché du travail
- **Droit**
  - La distinction des statuts de travailleur indépendant et de salarié
    - Les différents contrats de travail
  - Le développement de clauses spécifiques dans le contrat de travail
- **Management**
  - Gestion des talents

L'intégration des mutations dans le monde du travail

- **Économie**
  - Par les politiques actives de l'emploi
- **Droit**
  - La loi et les conditions de travail dignes
  - La défense des salariés lors de la rupture ou de la modification du rapport d'emploi
- **Management**
  - L'évolution des conditions de travail (management participatif, travail collaboratif...)
  - La gestion prévisionnelle des emplois et des compétences (GPEC)

La prise en compte des besoins complémentaires des entreprises et des salariés

- **Management**
  - Gestion des ressources humaines et motivation des salariés
- **Économie**
  - Par les politiques passives de l'emploi
  - Par la formation professionnelle
- **Droit**
  - Par les différentes sources du droit du travail
    - Principe de faveur
    - Accords dérogatoires
  - Par le développement du droit négocié et le rôle des partenaires sociaux
  - Par la formation professionnelle

Eram

Il est demandé au candidat d'argumenter ses réponses et de mobiliser des concepts et des références théoriques.

Après avoir pris connaissance de la documentation décrivant le contexte et la situation de l'entreprise Eram ainsi que des ressources documentaires dans les domaines économique, juridique et managérial, vous procéderez à l'analyse du cas en répondant aux questions suivantes.

La marque Eram emploie 1200 collaborateurs et compte 270 points de vente, installés dans six pays. Elle fait aujourd'hui partie du groupe du même nom, qui emploie 7000 collaborateur et compte dix autres marques : Texto, Bocage, Staggy, Heyraud, TBS, Mellow Yellow, Gémo, Les Tropéziennes, Faguo et Parade. Les marques du groupe sont présentes dans le monde avec une quarantaine de magasins et 800 distributeurs.
Le siège d'Eram se trouve depuis sa création en 1927 à Saint-Pierre-Montlimart, dans le Maine-et-Loire.

DOSSIER 1 Économie (ressources 1, 2 et 3)

1. **Analysez les tendances du marché du travail dans les pays de l'OCDE depuis la crise de 2008.**
2. **Exposez les causes de l'inadéquation entre l'offre et la demande de travail, ainsi que les politiques de l'emploi permettant d'y remédier en prenant exemple sur le modèle danois.**
3. **Expliquez les différentes causes des difficultés du groupe Eram ainsi que leurs conséquences sur la demande de travail.**

DOSSIER 2 Droit (ressources 3 et 4)

4. **Identifiez les différents types de licenciement pouvant exister et leur justification. Précisez ceux qui sont susceptibles d'être mis en œuvre dans le groupe Eram et leur cause.**
5. **Précisez le rôle et les modalités d'adoption du PSE.**

DOSSIER 3 Management (ressources 5,6 et 7)

6. **Analysez la GPEC du groupe Eram.**
7. **Quels problèmes le groupe risque-t-il de rencontrer avec le départ à la retraite du personnel des usines et des entrepôts ? Comment peut-il les prévenir ?**
8. **Repérez les dispositifs mis en œuvre par Eram pour motiver ses salariés.**

Le cas doit être traité à l'aide des ressources documentaires suivantes :

RESSOURCE 1 - Perspectives de l'emploi dans les pays de l'OCDE
RESSOURCE 2 - La formation continue au Danemark
RESSOURCE 3 - 96 magasins Texto et Heyraud vont fermer !
RESSOURCE 4 - Plan de sauvegarde de l'emploi (PSE)
RESSOURCE 5 - Quelques spécificités de l'emploi dans le groupe Eram
RESSOURCE 6 - Quand la chaussure se digitalise
RESSOURCE 7 - Un salon de l'innovation pour les salariés du groupe Eram

RESSOURCE 1 Perspectives de l'emploi dans les pays de l'OCDE

Dans un rapport publié mercredi, l'Organisation note que le taux d'emploi a retrouvé son niveau d'avant-crise. Mais elle s'inquiète de l'anémie des revenus du travail.

C'est l'un des paradoxes de la reprise économique : derrière les chiffres encourageants de la croissance se cache une réalité complexe, parfois douloureuse, alimentant la frustration de nombreux Européens. C'est particulièrement le cas sur le marché du travail. Dans ses « Perspectives de l'emploi 2018 », publiées mercredi 4 juillet, l'Organisation de coopération et de développement économiques (OCDE) résume les choses ainsi : « *L'embellie constatée sur le front de l'emploi est éclipsée par une stagnation sans précédent des salaires.* »

Du côté des bonnes nouvelles, le rapport souligne que, dans les trente-cinq pays membres de l'Organisation, les personnes disposant d'un emploi sont désormais plus nombreuses qu'avant la crise. Le taux de chômage est proche ou inférieur à son niveau de 2008. Et le taux d'emploi, qui reflète la capacité d'un pays à utiliser sa main-d'œuvre, est plus élevé qu'il y a dix ans : il était de 61,7 % en moyenne fin 2017, contre 60,8 % fin 2007.

Accentuation des inégalités

Malgré cela, les rémunérations stagnent. Au quatrième trimestre 2017, la croissance des salaires nominaux (hors inflation) était de 3,2 %. Dix ans plus tôt, alors que le taux de chômage dans l'OCDE était au même niveau qu'aujourd'hui (5,5 % de la population active), elle était de 5,8 %. Plus inquiétant : tous les salariés ne sont pas logés à la même enseigne. […]

S'ajoutent à cela le développement des emplois à bas salaires et les problèmes de qualification. « *Les emplois détruits pendant la crise ne sont pas les mêmes que ceux créés avec la reprise* », souligne le rapport. Résultat : nombre de chômeurs laissés sur le carreau pendant la récession peinent à retrouver un travail, car ils ne disposent pas des compétences nécessaires. Et ce, alors que les entreprises se plaignent, depuis quelques mois, d'une pénurie de profils hautement qualifiés, cumulant créativité, compétences numériques et capacité à résoudre des problèmes complexes, tels que des ingénieurs…

La France « à mi-parcours »

Pour ne rien arranger, la couverture de l'assurance-chômage s'est dégradée pendant la crise dans de nombreux pays, notamment du fait des réformes et des coupes dans les dépenses sociales liées aux politiques d'austérité. « *Aujourd'hui, moins d'un demandeur d'emploi sur trois reçoit des indemnités chômage* », note l'OCDE.

Pour relancer les salaires, l'Organisation suggère aux États d'agir pour former en priorité les travailleurs les moins qualifiés, plus susceptibles de tomber dans le piège des emplois médiocres. […]

Si la France profite, elle aussi, de l'embellie sur le front de l'emploi, elle reste cependant « *à mi-parcours* », juge l'OCDE. Et pour cause : son taux de chômage est toujours supérieur à son niveau d'avant-crise (8,9 % fin 2017 contre 7,4 % fin 2007). Et si l'Hexagone affiche des résultats meilleurs que les autres pays en matière de qualité et d'inclusivité du marché du travail, son taux d'emploi reste très inférieur à la moyenne de l'OCDE, en particulier pour les moins de 25 ans.

Marie Charrel, *Le Monde*, 4 juillet 2018.

RESSOURCE 2 La formation continue au Danemark : l'apprentissage tout au long de la vie, améliorer et adapter en permanence les compétences des actifs

La formation des adultes constitue depuis longtemps l'un des socles du système éducatif, mais aussi du marché du travail danois. En 2007, le Danemark a mis en place une véritable stratégie de « formation tout au long de la vie ». Un cadre national des certifications a été établi favorisant la fluidité entre formation initiale et continue et entre enseignement général ou professionnel. Les services d'orientation ont été renforcés et la reconnaissance des compétences améliorée *via* la création de procédures uniformisées de validation des acquis.

Le Danemark est aujourd'hui le premier pays d'Europe concernant la proportion d'adultes en formation. Chaque année, ce sont 2,8 millions de salariés qui ont la possibilité de suivre 14 jours de formation par an. En 2010, 32,8 % de la population âgée de 24 à 64 ans déclarait avoir bénéficié d'une action d'éducation ou de formation au cours des quatre dernières semaines. [...]

Une formation professionnelle vivement encouragée

Les formations sont accessibles aussi bien aux travailleurs qu'aux demandeurs d'emploi. Concernant les bénéficiaires de l'allocation-chômage, après une période passive de neuf mois, le demandeur d'emploi – à défaut d'effectuer un stage en entreprise ou d'accepter un emploi aidé – doit suivre une formation dans son domaine ou alors se reconvertir. La formation des chômeurs et la reconversion professionnelle sont donc fortement encouragées. La formation offerte est de nature duale : elle comporte une partie théorique et une partie pratique consistant en un stage en entreprise.

Une offre de formation basée sur des dispositifs d'orientation efficaces et la recherche de l'adéquation entre offre et demande de qualifications professionnelles

Le système de formation professionnelle est corrélé à la forte mobilité sur le marché du travail. Ce sont près d'un tiers des Danois qui changent d'emploi chaque année. Ainsi, la formation professionnelle cherche avant tout à répondre aux besoins du marché du travail. Pour se faire, un important travail d'orientation et de prospective est mis en place.

Les programmes de formation sont élaborés en étroite collaboration avec les partenaires sociaux et les établissements de formation professionnelle. Ces derniers sont représentés au niveau national au sein de comités sectoriels. Les offres et les programmes sont constamment adaptés afin d'assurer l'adéquation avec les besoins des entreprises et du marché du travail local. Le ministère a trois semaines pour s'opposer à la création d'un programme. Chaque année, ce sont ainsi près de 400 nouveaux programmes qui voient le jour.

Anna Perraudin, institutmontaigne.org, 10 janvier 2018.

RESSOURCE 3 96 magasins Texto et Heyraud vont fermer !

Le groupe Eram a décidé de fermer 96 magasins des enseignes Texto et Heyraud en France. En cause, un marché de la chaussure en baisse depuis 2008. Les salariés visés se verront proposer un reclassement, à l'intérieur et à l'extérieur du groupe Eram. Le secteur de l'habillement et de la chaussure est en crise. Le groupe Eram a annoncé la fermeture de 96 magasins des enseignes de chaussures Heyraud (34) et Texto (62). Comme le rapporte *Ouest-France*, cela concerne 274 salariés qui sont soumis à un plan de sauvegarde de l'emploi qui prendra fin en janvier [2019] pour Heyraud et en février pour Texto. L'annonce a été faite en comités d'entreprise et au personnel il y a environ quinze jours dans les deux filiales du groupe Eram. Comme d'autres enseignes du secteur de l'habillement et de la chaussure, le groupe Eram est confronté au changement des modes de consommation qui évoluent depuis plusieurs années. Le secteur de la chaussure et du prêt-à-porter souffre dans les centres des petites et moyennes villes.

Le groupe Eram, basé dans le Maine-et-Loire, a donc dû sacrifier des magasins. Il compte actuellement 45 commerces Heyraud et 80 Texto, deux enseignes de centres-villes. Pour justifier cette décision, Isabelle Saviane, la directrice des ressources humaines (DRH), évoque « le développement des achats sur Internet, la vente entre particuliers, la chasse aux bonnes affaires » et ce qu'elle appelle « la métropolisation ». Un changement des modes de consommation qui fait que les centres-villes, petits et moyens, sont désertés par les consommateurs au profit des zones périphériques. Le contexte économique défavorable est aussi évoqué par la DRH. « Les gens ont du mal, achètent moins. Les chaussures et vêtements passent au second plan. » [...]

...

...
Le groupe n'a pas encore précisé quels sites seront visés par ces fermetures. La DRH assure toutefois que les salariés visés se verront proposer un reclassement, à l'intérieur et à l'extérieur du groupe Eram. « Le PSE prévoit un certain nombre de mesures qui doivent permettre un retour à l'emploi rapide », confie Isabelle Saviane.

©PRISMA MEDIA – Sarah Ugolini, capital.fr, 30 novembre 2018.

RESSOURCE 4 Plan de sauvegarde de l'emploi (PSE)

L'employeur qui envisage une procédure de licenciement pour motif économique est tenu, en fonction du nombre de salariés dont le licenciement est envisagé, d'établir et de mettre en œuvre un plan de sauvegarde de l'emploi (PSE). Le PSE vise à éviter les licenciements ou, à défaut, à en limiter le nombre. Il doit faire l'objet d'une homologation ou, en cas d'accord majoritaire dans l'entreprise sur son contenu, d'une validation par la Direccte.

De quoi s'agit-il ?

Le plan de sauvegarde de l'emploi (PSE) est un dispositif qui prévoit diverses mesures dans le but d'éviter ou de limiter les licenciements pour motif économique dans l'entreprise.

Qui est concerné ?

Le PSE est obligatoire dans les entreprises d'au moins 50 salariés, lorsque le projet de licenciement concerne au moins 10 salariés sur une période de 30 jours.

Contenu du PSE

• Mesures obligatoires

Le PSE intègre un plan de reclassement visant à faciliter le reclassement des salariés dont le licenciement est inévitable. La procédure de suivi de la mise en œuvre du plan de reclassement est précisée dans le PSE.

Le PSE prévoit notamment :

– des actions visant au reclassement interne en France des salariés, sur des emplois relevant de la même catégorie d'emplois ou équivalents à ceux qu'ils occupent (ou, sous réserve de l'accord exprès des salariés concernés, sur des emplois de catégorie inférieure),

– des actions favorisant la reprise de tout ou partie des activités en vue d'éviter la fermeture d'un ou de plusieurs établissements,

– des créations d'activités nouvelles par l'entreprise,

– des actions favorisant le reclassement externe à l'entreprise (notamment par le soutien à la réactivation du bassin d'emploi),

– des actions de soutien à la création d'activités nouvelles ou à la reprise d'activités existantes par les salariés,

– des actions de formation, de validation des acquis de l'expérience (VAE) ou de reconversion de nature à faciliter le reclassement interne ou externe des salariés sur des emplois équivalents.

• Mesures facultatives

Le PSE peut également prévoir d'autres mesures, facultatives, telles que, par exemple : des primes d'incitations au départ volontaire, des congés de conversion, la mise en place d'une cellule de reclassement.

Validation ou homologation

• Validation d'un accord

Un accord collectif majoritaire dans l'entreprise peut déterminer les mesures prévues par le PSE, ainsi que la procédure de consultation du comité social et économique (CSE) et de mise en œuvre des licenciements. Il entre en vigueur après validation par la Direccte. [...]

• Homologation d'un document établi par l'employeur

En l'absence d'accord, les mesures du PSE sont précisées dans un document élaboré par l'employeur, après la dernière réunion du comité social et économique (CSE).

Les mesures prévues par ce document entrent en vigueur après homologation par la Direccte. [...]

Indemnités en cas d'irrégularités

Sauf en cas de redressement ou liquidation judiciaire, le licenciement du salarié est annulé dans les cas suivants :

– s'il est prononcé en l'absence de décision de validation d'un accord ou d'homologation du document par la Direccte,

– s'il est prononcé alors que la Direccte refuse de valider l'accord ou d'homologuer le document,

– si la décision de validation ou d'homologation est annulée par la Direccte en raison d'une absence ou d'une insuffisance du PSE,

–si les instances représentatives du personnel n'ont pas été consultées préalablement. [...]

www.service-public.fr, 4 avril 2018.

RESSOURCE 5 Quelques spécificités de l'emploi dans le groupe Eram

Dans les réseaux (les points de vente) du groupe Eram, les salariés sont majoritairement âgés de moins de 35 ans. C'est l'inverse dans les entrepôts et les usines, où les plus de 50 ans représentent la majeure partie des effectifs, avec une ancienneté moyenne de 27 ans. Le groupe Eram a donc dû réfléchir aux modalités de transfert des compétences des salariés proches de la retraite, qui ont souvent effectué une longue carrière au sein du groupe, vers les jeunes embauchés devant assurer la relève. C'est dans cette optique que le groupe a créé une école de la chaussure en 2014, pour conserver la maîtrise du savoir-faire de la production de chaussures. Une mesure nécessaire afin de d'assurer la pérennité de l'entreprise. Le cursus, destiné à former (dans un premier temps) une soixantaine de personnes, a été monté en partenariat avec l'organisme de formation Opcalia et Pôle emploi pour la sélection des candidats. Un emploi en CDI leur est réservé à l'issue du cursus. Plus de soixante opérations sont nécessaires pour fabriquer une chaussure, et les plus délicates, le montage et la finition de la chaussure, nécessitent un véritable savoir-faire.

Aux sièges, on pouvait observer un déséquilibre hommes/femmes, ces dernières étant sous-représentées dans les fonctions managériales. En réponse, le groupe Eram a mis en œuvre des mesures pour favoriser les candidatures féminines et les promotions des collaboratrices, pour assurer un meilleur équilibre dans les équipes.

RESSOURCE 6 Quand la chaussure se digitalise…

Eram, 90 ans, mais « *digital native* » dans l'âme

« *Albert-René Biotteau et son épouse Marie-Josèphe ont fondé Eram en 1927. C'est la troisième génération de la famille qui dirige avec, depuis le départ, la notion d'audace et la remise en cause permanente.* »
90 ans plus tard, lorsqu'on parle de transformation numérique, il était évident pour l'enseigne qu'il fallait prendre le virage. « *L'environnement concurrentiel est très fort. Les enseignes de textile sont arrivées sur la chaussure. Et aujourd'hui, 16 % du marché est réalisé sur Internet. La seule guerre des prix n'est pas possible* », observe Renaud Montin [directeur marketing et digital].

L'E-COMMERCE, 1er MAGASIN DE L'ENSEIGNE ERAM

Le premier tournant vers le digital a été amorcé avec le lancement de l'e-shop en 2009. […]
Depuis, les services Web ont évolué, avec l'e-réservation en 2015, mais aussi la refonte du site […]. Programme de fidélité Eram & Moi, corner sur les marques de créateurs E-lab, curation de photos sur les réseaux sociaux avec My Eram Touch… L'enseigne continue d'ajouter des fonctionnalités pour renforcer sa présence sur le Web. Objectif : améliorer la relation client et bien sûr… générer plus de revenus. Aujourd'hui, l'e-commerce et l'e-réservation sont le plus gros magasin de l'enseigne […].

PÉDAGOGIE ET FORMATION DES ÉQUIPES

Mais pour mener à bien cette transformation, le groupe a dû faire preuve de pédagogie en interne avec, au centre, un accompagnement sur la politique du changement : « *Il faut expliquer aux équipes pourquoi il faut faire ces changements-là, il faut être pédagogue et donner du sens.* » Pour acculturer les collaborateurs, des sessions sont régulièrement organisées dans chaque région. […]
Toujours d'un point de vue ressources humaines, depuis quatre ans, pour chaque nouveau projet, Eram travaille par ailleurs avec un groupe restreint pour mettre les choses en place : « *On co-construit le package ensemble.* » Un moyen, là encore, d'impliquer les collaborateurs dans la transformation de l'enseigne. […]
Mais attention, pas question de faire du digital pour du digital. Les magasins 100 % automatisés, il n'y croit pas. « *Le digital est un moyen, pas une fin en soi. Le magasin reste au cœur de la stratégie. On répond par du numérique mais on investit sur la formation, l'accueil client… On est commerçant avant tout.* »

S. Mundubeltz-Gendron, *L'Usine Digitale*, 29 décembre 2017.

RESSOURCE 7 Un salon de l'innovation pour les salariés du groupe Eram

Aller à la rencontre des dernières technologies appliquées au monde du travail, aux loisirs et à la mode adultes et enfants, c'est ce qu'a proposé dernièrement le groupe Eram, enseigne de distribution française spécialisée dans les chaussures et l'habillement, à ses salariés. L'événement avait lieu à Saint-Pierre Montlimart, petit village du Maine-et-Loire, où le groupe a son siège.

De l'imprimante 3D pour l'habillage des talons de chaussures, en passant par les lunettes immersives, les exosquelettes, les chaussures connectées, les drones de loisirs ou le robot qui joue avec les enfants et leurs parents, une dizaine d'exposants, pour la plupart des jeunes pousses avec lesquelles les enseignes du groupe Eram travaillent, tenait salon dernièrement à Saint-Pierre Montlimart (49) siège du groupe.

La particularité de ce salon : l'ouverture aux salariés du groupe, qu'ils travaillent dans les services techniques ou administratifs, les ateliers de fabrication ou les boutiques des différentes marques.

« L'entreprise Eram fête ses 90 ans cette année et l'une de nos valeurs fortes c'est l'innovation », explique Renaud Montin, directeur marketing et digital de l'enseigne Eram et membre de l'équipe qui a piloté cet événement interne, sous l'impulsion du comité de direction du groupe. « L'objectif de cette journée, c'est d'acculturer à l'innovation tous les salariés du siège et tous ceux qui travaillent dans la région ».

Cette journée, en libre accès pour les salariés, avait aussi pour objet d'exciter la curiosité des salariés du groupe et leur permettre de vivre une expérience inhabituelle au sein de l'entreprise. « On souhaite mettre en valeur toutes les marques du groupe et permettre à chacun de vivre des expériences uniques. Nous souhaitions également ouvrir les esprit en organisant des mini-conférences et des pitchs de start-ups inspirantes sur divers sujets pour montrer que le monde bouge et qu'ensemble on peut créer de la valeur pour mieux servir nos clients », poursuit Renaud Montin.

Cette expérience unique dans le monde de l'entreprise permet aux différentes marques de tisser des liens entre elles, aux salariés de mieux les connaître, mais aussi ouvrir la porte à des petites entreprises partenaires qui apportent de la valeur ajoutée au groupe.

« Pour avancer, c'est très important de ne pas rester enfermé sur soi-même ».

Plusieurs startups, avec lesquelles le groupe travaille, étaient donc de la fête.

C'est le cas de Neuronal Motion, une entreprise informatique qui met à la portée de chacun les technologies de demain. « Notre cœur de métier, c'est de créer et innover dans le logiciel », explique Robin Penea, cofondateur de l'entreprise. « On est ici parce qu'on a créé un partenariat avec Eram et une société de design, pour la fabrication avec une imprimante 3D de talons de chaussures personnalisables, un peu comme les coques de smartphone ». Les clientes peuvent donc désormais choisir la forme et la couleur d'un objet qui pourra, après environ une heure d'impression et pour une somme modique, recouvrir le talon existant. « Nous avons travaillé avec Eram pour le développement logiciel, mais pour l'instant le procédé reste encore confidentiel. Il est présenté lors d'opérations événementielles dans les boutiques ». Du côté des salariés, l'initiative plaît. Chacun peut s'essayer au pilotage du drone d'intérieur, se déplacer

...

5

…

dans un monde virtuel avec des lunettes immersives ou encore dialoguer avec un robot qui n'est pas avare de questions.

« J'ai bien aimé cette possibilité de tester des applications et de voir des startups qui nous permettent d'imaginer ce que l'on peut éventuellement faire en magasin », explique Nicolas, webdesigner pour le groupe. « C'est une journée où l'on apprend vraiment des choses, même si certaines me semblent difficilement applicables. Mais j'apprécie la démarche ».

Une seconde édition particulièrement réussie pour l'enseigne, qui en appelle d'autres. « Cette journée permet de poursuivre une dynamique lancée au sein du groupe. Elle permet de s'ouvrir à d'autres écosystèmes. Pour avancer, c'est très important de ne pas rester enfermé sur soi-même », conclut Renaud Montin.

Yannick Sourisseau, *Ville Intelligente*, 20 juin 2017

ENTRAÎNEMENT À L'EXAMEN

THÈME 6

Les choix stratégiques de l'entreprise

Question

Comment le diagnostic éclaire-t-il les choix stratégiques de l'entreprise ?

Quels sont les choix stratégiques opérés par l'entreprise ?

THÈME 6

Les choix stratégiques du groupe Soufflet

Le groupe Soufflet est une entreprise incontournable du commerce des céréales. C'est le premier collecteur privé de céréales en Europe, avec 5,8 millions de tonnes, dont plus d'un million de tonnes à l'international.

Nathan live!
PRÉSENTATION DU GROUPE SOUFFLET
https://youtu.be/naeZC1hPTCo

CONTEXTE DE L'ENTREPRISE

Le groupe Soufflet

Groupe familial né en 1900, Soufflet est aujourd'hui un acteur majeur et international de l'agroalimentaire français. Il intervient tout au long des filières orge, blé, riz et légumes secs, de la semence à l'assiette. Par l'acquisition de Neuhauser en 2014, il double de taille et compte aujourd'hui 7 041 salariés dans le monde entier et sur des métiers diversifiés.

Les axes de développement du groupe Soufflet

La stratégie du groupe Soufflet repose sur deux axes majeurs :

– **Le renforcement de la maîtrise des filières blé, orge et légumes secs de la collecte à la distribution.** Avec la création de nouvelles filières de céréales et de légumes secs comme les lentilles et les pois chiches, il répond aux demandes des consommateurs en termes nutritionnels mais aussi de durabilité des cultures ;

– **L'internationalisation.** La stratégie d'internationalisation du groupe sur différents métiers, comme la malterie (production du malt à partir d'orge) et la collecte, se concrétise par une présence dans 19 pays.

La maîtrise de la filière blé du groupe Soufflet

Étant un des premiers meuniers européens, le groupe Soufflet a choisi de sécuriser ses débouchés en maîtrisant l'ensemble de la filière, de la récolte jusqu'à la distribution. En effet, il a pris la décision de se développer dans le secteur de la boulangerie et viennoiserie industrielle sur les marchés français et européen avec l'acquisition de Neuhauser. Il a également décidé d'être présent dans la restauration rapide sous l'enseigne Pomme de Pain. Les activités du groupe Soufflet s'étendent ainsi à toute la chaîne de valeur du blé, de l'amont, *via* la collecte, à l'aval, jusqu'au consommateur final, amateur de sandwichs à la française, en passant par toutes les étapes de la transformation.

Comment la démarche d'analyse stratégique du groupe Soufflet lui permet-elle de réaliser des choix stratégiques cohérents et réalistes qui vont assurer son développement ?

13 La démarche et le diagnostic stratégiques

LES COMPÉTENCES ATTENDUES
- Identifier les différentes étapes d'une démarche d'analyse stratégique.
- Présenter les principaux éléments d'un diagnostic interne et/ou externe de l'entreprise.

LES SAVOIRS ASSOCIÉS
- Le diagnostic externe et l'analyse de l'environnement
- Le diagnostic interne et les ressources stratégiques de l'entreprise

PLAN DU CHAPITRE
- 1 • Identifier les différentes étapes d'une démarche d'analyse stratégique
- 2 • Présenter les principaux éléments d'un diagnostic externe de l'entreprise
- 3 • Présenter les principaux éléments d'un diagnostic interne de l'entreprise

Le paradoxe de la stratégie

Les choix qui permettent à une entreprise de se singulariser doivent être faits dans un contexte d'incertitude. Ils impliquent donc une prise de risques. Une entreprise qui refuse de faire ces choix a peu de chances de connaître un succès éclatant. En revanche, elle minimise aussi ses chances de connaître un échec cuisant !

En d'autres termes, les entreprises les plus performantes ont souvent un point commun avec celles qui connaissent une faillite retentissante : elles ont une stratégie ! Dans le premier cas, les choix qu'elles ont faits se sont révélés être les « bons ». Dans le second cas, ils se sont avérés être « mauvais ». En revanche, les entreprises qui parviennent tout juste à survivre ont rarement une stratégie.

L'exemple d'Apple

Depuis les origines, cette entreprise se caractérise par une stratégie reposant sur l'innovation, la facilité d'utilisation et le design. Cette stratégie lui permet actuellement de connaître un triomphe avec des produits comme l'iPod, l'iPhone et l'iPad. […]

Toutefois, Apple a également connu des échecs. Des produits comme l'ordinateur Lisa ou l'assistant personnel Newton ont été des « flops » complets, alors qu'ils reposaient sur la même stratégie que ses plus grands succès ! […] En conclusion, avoir une stratégie accroît les chances de connaître le succès, mais également de connaître l'échec. Ne pas avoir de stratégie est le moyen le plus sûr d'aboutir à un résultat médiocre, mais cela permet d'éviter les catastrophes. De manière implicite, c'est le « choix » que font de nombreux dirigeants.

J. Barthélémy, hbrfrance.fr

Nathan live!

L'ABSENCE DE STRATÉGIE

https://www.hbrfrance.fr/chroniques-experts/2017/01/13616-strategie-pourquoi-les-entreprises-preferent-ne-pas-en-avoir/

1. **Pourquoi de nombreuses entreprises n'ont-elles pas de stratégie ?**
2. **Les entreprises les plus performantes ont-elles, en général, une stratégie ?**
3. **Sur quoi repose la stratégie d'Apple ? Cette stratégie conduit-elle à un succès systématique ?**

1 Identifier les différentes étapes d'une démarche d'analyse stratégique

A La démarche stratégique

DOC. 1 La démarche d'analyse stratégique

Selon Alfred D. Chandler (1962), « la stratégie consiste en la détermination des buts et des objectifs à long terme d'une entreprise, l'adoption des moyens d'action et d'allocation des ressources nécessaires pour atteindre ces objectifs ».
Le modèle LCAG (1965) – du nom de leurs auteurs : Learned, Christensen, Andrews, Guth, professeurs de l'école de Harvard – décrit les différentes étapes de la démarche stratégique. La phase d'analyse s'appuie sur un diagnostic externe et un diagnostic interne avant d'effectuer des choix stratégiques.

Les étapes de la démarche stratégique

- **Analyse des ressources et compétences de l'entreprise** | **Analyse de l'environnement de l'entreprise**
- ↓
- **DIAGNOSTICS STRATÉGIQUES**
  - Interne : Forces/Faiblesses
  - Externe : Opportunités/Menaces
- ↓
- **Évaluation des possibilités d'action et choix stratégiques** : Définition des objectifs, moyens et ressources
- ↓
- **Mise en œuvre et contrôle** : Plan d'actions prévisionnel et suivi des objectifs

1. **La question « Que savons-nous faire ? » émane-t-elle du diagnostic interne ou externe ?**
2. **Une évolution de l'environnement qui permet de conforter la position de l'entreprise relève-t-elle du diagnostic externe ou interne ?**

DOC. 2 Le diagnostic stratégique de Coca-Cola

Le diagnostic stratégique s'effectue au moyen d'un outil d'aide à la décision appelé FFOM (Forces / Faiblesses, Menaces / Opportunités) ou SWOT (*Strengths / Weaknesses, Opportunities / Threats*).
Voici le SWOT de Coca-Cola :

	POSITIF	NÉGATIF
Origine interne (Organisationnelle)	**Forces (*Strengths*)** • Marque connue mondialement • Fort impact des campagnes de marketing et de publicité • Canal de distribution développé • Plus grosse part de marché mondial • Fidélité des consommateurs	**Faiblesses (*Weaknesses*)** • Concentration sur la production de boissons gazéifiées • Portefeuille de produits peu diversifié • Outil de production français en surcapacité • Baisse des ventes de Coca-Cola en France
Origine externe (Environnement)	**Opportunités (*Opportunities*)** • Croissance de la consommation d'eau en bouteille, notamment sur le marché français, qui est le plus compétitif du monde • Croissance de la consommation de boissons non alcoolisées	**Menaces (*Threats*)** • Demande de nourriture et boissons saines • Prise de conscience des consommateurs de maladies liées à l'abus de sucre • Taxe sur les sodas en France depuis 2018 • Marché des boissons gazeuses saturé

Coca-Cola s'attaque au marché français des eaux minérales avec le lancement de son eau haut de gamme : Smartwater. Avec cette initiative, le groupe poursuit sa stratégie de diversification lancée en 2017. Confrontée à la baisse des ventes de sodas dans les pays matures, l'entreprise a déjà attaqué le marché bio et nature avec les thés et infusions Honest et Fuze Tea. Par ailleurs, le groupe Coca-Cola European Partners annonçait, pour 2018, plus d'une centaine de suppressions de postes en France et en Europe.

3. **Sur quels éléments du diagnostic Coca-Cola appuie-t-il sa stratégie de diversification vers le marché de l'eau, du bio et nature ?**
4. **Quelles contraintes ont poussé le groupe à supprimer des postes en France ?**

B La stratégie émergente

DOC. 3 Distinguer stratégie délibérée et stratégie émergente

Si la stratégie nécessite un plan prévisionnel (la stratégie délibérée), elle ne peut pas être irrémédiablement bloquée dans son schéma prévu au départ. Elle doit également être élaborée « chemin faisant » à partir des événements imprévus, des idées et constats vécus au niveau opérationnel, sur le terrain, au contact de la réalité des marchés. Ces stratégies sont appelées « stratégies émergentes ».

Henry Mintzberg (1939) est l'un des principaux auteurs de la sociologie des organisations. Selon lui, les bonnes stratégies ne sont pas forcément formulées d'avance. La stratégie émerge du terrain et subit, tout au long de son déroulement, les aléas de son environnement.

5. **Quelle distinction peut-on établir entre les stratégies délibérées et émergentes ?**

6. **Expliquez pourquoi les stratégies réalisées sont souvent différentes des stratégies prévues.**

DOC. 4 Le cas des motos Honda

À la fin des années 1950, le constructeur japonais de motos Honda réussit le tour de force de conquérir le marché grand public aux États-Unis avec ses petits cyclomoteurs 50 cm³, alors que les principaux clients du marché américain de la moto étaient des bikers. Que s'est-il passé ? Sa petite filiale, American Honda, avait été implantée pour vendre quelques grosses cylindrées aux bikers et se construire une image aux États-Unis pour mieux vendre en Asie. Toutefois, rapidement, les trois expatriés en charge de l'opération ont été contraints d'importer des petits 50 cm³ pour économiser sur leurs déplacements. C'est là qu'une clientèle inattendue s'est manifestée : les étudiants et les salariés, attirés par ces petites cylindrées pratiques. C'est ce qui a provoqué le succès de Honda aux États-Unis.

7. **Quelle était la stratégie délibérée de Honda aux États-Unis dans les années 1950 ?**

8. **Expliquez pourquoi on peut parler de stratégie émergente à propos de la stratégie réalisée.**

APPLICATION AU CAS

GROUPE SOUFFLET

DOC. Comment Soufflet fait face à la mauvaise moisson

La campagne 2017-2018 s'annonce bonne. Le groupe Soufflet, spécialisé dans la collecte, le négoce et la transformation des céréales, respire. La récolte de 2015-2016 avait été catastrophique en France du fait des conditions climatiques du printemps : pluie, températures basses et déficit de luminosité avaient fortement affecté le potentiel de rendement des cultures. Pour faire face à cette récolte désastreuse de l'été 2016, le groupe avait pris des mesures pour maintenir le cap. Face à la faiblesse des rendements et à la qualité médiocre des blés, les embauches avaient été gelées, le plan d'investissement adapté.
Jean-Michel Soufflet, le président du Directoire, avait dû intervenir auprès des pouvoirs publics régionaux et nationaux pour demander la mise en place de dispositions à même de soutenir le secteur agricole et de renforcer sur le long terme la compétitivité structurelle des filières céréalières françaises. Par ailleurs, le groupe avait mis en place un plan d'accompagnement pour aider ses clients agriculteurs à traverser cette mauvaise passe.

Jean-Michel Soufflet

1. **Quelles décisions le groupe Soufflet a-t-il prises pour faire face aux mauvaises conditions climatiques ?**

2. **Ces décisions constituent-elles une stratégie délibérée ou émergente ? Justifiez votre réponse.**

2 Présenter les principaux éléments d'un diagnostic externe de l'entreprise

A L'environnement global

DOC. 5 L'environnement général de Michel et Augustin

La méthode PESTEL (Politique, Économique, Socioculturel, Technologique, Écologique, Légal) sert à analyser les facteurs macro-environnementaux qui influencent l'entreprise.

L'entreprise Michel et Augustin, créée en 2004, est une marque de produits alimentaires (yaourts, biscuits, desserts, jus…). Elle a réussi à faire sa place dans un univers dominé par de grands groupes agroalimentaires. Son idée : proposer des produits de qualité à partir de recettes traditionnelles, utiliser des ingrédients sains et naturels. Ainsi, l'entreprise a su surfer sur l'image d'entreprise artisanale et familiale pour répondre à une demande des consommateurs d'être rassurés sur la fiabilité des produits alimentaires. Elle s'est également astucieusement saisie des canaux du digital pour faire du buzz sur les réseaux sociaux autour de ses produits avec un ton décalé et humoristique. Dernièrement, Michel et Augustin proposent des desserts 100 % végétaux, répondant à une nouvelle demande des consommateurs : les achats de produits laitiers ont baissé de 10 % en 10 ans (intolérance au lactose, végétarisme…). Mais ne nous y trompons pas, si l'entreprise mise sur le « fait maison », elle n'est pas pour autant investie dans le bio. Néanmoins, la qualité a un coût et ses prix assez élevés pourraient desservir son expansion en période de morosité économique.

1. Étudiez l'environnement général de l'entreprise Michel et Augustin à l'aide de la méthode PESTEL. Vous ferez ressortir les menaces et opportunités pour chaque facteur d'influence du macro-environnement.

B Les forces concurrentielles

DOC. 6 Le modèle des forces concurrentielles

Michael Porter est célèbre pour son modèle des cinq forces de la concurrence, outil de diagnostic qui permet d'analyser l'environnement concurrentiel d'une entreprise. Ce modèle postule que la concurrence ne se limite pas aux seuls rivaux directs de l'entreprise, mais doit inclure tous les éléments susceptibles d'exercer une pression concurrentielle dans un secteur donné. L'auteur distingue cinq forces, auxquelles de nombreux analystes ajoutent une sixième force : l'influence de l'État. Lorsqu'elles sont fortes, elles constituent une menace en limitant la compétitivité de l'entreprise, et lorsqu'elles sont faibles, elles la facilitent.

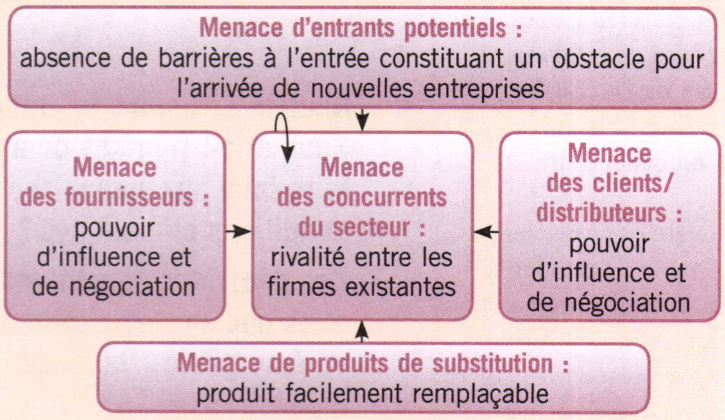

2. Identifiez les cinq forces qui exercent une influence sur un secteur donné.

3. Quelle menace cherche à éliminer une entreprise qui se distingue des concurrents directs en différenciant ses produits ?

4. Selon l'outil d'analyse de Porter, quel type de menace Airbnb constitue-t-il pour le secteur hôtelier ?

5. Pourquoi un fort degré de concentration des clients et/ou des fournisseurs renforce-t-il leur pouvoir de négociation ?

6. Quelle menace peut éliminer une entreprise qui détient un brevet essentiel à une technologie ?

DOC. 7 L'environnement concurrentiel de Michel et Augustin

L'entreprise Michel et Augustin s'est rapidement hissée au rang des principaux acteurs du marché français. Pourtant, même si le marché semble aisément accessible à un nouvel acteur du fait d'une technologie simple, sa pénétration reste délicate car il est dominé par de gros groupes industriels et de nombreuses marques de distributeurs. Michel et Augustin ont dû se faire remarquer et innover en proposant des produits sains et bons pour se faire une place. Malgré une image artisanale, leur canal de distribution est celui de la grande distribution. Il s'agit là de leurs clients directs et ils représentent la quasi-totalité de leur chiffre d'affaires. Si ce canal permet à l'entreprise de se faire connaître auprès du grand public, ses produits se retrouvent aussi directement en concurrence avec tous les produits que proposent les supermarchés. Pour tenter de limiter cette menace, la marque communique sur sa différence en véhiculant une image évoquant le retour à l'enfance, l'innocence, le plaisir de cuisiner.

Depuis 2016, Danone est entré dans le capital de Michel et Augustin, à hauteur de 40 %, ce qui lui permet de peser dans les négociations avec les différents fournisseurs, notamment agricoles.

7. **Étudiez l'environnement concurrentiel de l'entreprise Michel et Augustin à l'aide du modèle de Porter. Vous évaluerez, pour chaque force, le poids des menaces concurrentielles.**

APPLICATION AU CAS

GROUPE SOUFFLET

DOC. L'influence de l'environnement sur le groupe Soufflet

Renforcement des réglementations et des procédures de contrôle par les pouvoirs publics, attentes des consommateurs sensibilisés par la médiatisation croissante des crises sanitaires… La sécurité sanitaire des aliments est devenue un sujet sociétal de premier plan, indissociable des démarches de développement durable des acteurs des filières agroalimentaires. Au sein du groupe Soufflet, la sécurité alimentaire fait l'objet d'une politique de maîtrise des risques structurée et déployée dans tous ses métiers : la collecte, les transports, le stockage et la transformation des produits commercialisés, qu'ils soient destinés à l'alimentation humaine ou animale. […]

Certification

En 2016, Soufflet Agro (Agriculture Internationale) a obtenu la certification ISO 9001 version 2015, qui tient compte des attentes de toutes les parties prenantes.

Des audits réguliers

Depuis plus de 20 ans, les équipes Soufflet réalisent des audits hygiène, propreté et sécurité sur tous les sites. […]

Rapport d'activité 2017.

1. **Relevez, au moyen de la méthode PESTEL, les facteurs du macro-environnement susceptibles d'influencer le groupe Soufflet. Identifiez, pour chacun d'eux, s'il s'agit d'une opportunité ou d'une menace.**

2. **Quelles décisions ont été prises par le groupe pour y faire face ?**

3 Présenter les principaux éléments d'un diagnostic interne de l'entreprise

A L'analyse des ressources et des compétences

DOC. 8 Les ressources à l'origine d'un avantage concurrentiel

Edith Penrose (1914-1996), économiste anglaise, définit la firme comme un ensemble coordonné de ressources qui, valorisées et combinées, créent des opportunités de production uniques et spécifiques à chaque entreprise. Ses travaux seront à la base de l'approche de la stratégie par les ressources. Cette approche postule que le succès d'une entreprise résulte de sa capacité à mobiliser et exploiter des ressources spécifiques : celles qui créent de la valeur et sont rares.
Ainsi, conduire une stratégie qui s'appuie sur les ressources nécessite une analyse des ressources clés.

Définition des ressources
Les ressources peuvent être définies comme des actifs tangibles ou intangibles attachés à l'entreprise. Elles peuvent être classées en six catégories : financières (autofinancement, endettement…), humaines (nombre de salariés, niveau de qualification…), physiques (sites de production, machines disponibles, stock…), organisationnelles (système d'information, de contrôle de la qualité, procédures…), technologiques (savoir-faire, brevets…) et réputationnelles (marques, notoriété…).

1. **Classez dans un tableau les six catégories de ressources énumérées dans l'encadré ci-contre, selon qu'elles sont tangibles ou intangibles.**
2. **Selon l'approche de la théorie des ressources, d'où provient l'avantage concurrentiel d'une entreprise ?**
3. **Quelles sont les caractéristiques d'une ressource clé ?**

DOC. 9 Kusmi Tea, le thé des tsars, à la conquête du monde

En 2003, les frères Orebi, issus d'une grande famille de négociants en café et cacao, découvrent Kusmi Tea. Tombant naturellement sous le charme des sublimes boîtes baroques multicolores, ils y reconnaissent une pépite endormie. Inventifs et épris de modernité, ils reprennent la maison afin de perpétuer la tradition instaurée par la famille Kousmichoff et développer son rayonnement international. Véritable nez de la maison, Sylvain Orebi retravaille ses attributs d'origine et conserve les saveurs intactes des mélanges russes historiques […]. En moins de 10 années, Kusmi Tea connaît à nouveau sa gloire d'antan. Avec plus de 60 boutiques dans 35 pays, un flagship* sur les Champs-Élysées – plus belle avenue du monde – et des sièges à travers l'Europe, le Canada et les États-Unis, Kusmi rayonne comme au temps des tsars.

Kusmitea.com

* Flagship : magasin emblématique entièrement dédié à la marque.

Innover dans la distribution

Parmi les autres pistes pour monter en puissance : les KusmiKiosk. Une dizaine de ces distributeurs automatiques, qui marchent sur les traces de Nespresso et de ses Cubes, existent dans des centres commerciaux, des gares et des aéroports. […]

Valoriser l'ancrage local

L'un des axes que l'entreprise veut aussi mettre en avant, c'est son ancrage local. Son site de logistique et de production à Saint-Vigor-d'Ymonville, près du Havre, prend de l'ampleur. Depuis deux ans, la fabrication des sachets, faite jusque-là au Maroc, a commencé à y être rapatriée. Elle devrait l'être entièrement au premier trimestre 2018. Les boîtes en métal, qui étaient produites en Chine, sont, pour leur part, confiées depuis cinq ans à une PME proche d'Orléans. « *Le* made in France *répond aux exigences de la marque. Il représente aussi un atout à l'étranger* », souligne Sylvain Orebi.

C. Briard, *Les Echos*, 27 septembre 2017.

…

DOC. 9 Kusmi Tea, le thé des tsars, à la conquête du monde (suite)

En 2017, l'association « 60 millions de consommateurs » publiait une étude sur la composition de sachets de thé de marques commercialisées en France telles que Kusmi Tea, Lipton et Auchan. Résultat : tous les thés analysés contiennent des pesticides. Cette contamination s'expliquerait par le traitement des feuilles de thé, qui, pour conserver leur saveur, ne sont pas nettoyées après récolte.

Nathan live!

KUSMI TEA... MADE IN LE HAVRE

https://youtu.be/jDLoOQXvZRw

4. **Identifiez et classez les ressources de Kusmi Tea selon qu'il s'agit d'actifs tangibles ou intangibles et de forces ou de faiblesses.**
5. **Quelles ressources clés concourent au succès de Kusmi Tea ?**

DOC. 10 Le management stratégique des compétences

Gary Hamel et C. K. Prahalad s'intéressent au management par les compétences dans les années 1990. Les compétences sont issues de la mise en œuvre des ressources possédées par l'entreprise. Les auteurs les définissent comme « les aptitudes de l'entreprise à démultiplier ses ressources en les combinant ». Ils suggèrent de développer les compétences fondamentales.

Parmi les compétences identifiées au sein d'une entreprise, certaines contribuent à la construction d'un avantage concurrentiel durable :
– soit en permettant, grâce à une expérience/expertise technologique, de gagner en qualité, flexibilité, rapidité d'exécution, respect des délais… ;
– soit en facilitant l'accès à un grand nombre de marchés grâce à un meilleur management des marques, des brevets, partenariats, marketing, distribution… ;
– soit en participant à distinguer son produit de celui des concurrents, par son caractère unique et différenciant (savoir-faire, innovation).
G. Hamel et C. K. Prahalad considèrent ces compétences comme fondamentales ou distinctives (« *Core Competence* ») parce qu'elles permettent à l'entreprise de se différencier de façon stratégique.

6. **Selon Hamel et Prahalad, d'où proviennent les compétences ?**
7. **Quelles sont les caractéristiques des compétences distinctives ?**

DOC. 11 Savoir-faire et thés d'origine

Chez Kusmi Tea, les matières premières sont sélectionnées avec une grande rigueur. Les feuilles de thé, toujours importées entières, sont principalement cueillies à la main et proviennent de pays producteurs, tels que la Chine, l'Inde et le Japon. Les mélanges sont aromatisés grâce aux essences les plus subtiles, comme la vanille bourbon de Madagascar ou la bergamote de Calabre. Le conditionnement est effectué dans de traditionnelles boîtes en métal ou dans des sachets mousseline, qui préservent la qualité des thés et leur permettent d'exprimer toute la finesse de leurs arômes. Les recettes exclusives, dont certaines sont tenues secrètes depuis la naissance de la marque, sont réalisées manuellement, selon un savoir-faire artisanal séculaire.

Kusmitea.com

8. **Quelles sont les compétences distinctives de Kusmi Tea ?**
9. **Parmi les trois catégories de compétences distinctives identifiées par Hamel et Prahalad (document 10), à laquelle associez-vous celles détenues par Kusmi Tea ?**

B La chaîne de valeur

DOC. 12 **La chaîne de valeur**

Michael Porter cherche à savoir comment l'entreprise parvient à créer de la valeur entre les matières premières entrantes et les produits finis sortants. Pour cela, il considère l'entreprise comme un ensemble d'activités en lien les unes avec les autres. La chaîne de valeur décrit l'enchaînement de ces activités depuis l'approvisionnement jusqu'à l'acheminement au client du produit ou au service final. Elle se décompose en activités principales (celles qui vont de la création matérielle du produit jusqu'à son acheminement vers le client) et activités de soutien (celles qui contribuent à la performance des activités principales). Étudier les différents maillons de la chaîne permet d'identifier, parmi toutes les activités, celles qui sont créatrices de valeur pour le client et celles qui sont génératrices de coûts. Il s'agira alors de se concentrer sur les premières tandis que, pour les secondes, se posera la question de les conserver ou de les sous-traiter. L'optimisation de la chaîne de valeur permet à l'entreprise de dégager un avantage concurrentiel soit par les coûts (inférieurs aux concurrents), soit de valeur avec une offre différenciée possédant des caractéristiques uniques qui lui permettent de faire accepter un prix supérieur, soit par une combinaison des deux.

La chaîne de valeur (Michael Porter, 1980)

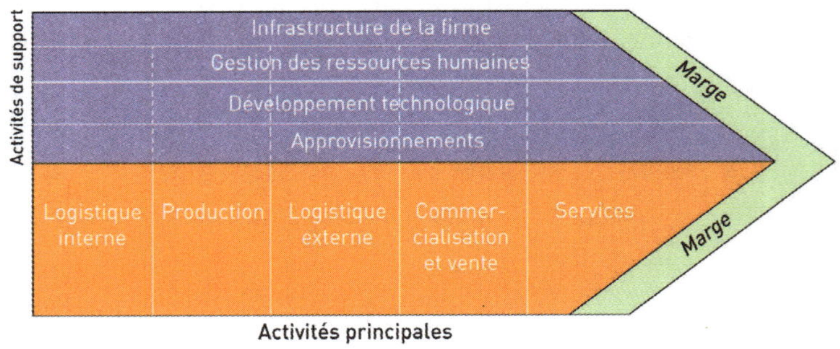

> **10.** Quelle distinction peut-on établir entre les activités principales et de soutien ?
> **11.** Que permet l'analyse de la chaîne de valeur de l'entreprise ?
> **12.** Quels sont les deux moyens dont dispose l'entreprise pour maintenir un avantage concurrentiel ?

DOC. 13 **Intégration de la production et de la logistique chez Kusmi Tea**

À la tête des marques de thé haut de gamme Kusmi Tea et Lov Organic, le groupe Orientis Gourmet a entrepris de relocaliser l'ensemble de ses activités en France. Après avoir rapatrié la confection des boîtes métalliques de la Chine vers la France, l'entreprise, qui réalise 80 millions d'euros de chiffre d'affaires, a commencé à faire de même pour la mise en sachets du thé, confiée jusqu'à présent à la Société impériale des thés et infusions (Siti) de Marrakech. C'est son usine de Saint-Vigor-d'Ymonville, près du Havre (Seine-Maritime) – seul site de production d'Orientis –, qui accueille cette activité. Un métier supplémentaire pour l'usine déjà en charge des mélanges, de l'aromatisation, du conditionnement du thé en vrac et de la logistique. […]

C'est la possibilité d'automatiser la mise en sachets pour « produire à coûts équivalents » qui a décidé Orientis à relocaliser cette activité en France. Cela devrait créer à terme une trentaine d'emplois à Saint-Vigor-d'Ymonville, site qui emploie aujourd'hui 230 salariés.

Orientis, dont le siège social se trouve à Paris et qui compte 650 salariés, a notamment investi dans des machines qui déposent les feuilles de thé dans le sachet et le referment ensuite.

C. Garnier, *Les Echos*, 3 janvier 2018.

> **13.** Repérez les activités de la chaîne de valeur évoquées dans le document et qualifiez-les en utilisant la terminologie de Porter.
> **14.** Quelles activités de Kusmi Tea ont été relocalisées en France ?
> **15.** Quels arguments ont décidé le groupe Orientis à intégrer l'activité de mise en sachets sur son site français ?

DOC. 14 Les sources d'avantages concurrentiels chez Kusmi Tea

Depuis 2013, Orientis a entrepris de recentrer ses opérations sur la France pour soutenir le développement de sa marque phare Kusmi Tea. [...] Sa démarche aborde à la fois les questions de fiabilisation des flux et de l'approvisionnement, de raccourcissement du transport ou d'optimisation des stocks, mais aussi les problèmes liés à la non-qualité, aux risques politiques ou aux passages en douane. [...] Sans oublier la perspective d'une production entièrement estampillée « Origine France » pour dynamiser les ventes de part et d'autre des frontières, près d'un quart des 80 boutiques Kusmi Tea étant à l'étranger.

M. Rabiller, *Supply Chain Magazine*, juillet-août 2017.

16. **Comment l'internalisation de la chaîne de valeur sur son site français permet-elle à l'entreprise Kusmi Tea de mieux maîtriser ses coûts ?**

17. **Quels sont les avantages concurrentiels obtenus par le recentrage des activités en France ?**

APPLICATION AU CAS

GROUPE SOUFFLET

Soufflet a inauguré le 23 mars 2018 un nouveau terminal céréalier dans le port de La Rochelle. Son principal avantage est qu'il donne directement sur la mer et permet ainsi de réduire le nombre d'allers-retours de camions lors du chargement des bateaux. Aussi, cela va renforcer la compétitivité du blé français face à la concurrence des épis russes.

DOC. Les forces du groupe Soufflet

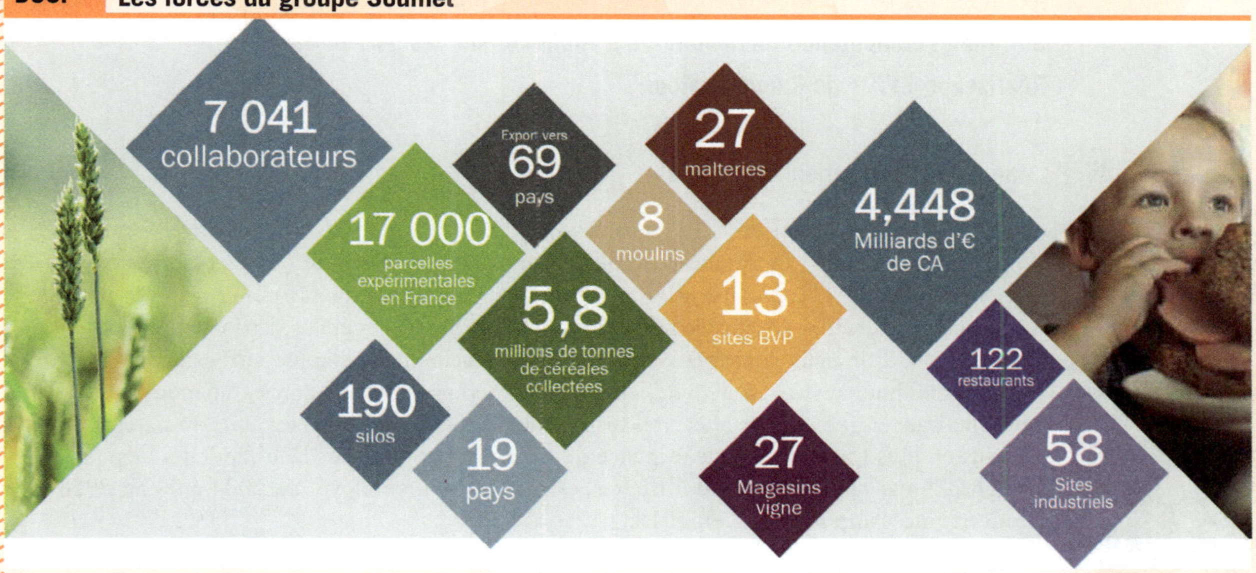

1. **Identifiez et classez les ressources du groupe Soufflet.**

2. **Selon Porter, à quelle activité de la chaîne de valeur correspond l'inauguration du terminal céréalier ?**

3. **Montrez que ce terminal va permettre d'améliorer la chaîne de valeur de l'entreprise.**

1 SWOT/FFOM de Hewlett-Packard

- **À l'aide de la matrice SWOT, classez les éléments du diagnostic de Hewlett-Packard.**

DOC. Éléments du diagnostic

Hewlett-Packard opère dans le secteur de l'industrie des ordinateurs et matériels de bureau (copieurs, imprimantes…), fournit des logiciels, des serveurs et services informatiques.

- Retard de l'entreprise dans le développement de produits sur des segments clés (smartphones, tablettes).
- Le marché des imprimantes connaît une baisse structurelle.
- Les segments des tablettes et notebooks offrent une perspective de croissance.
- L'entreprise est implantée dans le monde entier, ce qui permet d'établir de solides bases pour une perspective de croissance future.
- Les secteurs du stockage, de l'analyse des données et des logiciels des entreprises sont très dynamiques.
- Solidité financière de HP.
- Le marché des PC est fortement concurrencé par l'émergence des tablettes, smartphones et terminaux mobiles.
- 5 000 suppressions de postes entre 2016 et 2019 pour HP Inc.
- Le déclin du PC se poursuit depuis 6 ans, sans interruption.

2 Savonnerie Rampal Latour, entre tradition et innovation

Nathan live!

LE SUCCÈS DU SAVON DE MARSEILLE

https://france3-regions.francetvinfo.fr/provence-alpes-cote-d-azur/bouches-du-rhone/salon-de-provence/rampal-latour-le-succes-du-savon-de-marseille-made-salon-de-provence-954253.html

1. **Recensez et classez les ressources de Rampal Latour.**
2. **Identifiez les facteurs d'influence de l'environnement de l'entreprise.**
3. **Sur quelle compétence fondamentale s'appuie le succès de l'entreprise ?**
4. **Réalisez le SWOT de Rampal Latour.**

DOC. Rampal Latour, artisan savonnier

La savonnerie Rampal Latour, dont le savoir-faire remonte à 1828 et installée à Salon-de-Provence depuis 1907, perpétue la tradition du savon de Marseille depuis cinq générations. Son savon est issu d'une fabrication en chaudron par un maître savonnier selon le procédé traditionnel marseillais, exclusivement à base d'huiles 100 % végétales, sans parfum, sans colorant, sans additif, sans conservateur. S'étant perpétuellement adaptée aux exigences de son temps pour poursuivre son activité, elle connaît depuis quelques années un nouvel essor et communique largement sur le capital historique de son savoir-faire, les consommateurs étant de plus en plus motivés par une exigence de traçabilité et un désir d'authenticité. Depuis, elle a multiplié par cinq son chiffre d'affaires, est passée de 4 employés en 2004 à 40 en 2018 et a ouvert une usine moderne en 2016.

Côté innovation, l'entreprise a déposé deux brevets :

– le premier permet de préserver les vertus hydratantes de la glycérine naturellement produite au cœur du savon pour un produit très doux pour la peau ;

– le second permet, lors du procédé de fabrication, de consommer 4 fois moins d'eau et 7 fois moins d'énergie.

La savonnerie Rampal Latour est labellisée par l'État « Entreprise du Patrimoine Vivant » (EPV) pour l'excellence de son savoir-faire. Toutefois, l'entreprise doit se battre pour préserver son origine garantie car le savon de Marseille n'est pas protégé et quiconque peut utiliser l'appellation « Savon de Marseille ».

3 Frichti, start-up de la FoodTech

1. Repérez les opportunités de l'environnement dont a su se saisir Frichti.
2. Recensez les ressources évoquées dans le document.
3. Analysez les avantages que procure à l'entreprise l'intégration de sa chaîne de valeur.

DOC. La virtuose de la FoodTech

Paver le chemin du retour aux sources vers le bon, 3 fois par jour, 365 jours par an. Tel est le sacerdoce de Frichti et de sa cofondatrice, Julia Bijaoui. Passionnée par l'univers « food » et sensibilisée très tôt aux « bonnes pratiques » du bien manger, à savoir la parfaite osmose entre qualité et équilibre, la jeune entrepreneure, qui œuvrait avant la naissance de Frichti au lancement d'un restaurant, a rapidement perçu « le désir » naissant chez moult personnes de renouer avec une cuisine de qualité, reléguant aux calendes grecques fast-food et autres offres industrielles. « *Nous répondons à une profonde tendance de société : les gens ont de plus en plus envie de bien manger, ils starifient les chefs et il existe un véritable engouement pour la cuisine. Mais au quotidien, on n'a pas forcément le temps de faire les courses, d'aller au marché, encore moins le temps de cuisiner, on a tous des petites cuisines et des vies bien remplies* », abonde Julia Bijaoui. [...] Un sentiment qui engendre une véritable frustration. « *Notre vie est imprégnée par le digital et nous avons l'habitude d'avoir le moindre service au bout de notre pouce* », souligne Julia Bijaoui. Dès lors, la volonté de mettre la technologie au service du bon prend corps dans l'esprit des deux entrepreneurs [Julia Bijaoui et Quentin Vacher, son associé]. Grâce au modèle « pleinement intégré ». « *Nous y sommes parvenus en y intégrant toute la chaîne de valeur. Quand vous faites tout vous-même, vous n'avez pas d'intermédiaire et, au bout d'un moment, si vous avez suffisamment de volume, vous avez mutualisé un certain nombre de coûts et vous pouvez rendre tout cela au consommateur* », développe Julia Bijaoui.

Chose suffisamment rare pour être soulignée, même le service de livraison est pleinement intégré « au cœur du réacteur » Frichti. « *Nous créons nos recettes, nous les cuisinons nous-mêmes, on a nos propres cuisines, on les vend, on a toute une équipe comme dans un site de commerce traditionnel et on les livre. La majorité de nos livreurs sont embauchés. Ce qui nous permet de maîtriser totalement l'expérience client. Nous sommes ainsi responsables de A à Z de la qualité du service qu'on délivre.* » Et cela marche... le tout sans la moindre débauche d'énergie – et de moyens – publicitaires. « *Notre vision reposait sur le fait que la qualité du produit que nous proposions soit tellement extraordinaire qu'il parle de lui-même. Conséquence : les gens reviennent et deviennent nos ambassadeurs, et la boîte ne s'est d'ailleurs développée qu'à partir du bouche-à-oreille* », explique l'entrepreneure. Et quel développement ! « *Nous avons eu l'idée en mars 2015, on a commencé à travailler dessus en avril et le 8 juin 2015, nous servions notre premier plat* », souligne, les yeux emplis de fierté, la jeune femme. Aujourd'hui, Frichti emploie plus de 300 personnes grâce, notamment, à deux levées de fonds successives de 1 puis de 12 millions, respectivement en septembre 2015 et avril 2016.

S. Hamladji, www.forbes.fr, 23 mai 2017.

Les différentes étapes d'une démarche d'analyse stratégique

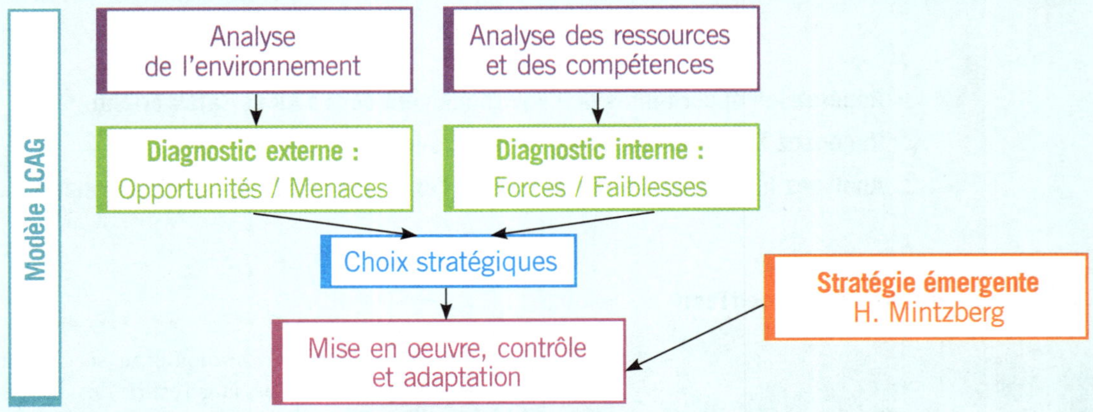

Les principaux éléments d'un diagnostic externe de l'entreprise

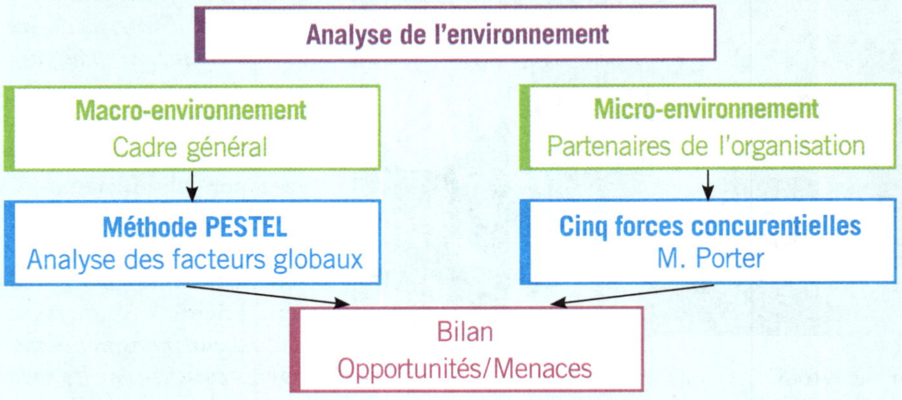

Les principaux éléments d'un diagnostic interne de l'entreprise

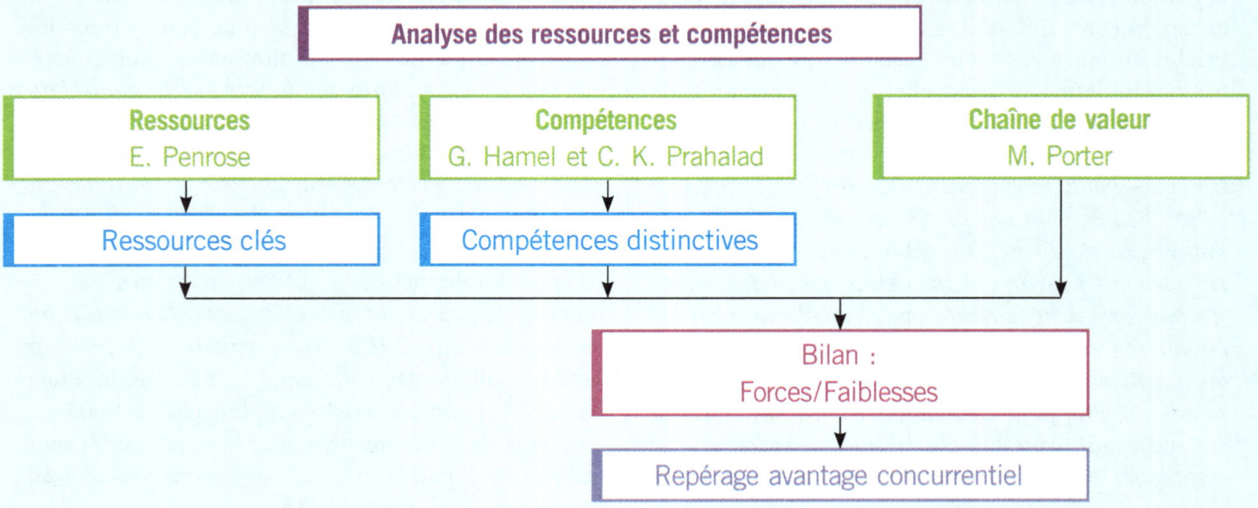

CONCEPTS

Activités de soutien – Activités principales – Avantage concurrentiel – Chaîne de valeur – Compétences – Compétences fondamentales ou distinctives – Diagnostic stratégique – FFOM / SWOT – Produits de substitution – Ressources – Ressources clés – Stratégie délibérée – Stratégie émergente

14 Le processus de décision et les choix stratégiques de l'entreprise

LES COMPÉTENCES ATTENDUES
- Présenter les étapes de la décision stratégique.
- Identifier et analyser les choix stratégiques de l'entreprise.
- Analyser la pertinence des choix stratégiques de l'entreprise.

LES SAVOIRS ASSOCIÉS
- Les domaines d'activité stratégique
- Les options stratégiques globales et par domaines d'activité
- Les modalités de croissance des entreprises

PLAN DU CHAPITRE

Les choix stratégiques de l'entreprise Vente-unique.com pour assurer son développement

Lever des fonds pour, notamment, se renforcer à l'international. C'est pour cette raison que Vente-unique.com, site marchand spécialisé dans la vente de mobilier sur Internet, est entré en Bourse sur Euronext le 4 avril 2018. Le but de la manœuvre ? « Nous souhaitons doubler notre chiffre d'affaires d'ici 5 ans pour atteindre 150 millions d'euros », ambitionne Sacha Vigna, DG de l'entreprise qui compte 73 salariés. Il faut dire que la structure, créée en 2005, enregistre depuis sa création une croissance annuelle de 10 % à 15 %. Dès le démarrage de l'activité, le dirigeant a décidé de faire uniquement de la vente en direct sur Internet pour les particuliers. Son secret ? La société se fournit directement auprès des fabricants, possède son propre entrepôt pour gérer ses stocks et internalise la gestion de sa chaîne logistique, sauf la livraison.

Question fournisseurs, l'entreprise réalise son *sourcing* partout dans le monde et principalement en Asie (deux tiers de la production en Asie et un tiers en Europe). L'avantage est double : cela permet de s'adresser au plus grand nombre tout en étant compétitif sur les prix.

M. Deneux, www.chefdentreprise.com, 15 mai 2018.

Nathan live!
L'INTRODUCTION EN BOURSE DE VENTE-UNIQUE.COM
https://youtu.be/34zarNEdLtO

1. **Quel est l'objectif stratégique de l'entreprise Vente-unique.com ?**
2. **Quelle décision Vente-unique.com a-t-elle prise pour atteindre cet objectif ?**
3. **Quels choix en matière d'activités l'entreprise a-t-elle opérés pour se développer ?**

1 Présenter les étapes de la décision stratégique

DOC. 1 Les différents types de décisions

La décision est un processus parfois complexe qui permet d'aboutir à un choix en fonction d'informations disponibles. Igor Ansoff (1971) distingue trois catégories de décisions qui auront une influence variable sur le fonctionnement de l'entreprise :

Les **décisions stratégiques**, prises par la direction générale, engagent l'entreprise à long terme. Elles sont rares, coûteuses et difficilement réversibles.	Les **décisions tactiques** (ou de pilotage) concernent la gestion des ressources de l'entreprise. Elles sont de moyen terme, réversibles et prises soit au niveau hiérarchique supérieur (comme les décisions stratégiques), soit à un niveau hiérarchique intermédiaire.	Les **décisions opérationnelles** permettent le bon fonctionnement de l'entreprise au jour le jour. Simples et répétitives, elles n'ont d'effet que sur une courte période et peuvent être prises à tout niveau hiérarchique. Elles sont facilement réversibles.

DOC. 2 Les décisions du groupe LVMH

LVMH, groupe mondial du luxe, s'offre Christian Dior, une marque d'exception

Pour LVMH, le rachat de Dior constitue une importante opération stratégique, qui lui apporte une marque unique et mondialement connue – elle a doublé ses ventes depuis 2011, à près de 2 milliards d'euros – et dont le chiffre d'affaires est réalisé à 93 % dans son propre réseau de magasins.

D'après www.tradingsat.com

LVMH en mode start-up pour la cause des femmes

Engagé dans l'égalité des femmes dans l'entreprise, LVMH a organisé en mars [2018] une session de coworking international pour définir les meilleurs moyens d'atteindre la parité parfaite en 2020. [...] À quelques kilomètres de Venise, dans des bâtiments high-tech nichés au milieu des champs, le géant du luxe LVMH a réuni, du 6 au 9 mars 2018, à l'occasion de la Journée internationale des droits des femmes, 60 collaborateurs du monde entier.

C. Regnier, *Capital*, 11 juillet 2018.

LVMH ouvre un pop-up store qui présentera une collection exclusive

Dior ouvre une nouvelle boutique temporaire parisienne. Située au numéro 386 de la rue Saint-Honoré, cette nouvelle adresse arbore un design et une architecture évoquant le premier pop-up store mais présente une collection totalement exclusive sur le thème du tarot. [...]
La directrice artistique de la maison Dior ne s'est pas arrêtée là, puisqu'elle a également imaginé six *shopping bags* en exclusivité pour l'ouverture de cette boutique.

leparisien.fr, 11 décembre 2017.

1. Expliquez ce que représente la prise de décision pour une entreprise.
2. Distinguez les différents types de décisions que l'entreprise peut prendre selon leur horizon temporel, leur niveau hiérarchique et de réversibilité.
3. Relevez les décisions présentées dans chacun des documents en justifiant leur intérêt pour le groupe LVMH.
4. Indiquez la nature de chacune de ces décisions en précisant leurs caractéristiques.
5. Montrez les liens entre les décisions tactiques et la décision stratégique de LVMH.

LVMH : LE TRIOMPHE DU LUXE
https://youtu.be/PB7_LIst5_8

DOC. 3 Le processus de décision et la rationalité limitée du décideur

Décider, c'est choisir la solution qui paraît la meilleure. Pour y parvenir, Herbert Simon (1947) propose le modèle IMC qui se déroule en trois étapes successives :

- **I** — **Intelligence :** recherche d'informations pour analyser et comprendre le problème.
- **M** — **Modélisation :** recherche et conception de solutions possibles.
- **C** — **Choix :** sélection de la solution la plus adaptée compte tenu des contraintes.

Mais le décideur prend rarement la décision optimale parce que des facteurs vont influencer la recherche d'informations et de solutions : le budget restreint, le temps limité, la personnalité du décideur (son intuition et ses émotions peuvent l'amener à privilégier une décision plutôt qu'une autre), l'instabilité et la complexité de l'environnement (qui résultent de la présence de multiples facteurs et acteurs)… Il s'arrêtera donc à une décision lui paraissant satisfaisante. Selon Simon, la rationalité du décideur est donc limitée.
De plus, selon James March et Richard Cyert (1963), l'entreprise est une coalition d'acteurs (salariés, partenaires…) avec des intérêts contradictoires. Le pouvoir de décision devient donc le résultat de négociations et de compromis.

6. Quels sont les facteurs qui influencent la prise de décision ?

7. Pourquoi le décideur ne prend-il pas toujours la meilleure décision possible ?

8. Analysez le processus de décision de l'entreprise Danone selon le modèle IMC.

9. Identifiez les facteurs qui ont eu une influence sur la prise de décision de Danone.

DOC. 4 Danone rebondit grâce au snacking

Après un mauvais résultat en 2012, Danone décide de miser sur le snacking, s'appuyant sur le constat que 80 % des Français consomment un en-cas dans la journée et s'inspirant du succès des « yaourts grecs » aux États-Unis. Après une expérimentation réussie en Grande-Bretagne, Danone lance Danio en 2014, un en-cas riche en protéines, de 150 grammes au lieu des 125 habituels pour un yaourt. Le succès est au rendez-vous (des dizaines de millions de pots seront écoulés en 2014) et d'autres marques, comme Carrefour, reprendront l'idée de « snack laitier ». L'innovation s'est révélée être le bon choix !

APPLICATION AU CAS

GROUPE SOUFFLET

Développer les filières est au cœur de la stratégie du groupe Soufflet, qui est notamment présent tout au long de la filière blé, depuis le champ jusqu'au consommateur.

DOC. Les décisions du groupe Soufflet

En mai 2018 à Chartres et en juin à Troyes, le groupe Soufflet a réuni plus de 1 400 agriculteurs lors de conventions. Ces rendez-vous sont l'occasion pour le groupe de développer et de consolider des relations de proximité avec les agriculteurs français.

En 2014, le groupe a acquis Neuhauser, un acteur majeur du secteur de la boulangerie-viennoiserie-pâtisserie, organisé pour servir la grande distribution, la restauration hors foyer, les terminaux de cuisson et la distribution spécialisée en France, en Europe et dans le monde.

Pour répondre aux attentes des consommateurs et des agriculteurs, le groupe a lancé en 2015 plusieurs filières bio (blé, orge, lentilles) et, en 2016, sa filière pois chiches, comme culture alternative. Peu gourmande en eau et en azote, la culture du pois chiche répond aux attentes de diversification des agriculteurs et à la nouvelle demande en protéines végétales des consommateurs.

1. Qualifiez et justifiez les décisions prises par la direction du groupe Soufflet.

2. Présentez les étapes de la décision prise par le groupe de se lancer dans la culture des filières bio et de pois chiches.

2 Identifier les caractéristiques de la stratégie

DOC. 5 Qu'est-ce que la stratégie ?

Élaborer la stratégie de l'entreprise, c'est choisir son métier, son ou ses domaines d'activité stratégique, fixer des objectifs (rentabilité, pérennité, croissance, satisfaction des parties prenantes) sur du long terme, puis sélectionner les modes d'action et d'allocation des ressources.
Pour sa mise en œuvre, l'entrepreneur dispose d'outils de pilotage, que l'intelligence artificielle ne cessera de développer, mais la volonté, la prise de risque, l'aptitude à arrêter des choix stratégiques et à les appliquer restent le propre de l'équipe de direction.

1. **En quoi consiste l'élaboration de la stratégie pour une entreprise ?**
2. **Pourquoi l'élaboration d'une stratégie comporte-t-elle une prise de risques ?**

DOC. 6 La stratégie de Kering

Le groupe Kering (12,385 milliards d'euros de chiffre d'affaires au 31 décembre 2016 et environ 36 000 collaborateurs) a initié une transformation stratégique à partir de 2005, évoluant d'un conglomérat tourné vers la distribution grand public en France et en Europe (Le Printemps, La Redoute, Conforama, la FNAC…) vers un groupe de luxe à dimension internationale complété par des marques de sport et lifestyle. Afin de confirmer cette transformation, le groupe Printemps-Pinault-Redoute est devenu PPR en 2005 puis a changé à nouveau de nom en 2013 pour devenir Kering. Il s'est alors désengagé de ses activités grand public en cédant progressivement les différentes sociétés de distribution qu'il détenait et en réalisant l'introduction en Bourse de la FNAC en 2013.
Depuis son entrée dans l'univers du luxe en 1999 avec l'acquisition de Gucci Group NV, Kering a développé un groupe multimarques par croissance externe en acquérant d'autres maisons emblématiques comme Yves Saint Laurent, Boucheron, Pomellato… Fin décembre 2016, Kering regroupait deux activités : une activité luxe et une activité sport et lifestyle. Kering est aujourd'hui un des leaders mondiaux du luxe. […]
L'activité luxe connaît une croissance remarquable […] et affiche une hausse de 80 % de ses ventes en ligne, selon le communiqué du 24 octobre 2017. Le recentrage vers le luxe prend donc tout son sens, porté par les créations, l'audace et l'innovation dont fait preuve Kering. Il semblerait que le groupe s'oriente vers une croissance organique et attache de plus en plus d'importance à sa stratégie digitale […].

I. Chaboud, theconversation.com, 17 janvier 2018.

3. **Identifiez les secteurs d'activité du groupe Kering.**
4. **Quels sont les objectifs stratégiques du groupe Kering ?**

DOC. 7 Les facteurs de contingence

L'entreprise élabore ses choix stratégiques en tenant compte d'éléments qui l'entourent comme la concurrence, ses parties prenantes… En effet, des facteurs de contingence, qui sont des éléments internes (la taille de l'entreprise…) ou externes (la législation…), vont influencer et agir sur la prise de décision. L'entreprise doit s'adapter à ces facteurs évolutifs et imprévisibles. De plus, l'activité de l'entreprise est en évolution permanente, ce qui l'oblige à revoir ses domaines d'activité au fil du temps et parfois à redéfinir son cœur d'activité.

5. **Quels éléments peuvent influencer l'élaboration et la mise en œuvre de la stratégie ?**
6. **Montrez que le groupe Kering a redéfini son cœur d'activité.**

DOC. 8 L'adaptation permanente de la stratégie de Kering

Volcom, fabricant américain fondé au début des années 1990, avait été racheté en 2011 par Kering (qui s'appelait alors PPR). Ses vêtements, accessoires et chaussures de sport et de glisse sont distribués dans 86 magasins en propre dans le monde. La marque a réalisé en 2017 un chiffre d'affaires de 230 millions d'euros, contre 279 millions en 2015, en raison d'un marché du « surfwear » resté « peu porteur ». [...] Le groupe de François-Henri Pinault, dans un communiqué publié sur son site, indique que « conformément à sa stratégie de se consacrer entièrement au développement de ses Maisons de Luxe », il a « acté que Volcom n'est plus un actif stratégique, et a donc entamé un processus de cession ». Début janvier, Kering avait déjà annoncé qu'il allait céder la majorité de son équipementier sportif Puma, dont il détient 86,3 %, dans le cadre de son recentrage.

www.lerevenu.com, 9 avril 2018

Kering souligne [...] qu'il « évolue dans un environnement qui demeure incertain, qu'il s'agisse du contexte macroéconomique ou des aléas géopolitiques, avec des événements qui peuvent notamment influencer les tendances de consommation et les flux touristiques ».

D'après www.capital.fr

7. Relevez les facteurs de contingence qui agissent sur le groupe Kering.
8. Précisez en quoi consiste le recentrage pour le groupe Kering.
9. Repérez l'intérêt pour le groupe Kering d'opérer cette décision stratégique.
10. Identifiez les facteurs de contingence qui ont influencé cette décision.

APPLICATION AU CAS

GROUPE SOUFFLET

Le groupe Soufflet, spécialisé dans la collecte, le négoce et la transformation des céréales, a pour ambition de poursuivre sa diversification et son développement à l'international. Il s'engage dans une logique durable avec des produits plus qualitatifs pour les consommateurs. En amont, il travaille sur la réduction des insecticides et investit dans la recherche et le développement pour promouvoir les filières bio.

DOC. L'influence des facteurs de contingence

Avec des précipitations importantes, les conditions météorologiques ont été peu favorables à l'agriculture en 2016. Les rendements ont été en baisse en moyenne de 8 % pour toutes les cultures. Le colza a été le plus impacté, avec une baisse de 20 % minimum. Pour limiter les pertes, le groupe Soufflet a gelé les embauches, donné un tour de vis sur les coûts et réduit les investissements.

En 2018, les fortes pluies printanières ont rendu le fret fluvial difficile suite aux niveaux élevés des cours d'eau. Le fret ferroviaire a rencontré à son tour des perturbations en raison de la grève à la SNCF d'avril à juin 2018, et le report sur le transport routier occasionne des surcoûts de 4 à 25 €/tonne selon les distances. Ces perturbations ont entraîné des surstocks pour le groupe Soufflet, sources de coûts.

1. Quelle est la stratégie du groupe Soufflet ?
2. Identifiez les facteurs qui ont un impact sur la mise en œuvre de sa stratégie.
3. Repérez les conséquences de ces éléments sur l'entreprise.

3 Identifier et analyser la pertinence des choix stratégiques de l'entreprise au niveau global

DOC. 9 Les stratégies globales

Une stratégie globale vise à gérer le portefeuille d'activités de l'entreprise en termes de spécialisation ou de diversification et d'intégration ou d'externalisation.

DOC. 10 Spécialisation ou diversification

La matrice « produits/marchés » d'Igor Ansoff (1965) analyse ces deux choix stratégiques :

Produits / Marchés	Existants	Nouveaux
Existants	1. Pénétration de marché	3. Développement de produit
Nouveaux	2. Développement de marché	4. Diversification

1. La spécialisation : maintenir l'entreprise dans un seul domaine d'activité pour développer un produit ou une gamme de produits *avec le risque de dépendre d'une seule activité.*

2. L'extension de marché : développer un même produit sur un nouveau marché *pour séduire de nouveaux clients.*

3. Le développement de produit : développer un nouveau produit sur un même marché *pour augmenter son pouvoir sur le marché.*

4. La diversification totale : lancer de nouveaux produits sur de nouveaux marchés *afin de répartir les risques grâce à de lourds investissements et l'acquisition de nouvelles compétences.*

DOC. 11 Les stratégies du fruit

Andros, c'est aussi les desserts Mamie Nova, les confitures Bonne Maman, les bonbons Pierrot Gourmand, les biscuits Saint-Michel…

Andros, c'est d'abord un portefeuille de signatures iconiques. La marque éponyme évidemment mais aussi Pierrot Gourmand, Mamie Nova ou encore Bonne Maman. Des grands noms qui lui permettent de croquer 19,5 % des jus de fruits au rayon frais, 47 % des confitures ou même 62,4 % des compotes réfrigérées… Et de se glisser dans les cuisines de tous les Français : la moitié des foyers achètent des produits sous logo Andros, deux tiers ont leurs habitudes chez Bonne Maman.

C. Bader, *Capital*, 1er juin 2018.

C'est une *success story* comme en rêve tout entrepreneur. Dans l'univers très concurrentiel de la grande distribution, Charles & Alice a réussi à prendre la place très convoitée de challenger, derrière le géant Andros, au rayon des compotes fraîches, l'une des catégories de produits les plus prisées des familles. L'entreprise réalise aujourd'hui 140 millions d'euros de chiffre d'affaires et détient près de 20 % du marché (contre 59,1 % pour Andros). […] Son pari ? Bâtir sa stratégie sur un positionnement de niche, les compotes sans sucre ajouté. « Quatre ans plus tard, la marque a doublé de taille dans l'univers des desserts frais et compotes, se félicite Thierry Goubault [l'actuel PDG de l'entreprise]. Elle a su satisfaire l'envie de naturalité et de fruits des consommateurs. »

K. Lentschner, lefigaro.fr, 24 février 2016.

1. **À l'aide de la matrice d'Ansoff, analysez les stratégies globales choisies par les deux entreprises.**
2. **Chez Charles & Alice, la stratégie conduit-elle à la fabrication d'un seul produit ?**
3. **Quels moyens Charles & Alice met-elle en œuvre pour développer sa stratégie ?**
4. **Expliquez pourquoi la stratégie d'Andros lui permet de limiter les risques.**
5. **Précisez les avantages et les limites de ces stratégies globales pour l'entreprise.**

DOC. 12 Intégration ou externalisation

La **stratégie d'intégration** consiste, pour une entreprise, à réaliser ses activités en interne au lieu de les confier à un partenaire externe.
Il existe deux formes d'intégration :
– l'intégration vers l'amont : réalisation interne des activités effectuées par les fournisseurs de l'entreprise ;
– l'intégration vers l'aval : réalisation interne des activités effectuées par les clients de l'entreprise.
Cette stratégie accroît le pouvoir de l'entreprise sur son marché et permet de sécuriser les approvisionnements et/ou les débouchés.

La **stratégie d'externalisation** consiste à confier à un partenaire externe la réalisation d'une ou de plusieurs activités qui n'appartiennent pas au cœur de métier de l'entreprise.
L'externalisation touche un nombre important d'activités :
– les premières activités qui ont été externalisées par les entreprises sont les services généraux (accueil, entretien, restauration…) puis la paie, la comptabilité et la production ;
– les activités externalisées de façon plus récente sont les systèmes d'information, la logistique (entreposage, transport), les achats et le service après-vente.
Cette stratégie permet à l'entreprise de se concentrer sur son cœur de métier et de bénéficier de compétences d'experts mais elle entraîne une dépendance vis-à-vis des prestataires.

DOC. 13 Les activités d'Andros au service d'autres entreprises

Le groupe Andros s'adonne aussi à des activités plus discrètes. Producteur de marques de distributeurs, il fournit Carrefour et consorts en yaourts, marmelades, bonbons… Et même en desserts surgelés. […] Par exemple, Andros donne aussi dans le bonbon. C'est ainsi lui qui fabrique pour les distributeurs les copies des Tirlibibi Haribo. Il fournit aussi une soixantaine d'industriels en coulis, fourrages… « On fait du premier prix ou du premium selon la demande des enseignes », précise le DG.

C. Bader, *Capital*, 1er juin 2018.

Picard Surgelés a pour métier la distribution de produits surgelés au sein de ses différents points de vente mais l'entreprise a choisi de faire fabriquer ses produits par d'autres entreprises.

Depuis un rachat en 2006, le groupe Andros fait des desserts glacés. Son plus gros client ? Picard, qui lui commande une belle part des ses gâteaux de Noël.

6. Présentez les stratégies globales choisies par Andros et Picard pour la fabrication de leurs produits.

7. Analysez la pertinence pour ces deux groupes d'adopter ces choix stratégiques.

8. Précisez les avantages et les limites de ces stratégies globales pour l'entreprise.

APPLICATION AU CAS

GROUPE SOUFFLET

Spécialiste reconnu des filières céréales depuis les semences jusqu'à la première transformation, le groupe Soufflet a élargi son activité à la production et à la distribution de produits prêts à consommer (boulangerie-viennoiserie-pâtisserie et restauration rapide). Ce positionnement spécifique lui confère la capacité de contrôler et de garantir le suivi de toute sa chaîne de collecte, production, transformation de produits destinés à l'alimentation humaine et animale.

DOC. Les filières du groupe Soufflet

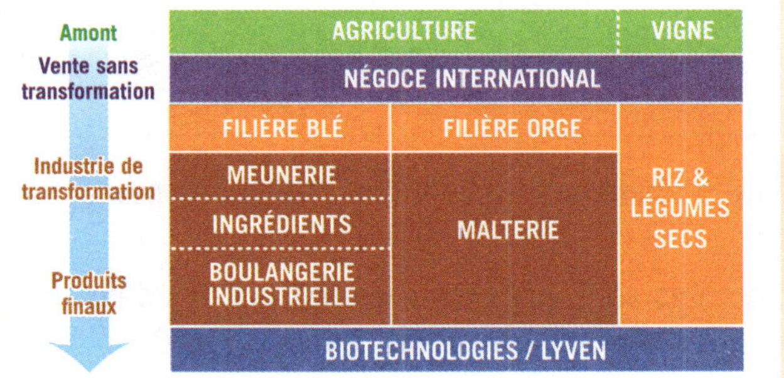

1. Identifiez les stratégies globales du groupe Soufflet.

2. Analysez la pertinence des choix stratégiques au niveau global du groupe Soufflet.

4 Identifier et analyser la pertinence des choix stratégiques de l'entreprise au niveau de ses domaines d'activité

DOC. 14 Les domaines d'activité stratégique de l'entreprise

Un domaine d'activité stratégique (DAS) est une sous-partie de l'entreprise regroupant un ensemble homogène de biens et de services qui utilisent une technologie identique et visent un même marché. Une entreprise peut avoir un ou plusieurs DAS.

DOC. 15 Les domaines d'activité stratégique du groupe Adeo

Le groupe Adeo, leader européen de l'équipement de la maison, est un réseau de 13 enseignes et sites Internet présents dans les secteurs de la décoration (Zôdio), de la cuisine (Alice Délice), du mobilier (Tikamoon), du bricolage et de l'outillage (Leroy Merlin, Weldom), et de la construction (Quotatis) pour les particuliers ou les professionnels (Bricoman, DomPro) en France et dans le monde (Aki en Espagne et au Portugal, Bricocenter en Italie).

1. **Identifiez le métier du groupe Adeo.**
2. **Repérez les domaines d'activité stratégique du groupe Adeo.**

live!
ADEO DECO
https://youtu.be/gb90MvA3NUA

DOC. 16 Les stratégies de domaine d'activité

Après avoir défini sa stratégie globale, l'entreprise doit choisir la stratégie de domaine d'activité qu'elle va conduire pour chacun de ses DAS afin de faire face à la concurrence. Celle qui exerce plusieurs activités adopte la stratégie pertinente pour chaque DAS afin de conforter ou d'établir un avantage concurrentiel durable sur un marché.

La grille d'analyse stratégique de Porter (1980)

Étendue de la concurrence	Avantage concurrentiel détenu ou recherché	
	La situation de la firme se caractérise par des coûts faibles.	Le caractère unique du produit est perçu par la clientèle.
La firme est confrontée à la concurrence de tout le secteur (cible large).	**1. Stratégie de domination par les coûts** Réduire les coûts pour proposer des prix plus bas que les concurrents pour une offre de même valeur, de façon à attirer davantage de clients et à obtenir une position dominante sur le marché.	**2. Stratégie de différenciation** Se démarquer de la concurrence en offrant un produit perçu comme unique aux yeux des clients. Cette différence permet de vendre à un prix supérieur et porte sur les caractéristiques du produit : la qualité, le conditionnement, les services associés, la technologie, l'image de la marque…
La firme est confrontée à la concurrence d'un segment particulier (cible étroite).	**3. Stratégie de concentration/focalisation** Se protéger des assauts de la concurrence en s'adressant à un segment de marché spécifique (produits, clientèle ou zone géographique) en proposant une offre différente qui ne peut intéresser qu'une clientèle réduite. *La différence peut être :*	
	fondée sur des coûts réduits.	*fondée sur la différenciation.*

D'après Michael Porter, *L'Avantage concurrentiel*, Dunod.

3. **Identifiez les trois stratégies de domaine proposées par Michael Porter.**
4. **Selon Porter, quelles sont, pour toute entreprise, les deux principales sources d'avantage sur ses concurrents ?**

DOC. 17 Domination par les coûts, différenciation ou focalisation

Aujourd'hui troisième opérateur du marché français, l'enseigne dépasse les 120 dépôts qui génèrent 2,8 milliards d'euros de chiffre d'affaires avec quelque 48 millions de passages en caisse chaque année. Comment expliquer cette ascension rapide ? En un mot : discount ! En effet, **Brico Dépôt** s'est, dès sa création, positionné sur des prix attractifs en quantité chantier. Sans fioritures, l'offre va à l'essentiel avec des grandes surfaces de vente bien achalandées, au format dépôt, c'est-à-dire en libre-service sans artifices de présentation et sans superflu. Et ça marche.

D. André-Chaigneau, www.toute-la-franchise.com, 6 novembre 2017.

« *Nous voulons* […] *faire de **ManoMano** le leader européen sur le segment digital du bricolage et du jardinage.* […] » Mais ManoMano devra aussi compter avec les poids lourds de la distribution, Leroy Merlin et Castorama en tête, dont la capacité à terme à accélérer dans le digital ne fait aucun doute.

[…] ManoMano a vu le jour en 2013, grâce à deux passionnés de « Do It Yourself » mais surtout deux anciens capital-risqueurs, Philippe de Chanville et Christian Raisson. Passée de 9 employés à 145 en 2017, de 30 000 produits référencés à 1,2 million cette année, la société revendique aujourd'hui plus de 1,9 million de clients. Particularité revendiquée de ses fondateurs, la place de marché, qui compte 1 100 marchands partenaires, mise tout sur une approche centrée sur l'utilisateur, une utilisation poussée de la data, ainsi qu'une communauté de bricoleurs très soudés, qui échangent conseils et astuces pour mener à bien leurs projets.

F. Deschamps, www.lsa-conso.fr, 11 septembre 2017.

Nathan live!
MANOMANO
https://youtu.be/-LyyXN2dkUO

Pour proposer de nouveaux services à ses clients en matière de bricolage, **Leroy Merlin** a ouvert trois ateliers collaboratifs inspirés de l'Américain TechShop avec lequel il s'est associé. Le TechShop de Lille représente un investissement total de 3 millions d'euros pour Leroy Merlin. Sur ce budget, un million d'euros a été consacré au parc de 150 machines. On y retrouve pêle-mêle : une fraiseuse numérique pour le bois, un outil de découpe à jet d'eau pour le métal, une cabine de sablage ou encore une imprimante 3D de stéréolithographie.

J. Raynal, www.usine-digitale.fr, 21 octobre 2017.

Thomas Bouret, directeur général de Leroy Merlin France, explique : « […] Notre réflexion porte sur toutes les nouvelles manières de considérer l'habitat avec, pour nous, comme mission clé, de dépasser le simple rôle de vendeur pour glisser vers un modèle d'accompagnateur de projets, de A à Z. Dans ce cadre, ces TechShop nous aident à capter les tendances et à repérer les signaux faibles qui, demain, feront la différence. » Soit. C'est légitime. C'est même sain et propre à donner à Leroy Merlin un avantage concurrentiel intéressant, demain.

J.-N. Caussil, www.lsa-conso.fr, 6 février 2018.

5. **À l'aide de la grille de Porter, analysez les stratégies de domaine choisies par ces entreprises.**
6. **Montrez que la domination par les coûts repose sur des économies d'échelle.**
7. **Repérez les avantages concurrentiels défendus par ces trois entreprises.**

APPLICATION AU CAS

Groupe SOUFFLET

Dans le cadre de sa stratégie de filière, le groupe Soufflet propose des services innovants qui lui permettent de s'adapter aux évolutions du marché. Pour les agriculteurs, les avantages sont nombreux : débouchés sécurisés, valorisation assurée, pratiques raisonnées, offre bio…

1. **Identifiez les DAS et la stratégie de domaine du groupe Soufflet.**
2. **Analysez la pertinence de ce choix stratégique pour le groupe.**

DOC. Les DAS du groupe Soufflet

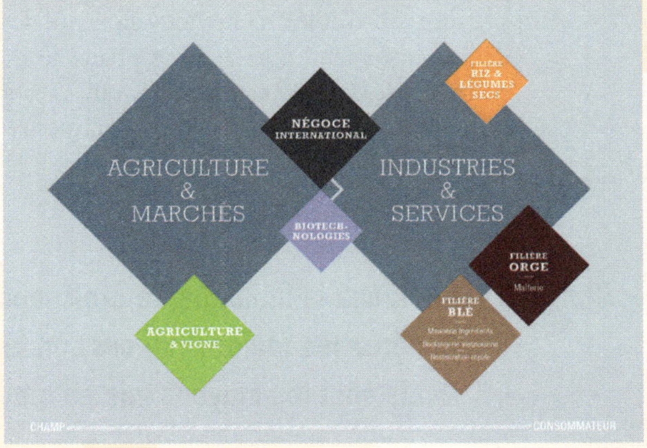

5 Identifier et analyser la pertinence des modalités de croissance de l'entreprise

DOC. 18 Les modalités de croissance de l'entreprise

Quelle que soit l'orientation stratégique choisie, l'entreprise doit trouver des modalités de croissance pertinentes. La croissance permet à l'entreprise de changer de dimension (augmentation de la capacité de production, des parts de marché…) et d'accroître son pouvoir de négociation. Il existe quatre modalités de croissance : la croissance interne, la croissance externe, la croissance conjointe et l'internationalisation. L'entreprise va combiner ces quatre modalités de croissance en fonction de l'évolution de ses activités et de son environnement.

DOC. 19 La croissance interne, la croissance externe et la croissance conjointe de l'entreprise

La **croissance interne**, appelée aussi « croissance organique », consiste pour l'entreprise à investir en interne à l'aide de ses propres moyens pour développer ses ressources, ses compétences, sa taille… Cette croissance se réalise de façon progressive et continue, et permet de maintenir l'indépendance de l'entreprise.

La **croissance externe** permet à l'entreprise de se développer à l'aide d'autres entreprises. Elle consiste en l'acquisition ou la prise de contrôle d'entreprises concurrentes ou complémentaires afin d'élargir son périmètre d'activité. Cette croissance est plus rapide, permet de s'implanter sur un nouveau marché et de réduire la concurrence.

La **croissance conjointe** consiste à coopérer sous forme contractuelle avec une autre entreprise en restant juridiquement indépendant. Sans s'engager de manière définitive, il s'agit de mettre en commun des moyens humains, financiers, technologiques… Cette croissance prend la forme :
- soit de partenariat stratégique : une collaboration entre entreprises non concurrentes ;
- soit d'alliance stratégique : une collaboration entre entreprises concurrentes. D'après Pierre Dussauge et Bernard Garrette (1991), les alliances stratégiques peuvent être définies comme des « *associations entre plusieurs entreprises concurrentes, ou potentiellement concurrentes, qui choisissent de mener à bien un projet ou une activité spécifique en concordant les compétences, moyens et ressources nécessaires plutôt que de se faire concurrence les unes aux autres sur l'activité concernée* ».

1. **Distinguez les différentes modalités de croissance qui s'offrent à l'entreprise.**
2. **Montrez que ces modalités de croissance permettent de réaliser des économies d'échelle.**

DOC. 20 La croissance de Charles & Alice

Jamais le marché des desserts à base de fruits sans sucre ajouté ne s'est aussi bien porté. Pour accompagner ce dynamisme, le groupe Charles & Alice (400 collaborateurs, 143 millions d'euros de chiffre d'affaires) vient d'investir 8 millions d'euros dans l'implantation sur son site drômois d'Allex d'une nouvelle ligne de production dédiée, justement, à sa gamme phare de desserts sans sucre ajouté. Cet investissement, qui s'accompagne de la création de 17 emplois, vise à permettre au groupe de répondre à la demande croissante du marché mais aussi d'améliorer la flexibilité de la production. […] Cet investissement doit lui permettre d'augmenter de 40 % ses capacités industrielles.

F. Rolland, www.usinenouvelle.com, 27 novembre 2017.

3. **Identifiez la modalité de croissance choisie par l'entreprise Charles & Alice. Justifiez.**
4. **Repérez les raisons qui ont conduit l'entreprise Charles & Alice à se développer.**
5. **Quels sont les moyens mis en œuvre par Charles & Alice pour assurer sa croissance ?**

DOC. 21 La croissance du groupe Adeo

De 1994 à 1998, Adeo rachète Bricoman et Bricocenter. En 2004, Weldom et DomPro rejoignent le groupe. À partir de 2011, l'e-commerce du groupe se renforce avec le rachat d'enseignes de vente en ligne : LightOnline, Delamaison et Décoclico. En 2015, Tikamoon, le *pure player* spécialiste du meuble en bois, rejoint Adeo pour renforcer son pôle « déco ». En 2015, Leroy Merlin s'allie à la start-up américaine TechShop afin d'offrir à ses clients des ateliers collaboratifs pour concevoir eux-mêmes leurs produits. Le principe des ateliers Leroy Merlin de TechShop est de mettre à disposition des machines et équipements professionnels moyennant un abonnement et une formation de base.

6. Identifiez les modalités de croissance adoptées par le groupe Adeo.
7. Quels objectifs le groupe Adeo poursuit-il en achetant ces différentes entreprises ?
8. Repérez l'intérêt pour Leroy Merlin de s'allier à la start-up TechShop.

DOC. 22 L'internationalisation de l'entreprise

L'internationalisation consiste à rechercher l'implantation de l'entreprise sur de nouveaux marchés étrangers. Pour s'internationaliser, l'entreprise peut opter pour des exportations, des investissements directs à l'étranger (filiales, par exemple) ou créer des partenariats locaux.

Andros réalise désormais la moitié de son chiffre d'affaires à l'étranger. Grâce à de gros rachats, mais aussi au succès de Bonne Maman. Dès la fin des années 1970, le Lotois s'est exporté avec des petits pots de 30 grammes dans les hôtels de luxe. Aujourd'hui encore, la marque trône au Shangri-La de Dubaï, au Marriott de Hong Kong ou au Sofitel de New York. « Cela permet de se faire connaître, et après on descend en supermarché, raconte un cadre. Vous posez ce pot en rayon, il se vend tout seul ! » **C. Bader, *Capital*, 1er juin 2018.**

9. Comment le groupe Andros se déploie-t-il à l'étranger ?
10. Repérez les autres modalités de croissance du groupe Andros.
11. Pour quelle raison le groupe Andros s'est-il développé à l'international ?

APPLICATION AU CAS

GROUPE SOUFFLET

DOC. La croissance du groupe Soufflet

Création du pôle Bakery en 2016 qui rassemble les expertises marketing stratégiques et R&D des métiers de la filière blé de Soufflet : meunerie, ingrédients, boulangerie-viennoiserie-pâtisserie. La création de cette nouvelle entité a pour but d'optimiser la filière blé du groupe.

En 2014, Soufflet porte sa participation à 78,73 % dans le groupe Neuhauser. Il met ainsi un pied dans la restauration rapide (Pomme de Pain…).

En 2016, lancement du site marchand www.artisan-brasseur.com destiné aux achats de malt en ligne pour les artisans brasseurs.

En 2018, l'INRA et Soufflet signent un accord de partenariat pour collaborer dans la recherche, réunir leurs savoir-faire pour renforcer la durabilité des filières agricoles.

Répartition du CA par zone géographique

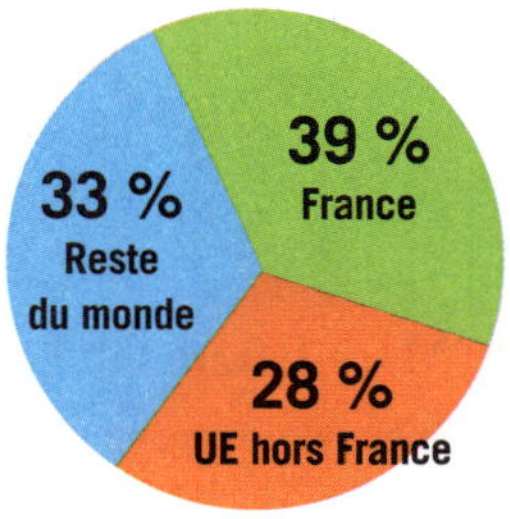

Soufflet se dote d'un outil de production en Russie. En 2016, il acquiert Sphera, une société spécialisée dans la fabrication de mélanges d'ingrédients pour les industriels de la panification. Avec cette acquisition, Soufflet renforce sa présence sur le marché russe pour mieux servir ses clients.

1. Identifiez les modalités de croissance du groupe Soufflet.
2. Analysez la pertinence de ces modalités de croissance pour le groupe.

1 Jay & Joy, la première crémerie végane de France

Nathan live!
JAY & JOY
https://youtu.be/gEUJfw22MDk

1. Présentez les facteurs de contingence qui ont influencé la décision de création de la crémerie végane Jay & Joy.
2. Identifiez et analysez les choix stratégiques de l'entreprise Jay & Joy.

DOC. Une recette qui fonctionne à merveille

2 % des Français se déclarent vegan.
20 % consomment occasionnellement des produits vegan.
300 000 € de CA prévus pour Jay & Joy en 2017

Dans sa boutique parisienne, Mary affine des « vromages », des fromages concoctés sans aucun lait d'origine animale. Elle défend une approche alimentaire saine, éthique et ludique. Et sa recette vegan fonctionne à merveille.
« L'odeur discrète de mes "vromages" me ramène à l'essentiel : la joie de créer des produits uniques », raconte Mary Iriarte Jähnke. Tout en douceur pimentée, cette Vénézuélienne de 33 ans place l'éthique alimentaire au centre de ses ambitions. « J'ai choisi de mettre en adéquation ma vie professionnelle avec mes convictions végétaliennes [alimentation sans aucun produit d'origine animale] et le respect de la planète. » La crémerie végétale Jay & Joy propose donc une gamme de « vromages » et de « joyourts » certifiés bio et vegan, préparés à base de laits d'amande et de riz, de noix de cajou et de chanvre.

Trop en avance

Mary s'est lancée il y a trois ans. Elle est la première sur ce marché. Un pari fou, même si le végétalisme est en plein essor. Pour développer son business, elle se forme à l'affinage et se met en quête des « meilleurs ingrédients » possibles.
Mais, malgré sa contribution à l'économie responsable, la recherche de financement se révèle tout aussi difficile que dans l'économie traditionnelle. « Je n'ai décroché aucune subvention. "Votre projet est trop innovant", me répondait-on. » Qu'à cela ne tienne. Elle passe le cap grâce à une « équipe de rêve », réunissant son mari, son frère (pâtissier de formation, il l'aide à créer les recettes) et deux associés. « Au final, ma banque nous a soutenus et nous avons pu investir plus de 100 000 euros », ajoute Eric, son mari, cofondateur de la jeune pousse.

Mary Iriarte Jähnke : bio express

2007 : responsable du service juridique de Maracaibo, sa ville natale, au Venezuela
2011 : MBA en marketing et management à l'ISTEC (Paris)
2014 : naissance du projet Jay & Joy
2015 : lancement de l'entreprise et production des premiers « vromages »
2016 : ouverture du laboratoire-boutique à Paris (11e)

L'air du temps

Trouver un local n'a pas été plus facile. « J'ai cherché un lieu pendant un an. » Mais, là encore, son irrésistible volonté a fini par payer… En 2016, son laboratoire-boutique voit le jour rue Paul-Bert, dans le 11e arrondissement de Paris. Un point de vente invitant la clientèle à assister à la fabrication des produits et à les goûter sur place. Pour se faire connaître, rien ne vaut la dégustation et le bouche-à-oreille. La recette porte rapidement ses fruits : « Naturalia nous a contactés car nous sommes les seuls à proposer des "vromages" artisanaux de cette qualité. Nous sommes arrivés au bon moment : prendre en compte celles et ceux qui mangent de façon différente est désormais dans l'air du temps. » Aujourd'hui, ses produits sont déjà distribués dans plus de 50 boutiques en Île-de-France (dont 37 Naturalia et la Grande Épicerie du Bon Marché). Comme quoi réussir une création d'entreprise est également une question de timing.

G. Froment, *Capital*, 5 juillet 2017.

2 Procter & Gamble, une multinationale qui se réinvente

1. **Repérez le métier et les domaines d'activité stratégique du groupe Procter & Gamble.**
2. **Identifiez et analysez les choix stratégiques du groupe Procter & Gamble.**
3. **Identifiez les modalités de croissance choisies par le groupe Procter & Gamble.**

DOC. Comment réoxygéner un géant essoufflé

Gillette, Ariel, Dash, Mr. Propre, Pampers, Tampax… Du haut de ses 181 ans, le géant américain Procter & Gamble reste omniprésent avec ses produits leaders. Son modèle économique, fondé sur des marques mondiales arrogantes, des positions ultra-dominantes dans la distribution et un matraquage publicitaire incessant, lui a assuré des décennies de croissance et de profits. Ces dernières années pourtant, la belle mécanique s'est grippée : les produits de masse n'ont plus la cote. […]

Des marques vieillissantes et des parts de marché en baisse dans toutes les familles de produits

Déjà, en 2013, le géant de Cincinnati rappelait en catastrophe son ancien PDG, Alan Lafley, celui qui, douze ans plus tôt, avait fermé 30 sites de production et licencié 13 000 personnes. Cette fois, il décidait de se débarrasser d'une centaine de marques, pour recentrer le groupe sur les activités plus rentables : les lessives, les couches jetables et les rasoirs, soit 90 % de son chiffre d'affaires et 95 % de ses profits. Les chips Pringles, les savons Zest et Camay, ou encore les piles Duracell en ont fait les frais, ainsi que les 43 marques de la division beauté. Mais le plan d'économies, qui se chiffrait en milliards de dollars, n'a pas suffi. L'exercice 2014 s'achève sur une baisse du résultat de 40 %. Procter fait alors appel à David Taylor, un ingénieur qui a effectué toute sa carrière chez Procter. […]

Objectif transparence

La réaction du nouveau PDG est immédiate : P&G lance un service d'abonnement par Internet pour sa lessive emblématique Tide. Taylor a compris qu'il était urgent de réactiver la machine à innover, en poussant la logique bien au-delà des seules technologies ou des produits. Car les nouvelles générations se détournent de la consommation de masse, dont Procter est l'un des principaux représentants, au profit de marques plus accessibles, tournées vers le bio et la nature, porteuses de valeurs humaines.

Services, environnement, engagement sociétal, approche digitale, expérience client…

Dans ces domaines, la multinationale a raté le train du changement. Du coup, elle s'est lancée sur tous les fronts pour rattraper son retard. Elle a d'abord élaboré une communication plus transparente sur ses produits. Elle commence à afficher leur composition sur le Web et ouvre ses 26 centres de R&D dans le monde à des journalistes et à des blogueurs, histoire de montrer sa volonté de placer les utilisateurs « au cœur de l'innovation ». L'industriel s'intéresse aussi à des concurrents modestes mais dotés d'une très forte cote d'amour. En novembre 2017, il a, par exemple, racheté la petite entreprise californienne Native, dont le déodorant sans parabens ni parfum ni aluminium est vendu en ligne ; puis, en février [2018], la Néo-Zélandaise Snowberry, qui produit des crèmes antirides à base d'actifs naturels. Sur le front de la distribution, pour ne plus être en reste sur le modèle du *direct to consumer*, Pampers, la marque de couches, a lancé une application qui sollicite l'avis des mères, prodigue des conseils et offre des points de fidélité. Côté communication, le groupe […] a créé sa propre agence. Objectif : adresser des messages digitaux hyper ciblés, ce que les experts appellent le « *mass one-to-one marketing* », censé générer un « engagement créatif » avec les consommateurs. […]

Hackathons d'innovation

Procter n'est plus enfermé dans une tour d'ivoire : depuis un an, le groupe intensifie les échanges avec d'autres entreprises, des start-up et des PME. En effet, reconnaît David Ingram, le directeur R&D de la filiale belge, « nous avons beaucoup à apprendre des autres, et cette politique d'innovation ouverte concerne aussi les institutions et les universités, avec lesquelles nous organisons des hackathons d'innovation ». Une politique qui doit permettre de proposer des produits de masse plus différenciés. […] Pour les bébés, il y a ces Pampers Preemies, des mini-couches pour prématurés conçues avec une unité néonatale de soins intensifs. Difficile de faire mieux dans l'innovation.

L. Delangeais, *Management*, n° 265, juillet-août 2018.

SYNTHÈSE

Le processus de décision de l'entreprise

La décision stratégique

Elle est rare, onéreuse, difficilement réversible, prise par la direction, et engage l'entreprise sur le long terme.

Le modèle IMC de Simon

I • **Intelligence :** recherche d'informations pour analyser et comprendre le problème.

M • **Modélisation :** recherche et conception de solutions possibles.

C • **Choix :** sélection de la solution la plus adaptée compte tenu des contraintes.

La rationalité limitée de Simon

Le décideur prend une décision qui est satisfaisante mais qui n'est pas optimale car des facteurs vont influencer le choix de la décision (budget, manque d'informations, contrainte de temps...).

Les caractéristiques de la stratégie

La stratégie

Elle consiste, pour une entreprise, à choisir ses activités, à allouer des ressources et fixer des objectifs dans le but de créer de la valeur et de devancer la concurrence.

→ **Le domaine d'activité stratégique (DAS) :** sous-partie de l'entreprise regroupant un ensemble homogène de produits qui utilisent une technologie identique et visent un même marché.

Les facteurs de contingence

Éléments internes ou externes qui ont une influence sur l'entreprise et sa stratégie (technologie, l'environnement, la législation...)

Les deux niveaux de la stratégie

- Stratégie globale
  - – Spécialisation sur un seul domaine d'activité
    – Diversification vers de nouvelles activités
  - – Intégration : que faire soi-même ?
    – Externalisation : que confier à d'autres ?
- Stratégie de domaine
  - – Différenciation
  - – Domination par les coûts
  - – Focalisation

Les modalités de croissance de l'entreprise

- Croissance interne
- Croissance externe
- Croissance conjointe
- Internationalisation

CONCEPTS

Croissance conjointe – Croissance externe – Croissance interne – Décision – Décision stratégique – Domaine d'activité stratégique (DAS) – Facteurs de contingence – Internationalisation – Modèle IMC – Rationalité limitée – Stratégie – Stratégie de domaine d'activité – Stratégie globale

Synthèse du thème 6

Les choix stratégiques du **groupe Soufflet**

À l'aide d'un outil collaboratif en ligne (ex. : Padlet), préparez pour chaque question une réponse argumentée. Vous veillerez à mobiliser les concepts développés dans les chapitres.

L'éclairage du diagnostic sur les choix stratégiques du groupe Soufflet.

Quelles sont les étapes de la démarche stratégique suivie par le groupe Soufflet ?

Sur quels éléments s'appuient les diagnostics interne et externe du groupe Soufflet ? Quelles forces, faiblesses, opportunités et menaces révèlent-ils ?

+

Les choix stratégiques opérés par le groupe Soufflet.

Quelle est la stratégie du groupe Soufflet au niveau global ? au niveau de ses domaines d'activité stratégique ?

Quelles sont les modalités de croissance du groupe Soufflet ?

+

THÈME 6

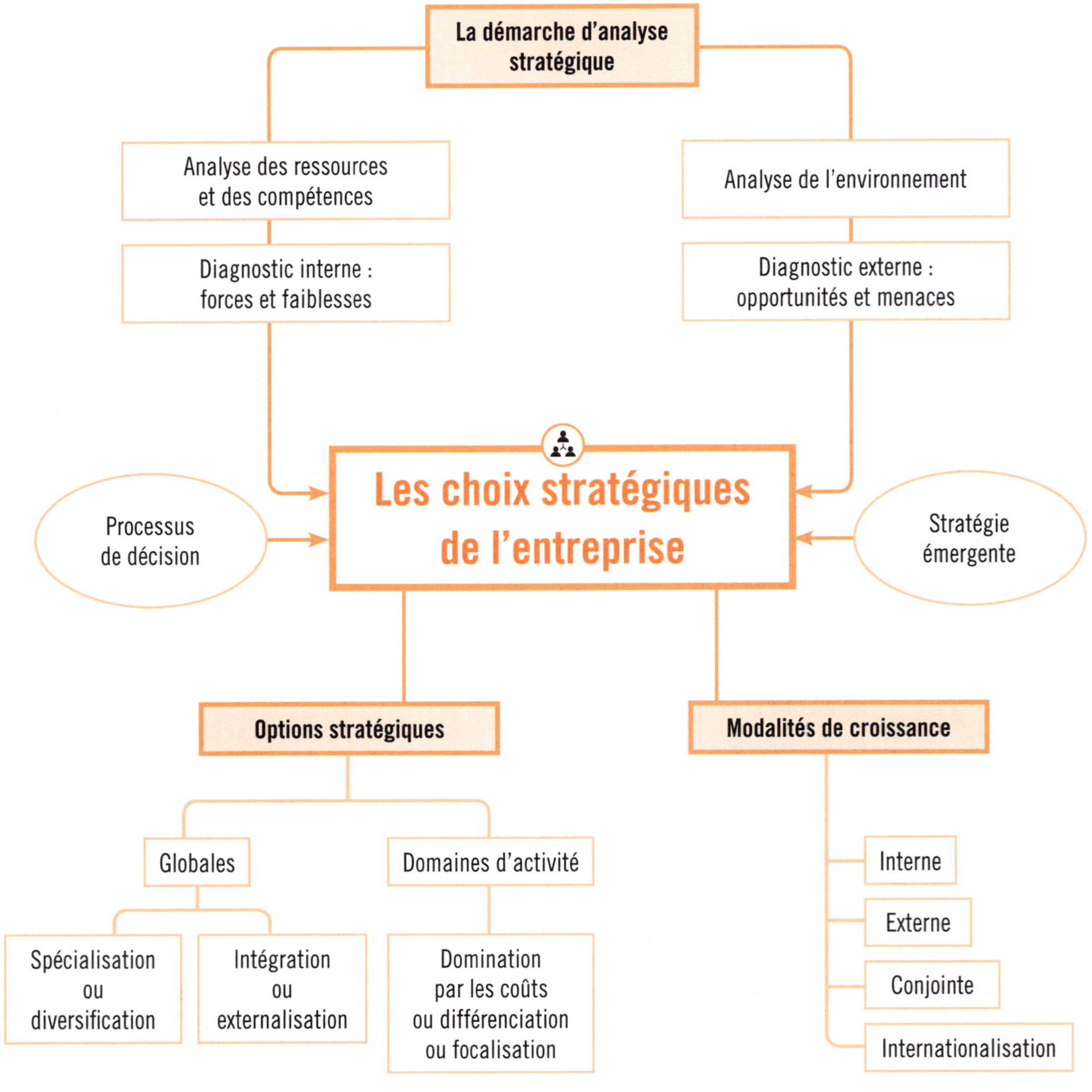
La démarche d'analyse stratégique
Analyse des ressources et des compétences
Diagnostic interne : forces et faiblesses
Analyse de l'environnement
Diagnostic externe : opportunités et menaces
Les choix stratégiques de l'entreprise
Processus de décision
Stratégie émergente
Options stratégiques
Globales
Spécialisation ou diversification
Intégration ou externalisation
Domaines d'activité
Domination par les coûts ou différenciation ou focalisation
Modalités de croissance
Interne
Externe
Conjointe
Internationalisation

Saint James

Il est demandé au candidat d'argumenter ses réponses et de mobiliser des concepts et des références théoriques.

Après avoir pris connaissance de la documentation décrivant le contexte et la situation du textile en France et des ressources documentaires dans les domaines économique, juridique et managérial, vous procéderez à l'analyse du cas en répondant aux questions suivantes.

Saint James est l'une des plus anciennes marques de mode françaises. Depuis 1889, l'entreprise normande s'est construit une solide notoriété dans la fabrication de vêtements marins.
Sur un marché concurrentiel marqué par les délocalisations des moyens de production, l'entreprise a affiché sa volonté de défendre la fabrication « made in France ».
Depuis les années 1990, l'entreprise Saint James s'est fortement développée en France et à l'étranger tout en conservant sa production historique dans sa ville d'origine (Saint James en Normandie). Aujourd'hui, la marque est présente sur Internet et dans toute l'Europe. On trouve également des boutiques à New York, à Tokyo et Osaka ! L'usine de Normandie s'est agrandie, passant de 6 700 m^2 à 15 000 m^2. Le nombre d'employés a lui aussi presque doublé. Si le pull marin reste le produit phare de la marque, Saint James fait évoluer ses dernières collections vers un style sport-chic plus généraliste avec notamment des polos et des chemises.
En 2013, l'entreprise a reçu le prestigieux label EPV « Entreprise du patrimoine vivant », récompensant plus de 120 ans de savoir-faire.

DOSSIER 1 Management (ressources 1, 2, 3 et 4)

1. **Repérez les menaces et les opportunités sur le marché textile habillement français.**
2. **Réalisez un diagnostic interne de l'entreprise Saint James.**
3. **À partir de la typologie d'Ansoff, identifiez la stratégie globale de l'entreprise Saint James.**
4. **Identifiez les contraintes liées à la volonté de maintenir la production en France.**
5. **Quelles sont les solutions mises en œuvre par Saint James pour conserver son savoir-faire ?**
6. **Proposez d'autres solutions qui pourraient être mises en œuvre pour résoudre le problème de recrutement dans l'entreprise Saint James.**

DOSSIER 2 Économie (ressources 4, 5, 6 et 7)

7. **Mesurez l'évolution des variables économiques caractérisant l'industrie textile en France depuis 1990.**
8. **Exposez les différentes raisons de cette évolution.**
9. **Repérez les spécificités de l'entreprise Saint James par rapport à ces grandes tendances et indiquez la problématique à laquelle elle est confrontée dans ce contexte.**

DOSSIER 3 Droit (ressources 8, 9, 10, 11 et 12)

10. **Montrez l'intérêt du commerce en ligne pour les acteurs de l'industrie textile.**
11. **Identifiez le type de contrats le plus répandu sur Internet et les parties à ce contrat. Quel droit particulier leur applique-t-on ?**
12. **Exposez la particularité des règles de formation d'une vente en ligne et justifiez-les.**
13. **Montrez la spécificité du droit de rétractation dans les contrats de vente en ligne, son intérêt et ses limites.**

Le cas doit être traité à l'aide des ressources documentaires suivantes :
RESSOURCE 1 – Normandie : Saint James, un succès « né de la mer »
RESSOURCE 2 – La marque normande Saint James peine à recruter pour fabriquer ses pulls
RESSOURCE 3 – Dans les coulisses du savoir-faire de l'entreprise Saint James
RESSOURCE 4 – L'industrie textile recrée des emplois pour la première fois depuis 40 ans
RESSOURCE 5 – Le textile en France depuis 1990 : effectifs, production et commerce extérieur
RESSOURCE 6 – Le marché français textile habillement se transforme sous l'influence des consommateurs
RESSOURCE 7 – Les métiers des industries du textile et de l'habillement
RESSOURCE 8 – Les achats en ligne en 2018
RESSOURCE 9 – Code civil (extraits)
RESSOURCE 10 – E-commerce : conditions générales de vente d'un site de vente de vêtements en ligne (extraits)
RESSOURCE 11 – Les effets de la rétractation du client
RESSOURCE 12 – Droit de rétractation – jurisprudence

LES RESSOURCES DOCUMENTAIRES

RESSOURCE 1 Normandie : Saint James, un succès « né de la mer »

Centenaire, l'entreprise les Tricots Saint James incarne le dynamisme économique normand. La marque de vêtements d'inspiration marine fabriqués en France rencontre aussi un fort succès à l'étranger.

Depuis 1889, soit presque 130 ans, l'entreprise imagine et fabrique des pulls et vestes en laine ainsi que des marinières en coton. Installée dans le village Saint-James (prononcez « Jam »), elle a placé la Normandie au cœur de son identité en choisissant par exemple le Mont-Saint-Michel pour son logo. « *Nous sommes fiers de nos origines : nous sommes nés de la mer*, explique Luc Lesénécal, à la tête de l'entreprise depuis 2013. *Au départ, nous fabriquions des pulls pour les marins pêcheurs, des vêtements de protection mais aussi "cocooning".* »

UN SUCCÈS BÂTI SUR LA QUALITÉ

Son succès, la marque le doit à la qualité de ses produits. « *La qualité est la traduction de savoir-faire qui se transmettent de génération en génération, comme le remaillage du col au pull, maille après maille, pour lui donner à la fois de l'élasticité et de la solidité* », illustre le chef d'entreprise.

DES COLLABORATIONS AVEC DES JEUNES MARQUES

Tout en gardant un style « casual chic » intemporel, Saint James noue des collaborations avec de jeunes marques de mode françaises comme Le Slip Français ou Faguo, avec qui elle sort un pull de Noël. La marque normande a aussi collaboré avec le jeune styliste afghan Sami Nouri qui a réinterprété les rayures en barbelés, sa signature.

SAINT JAMES, ENTREPRISE DU PATRIMOINE VIVANT

Les vêtements sont tous fabriqués dans les ateliers de Saint James par quelque 300 salariés. « *Nous voulons garder le cap, c'est-à-dire garder et développer la production en France* », assure Luc Lesénécal. Saint James s'est vu décerner le label « Entreprise du patrimoine vivant » (EPV), une distinction accordée par l'État aux entreprises françaises aux savoir-faire artisanaux et industriels d'excellence.
« *Ce label est l'assurance d'un savoir-faire ancestral et de qualité et à l'étranger c'est un atout*, affirme le dirigeant de Saint James. *Par exemple, fin mars [2018], nous serons présents à New York pour la première French Fashion Week aux côtés de 20 autres entreprises françaises labellisées EPV du secteur de la mode et des accessoires.* »

www.cci.fr, 30 novembre 2018.

RESSOURCE 2 La marque normande Saint James peine à recruter pour fabriquer ses pulls

Malgré une croissance de 30 % par an, la marque normande Saint James peine à recruter de nouveaux candidats pour fabriquer ses pulls « made in France ».

L'entreprise normande Saint James, basée dans la Manche, emploie 300 salariés et exporte ses pulls en laine produits en France dans 50 pays. Mais malgré son essor, la marque peine à trouver des candidats au recrutement.

Un savoir-faire qui se perd. Le savoir-faire nécessaire pour fabriquer un pull qui nécessite 21 kilomètres de laine et 18 paires de mains ne s'enseigne plus. Alors le patron, Luc Lesénécal, a décidé de former lui-même ses futurs collaborateurs pendant 18 mois. Mais pour cela, il doit encore trouver des candidats.

Pas de recours à l'intérim possible. « Habituellement, nous faisons des sessions de 20 personnes pour en garder cinq ou six à former. Et lors de la dernière session, on n'a eu personne », a-t-il déploré au micro d'Europe 1. « Saint James, c'est un savoir-faire tellement ancré dans le terroir qu'il est impensable de délocaliser l'entreprise. » Luc Lesénécal lance « un vrai SOS parce qu'on ne peut pas faire appel à l'intérim pour des métiers pour lesquels il faut 18 mois de formation. »

Pourtant le salaire, qui commence au SMIC, est réévalué au bout de deux ans et des primes sont versées aux salariés en fonction de leurs résultats, précise Actu.fr. L'entreprise est d'ailleurs à la recherche de six employés de confection pour le mois d'octobre [2018] et de six supplémentaires pour mars et avril 2019.

Un secteur qui recrute. « Avec une croissance de 30 % ces dernières années, nous sommes condamnés à nous développer, insiste le dirigeant. Mais avec un taux de chômage local à moins de 5 %, trouver une salariée comme Alicia est devenue une gageure. » « J'adore ce que je fais, raconte-t-elle. Faire des choses minutieuses, trouver des défauts, rendre la pièce plus jolie… Moi, j'en suis fière. Dire qu'on a mis une petite part de nous dans chaque produit, c'est gratifiant. » Pourtant, cinquante postes seront à pourvoir dans les quatre prochaines années.

F. Coulon, www.europe1.fr, 13 septembre 2018.

RESSOURCE 3 Dans les coulisses du savoir-faire de l'entreprise Saint James

Dans cette entreprise qui fabrique les pulls Saint James, chaque geste doit être d'une infinie précision. Maille après maille, le raccoutrage, c'est l'art de corriger à la main les défauts laissés par la machine. Découdre pour recoudre à la perfection. Ce savoir-faire est entre les mains de quelques couturières seulement. Alors il faut patiemment former une nouvelle génération.

3 000 € pour former chaque couturière

Tout métier confondu, 300 personnes travaillent ici et l'entreprise veut embaucher 12 couturières cette année. Mais où trouver les ouvrières capables de remailler, tricoter ou raccommoder ces millions de pulls, ces marinières en laine ? La plupart des nouvelles recrues n'avaient jamais travaillé dans la couture avant. Dans les métiers de l'usine, plus aucune formation n'existe et ce n'est pas faute d'avoir cherché. Alors pour chaque embauche, l'entreprise débourse 3 000 euros. Objectif : former les couturières pendant dix-huit mois en moyenne. Des groupes de touristes viennent même admirer le travail à l'ancienne de ces couturières. La marque Saint James affiche un chiffre d'affaires de 51 millions d'euros et ouvre une boutique par an dans le monde.

franceinfo:, 23 octobre 2018.

ENTRAÎNEMENT À L'EXAMEN

RESSOURCE 4 L'industrie textile recrée des emplois pour la première fois depuis 40 ans

Avec plus de 2 000 créations d'emplois en 2017, le textile connaît une étonnante renaissance dans l'Hexagone après des décennies de crise. Mais le secteur va devoir attirer des talents pour continuer à croître.

Le chiffre est historique. Pour la première fois en France depuis 40 ans, le secteur du textile a créé des emplois. En 2017, ce sont plus de 2 100 emplois qui ont été créés sur tout le territoire et ce, après des décennies de chute sans discontinuer. Et un renouveau qu'on observe surtout en régions puisque les principales régions du textile en France sont l'Auvergne-Rhône-Alpes, les Hauts-de-France et le Grand Est. Mais comment le textile semble être sorti d'une crise aussi longue ? Il y a plusieurs facteurs : d'abord, le succès des marques qui surfent sur l'engouement du « made in France » comme Armor Lux ou Saint James. Mais aussi de nouveaux arrivants qui viennent dynamiser le marché comme Le Slip Français ou la jeune marque de jeans 1083 qui font fabriquer en France et qui ont donné un coup de jeune à la filière. Elles répondent aux attentes des consommateurs qui sont en demande de traçabilité.

La France, deuxième plus gros producteur de textile technique

Mais c'est aussi du côté de l'innovation qu'il faut chercher les explications de ce renouveau. Ces dernières années, les usines textiles en France ont beaucoup investi pour être plus compétitives par rapport à la main-d'œuvre à bas coût chinoise. Et aussi pour proposer des textiles de plus en plus perfectionnés, notamment dans le monde des textiles techniques comme ceux utilisés par les professionnels de la sécurité, de l'agriculture ou même de l'aéronautique ou de la chirurgie comme les artères tricotées par exemple. Aujourd'hui, la France est le deuxième plus gros producteur d'Europe de ces textiles techniques, juste derrière l'Allemagne.

Mais est-ce une embellie passagère pour le secteur ou une réelle sortie de crise ? Si la dynamique est favorable, le secteur va devoir résoudre le problème du recrutement. Car l'industrie textile a énormément de mal à embaucher. Après des années de crise, le secteur pâtit d'une mauvaise image auprès des jeunes diplômés, or ce sont de plus en plus des métiers qualifiés comme d'ingénieurs dont le secteur a besoin. La moyenne d'âge dans le textile est aujourd'hui de 50 ans et si la filière ne rajeunit pas ses effectifs dans les années à venir, l'embellie pourrait n'être que de courte durée.

F. Bianchi, www.bfmtv.com, 2 juillet 2018.

RESSOURCE 5 Le textile en France depuis 1990 : effectifs, production et commerce extérieur

L'industrie textile – industries de l'habillement, de la fabrication textile, du cuir et de la chaussure – génère une valeur ajoutée de 5,2 milliards d'euros en 2015. Elle représente 2,3 % de la valeur ajoutée de l'industrie manufacturière en France et emploie 103 000 salariés.

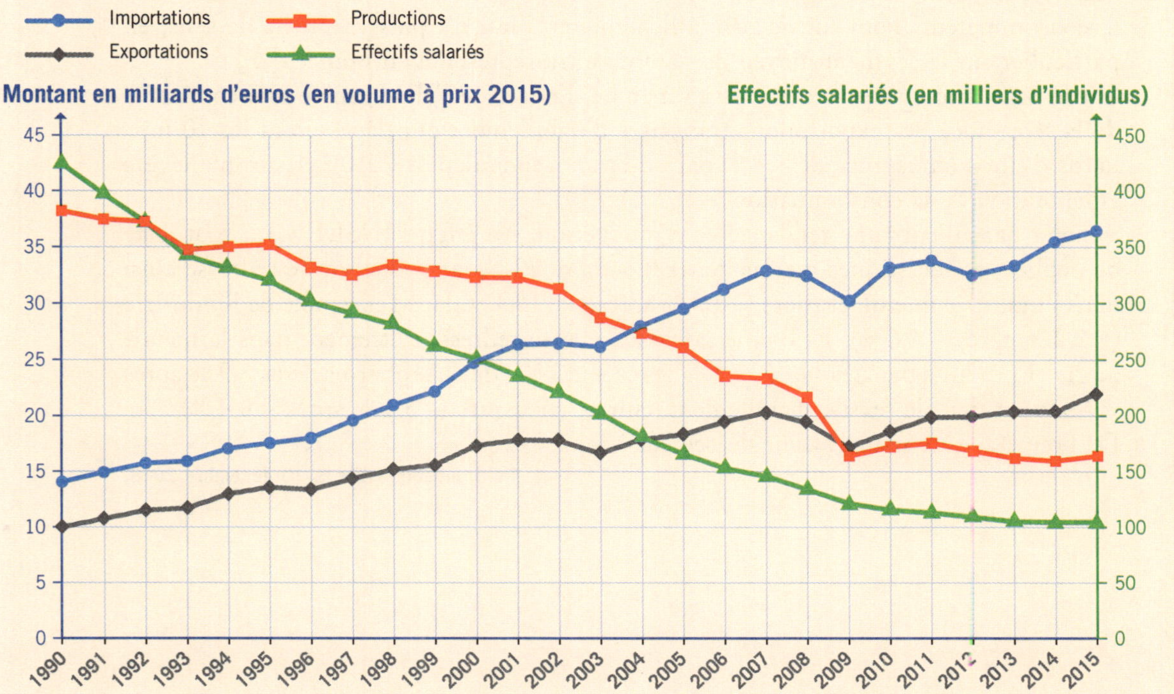

Lecture : en 2015, en France, 103 000 salariés sont employés dans l'industrie textile ; la production d'articles textiles s'élève à 16,4 milliards d'euros, les importations à 36,5 milliards et les exportations à 22,0 milliards.
Champ : branches de la fabrication textile, de l'industrie de l'habillement et de l'industrie du cuir et de la chaussure.

Source : *Inse Première* n° 1714, 18 octobre 2018.

RESSOURCE 6 Le marché français textile habillement se transforme sous l'influence des consommateurs

Le secteur tourne au ralenti, avec des performances globales au début de l'année 2018 inférieures à celles des 5 dernières années et un marché qui a perdu 10 % de sa valeur en 10 ans. […]
Une spécificité française ? Pas vraiment. Comparativement à d'autres pays, la France n'est effectivement pas un cas isolé. […]
La principale explication de ce phénomène de recul du marché : une « dé-consommation » marquée. 44 % des Français déclarent ainsi avoir acheté moins de vêtements en 2018 selon l'IFM [Institut français de la mode]. Dans le détail, ce sont 51 % des femmes et 36 % des hommes qui ont freiné leurs achats. Plus significatif encore, plus d'un tiers des jeunes (18-25 ans), cibles privilégiées de bon nombre de marques, ont régulé leurs dépenses mode.
La première tendance de fond et de masse s'explique essentiellement par la baisse du pouvoir d'achat des ménages depuis plusieurs années, et les arbitrages sur les postes de dépenses qui en découlent. Si dans les années 1960, la part de l'habillement dans les dépenses était de 9,1 %, elle ne représente plus que 3,9 % aujourd'hui (ce sont les dépenses pour le logement, le chauffage, mais également les loisirs qui ont pris le relais).

•••

ENTRAÎNEMENT À L'EXAMEN

...
La dé-consommation choisie quant à elle est également une véritable tendance de fond, une « transformation sociétale », celle dont on parle de plus en plus et qui porte le consommateur vers une quête de sens plutôt que sur l'accumulation sans fondement de biens matériels. Dans ce contexte, écologie, éthique, seconde main... semblent donc être de réels relais de croissance pour le marché.

Ces transformations obligent les acteurs à trouver de nouveaux leviers

Sur les dix dernières années, la saturation de l'offre et la baisse des prix ont désorienté le consommateur. Pour lui, le prix affiché aujourd'hui n'a plus vraiment de sens, en particulier sur le segment moyen de gamme ultra-représenté en France. [...]
Sur la base de ces transformations du marché, l'étude de l'IFM espère une continuité de la croissance des exportations françaises d'habillement qui dépasseront les 10 milliards d'euros (croissance de + 4 % par an en moyenne depuis 2010), et sur une légère amélioration de la consommation (– 0,9 %).
À noter par ailleurs une tendance côté production. En effet, l'INSEE vient tout juste de publier ses statistiques mensuelles. En octobre 2018, la production se redresse ainsi dans l'industrie manufacturière (+ 1,4 % après - 1,9 %) et dans l'ensemble de l'industrie (+ 1,2 % après - 1,6 %). Et bonne nouvelle, elle se redresse nettement dans la métallurgie et produits métalliques (+ 2,1 % après - 1,3 %), dans la pharmacie (+ 3,9 % après - 1,3 %) et dans le textile, habillement, cuir et chaussure (+ 5,1 % après - 4,4 %) !
De bonne augure pour l'avenir du secteur ?

N. Righi, modeintextile.fr, 10 décembre 2018.

RESSOURCE 7 Les métiers des industries du textile et de l'habillement

Considérablement affaiblies par la concurrence internationale, notamment chinoise, les industries françaises du textile et de l'habillement ont perdu une part considérable de leurs effectifs depuis les années 1980. Pour assurer leur survie, les deux secteurs se sont réorganisés en délocalisant souvent leurs productions les moins « qualifiées » afin de se concentrer sur des activités à forte valeur ajoutée.
Cette métamorphose a modifié la structure de l'emploi. Selon l'Opcalia textile-mode-cuir (Forthac), les ouvriers ne sont plus que 45 % dans le textile en 2013 (pour 21 % d'employés, 17 % de techniciens et 15 % d'ingénieurs et cadres), et seulement 22 % dans l'habillement (pour 49 % d'employés, 14 % de techniciens et 14 % d'ingénieurs et cadres).
La restructuration du secteur porte ses fruits sur le plan économique. Selon l'Institut français de la mode (IFM), en 2013 comme en 2014, les chiffres d'affaires des producteurs français de vêtements « chaîne et trame » et de textile ont progressé. [...]

Les opportunités actuelles et à venir

Pour résister à la mondialisation, l'habillement a souvent dû délocaliser sa production bas et moyen de gamme pour ne conserver que le haut de gamme et les activités de conception et de prototypage. Dans le même temps, l'industrie du textile misait sur l'innovation et la réactivité pour se démarquer de ses concurrents. [...]
Les entreprises des deux industries sont à la recherche de personnel de plus en plus qualifié et polyvalent. Sur les postes de cadres, les ingénieurs sont en nombre croissant, sur des fonctions de production, mais également de commercialisation, de logistique ou de qualité.

www.defi-metiers.fr, 27 mars 2017.

RESSOURCE 8 Les achats en ligne en 2018

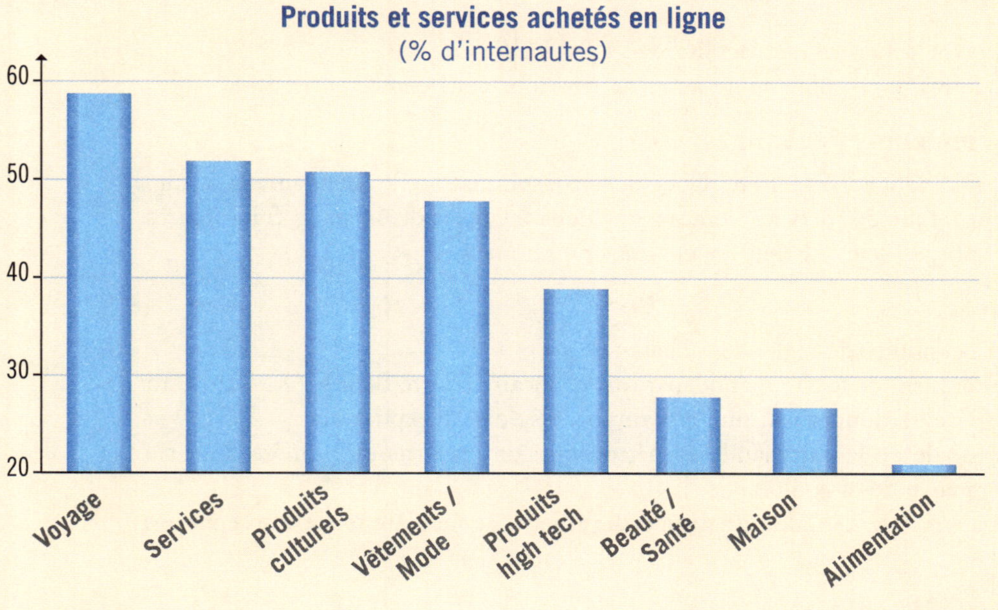

Source : ZDNet, Chiffres clés.

RESSOURCE 9 Code civil (extraits)

Article 1602 – Le vendeur est tenu d'expliquer clairement ce à quoi il s'oblige. Tout pacte obscur ou ambigu s'interprète contre le vendeur.
Article 1603 – Il a deux obligations principales, celle de délivrer et celle de garantir la chose qu'il vend.

RESSOURCE 10 E-commerce : conditions générales de vente d'un site de vente de vêtements en ligne (extraits)

Conditions générales de vente
Termes et conditions (extraits)

Les présentes conditions régissent les achats en ligne effectués par les seules personnes physiques *via* le site Internet de :
SARL VETEX
65 rue Amsterdam
59 200 TOURCOING
R.C.S. LILLE 364.017.648

1) Commande

La commande engageant le client est constituée dès sa réception sur notre serveur accompagnée de son règlement. L'acceptation de la commande suppose que le client se soit clairement identifié en complétant scrupuleusement le bon de commande en ligne.

2) Prix

Les prix sont indiqués en euros toutes taxes comprises et considèrent la TVA applicable au jour de la commande. Les prix sont modifiables à tout moment.

...

…

Le client est informé du prix à payer par la saisie de sa commande et s'engage à acquitter son montant augmenté des frais d'envoi d'avance, en même temps qu'il transmet sa commande.
Frais d'envoi pour la France métropolitaine : 8,00 EUR.
Frais d'envoi autres pays : pour toute autre destination, nous contacter. […]

3) Remboursements et échanges

Conformément à l'article L221-18 du Code de la consommation, le client aura la faculté de procéder au retour des articles commandés dans un délai de 14 jours francs après réception du colis. Il devra s'acquitter des frais de retour. […]

4) Paiement

Le client a la possibilité de régler ses achats :
– en ligne, au moment de la commande, par carte bancaire (Carte Bleue, Visa, Eurocard Mastercard). Il devra donner son numéro ainsi que sa date d'expiration.
La validation finale de la commande et la transmission en ligne du numéro de carte bancaire font preuve de la commande. […]
Ces opérations équivalent à une signature et signifient, de manière tacite, l'acceptation du client.

5) Livraison

Dès réception de la commande, la procédure d'expédition du ou des articles s'engagera dans les meilleurs délais, dans la limite des stocks disponibles.
Les délais de livraison ne figurent qu'à titre indicatif. Si les articles sont indisponibles, le client en sera informé par e-mail, et pourra annuler sa commande. Tout retard éventuel ne peut autoriser le client à refuser la réception de sa commande ou à prétendre au paiement d'intérêts ou de dommages. […]

6) Protection

Les informations transmises permettent de traiter les commandes des clients. Conformément aux termes de la loi n° 78-17 du 6 janvier 1978 modifiée par la loi du 20 juin 2018, relative à l'informatique, aux fichiers et aux libertés, les clients disposent d'un droit d'accès, de consultation, de modification, de rectification et de suppression des informations communiquées.

7) Propriété intellectuelle du site

Les éléments du site de la SARL VETEX visuels ou sonores, y compris la technologie sous-jacente, sont protégés par le droit d'auteur, le droit des marques ou des brevets. Ils sont la propriété exclusive de la SARL VETEX. […]

8) Responsabilité

La SARL VETEX ne pourrait être tenue responsable pour les inconvénients et dommages concernant l'utilisation du réseau Internet, notamment une rupture dans le service, la présence de virus informatique ou une intrusion extérieure, plus généralement, tout fait qualifié de « force majeure » par les tribunaux.
[…]

RESSOURCE 11 Les effets de la rétractation du client

L'exercice du droit de rétractation a pour effet d'annuler le contrat, dans les conditions suivantes :

– vous devez rembourser la totalité des sommes versées (y compris les frais de livraison initiaux), sans retard injustifié et dans les quatorze jours à compter de la date à laquelle vous avez été informé de la décision du consommateur de se rétracter.

Le remboursement peut être différé jusqu'à la réception des biens ou jusqu'à ce que le consommateur vous ait fourni une preuve d'expédition des biens, la date retenue étant celle du premier de ces faits.

Le remboursement doit se faire par le même moyen que celui utilisé par le consommateur, sauf accord exprès du consommateur pour se faire rembourser par un autre moyen ;

– le consommateur est, quant à lui, tenu de vous restituer ou de vous renvoyer le bien, sans retard excessif, dans les quatorze jours à compter de la communication de sa décision de se rétracter en prenant à sa charge les frais de retour, ce dont vous êtes tenu de l'informer.

[...]

www.economie.gouv.fr, 19 janvier 2018.

RESSOURCE 12 Droit de rétractation – jurisprudence

Cour de cassation – 1re chambre civile – Arrêt du 25 novembre 2010

Sur le moyen unique :

Vu les articles L. 121-20 et L. 121-20-4 du Code de la consommation [aujourd'hui art. L221-28] ;

Attendu que selon le second de ces textes, le droit de rétractation institué par le premier ne s'applique pas aux contrats conclus par voie électronique ayant pour objet la prestation de services d'hébergement, de transport, de restauration, de loisirs qui doivent être fournis à une date ou selon une périodicité déterminée ;

Attendu que le 30 août 2007, Mme X... et M. Y... ont réservé à distance et par voie électronique par l'intermédiaire de l'agence de voyages Go Voyages une chambre d'hôtel à Dakar du 23 au 30 septembre 2007 ; que le 31 août M. Y... a sollicité la modification du dossier à la suite d'une erreur de saisie concernant les dates du séjour lors de sa commande ; que cette modification ou à défaut le remboursement des sommes versées a été refusée par la société Go Voyages.

Attendu que pour faire droit à la demande de remboursement de Mme X... et de M. Y..., la juridiction de proximité retient que ceux-ci ont été privés de leur faculté de rétractation ;

Qu'en statuant ainsi alors que le droit de rétractation n'était pas applicable à la prestation de service litigieuse, le tribunal a violé les textes susvisés ;

PAR CES MOTIFS : CASSE ET ANNULE, dans toutes ses dispositions, le jugement rendu le 10 juillet 2009, entre les parties, par la juridiction de proximité de Paris 2e ; remet, en conséquence, la cause et les parties dans l'état où elles se trouvaient avant ledit jugement et, pour être fait droit, les renvoie devant la juridiction de proximité de Paris 1er ;

[...]

...

...

Annexe

Code de la consommation – Article L221-28

Le droit de rétractation ne peut être exercé pour les contrats :

1° De fourniture de services pleinement exécutés avant la fin du délai de rétractation et dont l'exécution a commencé après accord préalable exprès du consommateur et renoncement exprès à son droit de rétractation ;

2° De fourniture de biens ou de services dont le prix dépend de fluctuations sur le marché financier échappant au contrôle du professionnel et susceptibles de se produire pendant le délai de rétractation ;

3° De fourniture de biens confectionnés selon les spécifications du consommateur ou nettement personnalisés ;

4° De fourniture de biens susceptibles de se détériorer ou de se périmer rapidement ;

5° De fourniture de biens qui ont été descellés par le consommateur après la livraison et qui ne peuvent être renvoyés pour des raisons d'hygiène ou de protection de la santé ;

6° De fourniture de biens qui, après avoir été livrés et de par leur nature, sont mélangés de manière indissociable avec d'autres articles ;

7° De fourniture de boissons alcoolisées dont la livraison est différée au-delà de trente jours et dont la valeur convenue à la conclusion du contrat dépend de fluctuations sur le marché échappant au contrôle du professionnel ;

8° De travaux d'entretien ou de réparation à réaliser en urgence au domicile du consommateur et expressément sollicités par lui, dans la limite des pièces de rechange et travaux strictement nécessaires pour répondre à l'urgence ;

9° De fourniture d'enregistrements audio ou vidéo ou de logiciels informatiques lorsqu'ils ont été descellés par le consommateur après la livraison ;

10° De fourniture d'un journal, d'un périodique ou d'un magazine, sauf pour les contrats d'abonnement à ces publications ;

11° Conclus lors d'une enchère publique ;

12° De prestations de services d'hébergement, autres que d'hébergement résidentiel, de services de transport de biens, de locations de voitures, de restauration ou d'activités de loisirs qui doivent être fournis à une date ou à une période déterminée ;

13° De fourniture d'un contenu numérique non fourni sur un support matériel dont l'exécution a commencé après accord préalable exprès du consommateur et renoncement exprès à son droit de rétractation.

Groupe La Poste

Il est demandé au candidat d'argumenter ses réponses et de mobiliser des concepts et des références théoriques.

Après avoir pris connaissance de la documentation décrivant le contexte et la situation du Groupe La Poste et des ressources documentaires dans les domaines économique, juridique et managérial, vous procéderez à l'analyse du cas en répondant aux questions suivantes.

Société anonyme à capitaux 100 % publics, le Groupe La Poste, premier opérateur de services de proximité, est organisé en cinq branches :
- les « Services Courrier Colis » réalisés par les 73 000 facteurs ;
- la « Banque Postale » avec l'activité banque et assurance depuis 2006 ;
- le « Service GeoPost » qui assure la livraison express de colis à travers le monde ;
- le « Réseau La Poste » qui dispose du plus grand réseau de distribution en France, avec plus de 17 000 points de contact ;
- la « Branche Numérique », créée en 2014, chargée d'accompagner la transformation numérique du Groupe et d'inventer de nouveaux produits.

Le Groupe La Poste est présent dans plus de 40 pays sur 4 continents.

DOSSIER 1 Management (Ressources 1, 2, 3 et 4)

1. **Présentez le rôle de l'innovation pour le Groupe La Poste.**
2. **Présentez les principaux éléments d'un diagnostic externe du Groupe La Poste.**
3. **Identifiez et analysez la pertinence des choix stratégiques du Groupe La Poste au niveau global.**
4. **Identifiez et analysez la pertinence des modalités de croissance du Groupe La Poste.**

DOSSIER 2 Droit (Ressources 5, 6, 7 et 8)

5. **Expliquez pourquoi les salariés des sociétés rachetées par La Poste appartiennent d'office au personnel de cette entreprise.**
6. **Analysez les statuts professionnels du personnel de La Poste, en faisant une appréciation critique des pratiques de recrutement à La Poste.**
7. **Étudiez le cas du suicide d'un salarié de La Poste et expliquez sa relation possible avec un accident du travail. Rappelez les obligations pesant sur l'employeur en matière de sécurité ainsi que leurs conséquences en cas d'accident du travail.**

DOSSIER 3 Économie (Ressources 9, 10 et 11)

8. **Repérez les principales caractéristiques du marché du colis.**
9. **Montrez en quoi le numérique modifie l'environnement concurrentiel de La Poste.**
10. **Expliquez, à l'aide du concept de chaîne de valeur et d'impartition, pourquoi les entreprises comme Amazon sous-traitent une partie de leur activité à La Poste.**

Le cas doit être traité à l'aide des ressources documentaires suivantes :

RESSOURCE 1 – Repli du courrier pour La Poste
RESSOURCE 2 – De nouveaux services à La Poste
RESSOURCE 3 – Le développement de La Poste
RESSOURCE 4 – La Poste : objectif numérique

RESSOURCE 5 – Les statuts professionnels à La Poste
RESSOURCE 6 – La Poste recrute en 2019
RESSOURCE 7 – Le mal-être au travail
RESSOURCE 8 – Suicide et accident du travail
RESSOURCE 9 – Le marché du colis met le paquet pour grossir
RESSOURCE 10 – Noël, le rendez-vous que La Poste ne peut pas manquer
RESSOURCE 11 – La « coopétition » dans le monde du colis

LES RESSOURCES DOCUMENTAIRES

RESSOURCE 1 Repli du courrier pour La Poste

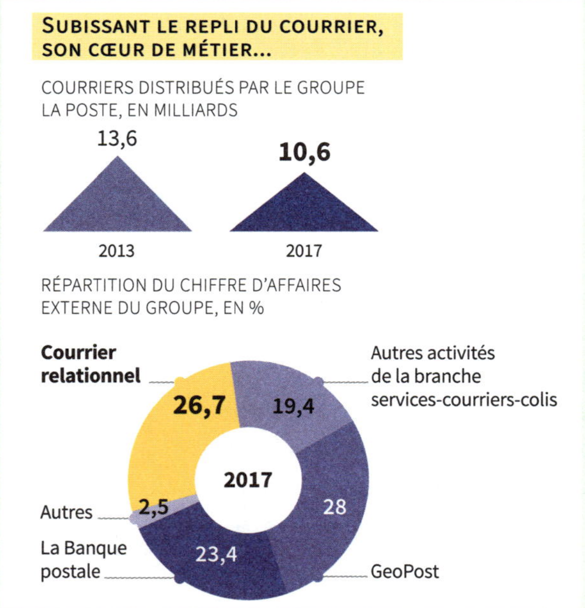

[...] Avec une baisse du volume du courrier d'environ 7 % par an, les facteurs et factrices, au nombre de 70 000 aujourd'hui (sur un effectif de plus de 253 000 « postiers »), n'auront plus grand-chose à mettre dans leur sacoche dans quelques années.
E-mails, réseaux sociaux, messageries instantanées et dématérialisation généralisée des courriers administratifs et commerciaux sont en train d'avoir raison de nos relations épistolaires. [...]
La Poste, elle, s'attend même à une chute de 8 % à 9 % par an en moyenne du courrier sur la période 2019-2022. Le groupe postal est donc engagé dans une course contre la montre : réinventer un métier pour ne pas qu'il disparaisse, tout en évitant l'explosion sociale et les pièges que tend la nouvelle concurrence. [...]

C. de Laubier, *Le Monde*, 4 juin 2018.

RESSOURCE 2 De nouveaux services à La Poste

[...] La Poste développe des services de proximité, qui vont de l'aide aux personnes âgées à la livraison de courses, de repas ou de médicaments, en passant par des prestations à domicile telles que, depuis peu, l'aide à la télédéclaration d'impôts. « *Cette diversification est essentielle dans la stratégie de l'entreprise. Elle a également un effet bénéfique sur les coûts du service universel, en permettant de répartir les charges sur une plus large palette d'activités* », estime Sébastien Soriano, président de l'Arcep, le régulateur postal, qui décide notamment des hausses des tarifs du timbre-poste pour compenser en partie la chute des revenus du courrier. [...]
Les facteurs ont réalisé l'an dernier 7 millions de prestations de proximité. L'objectif est de multiplier ces « prestations facteurs », à 20 millions en 2020, puis à 34 millions en 2023. « *Le facteur réalise aujourd'hui une à deux prestations de service en moyenne par semaine ; il en fera une à deux par jour en 2020* », détaille Philippe Dorge, directeur général adjoint de La Poste en charge de la branche services-courrier-colis. Ambitieux. De 2019 à 2022, les tarifs postaux seront 5 % plus chers chaque année – ce qui rapportera 1 milliard d'euros à La Poste sur la période. En 2017, les services de proximité, souvent facturés par mois, ont généré 84 millions d'euros, soit 0,7 % du chiffre d'affaires de la branche, tandis que les activités de la « silver economy » (dédiées aux personnes âgées) ont rapporté quelque 71 millions d'euros, soit 0,6 %.

...

…

Total de cette double diversification : 155 millions d'euros en 2017, ce qui est encore une goutte d'eau dans l'océan des 11,4 milliards des activités postales. Le PDG du groupe La Poste, Philippe Wahl, donne le cap : « *En 2018, La Poste poursuivra sa transformation, ancrée dans son modèle multi-activités, pour devenir la première entreprise de services de proximité humaine pour tous, partout, tous les jours* », promet-il dans le rapport annuel 2017 du groupe. [...]

C. de Laubier, *Le Monde*, 4 juin 2018.

La Poste cherche de nouveaux débouchés

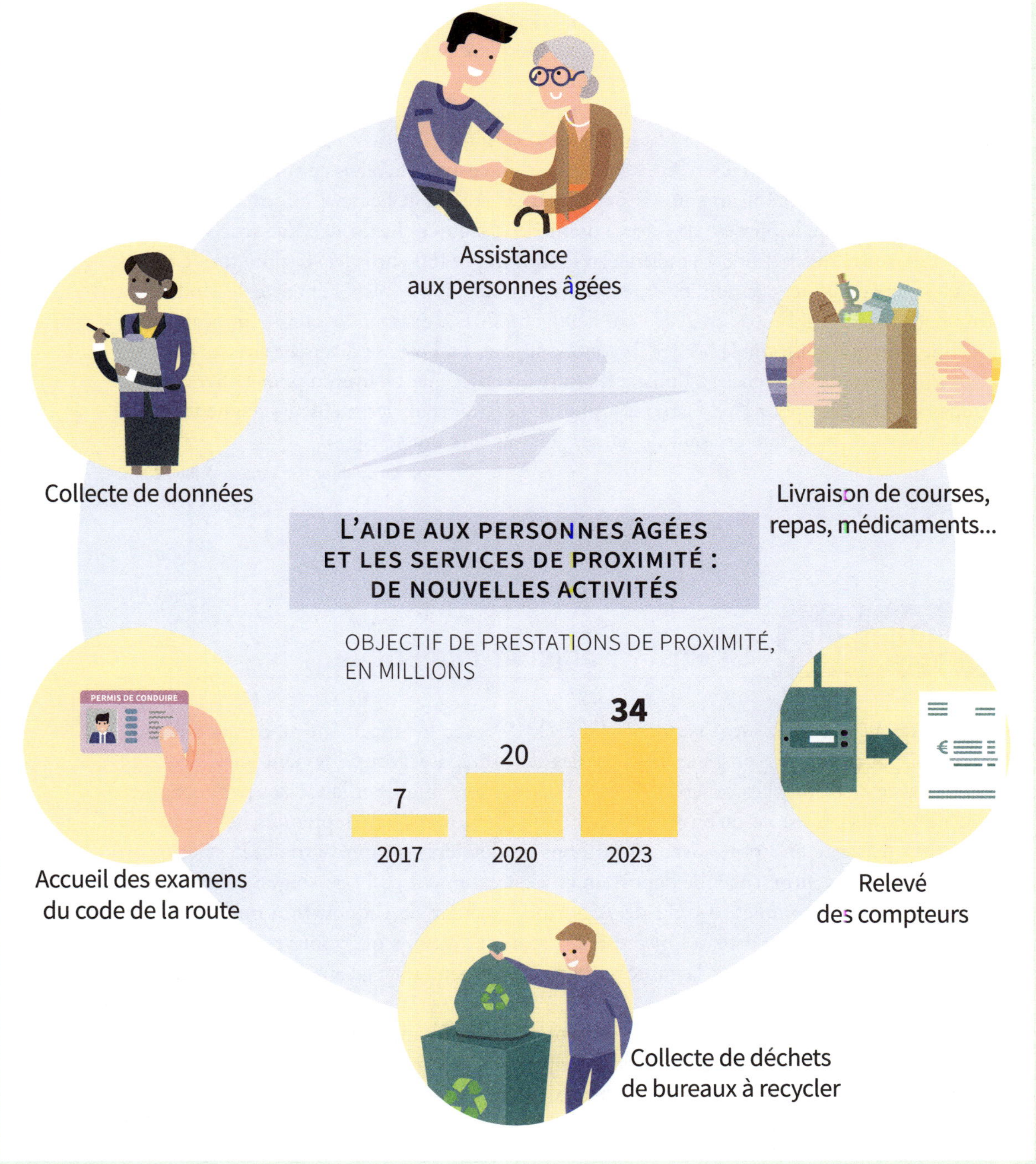

RESSOURCE 3 Le développement de La Poste

PRISES DE CONTRÔLE PAR LE GROUPE LA POSTE D'ENTREPRISES DE LA « SILVER ECONOMY »

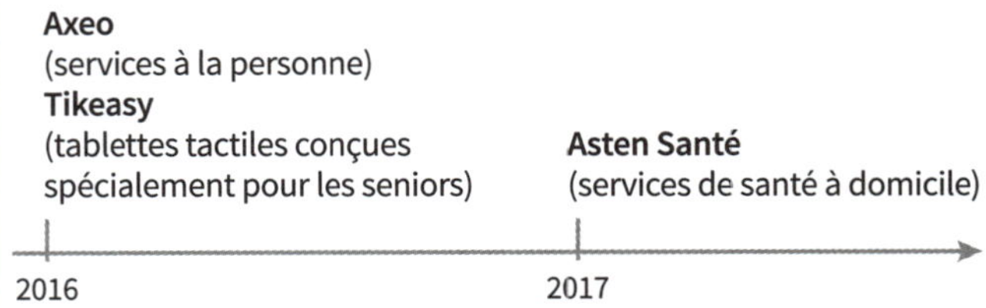

[…] Des filiales ont été créées ou acquises : la filiale La Poste Silver a été constituée en mars 2016 pour les seniors ; la société Veiller sur mes parents assure depuis octobre 2016 des visites régulières du facteur au domicile des proches téléassistés (à partir de 39,90 euros/mois, 3 400 contrats souscrits) ; la société Tikeasy a été rachetée en avril 2016 pour proposer une tablette tactile Ardoiz pour seniors […] ; Axeo est contrôlé depuis l'automne 2016 par La Poste, qui propose des services à la maison (jardinage, ménage, bricolage…) ; Hellocasa, spécialisé dans les travaux (bricolage, peinture, électricité, plomberie…), a suivi le mouvement ; Asten Santé a rejoint à son tour, en 2017, le groupe postal, qui étend ainsi ses interventions à la santé et à la médicalisation à domicile (75 000 patients sous contrat).

Les facteurs sont en outre chargés de collecter des déchets de bureau avec l'offre Recygo, lancée dès 2014 (14,8 millions d'euros en 2017), lorsqu'ils n'assurent pas la livraison de produits, alimentaires ou non (Proxi course Commerçants), de biens culturels (Proxi course Médiathèque), de médicaments (Proxi course Santé), la collecte d'informations clients (Proxi data), voire le portage de repas à domicile (Savourer chez vous). La sacoche services vient de s'enrichir de l'aide à la télédéclaration d'impôt (50 euros les 45 minutes). Et dans les bureaux de poste, des candidats peuvent passer, depuis mi-2016, l'épreuve du Code de la route (20 millions d'euros en 2017) ou, depuis fin 2017, l'examen de langue française. […]

D'une situation confortable héritée de son monopole, La Poste se diversifie sur des marchés soumis à forte concurrence (à l'image de start-up telles que Deliveroo pour la livraison de repas ou Ouihelp pour l'aide aux personnes âgées), où seuls les meilleurs gagnent. Et où les facteurs à l'ancienne croisent de jeunes start-upeurs pressés. […]

C. de Laubier, *Le Monde*, 4 juin 2018.

RESSOURCE 4 La Poste : objectif numérique

La Poste avait créé la surprise sur le CES 2018* avec le lancement de son application e-santé pour collecter et gérer les données de santé. Le groupe revient au CES cette année avec des annonces concrètes. […] « Il faut savoir simplifier la vie des patients grâce au numérique. C'est ce qu'on fait depuis dix ans. Nous sommes premier hébergeur de données de santé en France avec 45 millions de dossiers de santé actifs et le sujet qu'on vient adresser et qu'on travaille depuis un an c'est comment […] être soigné demain grâce au numérique », complète David de Amorin, directeur de l'innovation de Docaposte, la filiale santé de La Poste. « On présente trois innovations qui vont vraiment changer le quotidien des gens dans la santé sur l'avant, le pendant et l'après-hospitalisation », poursuit-il.

La première innovation, c'est Adel, l'assistant digital d'Elsan, premier groupe de cliniques français. Développée pour les 2 millions de patients du groupe, Adel vise à accompagner le patient dans tout son parcours d'hospitalisation. « Nous souhaitons simplifier l'hospitalisation et accompagner le patient depuis l'annonce jusqu'à son retour chez lui. On l'a conçu par rapport aux attentes des patients », explique […] François-Philippe Pic, directeur général délégué Ressources et transformation du groupe Elsan. […] Présentée à Las Vegas, la V1 de l'application sera lancée dès janvier 2019 avec un déploiement sur le premier trimestre à Bordeaux, Vannes et Nantes. Objectif : accompagner un million de patients d'ici à 2020.

…

...

La deuxième innovation porte sur « l'avant-hospitalisation ». En partenariat avec Cerba Healthcare (premier groupe de laboratoire biologique français avec 400 établissements), La Poste lance un service au sein de son application e-santé pour permettre au particulier de collecter et stocker l'ensemble de ses analyses médicales. [...] Au-delà de ces grands programmes nationaux, La Poste souhaite aussi s'appuyer sur les initiatives en local. Et annonce – c'est la troisième innovation – un partenariat avec l'IHU de Strasbourg [pour créer] une application destinée à la chirurgie bariatrique [de l'obésité] et l'hyper obésité. Cette application s'accompagne d'une valise d'objets connectés : oxymètre, tensiomètre, balance [...], bracelet [connectés]... Objectif : permettre à un patient de bénéficier d'un suivi médical lorsqu'il est de retour à son domicile et de pouvoir interagir à distance avec les professionnels de santé.

S. Mundubeltz-Gendron, *L'Usine Digitale*, 9 janvier 2019.

* CES : *Consumer Electronics Show*, salon consacré à l'innovation technologique qui se tient annuellement à Las Vegas (États-Unis).

RESSOURCE 5 Les statuts professionnels à La Poste

À La Poste et chez Orange, les salariés de droit privé sont désormais majoritaires.

« Depuis 2017, Orange compte plus de salariés de droit privé que de fonctionnaires. À La Poste, la bascule s'est faite en 2014: les agents de l'État ne représentent plus aujourd'hui que 41,8 % du personnel et cette part va continuer à descendre. »

J.-C. Bourbon, *La Croix*, 27 février 2018.

RESSOURCE 6 La Poste recrute en 2019

Le groupe La Poste recrute toute l'année dans toutes les régions de France et d'Outre-mer, en CDI, en CDD, en alternance et en stage. Quels sont les métiers qui recrutent ? Comment postuler ? Le mode d'emploi complet.

La Poste est l'opérateur historique en matière de courrier. À l'origine, ses missions incluaient le télégraphe, puis le téléphone avant la séparation de France Télécom. Depuis une dizaine d'années, la branche courrier, tout en restant prépondérante, perd de l'importance au profit du secteur colis et activités bancaires.

Société anonyme avec 100 % de capitaux publics, le groupe La Poste emploie plus de 250 000 personnes réparties dans 250 filiales et 5 secteurs d'activité :

- la branche Services-Courrier-Colis,
- la livraison de colis express avec GeoPost,
- le Réseau La Poste avec ses 17 000 points de contact (10 000 bureaux de poste et 7 000 « relais-poste » gérés soit par les communes, soit par des commerçants indépendants),
- la Banque Postale,
- la branche numérique.

Trois grands métiers dominent le recrutement :

- les facteurs (contrats d'apprentissage et de professionnalisation possibles),
- les agents d'accueil,
- les conseillers financiers.

Notez que La Poste accueille chaque année 4 000 à 5 000 jeunes *via* des contrats d'apprentissage ou de professionnalisation, sur une grande diversité de métiers de niveau CAP à Bac+5.

L'entreprise développe son pôle bancaire qui propose des emplois pour les jeunes diplômés de l'économie et de la finance.

https://vocationservicepublic.fr, 15 janvier 2019.

RESSOURCE 7 Le mal-être au travail

En Dordogne, suicide d'une salariée de La Poste

Une postière quadragénaire a été retrouvée pendue à son domicile près de Sarlat (Dordogne), un suicide à propos duquel les syndicats ont dénoncé un contexte local de réorganisation « à la hussarde », et de « harcèlements » répétés, a-t-on appris jeudi de sources concordantes. La factrice, mère d'un enfant, employée sur une plateforme de distribution du courrier à Sarlat, était en arrêt maladie depuis plusieurs mois pour dépression, et avait reçu mercredi une visite de contrôle médical, a-t-on indiqué de sources syndicales. Elle aurait mis fin à ses jours en début d'après-midi. Une enquête de gendarmerie a été ouverte. De proches collègues de la factrice avaient reçu, quelques heures avant son geste, des SMS de sa part évoquant le harcèlement dont elle se sentait victime, a-t-on ajouté de même source confirmant une information de France Bleu Périgord. La CGT a évoqué des conditions de travail locales dégradées par des réorganisations, et un contexte de harcèlement avec « beaucoup de dossiers » et plusieurs procédures en cours. Le suicide « n'est pas une surprise, on se demandait qui ce serait, où et quand », a déploré auprès de l'AFP Éric Garnier, secrétaire départemental CGT-FAPT.
SUD PTT a pour sa part « affirmé qu'un faisceau de preuves concordantes tend à prouver le lien direct entre le geste fatal de la factrice et les pressions qu'elle subissait ». Le syndicat a dénoncé une récente « énième réorganisation à la hussarde » et « un management de combat ». La Direction régionale de La Poste Nouvelle-Aquitaine a pour sa part appelé « au respect de la douleur des proches » et des postiers de Dordogne, « très affectés par ce drame ». Une porte-parole a souligné qu'« un dispositif d'écoute et de soutien a été mis en place » pour ceux qui le souhaitent. Elle a aussi appelé « aux plus grandes prudence et retenue » sur les possibles facteurs explicatifs du suicide, geste par nature « très compliqué ». [...]

lefigaro.fr / 25.10.2018

RESSOURCE 8 Suicide et accident du travail

Santé au travail : qualification d'un suicide comme accident du travail

Dans un arrêt du 9 juillet 2015, la Cour de cassation a rappelé que pour qualifier le suicide d'un salarié à son domicile d'accident du travail et le faire prendre en charge par la législation professionnelle, il est nécessaire de démontrer l'existence d'un lien de causalité entre le travail et le suicide, à partir des éléments de l'affaire [...].

Définition d'un accident du travail

Pour rappel : « *est considéré comme accident du travail, quelle qu'en soit la cause, l'accident survenu par le fait ou à l'occasion du travail à toute personne salariée ou travaillant, à quelque titre ou en quelque lieu que ce soit, pour un ou plusieurs employeurs ou chefs d'entreprise* » (article L411-1 du Code de la Sécurité sociale). Il ressort de la jurisprudence que l'accident d'un salarié, tel que son suicide à son domicile pour des faits dus à son travail, est qualifié d'accident du travail, et peut, à ce titre, être pris en charge par la législation professionnelle (pour exemple : arrêt de la Cour de cassation du 22 février 2007).

Demande de prise en charge d'un suicide par la CPAM

Au moment de se rendre à son travail, le salarié d'une société, en sa qualité de cariste, s'est suicidé à son domicile. Sa veuve a demandé à la caisse primaire d'assurance maladie (CPAM) la prise en charge du suicide de son époux au titre de la législation professionnelle.
La CPAM ayant rejeté sa demande, elle a saisi d'un recours une juridiction de Sécurité sociale.
La victime effectuait un travail sur un rythme 3×8 depuis plus de vingt ans, reconnu comme exigeant et stressant. Dans ce cadre, [elle] s'était vu récemment reprocher des fautes quant à la sécurité de la manutention et s'était vu refuser un changement de poste motivé par son état de fatigue.

...

...

[Decision] de la cour d'appel et de la Cour de cassation

Pour autant, la cour d'appel a jugé qu'il n'existait pas de lien entre le suicide de la personne et son travail et a rejeté l'appel de la veuve de la victime.
En effet, la cour d'appel a apprécié les témoignages entendus au cours de l'enquête administrative diligentée par la CPAM. Il a ainsi été rapporté que le salarié avait changé d'attitude, qu'il s'était renfermé sur lui-même, mais aucun témoignage n'a permis d'établir de lien avec son activité professionnelle. De plus, le médecin du travail l'avait déclaré apte à son travail et aucun conflit avec son employeur n'avait été révélé, même à la suite du refus de changement de poste. La cour d'appel en a déduit qu'il ne pouvait pas être fait de lien entre de tels éléments et le suicide.
L'affaire a alors été portée devant la Cour de cassation qui rappelle que la cour d'appel a un pouvoir d'appréciation souverain des éléments de preuves. Ainsi, après avoir étudié tous les indices présents, elle pouvait retenir que le décès de la victime n'était pas dû à son travail, de sorte qu'il ne pouvait être pris en charge au titre de la législation professionnelle.

www.red-on-line.fr

RESSOURCE 9 Le marché du colis met le paquet pour grossir

Avec 900 millions d'objets expédiés en 2016 pour quelque 6,6 Md€ de chiffre d'affaires, le marché du colis semble bien prospère. Dans son étude « Le marché du colis – Perspectives du marché et du jeu concurrentiel à l'horizon 2020, analyse des axes de développement des acteurs », publiée début janvier [2017], le cabinet Xerfi, spécialisé dans les études sectorielles, prévoit même 470 millions de colis ordinaires envoyés en 2020, soit une croissance de 3,5 % par an. L'express colis léger, lui, devrait progresser de 6 %.

L'e-commerce stimule la concurrence

Le développement de l'e-commerce et des flux B to C suscite une concurrence accrue chez les acteurs de la livraison de colis, les réseaux d'un côté avec Mondial Relay et Relais Colis et les intégrateurs de l'autre avec DHL, FedEx et UPS.
Au final, c'est le client qui doit sortir gagnant en bénéficiant des améliorations de service. « Pour se différencier, conquérir et fidéliser de nouveaux clients, indique Xerfi, les transporteurs doivent miser sur 5 priorités : la diminution des délais de livraison, la baisse du taux d'échec lors de la première présentation (en généralisant donc la livraison sur rendez-vous), le développement des solutions de livraison hors domicile, l'amélioration de la traçabilité des envois et la facilitation des retours. »

Nouveaux acteurs, nouvelles stratégies

La position jusque-là dominante de La Poste en France semble de plus en plus disputée. Le groupe déploie une nouvelle stratégie pour maintenir sa place en lançant plusieurs initiatives comme les options élargies dans l'offre Colissimo, qui vise le J+1, ou l'extension de la double tournée matin et soir dans les villes de plus de 50 000 habitants.
Et l'opérateur postal historique n'a pas dit son dernier mot ! Grâce à Chronofresh, créé en 2015, il fait office de pionnier sur le créneau du B to C alimentaire. Les concurrents ne se bousculent pas pour le moment mais [...] de nouveaux acteurs ambitieux et innovateurs apparaissent déjà, à l'instar d'Amazon. L'e-commerçant américain entend bien compresser ses coûts de transport en prenant part dans sa chaîne de distribution. Il a internalisé le tri en amont de l'un de ses entrepôts français, une activité confiée alors à La Poste ou Colis Privé (dont il a finalement renoncé au rachat [en 2016]). [...]
Si l'Américain continue de réfléchir à de nouvelles solutions de livraison, il n'est pas le seul, observe Xerfi. Il faudra compter à l'avenir sur des jeunes pousses et autres plateformes collaboratives telles que Colisweb, Deliver.ee ou Boxtal.

www.actu-transport-logistique.fr, 31 janvier 2017.

RESSOURCE 10 Noël, le rendez-vous que La Poste ne peut pas manquer

C'est la ruche à l'heure du rush. Dans le plus grand centre de tri de paquets de France, à Moissy-Cramayel, au sud-est de la capitale, les cadences ont bondi depuis quelques semaines [...].

Comme tout le réseau de tri de l'opérateur public, le site francilien est projeté dans « la période », cette vague de sept semaines (un peu plus, si l'on ajoute les soldes de janvier-février prochains), durant laquelle les opérateurs n'ont pas le droit à l'erreur. [...] Les incertitudes sont minimes, car les plans de transport, bâtis par algorithmes, sont calés depuis très longtemps avec les grands clients.

[...] Le marché du « C2C » (consommateur à consommateur) est devenu négligeable (5 % du total en France). Les grands opérateurs de l'e-commerce ont imposé leur loi, au point que le timing précis de livraison, si possible dès le lendemain d'une commande, est devenu le second critère de choix après le prix d'un produit, et une arme massive de fidélisation.

[...] Redoutable défi pour La Poste, la montée en régime du digital est aussi une aubaine inespérée pour compenser la baisse structurelle du courrier (– 5 à – 7 % par an). [...]

L'entreprise postale a d'abord été bousculée dans les cordes par des concurrents venus de plusieurs horizons, des « expressistes » comme UPS ou FedEx, ou bien des opérateurs de niche tels que Colis Privé, Relais Colis ou Mondial Relay. Puis elle a su réagir quand il était encore temps.

[...] Comment ? Atout indéniable, son fort maillage territorial (73 000 facteurs et 17 000 points de contacts postaux) n'explique pas tout. « Ces dernières années, La Poste [...] a été poussée à se repositionner dans un environnement concurrentiel dur, en concurrence avec les GAFA, générant un modèle auto-apprenant, qui devient même une référence dans d'autres secteurs », applaudit Julien Dutreuil, du cabinet de conseil Bartle Business Consulting. Décloisonnement des métiers, orientation vers le client, renforcement des services : pour lui, l'entreprise « colle bien aux nouvelles demandes du marché ».

Ce que les géants de la vente en ligne ont changé au business ? À peu près tout, admet le patron de Colissimo. D'abord, le suivi électronique systématique des colis, puis l'obligation d'un délai garanti (de 48 heures au début, la livraison en 24 heures tend à devenir la norme) et d'une formule pour retourner gratuitement les articles qui ne plaisent pas, une option devenue incontournable. Et enfin l'international, « car deux e-commerçants sur trois exportent aujourd'hui ». Surtout en direction des pays voisins (Belgique, Allemagne, Espagne dans l'ordre), mais également jusqu'en Chine, devenue 5e destination extérieure de Colissimo...

En coulisses, il faut donc adapter l'outil industriel, en le « massifiant », selon l'expression consacrée. [...] De quoi soulager l'outil actuel, qui fait appel à des prestataires externes pour trier 40 % de son trafic en cette fin d'année. Quant aux sites existants, dont Moissy-Cramayel, ouvert en 2008, ils ont fait l'objet d'une adaptation informatique, pour anticiper les pannes et diminuer les erreurs d'aiguillage, *via* l'intelligence artificielle. [...].

D. Fainsilber, *Les Echos*, 6 décembre 2018.

ENTRAÎNEMENT À L'EXAMEN

RESSOURCE 11 La « coopétition » dans le monde du colis

Dans le marché extrêmement fébrile de la livraison de colis, la concurrence pure et parfaite n'est pas de mise : les concurrents de La Poste sont aussi parfois ses principaux clients, en vertu du régime de « coopétition », ce curieux mélange de concurrence et de coopération qui régit leurs relations quotidiennes. La liste des dix plus grands clients de Colissimo traduit bien cette ambivalence.

En tête de liste, on trouve le rouleau compresseur Amazon, qui confie à l'opérateur public quelque 50 millions de colis annuels (hors ceux remis à Chronopost, autre société express du groupe La Poste). [...] Tout le monde parle avec tout le monde, confirme Antoine Pottiez, président de Mondial Relay : « Je suis concurrent de La Poste, puisque nous faisons des offres de service aux mêmes clients, mais c'est également mon premier partenaire : j'ai un contrat-cadre avec elle, comme avec les autres postes européennes pour proposer une solution globale. »

Aujourd'hui, la grosse inconnue porte sur les projets d'Amazon, qui semble vouloir assurer ses livraisons physiques dans les centres-villes, comme le suggère la création d'Amazon Logistics en France. Ne va-t-il pas brusquement se passer de La Poste, pour livrer plus vite, et lui laisser sur les bras un outil surdimensionné ? « Amazon va toujours les mettre en concurrence pour tirer les prix vers le bas. Mais un divorce, certainement pas », estime Julien Dutreuil [du cabinet de conseil Bartle Business Consulting], qui a travaillé chez le géant de Seattle. [...]

D. Fainsilber, *Les Echos*, 6 décembre 2018.

ENTRAÎNEMENT À L'EXAMEN

Présentation de l'épreuve de Culture économique, juridique et managériale

(Arrêté du 15 février 2018, JO du 6 mars 2018)

Cette épreuve vise à évaluer les compétences que vous aurez acquises dans le cadre de l'enseignement de CEJM ainsi que votre capacité à les mobiliser à travers un questionnement portant sur des problématiques de gestion d'entreprise et croisant l'économie, le droit et le management.

1. Les compétences évaluées

L'épreuve vise à évaluer votre capacité à :
- analyser des situations auxquelles l'entreprise est confrontée ;
- exploiter une base documentaire économique, juridique et managériale ;
- proposer des solutions argumentées en mobilisant des notions économiques, juridiques ou managériales et les méthodologies adaptées aux situations proposées ;
- établir un diagnostic (ou une partie de diagnostic) préparant une prise de décision stratégique ;
- prendre des décisions opérationnelles intégrant les dimensions économique, juridique et managériale ;
- exposer des analyses et des propositions de manière cohérente et argumentée.

2. La forme de l'épreuve

L'épreuve écrite, d'une durée de 4 heures, prend appui sur un dossier qui comprend :
- la présentation d'une situation contextualisée d'entreprise contenant des problématiques de nature économique ou juridique ou managériale ;
- une base documentaire d'une dizaine de pages au maximum ;
- une série de questions permettant de structurer et d'orienter votre travail. Pour chaque question, une réponse construite et argumentée est attendue.

Le dossier documentaire ainsi que le questionnement couvrent les trois champs d'enseignement : l'économie, le droit et le management.

Méthodologie

PRÉSENTATION DE L'ÉPREUVE

1 Analyser un texte à caractère économique

L'épreuve de Culture économique, juridique et managériale s'appuie sur un dossier documentaire composé de plusieurs textes. Il est indispensable de maîtriser la compréhension et l'analyse de ces documents afin de repérer les informations essentielles et de répondre de manière argumentée et structurée aux questions posées.

DÉMARCHE À METTRE EN ŒUVRE

L'analyse de textes économiques nécessite une méthode rigoureuse. On pense souvent que c'est la partie la plus facile puisqu'il suffit de « lire ». En réalité, une bonne exploitation des documents ne peut se faire qu'en respectant plusieurs étapes.

La France garde la cadence

Depuis la fin 2016, l'activité française garde une cadence soutenue : la croissance annuelle a donc atteint 2,2 % cet été, renouant avec un rythme qui n'avait pas été observé depuis 2011, dans un contexte où l'ensemble de la zone euro connaît une croissance relativement homogène. [...]
Les chefs d'entreprises français sont résolument optimistes selon les enquêtes de conjoncture : le climat des affaires progresse continûment depuis fin 2016 et il a atteint en novembre 2017 son plus haut depuis début 2008. Les différents secteurs sont à l'unisson, qu'il s'agisse de l'industrie (où les perspectives générales d'activité atteignent des niveaux inédits depuis 17 ans), des services marchands (qui continuent à bénéficier, entre autres, du retour des touristes), ou de la construction. La croissance serait tirée par la vigueur de la demande globale. [...]
Du côté de la demande intérieure, les entreprises sont de plus en plus nombreuses à déclarer des difficultés d'offre et leurs dépenses d'investissements ne faibliraient donc pas. Les ménages bénéficieraient quant à eux de revenus d'activité dynamiques. La hausse de l'inflation et les effets de calendrier des mesures fiscales brideraient temporairement leur pouvoir d'achat pendant l'hiver, faisant plier leur consommation, mais elle ne romprait pas : les ménages diminueraient leur taux d'épargne en anticipant une amélioration de leur pouvoir d'achat fin 2018. Leurs dépenses d'investissement accéléreraient franchement en 2017, mais ralentiraient un peu mi-2018, en ligne avec la stabilisation des ventes de logements neufs observée ces derniers mois.
L'économie française continuerait de générer environ 100 000 emplois marchands par semestre, tandis que l'emploi non marchand se replierait de nouveau avec la diminution des emplois aidés. L'emploi total progresserait néanmoins plus vite que la population active et le taux de chômage diminuerait un peu, à 9,4 % à l'horizon de la prévision (soit –0,1 point sur un an).

Note de conjoncture, Insee, 19 décembre 2017.

1. Situer le texte dans son environnement

Cette étape consiste à repérer :

– **le titre** : il indique souvent l'objet du document et le ton utilisé.
Certains documents peuvent être précédés d'une présentation visant à accrocher le lecteur (le chapeau). Généralement, elle en synthétise le contenu et en montre la tonalité.

> ***Exemple :*** *« La France garde la cadence » indique que le texte traite du niveau de l'activité économique française.*

– **la source** : elle indique l'origine du texte (presse quotidienne, hebdomadaire grand public, revue spécialisée, extrait d'ouvrage, site internet, etc.) et permet de définir le type de texte (théorique, factuel, critique, etc.).

> ***Exemple :*** *il s'agit ici de l'Institut national de la statistique et des études économiques (Insee), organisme français qui produit, analyse et diffuse des informations sur l'économie et la société françaises. Il s'agit d'une information factuelle.*

– **la date :** elle permet de mieux appréhender le contexte dans lequel le document a été écrit. Le contexte économique évolue, parfois brusquement (ex. : crise) et un texte peut rapidement être dépassé.
On pourra également repérer l'auteur du texte (journaliste, professeur, économiste, chef d'entreprise, homme politique, etc.) permettant de prendre du recul par rapport à l'information.

> ***Exemple :*** *la date est récente, ce document décrit la situation de la conjoncture (l'activité récente).*

2. Lire et repérer les idées importantes

Conseil : lire l'ensemble des questions avant de commencer la lecture du texte pour orienter votre travail.
Le travail d'analyse du texte peut se faire en deux temps.

a) Une première lecture rapide et active du texte

Avec un surligneur ou un crayon, souligner les mots, expressions clés ou passages qui vous semblent importants – en rechercher la définition si nécessaire.
Entourer les chiffres essentiels concernant le sujet.
Ce travail facilitera l'utilisation des arguments dans la phase de rédaction.

b) Deuxième lecture : les idées principales et les idées secondaires

L'idée est de faire ressortir la logique du texte, la pensée de l'auteur, en dissociant l'essentiel de l'accessoire.
– **Repérer l'idée générale du texte**, l'aboutissement du raisonnement tenu par l'auteur. Essayer de la résumer en une phrase.

> ***Exemple :*** *l'activité économique se maintient à un niveau soutenu grâce au dynamisme de la demande (investissement, et consommation dans une moindre mesure) et de l'offre, permettant la baisse du chômage.*

– **Repérer le plan du texte** : relever les idées principales en identifiant éventuellement les paragraphes qui regroupent des idées communes.
– **Repérer les idées secondaires** correspondant aux arguments qui viennent soutenir la ou les idées principales. Éliminer tout ce qui est anecdotique. Un très long paragraphe peut ne contenir qu'une seule idée importante et plusieurs exemples !

Remarque : repérer les mots de transition permet de retrouver les enchaînements logiques du raisonnement de l'auteur (enfin, d'une part et d'autre part, etc.). Certains termes apportent des nuances (malgré, cependant, néanmoins, etc.) ou des relations de cause à effet (ainsi, en conséquence, etc.).

3. Construire les réponses aux questions

– **Comprendre les questions :** lire attentivement les questions posées et analyser le sens de la réponse attendue grâce aux verbes directeurs utilisés : analyser, identifier, expliquer, apprécier, interpréter, etc.
– **Rédiger les réponses :** répondre à chaque question, de manière précise et structurée, en utilisant ses connaissances et en s'appuyant sur le texte.

Les pièges à éviter

- Il ne faut pas faire de paraphrase du texte. Le plus difficile dans l'étude de textes économiques est la reformulation des idées.
- Il ne faut pas traiter les questions comme des questions de cours sans rapport avec le document étudié.

2 Analyser un tableau

L'épreuve de Culture économique, juridique et managériale s'appuie sur un dossier documentaire que vous allez devoir exploiter. L'analyse d'un tableau est d'autant plus importante qu'il est souvent source de nombreuses informations.

DÉMARCHE À METTRE EN ŒUVRE

L'analyse d'un tableau doit vous demander une grande rigueur méthodologique. En effet, vous ne devez pas vous contenter de « lire » les données du tableau, mais vous devez les interpréter et les mettre en corrélation avec vos connaissances personnelles pour leur donner du sens.

Le travail des enfants dans le monde selon le revenu moyen par habitant

	Enfants (5-17 ans) travaillant illégalement		Dont enfant impliqués dans des travaux dangereux	
	en milliers	en %	en milliers	en %
Pays à bas revenu (moins de 1 045 $/habitant)	65 203	19,4	29 664	8,8
Pays à revenu moyen inférieur (entre 1 046 et 4 125 $)	58 184	8,5	33 465	4,9
Pays à revenu moyen supérieur (entre 4 126 et 12 735 $)	26 209	6,6	7 751	2,0
Pays à haut revenu (supérieur à 12 736 $)	2 025	1,2	1 645	1,0
Ensemble	**151 622**	**9,6**	**72 525**	**4,6**

Selon le revenu moyen annuel par habitant en 2015. Le « travail des enfants » désigne l'activité économique des enfants lorsqu'elle contrevient aux conventions internationales.

Source : Organisation internationale du travail 2017

1. Repérer les éléments constitutifs du tableau

Cette étape consiste à repérer :

– **le titre** : il donne une indication importante sur le contenu du tableau. Il faut donc le lire attentivement.

> ***Exemple :*** *ici, le tableau analyse le travail des enfants (sujet), le contexte (dans le monde) et le critère d'analyse (selon le revenu moyen par habitant)*

– **la date et la source** : elles permettent de contextualiser les données afin de mieux les interpréter. Les tableaux de données statistiques peuvent inclure des données anciennes, qui sont donc à nuancer ou à actualiser avec les autres documents qui vous seront fournis.

> ***Exemple :*** *ici le rapport dont est issu ce tableau date de 2017, mais l'analyse s'est faite à partir des données sur le revenu de 2015. Le contexte économique peut changer entre temps.*

– **les unités utilisées** : il est fréquent d'utiliser des unités facilitant la lecture. Il faut donc vérifier si on est en unité, en milliers, en millions ou en milliards. 2000 milliers de chômeurs nous donne ainsi 2 millions de chômeurs et non 2000 !

> ***Exemple :*** *ici l'unité utilisée est le millier. Ce qui signifie que dans les pays à bas revenu, il y a 65 203 000 enfants qui travaillent et non 65 203.*

Les données peuvent également figurer en pourcentage, comme c'est le cas également ici.

2. Exploiter le tableau

a) Repérer les données les plus pertinentes du tableau

Toutes les données n'ont en effet pas le même intérêt. Il faut en particulier être très attentif au regroupement de données et aux sous-totaux qui peuvent exister. Il faut donc hiérarchiser les informations et comprendre comment a été construit le tableau.

> ***Exemple :*** *ici, un écart considérable existe entre les pays dits à revenu moyen. Ainsi la fourchette de revenu passe de 4 126 $ à 12 735 $ pour le revenu moyen supérieur, soit une multiplication par 3.*

MÉTHODOLOGIE I ÉCONOMIE

b) Retraiter certaines données

Il est souvent utile de transformer des données brutes en % ou de calculer des taux de variation qui seront plus claires dans une démonstration.

> ***Exemple :*** *ici, dans les pays à bas revenu, 65 203 000 enfants travaillent. En le rapportant au nombre total d'enfants travaillant, on obtient un pourcentage de 43 %. Ce qui signifie que presque la moitié des enfants qui travaillent sont issus de pays très pauvres.*

c) Lister les idées contenues dans le tableau

Les tableaux ont la particularité de souvent comporter beaucoup d'informations. Il faut donc repérer l'ensemble des éléments qui y sont abordés. En effet, vous serez surement « attiré » par les données les plus marquantes, et vous risquez d'oubliez d'autres informations pertinentes.

> ***Exemple :*** *ici, plusieurs informations nous sont données : le nombre d'enfants travaillant dans le monde, le nombre d'enfants travaillant dans le monde qui font un travail dangereux ainsi que la relation avec le niveau de revenus (et qu'il existe donc des situations inégales de revenus entre les pays). L'ensemble permet de mettre en évidence des situations inégalitaires entre pays, en terme de revenus et donc de respect des droits de l'enfant.*

3. Utiliser les informations obtenues pour construire votre argumentaire

Il faut enfin reprendre les différentes informations qui vous sont données et les mettre en relation avec vos connaissances théoriques et factuelles afin de répondre aux questions qui vous sont posées.

Pensez à structurer votre commentaire pour le rendre plus clair. Par exemple, partez des éléments généraux avant d'illustrer avec des points particuliers.

Enfin, pensez à nuancer vos propos.

> ***Exemple :*** *ici, commencez par présenter l'importance du travail des enfants dans le monde, avant de démontrer ensuite que les situations sont inégalitaires entre pays et la relation qui existe entre travail des enfants et revenu moyen. Enfin concluez en soulignant par exemple que les pays riches, même si les chiffres sont faibles, n'ont pour autant pas fait disparaître le travail des enfants.*

Le piège à éviter

- Il ne faut pas faire de la simple « lecture » de données, sans les interpréter et les rattacher à vos connaissances.

Exemple : nous pouvons voir ici que dans les pays à bas revenu 65 203 milliers d'enfants travaillent et que dans les pays à haut revenu cela représente 2 025 milliers d'enfants.

MÉTHODOLOGIE I ÉCONOMIE

3 Exploiter un graphique

L'enseignement de Culture économique, juridique et managériale (CEJM) vise à développer des compétences méthodologiques en économie, en particulier l'exploitation de graphiques au service de l'analyse des phénomènes économiques. L'épreuve de CEJM consiste à analyser un dossier qui peut intégrer des graphiques à exploiter pour construire une réponse argumentée aux questions posées.

DÉMARCHE À METTRE EN ŒUVRE

L'analyse de graphiques économiques nécessite de suivre une démarche rigoureuse. Une lecture trop rapide peut conduire à des analyses erronées ou incomplètes, voire des contre-sens. Avant de commencer l'analyse des graphiques, il est indispensable d'avoir en tête les questions posées. Le respect des étapes proposées ci-dessous permet une bonne exploitation des graphiques économiques.

Perspectives de l'économie mondiale 2018-2022

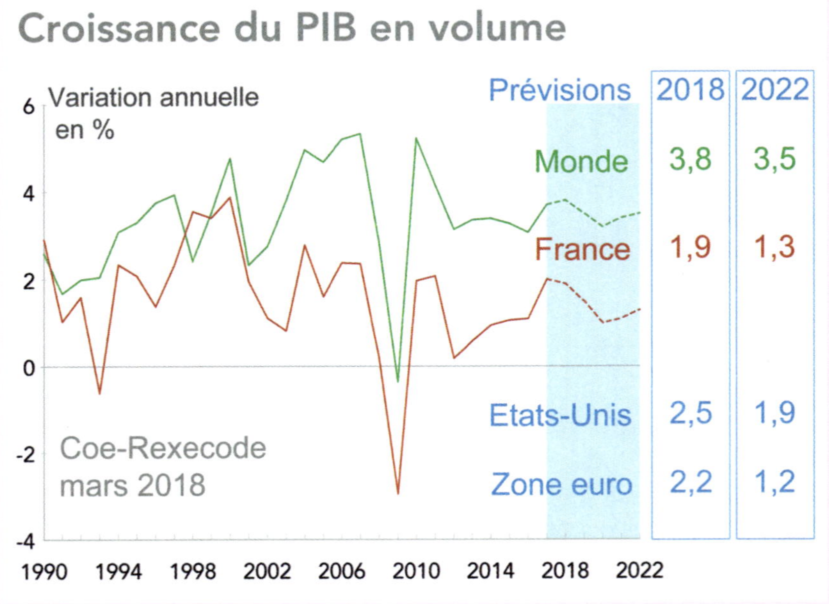

Source : Coe-Rexecode, *Perspectives de l'économie mondiale 2018-2022*, Document de travail n° 67, mars 2018.

1. Identifier l'environnement du graphique

Cette étape consiste à repérer :

– **le titre** : il indique l'objet du graphique.

> ***Exemple :*** *le titre « Perspectives de l'économie mondiale » nous indique une double dimension géographique et prévisionnelle.*

– **la date :** elle situe le contexte économique du graphique. La collecte de données économiques nécessite du temps. C'est pourquoi les chiffres figurant dans les graphiques ne sont pas situés dans l'actualité immédiate.

> ***Exemple :*** *ce graphique a été réalisé en mars 2018 : à cette date récente, seules les données jusqu'en 2017 sont disponibles, celles à partir de 2018 sont prévisionnelles.*

– **la source :** elle indique l'organisme qui a construit le graphique. Il est intéressant de savoir si l'organisme est indépendant et si les données utilisées sont fiables.

> ***Exemple :*** *Coe–Rexecode : le Centre d'observation économique et de Recherche pour l'Expansion de l'économie et le Développement des Entreprise est un institut indépendant au service de l'information économique et du développement des entreprises.*

2. Lire le graphique

Il s'agit d'identifier :

– **le type de graphique.** Il peut s'agir :

- soit d'une représentation de l'évolution d'une donnée dans le temps : courbe, diagramme en bâtons, etc. ;
- soit d'une représentation de la répartition d'une donnée : diagramme circulaire, etc.

> ***Exemple :*** *ici, deux courbes figurent sur le graphique, la France et le monde.*

– **le(s) indicateur(s) représenté(s).** Un ou plusieurs indicateurs peuvent être représentés pour mettre en évidence un phénomène économique. Cela peut permettre des comparaisons.

> ***Exemple :*** *la croissance du PIB est représentée par son taux d'évolution. Un taux d'évolution est une valeur relative et non absolue. Ainsi, le taux d'évolution du PIB négatif en 2009 signifie que le PIB diminue mais n'indique pas un PIB négatif !*

– **l'échelle de temps des données du graphique.**

> ***Exemple :*** *données du graphique : de 1990 à 2022.*

– **les unités utilisées en abscisses et en ordonnées.**
Le temps, généralement en abscisses. En ordonnées, les pourcentages, les indices, les euros, dollars, en millions ou en milliards…

> ***Exemple :*** *ici le temps figure sur les abscisses et des pourcentages en ordonnées.*

– **l'information générale du graphique.**
Il s'agit de dégager une tendance générale sur la période représentée

> ***Exemple :*** *ici, sur la période étudiée, la croissance du PIB français est toujours moins forte que celle du monde (la courbe rouge est sous la courbe verte) mais elle suit globalement la tendance mondiale (les formes des courbes sont semblables).*

3. Exploiter le graphique pour répondre aux questions

– **Comprendre les questions** : lire attentivement les questions pour comprendre les attentes des examinateurs.
– **Construire une réponse argumentée, et pour cela** :
- s'appuyer sur le graphique et sur ses connaissances ;
- mettre en évidence la tendance générale du graphique ;
- repérer les écarts par rapport à cette tendance, éventuellement en procédant à des calculs supplémentaires.

> ***Exemple :*** *depuis 1990, la croissance du PIB en France a décroché par rapport à la tendance mondiale en se situant en moyenne à 2 points de pourcentage en dessous du taux de croissance du monde.*

- rechercher des causes et des conséquences aux faits observés ;
- rédiger une réponse aux questions en allant du général au particulier.

Le piège à éviter

- Il ne faut pas se focaliser sur un point particulier d'un graphique qui peut attirer le regard mais qui n'est pas l'objet principal.

Exemple : ici, on observe un retournement des courbes de taux de croissance du PIB à partir de 2008 pour atteindre des valeurs négatives en 2009. Cela correspond à la période de crise mondiale des subprimes, mais ce n'est pas l'objet principal du graphique.

4 Analyser une situation juridique

L'exercice qui consiste à analyser une situation juridique permet d'apprécier l'aptitude de l'étudiant à appliquer des règles de droit à des situations concrètes. Cela consiste à répondre à une ou plusieurs questions posées sur une situation donnée, en utilisant l'argumentation juridique appropriée.
L'analyse de toute situation juridique peut s'opérer en exploitant le syllogisme, qui permet de construire un raisonnement amenant de façon naturelle à la conclusion. Il convient de toujours s'interroger de la façon suivante :
– Quels sont les faits et quel problème juridique posent-ils ? C'est la « mineure » du syllogisme.
– Quelle est la règle de droit applicable ? C'est la « majeure » du syllogisme.
– Quelle solution doit-on proposer ? C'est la conclusion du syllogisme.

ÉTAPE 1 Les faits qualifiés (la « mineure »)

La première étape du travail suppose de lire attentivement le contexte et les faits qui sont à l'origine du problème qui vous est soumis.

> **Exemple :** *M. X est renvoyé par son patron parce qu'il passait trop de temps sur son ordinateur.*

Vous devez traduire ces faits en termes juridiques. Qualifier les faits permet de rattacher la problématique concrète à un cadre juridique abstrait.

> **Exemple :** *un salarié est licencié pour avoir utilisé exagérément sa messagerie professionnelle à des fins personnelles, malgré l'interdiction formulée par le règlement intérieur.*

La qualification amène à utiliser la terminologie adéquate en droit ; elle permet ainsi d'amener aisément à la formulation du problème juridique et guidera donc vers la règle de droit à appliquer.

ÉTAPE 2 La ou les (règle(s) de droit applicable(s) au problème juridique (la « majeure »)

1. La formulation du problème juridique

L'identification des parties (demandeur et défendeur) et des éléments de la situation problématique doit aboutir à la formulation du problème juridique. Ce problème doit être exposé de façon générale, au-delà du cas spécifique.

> **Exemple :** *dans quelle mesure et à quelle condition un employeur peut-il sanctionner la violation par le salarié de l'interdiction d'user de façon exagérée de son ordinateur et d'Internet ?*

2. Exposé de la ou des règle(s) de droit applicable(s)

Il s'agit d'expliquer les grandes lignes du droit positif, qui permettent d'apporter une réponse au questionnement juridique identifié précédemment.

> **Exemple :** *les pouvoirs du chef d'entreprise s'expriment à travers le règlement intérieur que le salarié doit respecter. Il existe toutefois des droits fondamentaux reconnus au salarié, comme la faculté de se servir librement de son ordinateur durant les temps de pause. Mais cet usage peut parfaitement être limité par le règlement intérieur pour ce qui concerne les périodes de travail.*

Des règles juridiques sont parfois fournies en annexe dans le sujet (extrait de codes, décision de justice, convention collective...), mais on attendra généralement de vous que vous fassiez appel à vos connaissances. Il est donc indispensable de bien maîtriser la partie de cours concernée.

ÉTAPE 3 La ou les solution(s) proposée(s) (la conclusion)

Les étapes précédentes ont permis de passer des faits (la « mineure ») au droit (la « majeure »). Il s'agit maintenant d'appliquer le droit aux faits pour proposer une ou plusieurs solutions (la conclusion). Il faut donc s'attacher à tirer les conséquences des analyses précédentes. L'argumentation juridique consiste à rapprocher les faits, juridiquement qualifiés, des règles de droit applicables au problème juridique posé, pour en déduire une ou plusieurs solutions du cas présenté dans la situation.
Vous pourrez introduire la solution que vous proposez avec une formule classique : « Dans le cas d'espèce..., En l'espèce..., Dans le cas étudié... ».

> **Exemple :** *en l'espèce, dès lors que les clauses du règlement intérieur ne comportent pas d'interdiction absolue d'utiliser Internet mais se contentent de limiter son usage aux temps de pause, si l'employeur n'a pas consulté un dossier marqué « personnel » pour prendre connaissance des abus de son salarié, la sanction pour violation des dispositions du règlement intérieur est possible, etc.*

La solution exposée est parfois susceptible d'entraîner des conséquences juridiques (action en justice ou renonciation à saisir le tribunal, tentative de conciliation, démarches...). Celle qui serait retenue doit être justifiée par une argumentation juridique rigoureuse.

> ***Exemple :*** *il serait déplacé, pour le salarié, d'engager une action en justice pour contester la sanction subie, puisque celle-ci a été décidée à bon droit par le chef d'entreprise.*

Parfois, certains faits ne sont pas assez précisément énoncés et le candidat est obligé d'envisager une alternative.

> ***Exemple :*** *si l'employeur a pris connaissance du comportement du salarié en consultant un fichier personnel, etc. Si, en revanche, c'est par un contrôle inopiné, tel que prévu par le règlement intérieur, qu'il a constaté les faits, etc.*

Enfin, vous devez soigner la rédaction et structurer votre propos avec des transitions claires (« C'est pourquoi…, Compte tenu de..., En conséquence… »). Dans tous les cas, vous utilisez le vocabulaire juridique adéquat.

Les pièges à éviter

- Il ne faut pas retenir des faits de la situation de façon incomplète ou non pertinente, car le problème juridique que vous en induiriez aurait les mêmes défauts.
- Il ne faut pas s'appuyer sur une règle de droit non établie de façon certaine. Dans ce type de situation, le syllogisme ne peut « fonctionner » convenablement qu'en proposant une alternative dans les solutions.

Exemple : une règle jurisprudentielle remise en cause par certaines décisions de justice.

- Il ne faut pas identifier de prime abord une règle de droit sans en percevoir certains éléments ou certaines limites, vous pourriez alors commettre un véritable contresens sur la solution du problème.

Exemple : le caractère exclusif du droit de propriété dont vous oublieriez les exceptions.

5 Savoir exploiter des ressources juridiques

1. Analyser un contrat

Dans l'épreuve de l'examen, vous devez répondre à certaines questions de manière à proposer une solution à un problème juridique. Vous disposez pour cela d'un dossier documentaire pouvant comporter un contrat ou des clauses extraites d'un contrat.

Il s'agira alors pour vous, selon les exigences de l'exercice :
– de rattacher le contrat à une situation juridique ;
– d'identifier les obligations des parties et les effets particuliers de certaines clauses contractuelles ;
– d'exercer votre esprit critique et d'apprécier la validité du contrat en général ou de ses clauses spécifiques ;
– éventuellement, de faire le rapprochement entre le contenu du contrat proposé à l'étude et les informations juridiques fournies par d'autres sources documentaires (extrait de code, jurisprudence, etc.).

DÉMARCHE

ÉTAPE 1 Lire le contrat ou les clauses extraites du contrat

Cette première étape permet de repérer de quel type de contrat il s'agit (contrat de travail, contrat de vente, contrat d'assurance…). La première lecture du contrat suffit à l'identifier, souvent grâce au titre du document.

ÉTAPE 2 Analyser le contrat

La méthode d'analyse se déroule selon les phases suivantes.

1. La situation juridique

Il s'agit d'identifier les éléments du contrat qui précisent la situation :
– d'abord, **l'objet du contrat** : contrat de travail (à durée déterminée, indéterminée, etc.), contrat de vente (entre professionnels, entre un professionnel et un consommateur, etc.), contrat de location (civile, commerciale), contrat de transport, contrat d'assurance, etc. ;
– ensuite, **les parties concernées** : un salarié et son employeur, un vendeur et un acheteur, un bailleur et son locataire, un transporteur et une personne transportée, un assureur et un assuré, etc.

2. La règle de droit applicable

Il s'agit de retrouver à quelle branche du droit se rapporte le contrat : droit civil, droit du travail, droit commercial, droit de la consommation, etc.

3. La validité du contrat

a) Vérifier l'existence des conditions générales de validité du contrat (C. civ, art. 1128) :
– le consentement des parties (existence et absence de vice) ;
– leur capacité de contracter ;
– un contenu licite et certain.

b) Vérifier l'existence des conditions spécifiques de validité du contrat :
– les exigences légales (les mentions impératives dans les contrats de travail atypiques, par exemple) ;
– la présence de formulaires à joindre impérativement (ex. : le bordereau de rétractation dans le contrat de vente à domicile) ;
– la signature des parties.

4. Les clauses du contrat

Vous repérerez les divers éléments du contrat :
– **la nature précise du contrat :** contrat de travail à temps partiel, prêt à la consommation, contrat de location avec option d'achat… ;
– **le lieu et la date de conclusion du contrat** ;
– **les parties**, avec leurs noms et leurs qualités en droit (ex. : SARL Durand, employeur, et Mme Bayle, salariée ; M. Dubois, emprunteur, la banque SMC SA, prêteur) ;
– **la durée et/ou le terme du contrat**, éventuellement les possibilités de renouvellement prévues par une clause.

5. Les effets du contrat

Il s'agit de préciser quelles sont les obligations des parties découlant du contrat, en distinguant celles qui se traduisent par des sommes à payer (ex. : prix du bien vendu, loyer de l'appartement, salaire et éléments de rémunération, etc.) et celles qui revêtent une autre forme (ex. : prestation de travail, réalisation d'une activité, livraison d'un bien, interdiction d'exercer une activité, etc.).

MÉTHODOLOGIE I DROIT

ÉTAPE 3 Utiliser le résultat de cette analyse pour résoudre le cas

En fonction des questions posées par le sujet, l'analyse ainsi menée pourra être utilisée pour argumenter sur la solution proposée.

Exemple de contrat de distribution

Entre les soussignés :
La société anonyme Flavier, dont le siège est à Lyon (69003), 24 Bd Jeanne d'Arc, immatriculée sous le numéro 854 456 982 RCS Lyon, représentée par son directeur général Pierre Michel,
Ci-après désigné «**le Fournisseur**» d'une part,
Et
La SARL Singée, dont le siège est à Montélimar (26200), 8 rue des Oliviers, immatriculée sous le numéro 788 987 821 RCS Romans, représentée par Mme Alice Person, sa gérante,
Ci-après désigné «**le Distributeur**» d'autre part,
Il a été convenu ce qui suit :

1 – Objet du contrat
Le Distributeur s'engage à s'approvisionner auprès du Fournisseur selon les termes et conditions du présent contrat. Le contrat porte sur la distribution des canapés, fauteuils et sièges fabriqués par le fournisseur sous la marque déposée à l'INPI « Relaxos ».

2 – Quantité minimale
Le Distributeur s'engage à commander chaque année civile, à compter du 1er janvier 2018, un minimum de 24 unités. Le non-respect de cette obligation entraînerait la résiliation de plein droit du contrat dans les conditions prévues à l'article 7 ci-dessous.

3 – Durée
Le contrat est conclu pour une durée de 3 ans à compter de la date de la première livraison effective prévue, soit le 15 janvier 2018. Le non renouvellement du présent contrat de distribution n'entraînerait aucune indemnité au profit de l'une ou l'autre partie.

4 – Prix, modalités de paiement
Les produits seront vendus par le Fournisseur au Distributeur au prix fixé par le tarif en vigueur au jour de l'enregistrement de la commande par le Fournisseur. Le Fournisseur peut, à la fin de chaque année civile, modifier le tarif pour tenir compte de l'évolution générale des prix, de la concurrence et des coûts de production des produits.
20 % du prix seront payables à la commande, et le solde 30 jours après la livraison.
Tout retard de paiement donnera lieu à des pénalités au taux de deux fois le taux de l'intérêt légal en vigueur au jour de l'échéance impayée.

5 – Livraisons
Les produits seront livrés par le Fournisseur dans les locaux du Distributeur. Le conditionnement des produits devra être conforme aux spécifications de la commande.

6 – Fin du contrat
Le contrat prend fin par la survenance de son terme ; cependant, le Fournisseur le rappellera au Distributeur par lettre recommandée avec avis de réception adressée six mois avant la date prévue pour la fin des relations contractuelles.

7 – Résiliation et pénalités
En cas de manquement par le Distributeur à l'une quelconque des obligations mises à sa charge par le contrat, ce dernier pourra être résilié de plein droit, au gré du Fournisseur 15 jours après une mise en demeure demeurée infructueuse, cela sans autre formalité.
Le Fournisseur aura droit dans ce cas à titre de pénalité :
– au remboursement des frais d'enlèvement et de retour du matériel repris ;
– au paiement d'une indemnité de 2000 euros.

8 – Dispositions générales
Toute modification du présent contrat ne peut résulter que d'un accord constaté dans un écrit signé par les deux parties.
Loi applicable : Le contrat est soumis à la loi française.

Fait à Lyon, le 18 novembre 2017

Le Fournisseur, Le Distributeur,

2. Analyser une décision de justice

La partie juridique de l'épreuve d'examen consiste à répondre à des questions de manière à proposer une solution à un problème juridique. Vous disposez pour cela d'un dossier documentaire, pouvant comporter une décision de justice ou un extrait de jurisprudence. Le sujet ne demandera pas forcément de l'analyser, mais ce travail se révélera souvent indispensable pour répondre aux questions posées et proposer une solution argumentée.
Dans cette épreuve, vous devrez donc être capable de :
– situer la décision de justice en précisant la juridiction, la date, la procédure et le domaine de droit concerné ;
– dégager le problème juridique posé et le raisonnement de la juridiction pour le résoudre.

ÉTAPE 1 Comprendre la décision de justice

Pour bien comprendre une décision de justice, il faut repérer les points suivants.

1. La juridiction et la date de la décision étudiée

Repérer s'il s'agit d'un jugement ou d'un arrêt, et identifier la juridiction (tribunal ou cour) qui est intervenue.

> ***Exemple :*** *arrêt du 26 janvier 2018 rendu par la chambre commerciale de la Cour de cassation.*

2. Les parties

Identifier les parties en présence (demandeur/défendeur, appelant/intimé, demandeur au pourvoi/défendeur au pourvoi) : indiquer leurs noms en les situant l'une par rapport à l'autre sur le plan juridique.

> ***Exemple :*** *le demandeur est M. Grappa, commerçant, le défendeur est la société Final, fournisseur de M. Grappa.*

3. Les faits à l'origine du litige et l'objet du litige

Résumer les faits, c'est-à-dire les circonstances ou les événements qui ont mené au litige, en éliminant les détails et en suivant l'ordre chronologique. Mettre en évidence ensuite le litige lui-même.

4. Le déroulement de la procédure

Identifier, par déduction, les différentes juridictions saisies et présenter les étapes du procès chronologiquement. Indiquer la décision rendue par chaque juridiction.

5. L'énoncé du problème de droit

Formuler le problème juridique posé au juge, éventuellement sous la forme d'une phrase interrogative, mais toujours sous une forme générale. On peut souvent déduire le problème de droit des motifs évoqués par la juridiction saisie.

> ***Exemple :*** *une clause de non-responsabilité insérée dans un contrat commercial est-elle valide ?*

6. Les arguments des parties

Exposer les arguments (moyens) avancés par les parties devant la juridiction qui a rendu la décision étudiée. Procéder par énumération pour chacune des parties.

7. Les motifs de la décision

Relever les raisons qui justifient la décision du juge. Elles sont rédigées le plus souvent sous la forme : « Considérant que… » ou « Attendu que… ».

8. Le dispositif de la décision

Indiquer la décision prise par la juridiction saisie, tout en la commentant.

> ***Exemple :*** *la Cour de cassation approuve ici les juges du fond qui ont rejeté la demande du commerçant. Les juges du droit rappellent que la validité d'une clause d'exonération de responsabilité commerciale est remise en cause par la loi, soit dans les contrats de consommation, soit dans les contrats d'adhésion, dont les termes ne sont pas négociés par les deux parties.*

ÉTAPE 2 Utiliser le résultat de cette analyse pour résoudre le cas

En fonction des questions posées par le sujet, l'analyse ainsi menée pourra être utilisée pour argumenter sur la solution proposée.

6 Conduire une analyse organisationnelle et stratégique

Cette méthodologie vous permettra d'associer chaque compétence du programme à des questions susceptibles d'être posées lors de l'épreuve, à des auteurs en management ainsi qu'à des outils à mobiliser.
Lors de l'épreuve, procédez de la même façon lors de la lecture du sujet et de l'analyse des questions : vous devrez vous demander à quelle compétence se rattache chaque question et quels auteurs et/ou quels outils sont à mobiliser.
Pour répondre à chaque question posée par le sujet, vous rédigerez une courte introduction dans laquelle vous définirez les mots-clés contenus dans la question (ex. : « finalité », « partie prenante ») et vous préciserez sur quels auteurs et/ou sur quels outils vous allez vous appuyer pour y répondre.

DÉMARCHE

Compétence attendue	Objectif et exemple de question	Outil/auteur à mobiliser
Identifier les finalités économique, sociale et sociétale de l'entreprise	*Montrer que les décisions prises dans une entreprise concourent à une finalité.* *Présenter la finalité poursuivie par une entreprise et identifier les objectifs qui en découlent.*	Auteur : Peter Drucker
Caractériser les différentes parties prenantes de l'entreprise	*Montrer que les décisions prises dans une entreprise répondent aux attentes des parties prenantes.* *Quelles sont les attentes des différentes parties prenantes d'une entreprise ?*	Auteur : Ed Freeman
Caractériser les étapes de création d'une entreprise	*Identifier les différentes phases de création d'une entreprise à travers le parcours d'un entrepreneur.* *À quelle(s) partie(s) prenante(s) s'adresse le business plan d'une entreprise ?*	
Distinguer une démarche entrepreneuriale d'une démarche managériale	*En quoi la démarche d'un entrepreneur relève d'une démarche entrepreneuriale ?* *En quoi la démarche d'un dirigeant est-elle passée d'une logique entrepreneuriale à une logique managériale ?*	Auteurs : Joseph Schumpeter et Henry Mintzberg
Identifier les différentes composantes de la performance de l'entreprise	*Proposer des indicateurs permettant à un dirigeant de s'assurer qu'il respecte les finalités de l'entreprise.* *Quels sont les indicateurs qui permettent de mesurer la performance d'une entreprise ?*	Auteurs : Robert Norton et David Kaplan
Repérer les principaux éléments du macro-environnement de l'entreprise	*Montrer qu'un dirigeant a su saisir les opportunités présentes dans l'environnement de l'entreprise.* *En quoi l'environnement d'une entreprise est-il porteur de menaces ?*	Outil : PESTEL
Analyser les évolutions de l'environnement et en identifier les conséquences sur la situation de l'entreprise	*Montrer qu'une entreprise s'adapte aux changements de son environnement en innovant.* *En quoi la prise de décision dans une entreprise est-elle influencée par le macro-environnement ?*	Auteur : Joseph Schumpeter
Caractériser les styles de management	*Caractériser le style de direction d'un dirigeant.* *En quoi le style de direction d'un dirigeant contribue-t-il aux performances d'une entreprise ?*	Auteur : Rensis Likert
Repérer le rôle des différentes parties prenantes et des contre-pouvoirs	*En quoi les parties prenantes influent-elles sur la prise de décision dans une entreprise ?* *En quoi une partie prenante constitue-t-elle un contre-pouvoir ?*	Auteurs : Michel Crozier et Erhard Friedberg
Identifier le type de structure, les mécanismes de coordination et de contrôle au sein de l'entreprise	*Repérer les mécanismes de coordination mis en œuvre dans cette entreprise.* *Quels déterminants influencent le choix de la structure de l'entreprise ?*	Auteur : Henry Mintzberg

MÉTHODOLOGIE I MANAGEMENT

Compétence attendue	Objectif et exemple de question	Outil/auteur à mobiliser
Repérer les ressources et les compétences au sein de l'entreprise	*Analyser en quoi les ressources et les compétences d'une entreprise constituent des forces et/ou des faiblesses* *Quelles compétences une entreprise doit-elle maîtriser pour réussir sur son domaine d'activité ?*	
Distinguer les différents processus de l'entreprise	*En quoi les différents processus mis en œuvre dans telle entreprise contribuent-ils à ses performances ?* *Les processus de cette entreprise contribuent-ils tous à la création de valeur ?*	
Identifier le besoin de financement de l'entreprise en fonction du cycle (exploitation/investissement)	*Le besoin de financement d'une entreprise relève-t-il du cycle d'exploitation ou du cycle d'investissement ?* *La décision prise par une entreprise aura-t-elle un impact sur son cycle d'investissement ou son cycle d'exploitation ?*	
Recenser les solutions de financement adaptées à l'entreprise dans une situation donnée	*Présenter les risques et les coûts des solutions de financement envisagées par un dirigeant.* *Quelles solutions de financement sont les plus adaptées aux besoins du cycle d'exploitation ?*	
Repérer le rôle du système d'information dans le fonctionnement de l'entreprise	*Identifier les différentes composantes d'un système d'information.* *Quel est le rôle du système d'information dans la prise de décision d'une entreprise ?*	Outil : PGI
Identifier les conséquences du déploiement du numérique sur le management et les processus décisionnels de l'entreprise	*Montrer que le déploiement du numérique favorise de nouveaux modes d'organisation au sein de l'entreprise.* *Recenser les risques liés au système d'information.* *En quoi le déploiement du numérique peut-il avoir des conséquences pour l'entreprise ?*	
Proposer des actions appropriées dans le cadre d'une gestion des emplois et des compétences	*Repérer les besoins en termes d'emplois et de compétences au sein d'une entreprise.* *Proposer des actions afin de satisfaire les besoins en emplois et en compétences dans une entreprise.* *Quels sont les moyens mis en œuvre par l'entreprise pour attirer et fidéliser les talents ?*	Outil : GPEC
Identifier les leviers de motivation conciliant l'objectif de l'entreprise et les attentes de l'individu	*Repérer les composantes du système de rémunération d'une entreprise.* *Analyser la politique de rémunération d'une entreprise.* *Comment la culture d'entreprise influence-t-elle la motivation des salariés ?* *Comment une entreprise répond-elle aux besoins des « Digital natives » ?*	Auteurs : Abraham Maslow et Frederick Herzberg
Identifier les différentes étapes d'une démarche d'analyse stratégique	*Réaliser le diagnostic stratégique d'une entreprise.* *Sur quel(s) élément(s) du diagnostic cette entreprise appuie-t-elle sa stratégie ?* *Distinguer une stratégie émergente délibérée d'une stratégie émergente.* *Les décisions prises par cette entreprise constituent-elles une stratégie délibérée ou émergente ?*	Auteur : Henry Mintzberg Outil : SWOT (= modèle LCAG)

Compétence attendue	Objectif et exemple de question	Outil/auteur à mobiliser
Présenter les principaux éléments d'un diagnostic interne de l'entreprise	*Identifier les ressources et les compétences d'une entreprise.* *Quelles sont les ressources clés et les compétences distinctives de cette entreprise ?* *Analyser la chaîne de valeur de l'entreprise.* *Quelles sont les activités qui créent de la valeur au sein de l'entreprise ?*	Auteurs : Edith Penrose Gary Hamel et C. K. Prahalad Auteur : Michael Porter Outil : La chaîne de valeur
Présenter les principaux éléments d'un diagnostic externe de l'entreprise	*Analyser l'environnement d'une entreprise.* *Quelles sont les opportunités et les menaces sur le marché de cette entreprise ?* *Étudier l'environnement concurrentiel de l'entreprise.* *Quelles sont les forces concurrentielles qui exercent une influence sur le marché de l'entreprise ?*	Outil : PESTEL Auteur : Michael Porter Outil : Les 5 forces concurrentielles
Présenter les étapes de la décision stratégique	*Distinguer les différents types de décisions prises par l'entreprise.* *Quelle est la nature des décisions prises par telle entreprise ?* *Analyser le processus de décision de l'entreprise.* *Quels sont les facteurs qui ont une influence sur la prise de décision de l'entreprise ?*	Auteur : Herbert Simon Outil : Modèle IMC
Identifier et analyser les choix stratégiques de l'entreprise	*Identifier les domaines d'activité de l'entreprise.* *Présenter les avantages et les limites de la stratégie globale de l'entreprise.* *Quelle est la stratégie globale choisie par l'entreprise ?* *Identifier la stratégie de domaine (ou stratégie concurrentielle) de l'entreprise.* *Quel est l'avantage concurrentiel de cette entreprise ?*	Auteur : Igor Ansoff Outil : Matrice Produits / Marchés Auteur : Michael Porter
Analyser la pertinence des choix stratégiques de l'entreprise	*Distinguer les différentes modalités de croissance qui s'offrent à une entreprise.* *Ces modalités de croissance sont-elles pertinentes pour l'entreprise ?*	

MÉTHODOLOGIE I MANAGEMENT

A

Accord d'entreprise
Accord conclu entre un employeur et les organisations syndicales représentatives de salariés dans l'entreprise, portant sur un point particulier des conditions de travail (accord salarial, accord sur les congés...).

Accord dérogatoire
Accord collectif ne respectant pas le principe de faveur.

Accord national interprofessionnel (ANI)
Accord conclu entre organisations patronales et syndicats de salariés représentatifs au plan national, portant sur un point particulier des conditions de travail de l'ensemble des salariés des différentes branches (ANI sur la sécurisation du travail, sur la formation professionnelle continue...).

Action collective
Action commune ou concertée des membres d'un groupe en vue d'atteindre des objectifs communs.

Activités de soutien
Les activités de soutien sont celles qui contribuent à la performance des activités principales (comptabilité, direction générale, finance, GRH...).

Activités principales
Les activités principales d'une entreprise sont celles qui vont de la création matérielle du produit jusqu'à son acheminement vers le client (production, logistique externe, commercialisation...).

Assurance chômage
Allocation versée au salarié qui perd son emploi de façon involontaire, à condition qu'il ait travaillé suffisamment longtemps pour y avoir droit. Elle est financée par des cotisations versées en partie par les employeurs et en partie par l'État.

Automatisation
Exécution des tâches par des machines sans intervention humaine.

Avantage concurrentiel
Permet de surpasser la concurrence soit par des coûts inférieurs aux concurrents, soit par la valeur créée – avec une offre différenciée possédant des caractéristiques uniques qui lui permet de faire accepter un prix supérieur –, soit par une combinaison des deux.

B

B to B (*Business to Business*)
Désigne les activités commerciales entre entreprises.

B to C (*Business to Consumer*)
Correspond aux activités des entreprises destinées aux particuliers.

Base de données
Ensemble d'informations organisées afin d'être facilement consultables, gérables et mises à jour.

Big data
Volume très important de données numériques. On parle également de « mégadonnées » ou de « données massives ».

Business model de plateforme
Méthode utilisée par l'entreprise pour créer de la valeur en utilisant une mise en relation *via* Internet.

C

C to C (*Consumer to Consumer*)
Désigne les échanges effectués directement entre les consommateurs.

C to G (*Citizen to Governement*)
Ensemble des procédures administratives ou des activités non commerciales réalisées par les services publics à destination des citoyens.

CDD
Contrat de travail à durée déterminée, dont le terme est fixé lors de sa conclusion.

CDI
Contrat de travail à durée indéterminée, dont le terme n'est pas fixé et dont l'interruption résulte de causes spécifiques démission du salarié, licenciement par l'employeur, rupture conventionnelle homologuée par l'Administration...

LEXIQUE

Chaîne de valeur
Outil d'analyse interne proposé par Michael Porter qui décrit l'enchaînement des activités de l'entreprise, depuis l'approvisionnement jusqu'à l'acheminement au client du produit ou au service final, dans le but d'identifier les activités créatrices de valeur et celles génératrices de coûts.

Chômage au sens du BIT
Situation d'une personne en âge de travailler (15 ans ou plus) qui n'a pas travaillé durant une semaine de référence, est disponible pour prendre un emploi dans les deux semaines et a recherché activement un emploi dans le mois précédent ou en a trouvé un qui commence dans moins de trois mois.

Clause d'essai
Clause du contrat de travail qui instaure une période permettant à l'employeur et au salarié de rompre librement le contrat. Sa finalité est, pour l'employeur, d'évaluer les compétences du salarié dans son travail et, pour le salarié, d'apprécier si les fonctions occupées lui conviennent.

Clause de confidentialité
Clause d'un contrat de prestation de services numériques imposant à chaque partie de conserver confidentiels les informations et documents concernant l'autre partie, auxquels elle aurait pu avoir accès au cours de l'exécution du contrat.

Clause de mobilité
Clause du contrat de travail prévoyant une éventuelle mutation du salarié.

Clause de non-concurrence
Clause du contrat de travail qui interdit au salarié quittant l'entreprise de faire concurrence à son ancien employeur, soit en s'installant à son compte, soit en se faisant embaucher par un concurrent.

Clause de responsabilité
Clause d'un contrat d'hébergement Internet exonérant l'hébergeur de la responsabilité que le client accepte d'assumer en cas de publications illégales, de nature raciste, pornographique..., ou violant le droit d'auteur d'autrui.

Clause de réversibilité
Clause d'un contrat de prestation de services numériques offrant au client la possibilité de reprendre ou de faire reprendre la fonction externalisée par tout prestataire de son choix; en même temps, le prestataire s'engage à fournir une assistance pour faciliter le transfert des données ou bases de données exploitées.

Comité social et économique (CSE)
Institution représentative des salariés qui remplace l'ensemble des anciennes institutions élues par le personnel (délégués du personnel, comité d'entreprise et comité d'hygiène, de sécurité et des conditions de travail), dont il reprend les attributions.

Commission nationale de l'informatique et des libertés (CNIL)
Autorité administrative indépendante chargée de veiller à la protection des libertés individuelles et des données personnelles, en particulier lors des usages informatiques de ces données.

Compétences
Capacités d'une organisation à utiliser et à combiner des ressources pour atteindre les objectifs qu'elle s'est fixés.

Compétences fondamentales ou distinctives
Compétences maîtrisées par une entreprise et qui lui permettent de se différencier des concurrents de façon stratégique.

Compte personnel de formation (CPF)
Dispositif permettant de comptabiliser les heures de formation acquises par une personne (salarié ou chômeur) de son entrée sur le marché du travail jusqu'à son départ à la retraite.

Concurrence déloyale
Pratique commerciale consistant à capter ou à tenter de capter la clientèle d'un concurrent par des moyens illicites.

Contrat de prestation de services numériques
Contrat de prestation de services entre professionnels utilisé dans le domaine de l'informatique et du numérique. Ce type de contrat concerne des activités de conseil, d'hébergement de données, de développement de sites Internet...

Contrat de sécurisation professionnelle (CSP)
Contrat proposé à tout salarié licencié économique, ayant pour objet l'organisation et le déroulement d'un parcours de retour à l'emploi, le plus souvent au moyen d'une reconversion.

Contrat de travail
Contrat par lequel une personne fournissant une prestation de travail obtient en échange une rémunération de celui sous la subordination duquel le travail est exécuté (l'employeur).

Contrat de vente électronique
Contrat de vente spécifique par lequel une personne propose à distance et par voie électronique la fourniture de biens, en général à des consommateurs.

Contrefaçon
Atteinte au droit du propriétaire d'une marque commerciale (ou d'un autre monopole d'exploitation protégé) par imitation, reproduction, exploitation non autorisées. Elle engage la responsabilité de ses auteurs.

Convention collective
Accord conclu entre des organisations patronales et des syndicats représentatifs de salariés en vue de fixer en commun les conditions de travail, d'emploi et les garanties sociales propres à une branche d'activité.

Croissance conjointe
L'entreprise coopère sous forme contractuelle avec une autre entreprise en restant juridiquement indépendante (partenariat ou alliance stratégique).

Croissance externe
L'entreprise se développe par l'acquisition ou la prise de contrôle d'entreprises concurrentes ou complémentaires afin d'élargir son périmètre d'activité.

Croissance interne
L'entreprise se développe en investissant en interne à l'aide de ses propres moyens pour développer ses ressources, ses compétences, sa taille…

CTT
Contrat de travail temporaire, conclu entre un salarié intérimaire et l'entreprise de travail temporaire qui le met à disposition d'une entreprise utilisatrice.

D

Décision
Processus parfois complexe qui permet d'aboutir à un choix en fonction d'informations disponibles.

Décision stratégique
Une des trois catégories de décision, selon Igor Ansoff, qui correspond à une décision rare, onéreuse, difficilement réversible, prise par les dirigeants et qui engage l'entreprise sur le long terme.

Délégué à la protection des données (DPO)
Personne chargée, dans les structures exploitant des données personnelles, de coopérer avec la CNIL pour assurer le respect du droit. Le DPO informe les intéressés sur les obligations en matière de traitement des fichiers de données personnelles, contrôle le respect du RGPD et donne des conseils en cas de besoin.

Demande de travail
Quantité de travail proposée par les travailleurs en échange d'une rémunération. Elle représente la population active à un moment donné.

Démission
Rupture du contrat de travail à durée indéterminée, décidée unilatéralement par le salarié.

Diagnostic stratégique
Étape de la démarche stratégique d'une entreprise qui consiste à réaliser un diagnostic interne et un diagnostic externe de son environnement, afin de déterminer sa stratégie.

Digital natives
Première génération d'enfants nés dans l'ère du numérique (fin des années 1980-début des années 1990).

Digitalisation (de l'entreprise)
Procédé par lequel l'entreprise numérise son offre afin d'offrir ses biens et/ou services « en ligne ».

Discrimination
Traitement défavorable dont sont victimes des salariés ou des candidats à l'embauche fondé sur des critères inadéquats et considérés comme illégaux (le sexe, la race, le handicap, l'orientation sexuelle…) lors de leur vie au travail ou d'une procédure de recrutement.

Domaine d'activité stratégique (DAS)
Sous-partie de l'entreprise regroupant un ensemble homogène de biens ou de services qui utilisent une technologie identique et visent un même marché.

Données personnelles
Toutes les informations concernant une personne physique identifiée et identifiable.

Droit d'auteur
Ensemble des prérogatives exclusives dont dispose un auteur ou ses ayants droit (société de production, héritiers) sur des œuvres de l'esprit originales. Le droit d'auteur est l'un des éléments essentiels de la propriété intellectuelle et de la propriété littéraire et artistique.

Droit de rétractation
Droit reconnu au consommateur de revenir librement sur son engagement dans le cadre de contrats de consommation spécifiques, en particulier la vente électronique. La rétractation doit intervenir dans un délai de 14 jours à compter de la livraison du bien.

Droit moral (de l'auteur)
Droit perpétuel, inaliénable et imprescriptible, attaché à la personne de l'auteur et transmissible à ses héritiers, composé de plusieurs prérogatives dont, en particulier, le droit de divulgation et le droit au respect de l'œuvre.

Droit négocié
Ensemble des règles de droit social contenues dans les conventions et accords collectifs signés par les partenaires sociaux, organisations patronales d'une part, syndicats de salariés d'autre part.

Droit patrimonial (de l'auteur)
Droit exclusif de l'auteur d'exploiter son œuvre sous quelque forme que ce soit et d'en tirer un profit pécuniaire. Ce droit peut être cédé à des tiers ; il s'exerce durant toute la vie de l'auteur et bénéficie à ses héritiers durant 70 ans après sa mort. Le droit patrimonial comprend deux prérogatives principales le droit de représentation et le droit de reproduction.

Droit *sui generis* (droit d'auteur)
Droit qui assure essentiellement une protection de l'investissement consenti pour la création et la gestion d'une base de données. Il appartient au producteur de la base de données, personne qui prend l'initiative et le risque des investissements correspondants et qui peut ainsi lutter contre le pillage de cette base de données.

E

Économie collaborative
Partage ou échange entre particuliers de biens ou services, avec échange monétaire ou sans échange monétaire, par l'intermédiaire d'une plateforme numérique de mise en relation.

Économie de l'usage
Vente de l'usage d'un bien ou d'un service. On l'appelle aussi « économie de la fonctionnalité ».

Économie numérique
Ensemble des activités qui utilisent l'exploitation des données numériques.

Écosystème
Ensemble des liens d'une entreprise avec tous les partenaires de son environnement.

Entreprise réseau (ou entreprise étendue)
Forme organisationnelle caractérisée par un ensemble de relations contractuelles entre entreprises indépendantes (partenariats) qui unissent leurs compétences dans le but de réaliser un même projet.

E-signature (ou signature électronique)
Élément d'identification d'un acte juridique authentifiant le consentement du signataire. Elle consiste en l'usage d'un procédé fiable d'identification garantissant son lien avec l'acte auquel elle s'attache.

Externalité de réseau
Satisfaction supplémentaire d'un individu à utiliser un réseau lorsque suffisamment de personnes l'utilisent.

F

Facteurs de contingence
Éléments internes ou externes qui ont une influence sur l'entreprise et sa stratégie. L'entreprise doit s'adapter à ces facteurs évolutifs et imprévisibles que sont la technologie, l'environnement, la législation…

FFOM / SWOT
Outil d'aide à la décision pour réaliser le diagnostic stratégique et mettre en évidence les Forces et les Faiblesses d'une entreprise, les Menaces et Opportunités présentes dans l'environnement de celle-ci (SWOT *Strength / Weaknesses, Opportunities / Threats*).

Formation professionnelle
Formation permettant aux personnes actives de pouvoir continuer à améliorer leurs compétences et leur employabilité tout au long de leur vie active.

Free to play
Modèle économique qui consiste à proposer un service en accès gratuit au consommateur.

Freemium
Stratégie commerciale consistant à proposer une offre gratuite et facile d'accès pour attirer les utilisateurs et les encourager à payer pour une offre plus complète.

G

Gestion des talents
A pour but de détecter les salariés à fort potentiel au sein de l'entreprise afin de développer leurs compétences et de les fidéliser.

Gestion prévisionnelle des emplois et des compétences (GPEC)
Démarche qui vise à adapter les ressources humaines aux besoins des entreprises.

I

Indemnité de licenciement
Réparation pécuniaire due à tout salarié licencié. Son montant dépend du salaire de l'intéressé et de son ancienneté.

Internationalisation de l'entreprise
Implantation de l'entreprise sur de nouveaux marchés étrangers à l'aide d'exportations, d'investissements directs à l'étranger (filiales) ou de partenariats locaux.

L

Licenciement
Rupture du CDI, décidée unilatéralement par l'employeur, soit pour une cause inhérente au salarié, soit pour un motif économique.

Licenciement économique
Rupture du CDI à l'initiative de l'employeur, fondée sur des difficultés économiques, des mutations technologiques, une réorganisation de l'entreprise pour sauvegarder sa compétitivité ou la cessation d'activité.

Licenciement personnel
Rupture du CDI à l'initiative de l'employeur, justifiée par une cause inhérente au salarié – soit une faute, soit un fait non fautif (incapacité professionnelle, inaptitudes…).

Licenciement sans cause réelle et sérieuse
Rupture du CDI à l'initiative de l'employeur sous un prétexte et/ou un motif non raisonnable.

Lien de subordination
Élément essentiel du contrat de travail manifesté par le pouvoir de l'employeur de donner des ordres au salarié, de contrôler l'exécution des tâches et de sanctionner les manquements du travailleur.

Logiciel
Programme informatique exécuté par un ordinateur et utilisant des données pour permettre à l'ordinateur d'assurer une tâche, une fonction.

M

Marché du travail
Marché où se rencontrent l'offre et la demande de travail, aboutissant à la détermination du niveau d'emploi et des salaires théoriques. Au sens courant, il désigne la situation de l'emploi dans une économie.

Mode d'intégration

Mécanisme de collaboration et de coordination mis en place par une entreprise pour favoriser l'intégration des différentes unités qui la composent. Ce mécanisme est parallèle à celui de la spécialisation.

Mode de coordination

Assurer, pour un ensemble de tâches et de personnes, une cohérence d'ensemble et une convergence des efforts en vue d'un objectif commun. Une spécialisation poussée au sein des entreprises peut détruire l'unité d'action du fait de la parcellisation, de l'isolement, de la rigidité qu'elle engendre. Elle nécessite alors la mise en place de mécanismes ou de facteurs d'intégration.

Mode de spécialisation

Mode organisationnel opéré par une entreprise pour s'adapter au plus près des particularités du sous-environnement de chacune de ses unités spécialisées sur un marché ou un client.

Modèle IMC

Modèle de processus de décision d'après Herbert Simon (1947) qui se déroule en trois étapes successives Intelligence (analyse et compréhension d'un problème), Modélisation (recherche et conception de solutions possibles) et Choix (sélection de la solution la plus adaptée compte tenu des contraintes).

Motivation

Force plus ou moins consciente qui pousse un salarié à s'impliquer dans son travail.

N

Nom de domaine

Adresse sur le Web qui permet d'accéder à un site. Le nom de domaine est protégé par sa réservation auprès d'un bureau d'enregistrement accrédité par l'Association française pour le nommage Internet en coopération (AFNIC).

Normes et standards

Ensemble de recommandations développées et préconisées par un groupe représentatif d'utilisateurs (standards) ou par un organisme officiel (normes).

O

Offre de travail

Nombre d'emplois offerts par les entreprises.

P

Place de marché

Plateforme sur Internet qui met en relation des acheteurs et des vendeurs (appelée aussi « marketplace »).

Plan de sauvegarde de l'emploi (PSE)

Ensemble de mesures destinées à réduire le nombre des licenciements économiques collectifs, par des propositions de reclassement, de mutation, d'aide à la retraite anticipée…

Plateforme d'échange

Lieu virtuel qui permet l'échange et le partage d'informations dans une logique collaborative.

Pôle emploi

Établissement public à caractère administratif chargé de l'emploi en France. Sa mission est d'accompagner tous les demandeurs d'emploi dans leur recherche, d'assurer le versement des allocations aux demandeurs indemnisés (allocation chômage), d'aider les entreprises dans leurs recrutements et de recouvrer les cotisations.

Politique active de l'emploi

Ensemble des mesures mises en place afin de favoriser l'intégration des personnes sur le marché du travail (ex. formations pour augmenter l'employabilité).

Politique passive de l'emploi

Ensemble des mesures mises en place afin de limiter l'impact du chômage sur les demandeurs d'emploi (ex. allocations chômage).

Population active

Ensemble des personnes occupant un emploi, salarié ou non, ainsi que celles recherchant un emploi (les chômeurs).

Préavis
Délai entre l'annonce de la rupture du contrat de travail (licenciement, démission) et sa mise en œuvre effective.

Principe majoritaire
Principe selon lequel un accord collectif d'entreprise est valablement conclu par l'employeur et soit les représentants syndicaux ayant recueilli plus de 50 % des suffrages lors des élections du comité social et économique, soit les représentants syndicaux ayant recueilli plus de 30 % des suffrages et approuvé par un vote des salariés à la majorité des suffrages exprimés.

« *Privacy by default* »
Concept de protection de la vie privée qui impose aux entreprises, dès la conception de leurs biens ou services, de paramétrer par défaut leurs produits avec un haut niveau de protection des données personnelles avant toute utilisation de celles-ci.

« *Privacy by design* »
Concept de protection de la vie privée qui impose aux entreprises utilisant des données personnelles, dès la conception de leurs biens ou services, d'assurer des mesures préventives pour anticiper les risques d'exploitations abusives de ces données.

Produits de substitution
Produit qui satisfait un besoin équivalent à travers un produit et/ou des technologies différentes.

Progiciel de gestion intégré (PGI)
Solution logicielle qui permet de gérer l'ensemble des processus opérationnels d'une entreprise, en intégrant l'ensemble des fonctions de celle-ci, telles les ventes, les stocks, la production, la comptabilité, la GRH... autour d'une base de données commune.

Pure Player
Entreprise exerçant son activité commerciale uniquement sur Internet.

R

Rationalité limitée
Le décideur prend une décision qui lui paraît satisfaisante mais qui n'est pas optimale car certains facteurs vont influencer le processus et le choix de la décision (budget limité, manque d'informations, personnalité du décideur, contrainte de temps...).

Règle du double-clic
Règle légale en matière de vente électronique, imposant que le client puisse vérifier sa commande et valider son achat par un premier clic sur l'ordinateur, puis qu'il confirme sa commande par un second clic avant de payer.

Règlement général sur la protection des données (RGPD)
Règlement de l'Union européenne, entré en vigueur le 25 mai 2018, qui encadre la protection des données personnelles ; il est applicable à toutes les organisations (entreprises, administrations publiques, associations...) qui traitent des données à caractère personnel au sein de l'UE, ou des données personnelles de résidents de l'UE dans les autres parties du monde.

Représentativité syndicale
Aptitude de certains syndicats à représenter de façon légitime les salariés, en particulier dans les négociations sociales. La représentativité s'apprécie au travers de divers critères légaux, dont le pourcentage de voix obtenues aux élections professionnelles.

Responsabilisation (*Accountability*)
Obligation pour les entreprises exploitant des données personnelles de prendre des mesures permettant de démontrer le respect des règles relatives à la protection de ces données.

Ressources
Actifs tangibles ou intangibles contrôlés par une organisation, qui constituent des moyens d'action pour mettre en œuvre des stratégies.

Ressources clés
Ressources qui ont un potentiel stratégique (création de valeur, rareté) et se transforment en avantage sur les concurrents.

Rupture conventionnelle collective
Rupture de plusieurs contrats de travail résultant d'un accord collectif conclu entre l'employeur et les représentants des salariés, sous le contrôle de l'inspection du travail.

Rupture conventionnelle homologuée
Procédure par laquelle le CDI peut être rompu d'un commun accord par le salarié et l'employeur, sous le contrôle de l'inspection du travail.

S

Salarié
Travailleur dont le statut est caractérisé par le lien de subordination le liant à l'employeur pour le compte duquel il effectue un travail contre rémunération.

Salarié mandaté
Salarié désigné par un syndicat représentatif pour participer à la négociation sociale dans une entreprise dépourvue de délégués syndicaux et d'institutions représentatives du personnel.

Site Internet
Ensemble de pages Web liées entre elles, contenant des fichiers, des documents, des images...

Stratégie
Consiste, pour une entreprise, à définir son métier et ses domaines d'activité, à allouer des ressources et à fixer des objectifs (rentabilité, pérennité, croissance, satisfaction des parties prenantes) dans le but de créer de la valeur et de devancer la concurrence.

Stratégie de domaine d'activité
Stratégie dans une activité particulière pour faire face à la concurrence différenciation, domination par les coûts ou focalisation.

Stratégie délibérée
Stratégie prévue et planifiée.

Stratégie émergente
Stratégie qui surgit de manière imprévisible tout au long du déroulement du plan stratégique.

Stratégie globale
Concerne le périmètre de l'ensemble des activités de l'entreprise se spécialiser dans un seul domaine d'activité ou s'étendre vers de nouvelles activités = spécialisation ou diversification ? Que faire soi-même et que confier à d'autres = intégration ou externalisation ?

Structure flexible
Structure qui procure une faculté d'adaptation de l'entreprise aux environnements complexes et instables actuels. Elle est basée sur l'échange d'informations et caractérisée par la décentralisation des décisions, un niveau faible de spécialisation et de formalisation des procédures, une hiérarchie souple.

Syndicat (de salariés)
Type particulier d'association sans but lucratif, dont le rôle spécifique est la défense des droits et des intérêts professionnels des salariés.

Système d'information (SI)
Ensemble organisé de ressources techniques, organisationnelles et humaines requises par le traitement des informations nécessaires à la stratégie et aux métiers de l'entreprise.

T

Taux d'activité
Rapport entre la population active moyenne de l'année et la population totale moyenne de l'année. On peut le calculer par sexe ou par âge.

Taux de chômage
Rapport entre le nombre de chômeurs et la population active. Il s'exprime en pourcentage.

Transfert des contrats de travail
Principe selon lequel les contrats de travail en cours subsistent lors du changement de la situation de l'employeur et sont transférés au nouvel employeur, notamment en cas de succession, vente, fusion, mise en société de l'entreprise.

Travailleur indépendant
Travailleur dont le statut est caractérisé par la liberté dont il jouit pour fixer les conditions d'exécution de ses tâches et pour choisir les personnes pour qui il travaille.

U

Ubérisation
Modèle économique basé sur l'émergence de plateformes digitales mobiles sur lesquelles clients et prestataires peuvent entrer en contact directement, gratuitement et en temps réel, et entrant en concurrence frontale avec les usages de l'économie classique.

Usurpation d'identité
Infraction consistant à exploiter des données personnelles d'un tiers permettant de l'identifier et créant à son égard un trouble illicite ou une atteinte à son honneur ou à sa considération.

V

Vie privée
Ensemble d'éléments de la vie des personnes dont le respect s'impose à tous et constitue un droit fondamental. Le respect de la vie privée signifie pour chacun la protection de son intimité, de son image, de son domicile, de ses choix de vie…

Y

Yield management
Méthode d'ajustement des prix en temps réel en fonction de la demande.

CRÉDITS PHOTOGRAPHIQUES :

p. 6 : Song_about_summer/shutterstock ; p. 7: Karl_Sonnenberg/shutterstock ; p. 8 : Worawee Meepian/ shutterstock ; p. 9 haut droite : Evgen3d/stock.adobe.com ; milieu gauche : Daniel Berkmann/ stock.adobe.com ; milieu droite : Logostylish:stock.adobe.com ; bas : eans/ shutterstock ; p. 10 : stokkete/ stock.adobe.com ; p. 11 : Rido/stock.adobe.com ; Rawpixel.com/stock.adobe.com ; p. 13 : Daniel Krason/ shutterstock ; p. 15 : Daisy Daisy/stock.adobe.com ; p. 16 de gauche à droite : Sergej Cash/ shutterstock ; Edler von Rabenstein/ shutterstock ; mipan/shutterstock ; Africa Studio/shutterstock ; vgstudio/shutterstock ; p. 29 : dennizn/shutterstock ; p. 19 haut : lankogal/ stock.adobe.com ; p. 19 bas : Tero Vesalainen/shutterstock ; p. 20 : DDRockstar/ stock.adobe.com ; p. 21 : Stephane Mahe/Reuters/ stock.adobe.com ; p. 23 : Zapp2Photo/ shutterstock ; p. 24 : Africa Studio/shutterstock ; p. 26 haut : Paul Gueu/shutterstock ; milieu : fotohansel/ stock.adobe.com ; p. 27 haut : Minerva Studio/stock.adobe.com ; milieu : beboy/shutterstock ; bas : mrmohock/shutterstock ; p. 30 : Sved Oliver/stock.adobe.com ; p. 31 haut : Jevanto Productions/ shutterstock ; bas : Daisy Daisy/stock.adobe.com ; p. 32 bas gauche : © Novarad ; bas droite : riopatuca/ shutterstock ; p. 35 : ekkasit919/stock.adobe.com ; p. 36 haut : Gorodenkoff/ stock.adobe.com ; bas : vegefox.com/stock.adobe.com ; p. 37 milieu : Julien Eichinger/stock.adobe.com ; bas : momius/ stock.adobe.com ; p. 38 : Kasin/ shutterstock ; Rawpixel.com/stock.adobe.com ; p. 41 : Francis Bonami/ stock.adobe.com ; p. 42 : Vasily Merkushev/stock.adobe.com ; p. 43 : Texelart/shutterstock ; p. 44 : ra2 studio/ stock.adobe.com ; p. 45 : Alexey Boldin/shutterstock ; p. 47 haut : ricochet64/ shutterstock ; bas : fizkes/ shutterstock ; p. 48 : thodonal/stock.adobe.com ; p. 50 : Prasit Rodphan/shutterstock ; p. 51 haut : Rawpixel.com/shutterstock ; bas : Chlorophylle/stock.adobe.com ; p. 52 : Archer7/ stock.adobe.com ; p. 53 haut : Catalin Pop/stock.adobe.com ; bas : Scanrail/stock.adobe.com ; p. 54 haut : ALF photo/stock.adobe.com ; bas : kotoyamagami/stock.adobe.com ; p. 55 : nd3000/stock.adobe.com ; p. 56 : Rawpixel.com/shutterstock ; p. 57 : sakkmesterke/stock.adobe.com ; p. 59 : Stanisic Vladimir/ stock.adobe.com ; p. 60 : yauhenka/stock.adobe.com ; p. 61 bas gauche : maxpro/shutterstock ; bas droite : ueuaphoto/shutterstock ; p. 62 : sebra/stock.adobe.com ; p. 69 : Piotr Swat/ shutterstock ; p. 70 : Joe Belanger/shutterstock ; p. 71 : Andryu/stock.adobe.com ; p. 73 : metamorworks/shutterstock ; p. 74 : 8th.creator/shutterstock ; p. 75 de gauche à droite : sidop/stock.adobe.com ; wei/stock.adobe.com ; Vidoslava/stock.adobe.com ; p. 76 haut de gauche à droite : Alexander Limbach/shutterstock ; Sergey Nivens/ shutterstock ; Jojje/shutterstock ; p. 77 : Uolir/stock.adobe.com ; p. 78 : Christophe Combelles © Anybox ; p. 81 haut : RVNW/stock.adobe.com ; bas : Damien Maloney pour M Le magazine du Monde ; p. 82 : vaalaa/shutterstock ; p. 83 : © Awabot ; p. 85 : Alexxxey/shutterstock ; p. 96 : Mohamed ECH CHARQUI © Groupe PSA, Direction de la communication ; p. 97 : Photographee.eu/stock.adobe.com ; p. 98 : nito/stock.adobe.com ; p. 100 : industryviews/shutterstock ; p. 101 : ricochet64/shutterstock ; p. 102 : Elnur/stock.adobe.com ; p. 103 : Philippe Devanne/stock.adobe.com ; p. 105 : Gorodenkoff/stock.adobe.com ; p. 106 : Pressmaster/ shutterstock ; p. 109 : seventyfour/ stock.adobe.com ; p. 110 : Eviart/shutterstock ; p. 111 : elen31/ stock.adobe.com ; p. 113 : Christophe GUIBBAUD © Groupe PSA, Direction de la communication ; p. 115 : Jérôme LEJEUNE © Groupe PSA, Direction de la communication ; p. 116 : 360b/ shutterstock ; p. 119 : ESB Professional/shutterstock ; p. 120 haut : Grevaud Paul/stock.adobe.com ; bas : ricochet64/ shutterstock ; p. 123 haut de gauche à droite : © Dila, Négoce des matériaux de construction, Convention collective nationale étendue, Journaux officiels, 15e éd., septembre 2018 ; © Dila, Ingénieurs et cadres de la métallurgie, Convention collective nationale étendue, Journaux officiels, 28e éd., novembre 2014 ; © Dila, Personnel des banques de la Martinique, Convention collective nationale étendue, Journaux officiels, mars 2019 ; bas : Julien Eichinger/stock.adobe.com ; p. 124 : pixfly/stock.adobe.com ; p. 125 haut : Dickov/ stock.adobe.com ; bas : ivanko80/stock.adobe.com ; p. 129 : dizfoto1973/ stock.adobe.com ; p. 130 : rochagneux/stock.adobe.com ; p. 131 : pict rider/stock.adobe.com ; p. 133 : djile/stock.adobe.com ; p. 134 haut : Richard Villalon/stock.adobe.com ; bas : didesign021/shutterstock ; p. 135 : Proxima Studio/ shutterstock ; p. 136 : Lukassek/shutterstock ; p. 137 : Orkidia/shutterstock ; p. 139 : Dominique PIZZALLA © Groupe PSA, Direction de la communication ; p. 140 : Wellnhofer Designs/stock.adobe.com ; p. 141 : Stokkete/shutterstock ; p. 143 : Leonid Shtishevskiy/ shutterstock ; p. 144 haut : Xiongmao/ stock.adobe.com ; bas : ricochet64/shutterstock ; p. 145 : © L'Humanité ; p. 147 : RossHelen/shutterstock ; p. 149 : MDOGAN/shutterstock ; p. 150 haut : Africa Studio/stock.adobe.com ; bas : PALERMO89/ stock.adobe.com ; p. 151 : mobilise248/stock.adobe.com ; p. 152 haut : scottchan/stock.adobe.com ; bas : Vladimir Salman/ shutterstock ; p. 153 : Ngampol/stock.adobe.com ; p. 155 : Vasyl/stock.adobe.com ; p. 156 : anzebizjan/stock.adobe.com ; p. 157 : chechotkin/stock.adobe.com ; p. 158 : Olivier Le Moal/ stock.adobe.com ; p. 159 : Monkey Business/stock.adobe.com ; p. 161 : fizkes/stock.adobe.com ; p. 162 : Moreno Soppelsa/shutterstock ; p. 163 : Kzenon/stock.adobe.com ; p. 164 : photo by WTTJ @ Lucca ; p. 165 : © Starterre ; p. 166 : bernardbodo/stock.adobe.com ; p. 167 : envie de dire © Groupe PSA, Direction de la communication ; p. 168 : Pressmaster/shutterstock ; p. 169 : Jacob Lund/shutterstock ; p. 171 : Nataliya Hora/shutterstock ; p. 174 : MoustacheGirl/stock.adobe.com ; p. 177 haut : Aleksejs/stock.adobe.com ; bas : yurolaitsalbert/stock.adobe.com ; p. 178 : Kadmy/stock.adobe.com ; p. 180 : rcfotostock/stock.adobe.com ; p. 182 : © Groupe Soufflet ; p. 183 : BestForYou/stock.adobe.com ; p. 184 : AlenKadr/ shutterstock ; p. 185 milieu : Sondem/ stock.adobe.com ; bas : © Groupe Soufflet ; p. 187 haut : emasali stock/shutterstock ; bas : © Groupe Soufflet ; p. 188 : Cineberg/ shutterstock ; efired/stock.adobe.com ; p. 190 : auremar/stock.adobe.com ; p. 191 haut : odriography/stock.adobe.com ; milieu : © Groupe Soufflet ; p. 192 haut : IStock Studio/shutterstock ; bas : © Rampal Latour ; p. 193 : Kaspars Grinvalds/stock.adobe.com ; p. 195 : marog-pixcells/stock.adobe.com ; p. 196 : andersphoto/shutterstock ; p. 197 : © Groupe Soufflet ; p. 198 : Полина Власова /stock.adobe.com ; p. 199 haut : 360b/ shutterstock ; bas : coco/stock.adobe.com ; p. 200 : NeydtStock/shutterstock ; p. 201 : Jérôme Rommé/ stock.adobe.com ; p. 202 : sergign/ stock.adobe.com ; p. 203 : NeydtStock/ shutterstock ; p. 204 : Gamzova Olga/shutterstock ; p. 205 : Vadim Andrushchenko/stock.adobe.com ; p. 206 : byheaven/ stock.adobe.com ; p. 207 : vladdeep/stock.adobe.com ; p. 209 : svetamart/stock.adobe.com

Doc. 10 p. 78 : FlexJob est un cabinet de recrutement qui met en relation des entreprises qui se construisent sur de nouvelles philosophies managériales (holacratie, management libéré etc) avec des candidats qui aspirent à évoluer dans ce type de structure.

Infographies : Vincent Landrin

IMPRIM'VERT Votre imprimeur agit pour l'environnement

FSC www.fsc.org MIXTE Papier issu de sources responsables FSC® C022030

N° projet : 10270071 - Dépôt légal : Novembre 2020
Achevé d'imprimer en Italie par L.E.G.O. S.p.A., Lavis (TN)